道之源

Dao zhi Yuan

郭易周 著

山东大学出版社

序

当朋友将郭易周先生的《易经与三国谋略》书稿清样转交与我，请我阅后为之作序时，我的第一感觉是震惊，接下来便是惶恐。我震惊于一个非学院之人竟然能够写出这样一部皇皇大作，厚厚三大卷、洋洋八十余万言，这耗费了多少爬梳剔抉、旁搜远绍的读书功夫，又隐含着多少含英咀华、张皇幽眇的艰深思考啊！于是，震惊的同时便由衷生出无限感佩。我的惶恐则在于，自己并非研究易学之人，于《三国演义》也仅是记住了几个故事而已，为这样一部著述作序，委实力不从心，有负期许。然朋友之情难却，又实在为著者的精神情怀所感动，于是就只好遵命而作，知其不可而为之了。

易周先生为招远人，与我的家乡栖霞比邻，同为胶东老乡。他 1957 年出生，小我两岁，又皆属知天命之人。他于中学毕业后，笑品过潇潇洒洒的粉笔灰沫，担任过默默奉献的文字编辑，还曾闯荡过云腾浪涌的商海。其间，几经潜心于故事、散文、小说、戏曲、诗歌、理论的创作与研究，总计发表过 200 多万字的作品。艰辛困顿之际，得意忘形之时，他始终未曾忘记“夜枕《周易》，鬼神不惧”的古训，先是而立之年，悟读《易经》，深揣《三国》，继之不惑之春，动笔写作，历十载风雨，经八易其稿，终将漫漫思绪铺成这部堪称大观之作。其中，既沉浸着传统文化的馥郁芳香，又横溢着人生经验的酸甜甘苦，是一部对读者大有益处的有心之作、用心之作。

《易经》是中华文化的一部元典性著作，为中国古代诸子百家、三教九流的思想源头。作为中国古代反映先人生活经验、体现先人生存智慧的经典，其内容丰富广博，其意蕴深邃浩大，古人已有“《易》道广大，无所不包”的论评。然而，由于卦象所对应的生活现实距今实在遥远，事迹飘渺，无所证实，后人的阐发又迭经变迁，纷繁不已，在古代即已形成偏于象数和偏于义理的不同释读取向，演化为“两派六宗，已互相攻驳”的纷争局面，所以《易经》对今人来说实在就是一部难读难懂的“天书”。也正因如此，如何穿越古奥艰深的符号语辞的屏障而将《易经》蕴有的人生智慧与哲理开掘出来，传达给读者，也就成为当代易学研究的一项重要课题。就此而言，易周先生将《易经》与三国谋略故事结合起来，实在是极为聪明的创意。三国时代是一个时局动乱、英雄辈出的时代。经由陈寿的《三国志》、特别是罗贯中《三国演义》的历史勾勒和文学演绎，三国故事与人物在中华大地广为流传，可以说是家喻户晓，妇孺皆知。假象喻义本来就是《易经》的致思方式与思维特点，用通俗生动、人人耳熟能详的三国故事阐发《易经》之理，起到了化深奥为简易的效果，使得全书理趣与情趣兼具，既给人以阅读的快感，又给人以智慧的启迪。

虽然《易经》的思想内容包罗万有，可以作多方面的阐发，但其核心的思想却只有一个，就是“变易”。换言之，究其根本而言，《易经》是一部讲变化发展之道的书，它教人在对阴阳并立相生、对立而又相互转化的宇宙大道的体悟中，以动变的认知方式和思维方式去认知自己所处的环境，面对自己的生存困境，谋划自己的行动方略，实现自己的人生目标，达致美好圆满的理想境界。这就是《易经》“系辞上传”所谓“一阴一阳之谓道……日新之谓盛德，生生之谓易”的意思所在。可以说，三国故事很好地演绎了《易经》教给人们的这种生存智慧或生存之道。三国故事，是乱世争霸中英雄们运用权谋、韬略甚至诡计相互较量的历史，也可以说是中国式智慧的一种集中浓缩和炫目展演，许多故事中所表现的人生成败、吉凶福祸都从不同方面体现了《易经》所揭示的事物变化发展的规律和原理。正如龙马媾和娩生神驹一样，本书将《易经》与三国故事结合起来，在“道”与“谋”的同构共振、互证互释中更加彰显了中华文化的博大精深，在文化书写性的同类著述中独具一格、别开生面，三国故事的讲述断解在特殊性中使普遍性的“易之道”祛除遮蔽，显达晓明，“易之道”的探幽追渺则愈加增强了三国故事的文化内蕴与人生况味。

最后，需要进一步指出的是，这部《易经与三国谋略》的写作初衷不仅仅是为了用通俗易懂的故事说明和阐扬易经之道，其目的更在于今人智慧之教养之生长。易周先生在书的“后记”里说：“一切学习的目的都是为了把知识转化为智慧，以便去实现自己心灵的期待。”诚哉斯言！本书就是依据此种认识写成的。全书分为“慧之根”、“道之源”、“人之本”三卷，道之源为本原，人之本为根本，慧之根为目的，三卷内容虽各有侧重，但贯串始终的核心目的却只有一个：将古人的生存智慧转化为今人的生存智慧。人生天地之间，本与动物无异，因能体悟本原之道，方生出诸多智慧之心，从而才有了孟子所谓“人之所以异于禽于兽者几希”的那样一种为人属性。反而言之，人因为有了智慧之心，所以更能够体悟本原之道、顺应本原之道，其生存便因之而更具“几希”人性，更显生命的光亮。这也就是本书以“人之本”贯串“道之源”和“慧之根”的事理逻辑所在。无论成功还是失败，无论身处顺境还是逆境，智慧之心不可无，本原大道不可违。只有善于从学习中汲取智慧，从生活中颖悟智慧，以智慧之心体悟和顺应本原之道，懂得动变的原理，驾驭动变的规律，人生方能把握胜机，动变有方，从而认清形势，战胜困难，逢凶化吉，由逆转顺，从失败走向成功，由平凡跨入崇高，绽放生命的灿烂，达臻人生的极境。在此，唯愿一切愿做智慧之人、悟道之人、成功之人的读者能够深深体察易周先生该作为文之用心！

是为序。

谭好哲

2012 年 12 月 7 日于济南寓所

自序

当你正处困厄之中，此书可能会为你指点迷津，教你变通，教你巧出奇招，让你轻轻松松排除困顿和险难，滋滋润润享受思变与成功的愉悦。

《易经》是一部博古通今、知天识地、认东辨西的哲学经典，是一部人间之事无所不包的巨著。它的基本内容为“三易”，即不易、简易和变易。三易之中的核心灵魂是“变易”。每当你遇到困难，或遇到了难过的坎时，“三易”就会教你正确面对困难，辩证思维，树立起解决困难的信心和找到排除困难的方法。其中的“变易”，更会教你以动与变的方式去认知你所面对的困难和你所处的环境，启示你孕生出好的方略，圆通地达到解决问题的目的。

三国时代的故事，可以说是世人皆知，家喻户晓。它囊括了《三十六计》、《孙子兵法》等中国兵法的精髓，也囊括了中国民间的一些高超的谋略与方法。在文化思想上，它展示了儒家进取、道家静虚、法家重治的辉煌历史。中国的这段历史故事让人们感到极富民族性格和民族品质，它比任何一个时代都有趣。这其中的深因就是我们的民族按着自己民族的文化，民族的思想，把历史的故事民族性格化了，尤其再经罗贯中《三国演义》的演绎渲染，我们今天所看到和听到的故事比原先的正史更丰富了。也许正因如此，其他时代的历史故事都难以与其媲美了。其实三国时代故事吸引人的地方还告诉我们另一个不可忽视的规律：即动变能产生吉凶，若能将原来的动变再次变动，又能逢凶化吉。生活中的你若是处在困厄之中，或是艰难之时，只要能细心揣摩三国时代相对应的故事的原理，再认真地思索一番，或许立即就会百谋滋生，奇计迭出，及时救你于急难，使你化险为夷，步入光明。

可惜，这两部书很难让人在短时间内读懂。尤其是《易经》像天书一样让人难得要领。笔者在《易经与三国谋略》一套书中，以通俗的语言、故事、哲理和点评向读者讲述了《易经》哲理和《三国演义》故事谋略变动的规律和原理，可以让你不费力气地从中学到两书的真谛，同时获取解决困难的万能钥匙。

龙马媾和娩生神驹。《易经》与《三国演义》的结合也是"道"与"谋"的新结晶。读后，不仅能使你走向美好和圆满，若你处于困窘与险恶之中，还能以动、变、通和再变、再通的方法及原理教你生化出逢凶化吉之术，让你趋吉避凶，走向坦途；同时，还能提升你的认知水平及解决困难的综合能力，让你成为成功的英雄和道德的君子，成为一个不平凡的人。

人生十有八九如意，这是不正常的事情，因为人间智者太少。人生十有八九不如意，则是十分正常的事情，因为世间人十有八九皆为凡人。在你熟读《易经与三国谋略》之后，当你遇到困难手足无措时，只要你能像山中的老道、寺中的禅师，静心去躁，空怀万谷，再依照此书细细玩味，深揣有关的卦爻，体会卦爻之理、三国故事及点评，你就会颖悟世俗，巧思尽智，酿造出绝妙的上上之策；你也就会自然而然地达到自己的目的，成为人生之中十有八九如意的高人。

在困难之际，只要你懂得动、变、通的方法及原理，又具有了变通的能力，你就会有绝佳的方略，就会从恐怖的黑夜走向辉煌的白昼，更能从困险灾厄之中走进圆满的灿烂之境。

郭易周
2012 年 5 月

占卜方法

一、基本知识

《易经》的内容是由六十四卦组成的。六十四卦又是由原八卦两两重合构成，八卦的卦序为乾、兑、离、震、巽、坎、艮、坤。构成八卦的两个基本元素为阴和阳，阴的代表符号为“--”，阳的代表符号为“—”。

八卦的基本内容又分为卦形、象形、意义和象征四大部分，见下表：

“八卦”基本内容表

序数	卦　名	卦　　形	象　形	意　义	象　　征
1	乾	☰	天	健	父
8	坤	☷	地	顺	母
4	震	☳	雷	动	长男
5	巽	☴	风、木	入	长女
6	坎	☵	水、雨	陷	中男
3	离	☲	火、日	附丽	中女
7	艮	☶	山	止	少男
2	兑	☱	泽	悦	少女

为了记住八卦的基本内容，首先要记住八卦的卦名、卦形、卦象，歌诀如下：

乾三连 ☰　　坤三断 ☷
震仰盂 ☳　　艮覆碗 ☶
离中虚 ☲　　坎中满 ☵
兑上缺 ☱　　巽下断 ☴

二、摇钱占筮法

预备制钱(又叫“铜钱”、“麻钱”,形状外圆,中有方孔)一枚,以有字一面为正,无字一面为反。如无制钱用人民币钢镚亦可,有字一面为正,有花一面为反。

第一步:确定取卦象的方法:

正为 --

反为 —

第二步:纳钱于掌中,静心合掌,摇钱掷投六次,每次都会得出一个卦象。画卦形时应从下往上画。

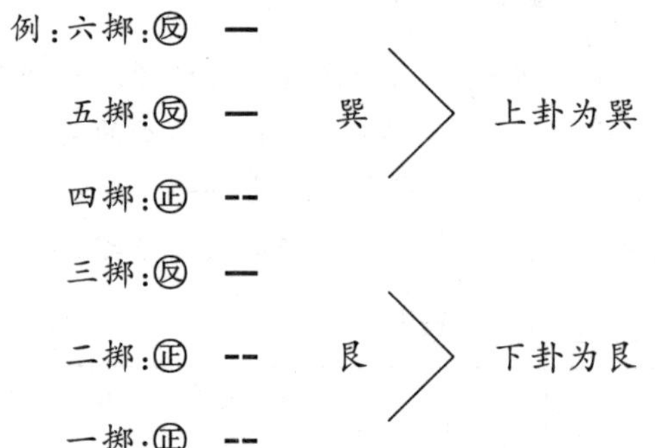

第三步:查表确定卦名:如下卦艮与上卦巽重合为渐卦(如下表所示)。

八卦两两重合组成六十四卦表

封序 下三线 \ 上三线		乾	震	坎	艮	坤	巽	离	兑
		☰	☳	☵	☶	☷	☴	☲	☱
乾	☰	乾	大壮	需	大畜	泰	小畜	大有	夬
震	☳	无妄	震	屯	颐	复	益	噬嗑	随
坎	☵	讼	解	坎	蒙	师	涣	未济	困
艮	☶	遁	小过	蹇	艮	谦	渐	旅	咸
坤	☷	否	豫	比	剥	坤	观	晋	萃
巽	☴	姤	恒	井	蛊	升	巽	鼎	大过
离	☲	同人	丰	既济	贲	明夷	家人	离	革
兑	☱	履	归妹	节	损	临	中孚	睽	兑

第四步：断卦。以渐卦中“卦辞释译”、“三国故事”、“点评”为据，对所求之事进行解难断疑。这时候应当科学地认知你所欲知之事的环境与基本条件、状况，知己知彼，辩证思维，然后确定解决问题的路子和方法，再去解决现实生活当中的困难和问题。

关于断卦、取爻方法的说明：

1. 六爻都不变，为静卦，根据所得卦卦辞进行断解。

2. 一爻变：即卦中只有一个爻变，以变爻的爻辞断解。

3. 两爻变：卦中出现两个变爻，以上面那个变爻的爻辞进行断解。

4. 三爻变：卦中出现三个变爻，应运用本卦的卦辞和变卦的卦辞，两两相合，进行综合断解。（详解参见下面第 8 条）

5. 四爻变：卦中出现四个变爻，应以两个不变爻之中的下爻爻辞去断解。

6. 五爻变：卦中出现五个变爻，以不变爻的爻辞去断解。

7. 六爻变：卦中六爻全变，如果是乾卦，以卦中的“用九”爻辞断解；如果是坤卦，就以坤卦中的“用六”爻辞断解。若不是乾、坤两卦，则应以变卦的卦辞作断解。（变卦参见下第 8 条）

8. 何谓变卦？在断卦取爻的七种情况中，“4”与“7”两种情况都分别提到过“变卦”一词。“变卦”又名“之卦”，也就是让本卦的变爻改变性质（即阳爻变阴爻，阴爻变阳爻），形成新卦。例如：䷀乾卦中的九二、九四和上九都为变爻，那么它的变卦就形成了下离上坎，取卦形为䷾，即为既济卦，也可以说既济卦是乾卦三变爻后的变卦。

注意：当您占卜完卦之后，千万不要盲目地去套搬《易经》中的卦辞与三国故事中的方法，更不要机械地去效仿。所有的事物都有自己的动态与环境，绝对不是静止不动的，而是永远发展变化的。所谓《易经》的六十四卦的卦辞都是对现实的模拟与假设，其中的哲理只不过是启导您辩证思维、教您通变的指南针。相信易理没错，但生搬硬套《易经》，必定大错特错。

千万记住，所有事物的变化和发展是永恒的，不变、不发展只是相对的，不是绝对的。在占卜时，您的目标、目的不能变，但解决问题的方法一定要随着事物的变化、发展，不断地作出相应的变化和调整，否则您的利益、您的追求就可能会受到损害。

目录

乾 ☰ 下乾上乾

乾为阳，为刚，象征天道运行刚健不息。从卦象看，上下二体皆为乾，属两天相重，寓意天道运行，至刚至健，周而复始，永不停息。

卦辞释译

乾：元亨利贞。

“乾”为卦名。“元亨利贞”为卦辞。元、亨、利、贞是乾卦的四种德性或本质特征。在古代，德性为性质和属性，与现今的道德不太一致。“元”是开始、宏大。“亨”为亨通。“利”是和谐有利。“贞”为贞正而坚固持久。全卦辞意为：元始，亨通，和谐有利，贞正而能坚固持久。

重要提示：综论刚强者的进取哲学。

初九：潜龙勿用。

初九为乾卦第一爻。“潜龙勿用”为第一爻爻辞。“潜”为潜藏，隐藏。“龙”指阳性之物，既可上升，又可藏隐，也是至刚至健的动物的象征。初九位于乾卦开始，阳气还不够旺盛刚壮，此时应像巨龙一样隐藏于水中。全爻辞意为：龙潜于水中，暂时不要发挥作用。

三国故事

潜藏深隐

在白门楼吕布被杀之后，曹操把刘备带到许昌，礼遇备至，出同车，坐同席，视为宾上之宾。但曹操的真实目的并非是诚心厚意地对待刘备，而是为了掌控刘备。他认为刘备不仅是审时度势的高人，还是皇室宗亲，又有关羽、张飞两员猛将，在徐州一带还颇得民心，所以，如果对他不能加以控制，一旦放虎归山，将来必然会成为自己统一天下的劲敌。

尽管曹操善待刘备，但刘备也深知曹操的用心，所以他把自己的雄心大志一直深埋在心里，无论如何也不能让曹操揣透看清。为了隐藏自己，防备曹操，刘备每日种菜，以为韬晦之术。一天，曹操突然派人请刘备赴宴。宴席上，刘备因不明曹操的真实意图，心里忐忑不安，丝毫不敢轻举妄动。当曹操问刘备当代英雄有谁人时，刘备便历数袁术、袁绍、刘表、孙坚、张鲁等人物，没想到曹操听后拍掌大笑，并说这些碌碌无为之辈，不久就要成为阶下囚，怎么能成英雄呢？曹操认为"胸怀大志，腹有良谋，有运藏宇宙之机，吞吐天地之志"的人那才是大英雄。刘备立即附和，然后，又谨慎地问谁是这样的英雄。曹操手指刘备便说："唯使君与操耳。"刘备一听，猛然一惊，手中的筷子都掉在了地上。

这时，外面正好雷声大作，刘备弯腰拾起筷子，巧借雷作而释言："一震之威，乃至如此。"曹操见此大笑着问道："大丈夫还怕雷吗？"刘备进一步掩饰说："圣人遇到惊雷疾风都变容色，何况我呢？"

曹操见刘备不仅不识英雄，对惊雷都怕得要命，于是曾一度改变了对刘备的看法，也放松了对他的控制。

刘备依然种菜锄园。后人有诗赞刘备说："勉从虎穴暂趋身，说破英雄惊杀人。巧借闻雷来掩饰，随机应变信如神。"

后来，刘备趁曹操麻痹，找借口讨了一支人马，远离曹操，开始了争夺天下的征程。

点评

月亮是"初一生初二长，初三初四亮堂堂"。小草、树木也无不是冬藏春发，世间生灵万物哪有缺少潜藏孕育阶段的呢？乾卦初九爻的含意是潜龙期间不能盲目地发挥自己的作用，在此阶段要选准自己的目标方向，积极蓄积足够的力量，以备将来的"见龙在田"。例如，刘备尽管在自己无立足之地时投靠了曹操，但他能审时度势，深知曹操的为人，表面上不仅不发挥自己的作用，而且还竭力地掩饰自己的雄心大志，不是种菜就是锄园，干些庸人琐事。当他听到雷声时，还能装出胆怯的样子，很巧妙地去掩饰自己，悄无声息地蓄积力量。"潜龙勿用"，也是三十六计中韬晦之计的原理。它告诫人们，当条件不成熟、时机不适宜、羽翼未丰之时，千万不能逞匹夫之勇，应当示弱、退让、深藏自己。以"弱"掩藏着进取之志，以"退"掩藏着进取的行为。宋朝大文学家苏东坡在其《留侯论》中有一段话，对这种韬光养晦之法作了一个注解，他说："天下有大勇者，卒然临之而不惊，无故加之而不怒，此其所挟持者甚大，而其志甚远也。”在这里，这种“大勇者”所采用的策略就是“潜龙勿用”。

九二：见龙在田，利见大人。

九二是由下往上的第二爻，“见龙在田，利见大人”为第二爻爻辞。“见”为出现。“田”指地上。“大人”为才德兼备或有权位的人。九二居第二爻位置，象征龙已出现在大地之上，即纯阳之气从地下升出地面，阳刚渐增，开始走向壮大。全爻辞意为：龙出现在田间地上，有利于大德大才之人出现。

三国故事

庞统出任

庞统为襄阳人，自幼博学多识。当他见到当时大名鼎鼎的司马徽时，与其坐在树下讨论天下大事，一昼夜还乐而不倦，从此名声大振，人称“凤雏”。再加之在赤壁大战前巧献连环计，把曹操的兵马烧得一败涂地，名声更是响彻宇内。

刘备初见庞统，颇瞧不上他，便只让他出任耒阳县令。庞统去耒阳后，整日饮酒，不治政事。刘备得知此事后，便让张飞到耒阳去巡查。张飞在巡查时，发现庞统的公务积压了一大堆，当场怒发冲冠，责骂庞统荒废政事。庞统微笑着说：“这百里小县，些小公事，没有什么难决断的，我马上就办。”庞统目视简牍文书，耳听口判，曲直分明，不一会儿就把积压了百日的文书公务处理完毕。

庞统理完政事，把笔往地下一掷，反问张飞：“我荒废了主公的事情了吗？”张飞感到非常惊讶，十分钦佩庞统的才华。他立即上马，返身回了荆州，如实向刘备作了全面的汇报，并把鲁肃的举荐信给了刘备。

刘备看了鲁肃的举荐信，说庞统不是百里之才，他的才能应做治中和别驾一级的官员。同时，诸葛亮也积极推荐他。于是刘备便安排庞统做了治中从事。不久，又升他为军事中郎将。

刘备西征益州，庞统随军入蜀，奇谋妙计，层出不穷，为刘备攻取益州作出了很大贡献。

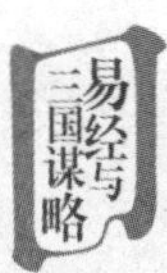

点评

以庞统的博学多识，他深深地知道，如果再不寻找时机出山，就如同深闺之中的靓女，无论如何也不会得到人们的赏识。他寻找到机会，利用出任耒县县令的机会展现自己的才能，尤其是他能从诸多方面认识到刘备是个明主，并预感到刘备能成大器，于是他立即设法出山，一展自己大志，否则，再隐藏下去就是迂腐。

该出手时就出手。抓住机会，大显身手，才能得到“大人”的赏识。同时也能彰显“大人”自身的品德。庞统出任，这里还有三个关键因素：一是其所遇确是“明主”，有识才之能，容贤之德，而非嫉贤妒能的小人；二是本人确实是人才，而非绣花枕头；三是必须抓住展现才华的机会。否则难以“见龙在田”，更难“利见大人”。

九三：君子终日乾乾，夕惕若，厉无咎。

九三是指由下往上数的第三爻，“君子终日乾乾，夕惕若，厉无咎”为其爻辞。以上四、五、六爻均以此类推。“乾乾”为刚健不息。“夕”是黄昏。“惕”为恐惧。“若”是语气助词。“厉”为危厉不安。“咎”指灾祸。因九三以刚爻居阳位，已进全卦的中位，所以，九三有些过于刚强，甚至有失中道。故爻辞中提出警惧之词。全爻辞意为：君子整天勤奋不息，甚至夜间也时时警惕，虽然面临危险，但没有灾祸。

三国故事

谨慎一生

诸葛亮，字孔明，今山东沂南人。出身官宦之家，因少年丧父被叔父收养。叔父去世后，与其兄弟种田为生，过着晴耕雨读的日子。二十岁时娶妻，二十七岁遇刘备三顾茅庐而出任军师。他未出隆中，已有三分天下的策略。一到军中，他助刘备从荆州没有户籍的游户中征集兵员，将一支几千人的队伍很快发展到数万兵马。之后智激周瑜与孙权，实现了联吴抗曹的方针，导演了赤壁大战，为三国鼎立作出了卓越的贡献。

在帮助刘备开创基业的过程中，诸葛亮可谓无时无刻不兢兢业业，对客观事物缜密观察，对天、地、人无不进行透彻研究，对战争规律、治国之道、人间世事、千种环境、万方因素，都能辩证思维、仔细分析、谨慎把握、周到处理，所以他在政治上、外交上和军事上都是老谋深算，奇策泉涌，取得了一个又一个的胜利。赤壁之战后，诸葛亮运筹帷幄，占领了军事要地

荆州，使刘备有了立足之地。可是，东吴孙权却十次索讨荆州，诸葛亮每次都以奇计推赖，设谋不还，并且次次都能取得胜利。后来孙权大怒，派大将吕蒙带兵以武力占领，双方关系立刻发展到剑拔弩张的程度，孙刘联盟关系眼看就要破裂，这时曹操在北方伺机准备进攻汉中。诸葛亮从大局出发，主动向孙权让步求和，双方以湘水为界，平分了荆州。尤其在关羽败走麦城被吴将杀害时，刘备率倾国之兵力进剿吴国，顿使两家彻底失和。

刘备托孤后，诸葛亮辅佐刘禅，谨慎勤勉，鞠躬尽瘁。当时正是刘备东征失败之后，军事力量大为削弱，内部政局极其不稳，地方豪强乘机叛乱，曹魏又与东吴联合，企图乘机消灭蜀汉。面临黑云压城之势，他尽心尽力，与东吴再次重修盟好。当魏国开始对东吴用兵时，诸葛亮利用吴、魏相争的矛盾，取得了休养生息的时间，便大力发展生产，务于经济，恢复国力。当蜀汉的综合国力有了长足的恢复与发展时，诸葛亮率兵对南方少数民族的反叛进行平定，曾七擒七纵孟获，南抚夷越，赢得少数民族之心。南方平叛之后，诸葛亮感到蜀汉的后顾之忧解除了，蜀汉内部政局也处于绝对稳定之际，又集中力量，讲武练兵，开始准备北伐。

曹丕死后，幼主曹睿当政，诸葛亮趁魏国内部不稳的大好时机，立即北伐，进军长安。在八年多的北伐中，诸葛亮屡出奇兵，多次获胜。可是，最后遇上了劲敌司马懿，两军在对峙中，司马懿坚壁据守，不肯迎战。这时，东吴孙权的北伐部队因为出师不利，已经撤兵。面对这种形势，诸葛亮终日思虑重重，事必躬亲，终因积劳成疾，重病不起。

诸葛亮在病危期间，把军中大事细致周全地托付给了姜维和杨仪，就连自己死后的退敌密计也详详细细授予他人。诸葛亮病故之后，姜维、杨仪遵他事前命令不发丧，并有组织有秩序地撤军。后来，当司马懿得知蜀军退却的消息时，立即领兵追剿，杨仪见魏军来追，马上按诸葛亮之计予以反击。司马懿见蜀军撤退有序，生怕中计，不敢再追。后来，司马懿观察了五丈原的地势，十分钦佩诸葛亮的谨慎部署，长叹道："真是天下奇才呀。"

点评

诸葛亮之所以能辅佐刘备在三国鼎立之中争得一席之地，不仅在于他英才绝伦、神机妙算，而且还在于他始终如一的勤奋和事必躬亲的作风。虽然后来蜀汉多灾多难，天灾人祸并起，但诸葛亮依然临危不惧，谨慎从事。特别是关羽失了荆州、夷陵之战更致使蜀、吴两家失和时，他依然能够重修盟好。然后南方平叛、六出祁山。诸葛亮靠的就是时时警惕、谨慎勤勉。

更值得一提的是，司马懿也是人中龙象。面对诸葛亮的六出祁山，不论诸葛亮动用什么手腕、方法，他都能够警惕着诸葛亮的一切所作所为。当司马懿听到诸葛亮一顿仅能吃一点儿饭时，便对部下说："他活不长久了！"等诸葛亮病逝之后，司马懿再也用不着警惕才智法术比自己高明的诸葛亮时，才敢出兵。这些勤奋、警惕而又谨慎的行为做法也都是对此爻的最好诠释。

在人生的长河中，不论从政还是经商，不论做官还是为民，也不论创业还是守业，如果凡事不能勤勉谨慎，不能"终日乾乾，夕惕若"，就不会善终，甚至招致灭顶之灾。古语云："敌存灭祸，敌去召过。"为什么敌人存在会没有灾祸，敌人不在了反而会招致过错呢？原因就在于，敌对面的存在，迫使你不得不日夜警惕，勤勉谨慎；而敌对面不存在了，你也就"刀枪入库，马放南山"，放松了警惕，最终则必然招致祸咎。人生要想善终，必须"终日乾乾，夕惕若"，没有敌人就假设敌人，没有困难就拟设困难。唐人孔颖达的一生，可以说从正反两面都能说明这一问题。孔颖达八岁读书，每天背诵一千多字，实为少年奇才。长大以后，不仅文章写得俊美潇洒、有章有法，而且还通晓天文历法。在隋朝大业初创之年，他因博学多才，被授予博士。隋炀帝曾召天下儒官集合于洛阳，令朝中学士与他们讨论儒学。颖达年纪最小，道理却讲得最出色，那些年岁大、自以为资望很高的儒者就想暗中派人把他杀死。后来，颖达千方百计才躲过了那场灾难。到了唐太宗时，他又多次上书进谏，受到重用，拜为祭酒。太宗到太学视察，令其讲经。认为他讲授颇佳，便下诏表彰他。而孔颖达不仅不张扬自己，反而辞官回家，最后得以善终。

九四：或跃在渊，无咎。

"或"为不定词，在此有临阵犹豫不决之意。"跃"为向上跳跃，但达不到腾跃的高度。"渊"指水深处。九四以阳爻居阴位，因不当位，有不利的一面。全爻辞意为：应相机而动，或者跃起上进，或者退处在渊，均无过错。

三国故事

曹操献刀

曹操是一个足智多谋、极善权变又能相机而行的人。在三国当中，他是一位了不起的善变高手。也许正是因为他善变，所以不论遇到何事，都能从容对待，周全安排，使自己得时当位，进退有路。

东汉末年，鳌公侯、西凉刺史董卓，因朝政内乱而被召入朝廷。不久，他把持了朝政，逼汉献帝封他为丞相。董卓做了丞相之后，不仅仪仗服饰与汉献帝相同，而且独揽朝政、恣肆妄为、欺上瞒下、荼毒生灵，一时间搞得朝中众臣敢怒而不敢言。当王允召集群臣商量除掉董卓时，众官皆哭，一筹莫展。只有曹操看着众禄蠹们放声大笑，果敢表示，愿亲手杀死董卓，悬首都门，以谢天下。

王允听了曹操的话，问有何高见？曹操说，他在任济南相时，不仅得到了朝廷的信任，也得到了董卓的肯定。董卓自入朝以后，为了巩固自己的地位，笼络人心，扩大势力，便任命曹操为骁骑校尉，并且视他为亲信，有些密事还常常一起计议。曹操向王允和众官承诺，愿揣一把宝刀，寻机杀死董卓，为国除贼。

曹操说到做到。一天，董卓召曹操议事，他带着王允赠他的那把宝刀来到董卓处。董卓问曹操为何来迟？曹操说自己的马不好，走得太慢。董卓为示恩惠，立即令吕布到马厩中去选好马赠予曹操。这时屋里只剩下董卓和曹操两人，董卓又侧身向里躺在床上睡觉，曹操认为这是行刺的好机会，急忙从怀里抽出宝刀，正欲刺向董卓，董卓却又醒来，从对面的镜子里看到了曹操的举动，忙回过身来问："孟德何为？"

曹操见行事不利，又觉得董卓身肥体壮，力大无比，如果两人一旦交手，胜负难料。再则，侍从一旦闻声而入，自己必死无疑。在这千钧一发之际，曹操灵机一动，赶忙跪下，双手托擎宝刀，恭敬地说："我近得一柄宝刀，愿意献给丞相"。

董卓看了看曹操，竟真的相信了，并收下了宝刀。就在此刻，吕布也从马厩里把马牵来，董卓领曹操出去赏马。曹操一见马，立即大加赞叹，并要骑上去试一试，说完，飞身上马，加鞭往东南驰去。之后，董卓的谋士来见董卓，董卓把曹操献刀的事说了，他的谋士说"曹操不是献刀，而是行刺"。

董卓立即警觉起来，急忙派人传唤曹操。可是，曹操已飞马夺门而出，飞奔故乡谯郡了。

点评

曹操行刺、献刀、飞马而去，这三个行为联系起来看，是"或跃在渊"最好的体现，从意义上看，也是"进而无咎"的体现。"跃"是为了杀贼，不致国家社稷丧失在国贼手中，于是他向董卓行刺；"献刀"是因行刺不利而立即退处在渊。当吕布把马牵来时，曹操又趁机"飞马

而去”，这是又一次“跃”，这次的“跃”，不仅离开董卓保存了自己，而且走后还组织起了反董卓的联盟，公开与国贼展开了斗争。

综观曹操的一生，无论何时何地都善于相机而行，应进则进，应退则退，总能把自己在关键之时安排得当时、当位，恰到好处。要做到这一点，关键一要识位，二要知机。所谓识位就是明白自己所处的地位。九四是阳爻而居阴位，必须小心谨慎，不能轻举妄动，该退则退，该进则进；所谓知机即知道抓住时机，包括机遇、危机。机遇来了则勇猛进取，一展宏图；危机到了，则全身而退，保存力量。

其实，曹操的一生就很有“或跃在渊”之意，否则的话，他不可能一生无大咎。

九五：飞龙在天，利见大人。

九五以刚爻居阳位，而且又处上卦的中位，此乃阳气已经盛壮于天。因此，九五深得乾道的浩气与精义，也象征位居至尊的君子具备了刚健中正的德性。全爻辞意为：飞龙上天，有利于大德大才之人出现。

三国故事

汉中称王

刘备自与关羽、张飞两人桃园结义后，因在剿灭黄巾起义军的过程中立下许多功劳，被任命为安喜县尉，后因张飞怒鞭督邮而不得不弃职另投他处。往后的境况是步步艰难，一直过着寄人篱下的日子。他先后投奔过公孙瓒、吕布、曹操、袁绍和刘表，雄才高略始终难以大展。这期间的刘备尽管仁德过人，以至于徐州牧陶谦都曾三次让贤于他，但他一直不能如愿。

后来刘备寄居在荆州牧刘表处，刘表待以上宾之礼，并派其驻守新野。这期间，刘备广交豪杰，探贤访能，一心想寻求能够支持帮助自己的贤人名士。在跃马过檀溪之后，他受襄阳名士司马徽的指点，三顾茅庐，终于得到了至贤至德的军师诸葛亮。

刘备得到了诸葛亮，如虎添翼，如鱼得水。利用当时曹魏与孙、吴两家的尖锐矛盾，诸葛亮亲自出使东吴，暗中用计，巧激孙权和周瑜，促成孙刘联盟，于赤壁之战中大挫曹魏锐气，并且巧妙地占据了荆襄之地，终使刘备有了立足之处。赤壁大战后，孙权惧怕雄踞北方的曹操再度南侵，为此勉强同意借荆州之地给刘备，以图共拒曹操。

刘备占了荆州之后，很快把目光转移到了汉中。为了将来的三国鼎立，必须先建立自己的根据地。益州牧刘璋当时生怕曹操讨伐汉中，别驾从事张松借机建议刘璋允许刘备开进益州，共拒曹操，刘备得机进入益州。之后他厚树恩德，收买人心，为汉中称王奠定了基础。建安十七年(212 年)，曹操东击孙权，孙权请刘备回救荆州，刘备以此为借口向刘璋索求兵马粮草，由于刘璋没能满足刘备的要求，于是刘备煽动部下说："我们为益州征讨强敌，将士辛劳，粮草不备，人马不足，怎能让将士出战呢?"刘备此时借助于各种矛盾，分兵攻占了益州附近的诸县，又令诸葛亮率兵前来支援，最后逼得刘璋出降，终于占领了益州全境。

刘备占据益州之后，又命刘璋故吏董和、董权、李严等人担任要职，使之各显其能，于是声势大振。之后刘备又听从法正等人之谋，率军进伐汉中，大破曹操，从而又占据了汉中、武都、阴平等地。

随着战事的顺利进展，刘备的势力逐渐壮大起来。他占有荆襄之地，又得益州，最后又夺得了沃野千里的汉中。到建安二十四年(219 年)，刘备自立为汉中王，揭开了三国时期蜀汉历史的篇章。

点评

九二之大人虽有高德，但无高位。九五之大人就不同了，德高位也高，品德、才智、地位三者兼备。换言之，就是说主客观条件都尽善尽美了，"飞龙在天"也成了必然。刘备汉中称王正是属于这种情况。他以"匡扶汉室"的名义，号召天下；以自己皇室宗亲的特殊身份示恩德于天下，广泛地争取民心。他礼贤下士，唯才是举，笼络了以诸葛亮为代表的一批贤才和以关、张、赵为代表的一批战将，形成了一个以自己为核心的战斗力很强的政治军事集团。他按照诸葛亮的谋划，先借荆州，后取西川，终于建立了自己的根据地；在战略上，东结孙吴，北抗曹魏，最后，像水到渠成一样，取得了三分天下有其一的战略胜利。在完全具备了称王基础和条件时，他便顺利地登上王位。

其实，刘备的人生之旅可以说占齐了乾卦六爻的爻意，他的不同阶段都能与六爻相应。如桃园结义有着"见龙在田"之意，陶谦三让徐州牧之时，刘备深知自己正处"潜龙勿用"之际，不能妄自接任；他被吕布占了徐州城不得不投到曹操麾下时，以"君子终日乾乾，夕惕若"的境界严格要求自己，也要求关、张两位兄弟如此；赤壁大战在即，他又以"或跃在渊"的态度去联盟参战，最后终于有了自己的地盘。

乾卦九五爻的爻义，若单从方法谋略上讲，是很难达到"飞龙在天"的境地。而若从精神和文化心理上讲，就更难以达到。苏东坡去

拜访佛印禅师，他见佛印正在打坐，便坐在了佛印身边，两个时辰后，苏东坡感觉通身舒畅，便得意地展现自己的禅功，问佛印："法师，我坐禅的样子如何？"佛印赞叹："好一尊佛呀。"佛印望着神采飞扬的苏东坡又问："你看我的坐姿如何？"苏东坡毫不客气地说："像一堆牛粪。"说罢哈哈大笑。佛印毫无怒气，坦然一笑，依然坐禅。之后苏东坡常在高人面前夸赞自己的禅境超越了佛印。苏小妹得知此事后劝说："哥，收起你的话吧，你都输给了佛印大师了！还得意呢。"苏东坡不解，小妹说："大师心中有佛，所以看你似佛。而你心中有粪，所以看大师就像牛粪。"苏东坡听后，极为惭愧，感到无地自容。

在中国谁人不说苏东坡是高人？但他打坐参禅远逊于佛印。由此看来"飞龙在天"的本意又极似中国的"道"，居九五之位，还须时时刻刻地修养自己。否则的话，居其位，不具其德，依然达不到"飞龙在天"的境界。

上九：亢龙有悔。

上九为乾卦的最上爻。"亢"过于上而不能下。上九之爻，阳已极，龙必亢，盛极必衰。全爻辞意为：龙高飞到了极点，必有过悔。

三国故事

败走麦城

关羽自与刘备、张飞结为异姓兄弟之后，曾有过温酒斩华雄、千里走单骑、过五关斩六将、刮骨疗毒、水淹七军等许多光辉业绩，尤其是擒于禁、斩庞德后，吓得曹操欲迁其都，以避锋芒，真可谓英雄盖世，威震华夏。

而就在关羽头上的英雄光环最为光亮之际，他却被吴国的吕蒙和陆逊看得一钱不值了。吕蒙在鲁肃病故后接替都督之职，他对关羽这一骁勇大将，看得一清二楚。当时关羽率兵驻东吴上游，本来对东吴已构成了极大威胁。吕蒙向孙权献计说："关羽与刘备都是反复无常的人，不能以诚相待。应尽早消灭他们，夺回荆州之地。"当关羽率兵攻打曹军樊城之际，吕蒙又向孙权进言："关羽进攻樊城，我们消灭他的时候到了"。接着吕蒙分析：我装病回建业，关羽听后必对我军的行为不会怀疑，会把部分留守军队调往樊城前线，那时我军昼夜沿江前进，偷袭关羽的后方，必获大胜。孙权听后，公开发布命令调回吕蒙。吕蒙回途经过芜湖，另一位看透关羽的吴国少将陆逊对吕蒙说："关羽自恃骁勇，从来不把别人放在眼

里。他现在兵攻樊城，后方防守空虚，我军若攻其不备，必能获胜，您见到主公，应劝主公合力完成这一大计。”陆逊的这话正说到吕蒙心里去了，为此，吕蒙心里也暗自钦服陆逊的深谋远虑。

吕蒙见到孙权，极力推荐陆逊接任自己的职务。

孙权立即任命年轻的陆逊接替吕蒙的重任，并拜其为偏将军、右督都。陆逊在驻守陆口之前，吕蒙又授其韬光养晦、伺机而动的方略，准备待机消灭关羽。陆逊到任后，果然运用韬晦之法，故作谦卑地给关羽写了一封信。信中极力夸赞关大将军功高德美，英勇绝伦。同时，又自谦才疏学浅，年轻没经验，恐怕不能胜任职务，请求关大将军多加指教。关羽见信后知道战功显赫老谋深算的吕蒙有病离职，替换他的是个乳臭未干的无名小子。于是，一时间更加志得意满，忘记了东西南北，认为不必再对东吴之兵疑虑重重，就把留守后方的兵士大半调往樊城前线。

关羽水淹七军、大败于禁后，虽得其兵马数万，却因无粮无草而产生了危机，于是便抢夺了东吴的粮食。此时，孙权下令尽灭关羽所部。东吴在进剿之时，一边故纵关羽之骄，一边让吕蒙率精锐部队沿江而上，昼夜兼程。东吴把战船伪装成商船，精锐士兵都躲进船舱，外面摇船的，全是身着白衣的商人。当吕蒙的部队到达江北岸后，关羽的守军还真把他们当成商人，毫无戒心。他们趁夜色袭杀了关羽的哨兵，将其余守军全部俘虏，然后长驱大进，袭取了荆州。然后又严密封锁了消息，使关羽及其部队毫无所知。

关羽不但轻敌，而且轻慢对待部下。这时驻守在江陵、公安的关羽部将是糜芳、傅士仁，本来对关羽的轻慢已心怀不满，再加之物资供应又不及时，还怕失守后受到关羽责罚，所以，当他们见到吕蒙的劝降信后，便投降了吕蒙。

吕蒙占领荆州诸郡之后，严令全军不得擅入民宅，更不得拿老百姓的一针一线，并且对关羽部下的家属按月给予粮米。江陵一带虽然被吴军占领，但是秩序十分安定。

当关羽听到江陵失守时，便数次派人打探吕蒙的动向，而吕蒙对所有来人一概给予厚待，请他们满城观看，还可以探访关羽将士的部下和家属，并可通信来往。关羽的部将们得知家中安然无恙，所受待遇又强于以往，故而无心再与东吴打仗，有些士兵甚至偷偷地逃回江陵，投降东吴。

待到荆州诸郡已失的消息传到关羽耳中时，关羽已是前有吴兵、后有魏将，陷入重困之中，无奈败走麦城。可叹英雄一世的猛将关云长，最后兵败被杀。

点评

满招损，谦受益。这是中国先贤们的古训，也是万古不移的真理。一个人无论地位多高、功劳多大、本事多强，都不能骄傲自满、目空一切。须知山外有山，天外有天。必须始终以虚心对待一切，因为只有虚心，才能容纳真言、察知真情，才能避祸。“亢龙有悔”，是阳极必阴的古代哲学观念。一般人都明了“日中则昃，月满则亏，物盛则衰”的事实，事物总是朝其相反的方面转化，当你明白中国这一古老辩证法时，即使你穷途末路，也可能柳暗花明。但是你如果一味骄傲自满，在意得志满之时，也可能走下坡路，甚至走向灭亡。明代学者方孝孺说：“人之不幸，莫过于自足。”关羽作为名震华夏的一代英杰，其悲剧结局正是由自己的性格缺陷造成的。他在一连串的胜利面前骄傲自满，轻敌慢友，哪有不走麦城之理？俗语说：“驴大马大值钱，人大了不值钱。”当然，这里的“大”不是个子大，也不是地位高，而是“自大”。本来“亢龙有悔”，而关羽在胜利面前不仅对吕蒙离职养病缺少警觉，而且又不把年轻的东吴将领陆逊放在眼里，还对自己的部下轻慢无礼。这种又“亢”又“骄”、又“轻”又“慢”的做法，其结果只能被吕蒙、陆逊击败。

“亢龙有悔”之理，十人有九个明白，但从实践意义上讲，十人倒有九人做不到。怎样才能做到明理又循理行事呢？不妨学习一下无德禅师。他的一位学僧自以为学识极丰、才智极高，于是去见他，说：“禅师，我跟你学禅十分用功，学到了不少知识，现在我感到差不多了，想下山云游四方。”

无德禅师听后没有答应学僧的要求，反去找来一个木盆，然后在木盆里装上了石子。他问学僧：“这盆里石子满了吗？”学僧答：“满了。”无德禅师又倒入了许多细沙，又问学僧：“满了吗？”学僧毫不含糊地说：“禅师，真满了。”禅师又往盆里倒上了一杯水，水立刻就不见了，禅师再问：“满了吗？”学僧正在懵懂时，无德禅师又倒上了一杯水，再问：“满了吗？”

学僧立即对无德禅师说：“师父，我明白了，真明白了！”

用九：见群龙无首。吉。

用九指九的功用和运用，也就是说功用为阳极生阴，即九可以变六；运用，是在卦中要善于用九，不能被九所用。“用九”一词在六十四卦中，

仅为乾卦所有，它处于乾卦与坤卦之间，具有两卦的美德，既能刚也能柔，具有尽善尽美之德。孔子在作《象》时，称之为“天德”。“群龙”为乾卦中的六爻。在用九之时，这六个阳爻，都是至刚至健，一往无前的，它们不论哪一爻处在首领地位时，都不能以“首领”居之，而是战则能刚，和则能柔，故大为吉祥。具体到人事上，在原始社会部落联盟中，尧、舜就是这样的领袖，他们能与广大的部落成员同甘共苦，不以首领自居，所以受到了千秋万代的拥戴。春秋战国之时代的大思想家老子、孔子，尽管他们手无寸铁，亦无丝毫权力，但他们也能成为世代人的思想领袖，原因就是他们深知“用九”之道。全爻辞意为：乾卦中的六爻如一群龙，每爻都不以首领自居，而是平等自由自在的共存。呈现出大吉之象。

三国故事

刘备托孤

刘备于建安二十六年(221 年)四月在益州(今成都)称帝，改元章武。以诸葛亮为丞相，许靖为司徒。不久，刘备痛恨孙权袭杀了他的结义弟兄关羽，决定大举伐吴。赵云谏阻说，我们国家真正的敌人是曹操不是孙权，如果先灭魏，将来孙权必定服气。赵云进一步分析，如果我们放弃北伐曹魏而先伐东吴，两国一旦交战，战争必定连绵不断，而且魏国也会趁机占便宜，这绝不是上策。

这时文臣武将都劝谏刘备，但刘备一概不听，并亲率七十五万大军东征。东吴的陆逊见刘备锐气方盛，下令全军坚壁守险，不与交战。两军相持六个月后，刘备自巫山起至夷陵界，树栅立寨连营七百余里。陆逊见机，遂下令火攻，接连破蜀军四十余营，致使蜀军土崩瓦解，狼狈西逃。刘备夜间突围逃入白帝城。孙权怕刘备与曹魏联盟东西夹攻，便提出议和。无奈之际，损失惨重的刘备也不得不同意议和。

章武三年(223 年)四月，刘备因忧愤悲痛、悔恨交加而病倒了。病势沉重之时，他派人去益州请丞相诸葛亮入白帝城永安宫托付后事。他对诸葛亮说：“你的才能比曹丕强十倍，必能安邦定国，终成大事。如果刘禅继承了我的皇位，你能辅佐他就辅佐；如果他实在不行，你就取代他吧。”诸葛亮听了刘备的话，汗流遍体，手足失措，哭拜在地，说：“我一定尽心辅佐太子，鞠躬尽瘁，死而后已。”刘备又请诸葛亮坐在床上，把鲁王刘永、梁王刘理叫到身旁，吩咐说：“我死之后，你们一定要把丞相当作自己的父亲，万万不可怠慢。”说完，让两位王子给诸葛亮叩头。待二王拜毕，诸葛亮说：“臣愿肝脑涂地以报陛下知遇之恩。”

刘备又对众官说："朕已托孤于丞相，令朕的儿子像对父亲一样对待丞相，大家也不要怠慢，别负了朕心。"

刘备还对赵云说："朕与你相交于患难之中，相从到今天，不得不别。凭着过去的交情，你再照料一下太子吧。"赵云连忙跪在地上，哭着道："请陛下放心，任何时候我都不会忘记您的嘱托，永效犬马之劳。"

最后，刘备对众官说："朕对大家不能一一嘱咐，愿都自爱。"说完驾崩，时年六十三岁。

刘备托孤之后，诸葛亮、赵云等众元老无不兢兢业业，一心为公，尽心尽力，勤于政事，从不怠慢。尤其是诸葛亮，呕心沥血，事必躬亲。少主刘禅虽然暗弱，但他谨遵父命，以父事诸葛亮，称其为"相父"，同时也极为尊重其他元老。他加封诸葛亮为武乡侯，国家军事、政治一切事情都由诸葛亮决断，从不以皇上自居，也从不任意干扰政事。刘备虽亡，蜀国却被治理得井然有序，一派生机。

点评

《易经》包含了五大学问：理、象、数、变、通。其中理为哲学；象、数为科学；变、通是道、是谋、是机，也是辩证法。乾卦的"用九"，就是专门讲"变"的学问和道理。人只要活在世上，就得处事，就得理世，在处事理世中，就必须晓得"通变"之道。所谓"通变"之道，就是先要通达变通之理，然后再去领悟"变通"之法。只有如此，才能处好事，理好世。那么"通变"之道是什么？古人云："一阴一阳之谓道。"也就是说，凡事光用阳的一面不行，只用阴的一面也不行，因为道的本体既没有阴，也没有阳，而是"阴阳中和"的状态。故乾卦用九教导我们，不能只阳不阴、只刚不柔，也不能只阴不阳、只柔不刚，要能阳能阴、能刚能柔，乾能变坤、坤能变乾。用九处在乾坤转变之中，不仅不能至刚，也不能甘居首位，所以要"群龙无首"。若以卦象喻人事，那就是说人处在这种时势之际，万万不可自为人首。老子曰："江河所以能为百谷王者，以其善下之。"综观刘备一生，就因为他凡事不善自为人首，所以成就了帝王之业。他文不如诸葛亮，武不如关、张、赵，但文武贤才都愿为他卖命效力。他讲兄弟情、袍泽义，礼贤下士，直至临终托孤，都是"以其善下之"的具体表现。他晚年发动的"夷陵之战"是"亢龙有悔"的体现。"悔"之后，他能立即改正自己的错误，所以在托孤之时，礼贤众臣之诚不亚于当年三顾茅庐之意，并且还能遗嘱刘禅万毋逞亢、逞强。所以，太子刘禅登基后也不以真龙天子自居，而是以子侄身份事诸葛亮及其他元老，结果是蜀汉朝廷上下人人

负责，精诚团结，共事大业，把蜀国治理得很好。刘备亡后，诸葛亮、赵云等老臣都如此爻中的“群龙”，从不自逞过刚过强，更不逞己威，个个都是勤于政事，尽力效命于暗弱的新皇刘禅。这一切，都是对“用九”的最好诠释。

《吕氏春秋》中的《期贤》一篇也是“用九”的千古佳例。当秦国要攻打魏国时，司马唐出面规劝秦王，说：“不可。段干木是个贤人，魏王非常敬重他，天下没有不知道的，进攻魏国不可行。”于是，秦王放弃了攻打魏国的计划。原来，魏王是位非常懂得“用九”之道的人。一次，魏王经过至圣至贤的段干木的陋巷，他立即庄重地伏在车轼上，仆人问他为何这样，魏王说：“这是段干木住的地方。他是贤人，我怎敢不敬呢？我曾想与段干木调换一下位置，可是他不肯与寡人调换。”后来，段干木得知此事，受魏王所拜，做了魏王的老师。魏王在段干木的教授下，时时学习，事事请教，魏国的国势也日日壮大起来。魏国人得知此事后，非常高兴地说：“我们的国君倡导正直，又敬重贤人，提倡忠诚，推崇段干木，他国肯定不敢冒犯。”

事实也的确如此，由于魏王刚而能柔，更能中和刚柔，虚心敬贤，故使国家免除了一场战祸。段干木做了国君之师，也从不以自己之能逞亢逞刚，所以魏国吉祥。

生活之中，明易理容易，讲易理也容易，但做好易理却有些难。能使刚变柔、进入中和之“道”的境界更是难上加难。难怪古人云：“阴阳不测之谓神。”南怀瑾先生说：“能阴能阳者，非阴阳之所能为。”

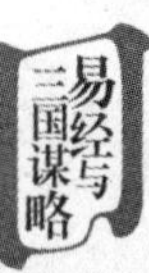

坤 ䷁ 下坤上坤

坤为阴，为柔，象征地，意为顺承“天道”运行，以厚德居下，负载万物。从卦象来看，两地相重，象征大地绵延不绝，无边无垠。从卦德来看，坤象征柔顺，但坤又不是对一切都表示柔顺，而是仅顺承于乾刚。

卦辞释译

坤：元亨，利牝马之贞。君子有攸往，先迷后得主。利西南得朋。东北丧朋。安贞吉。

“牝马”为母马。“西南”比喻为阴柔坤顺之道。“东北”比喻乾阳刚健之道。“朋”在此是指阴以阳为其朋贵，即阴把阳作为贵朋。全卦辞意为：坤卦象征大地，元始、亨通，有利于像母马一样柔顺地坚持正道。君子有所往，如果争先前行就会迷入歧途；如果随从刚阳之后，就会有人出来做主，必然有利。坚守柔顺之道就会有朋友，坚守阳刚之烈就会失去朋友。安于坚持正道是吉祥的。

重要提示：综论柔顺者的处世哲学和辅佐哲学。

初六：履霜，坚冰至。

“六”指柔爻，初六以柔爻居阳位，处于低位，象征阴气初起而寒力微小，仅能凝结为霜。全爻辞意为：踩着微霜，就知道坚冰快要出现了。

三国故事

知 敌

嘉平元年(249 年),蜀国大将姜维率军攻伐祁山。魏将军邓艾被派到陇右,与征西将军郭淮共同负责那里的军事防务。当邓、郭两位将军到达陇右后,姜维刚好退军。

郭淮见姜维已经退军,便准备向西去攻打羌人。这时,邓艾深刻地认识到凉州以西的羌人时常对曹魏不敬,屡屡起兵反抗,如果调兵去攻打羌人,离去不远的蜀军,很可能立即复还,致使军队蒙受损失,于是邓艾说:"应该留一部分人马在此等候,以防不测。"于是邓艾留守。

三天之后,姜维果然率军返回与邓艾隔河相对,但并不急于交战。当时,邓艾在两军对峙之间的那条白水河,对诸将分析道:姜维急速回兵,我军人少,他们按理应该渡河与我们交战。现在,他们驻扎在河对岸,佯装造桥过河,实质上是想以假象牵制我们。姜维本人可能向东去袭击洮城,因为洮城在白水河的北边,距离邓艾驻扎之地也只有六十多里的路程。

于是,邓艾在原驻扎之地也虚设旌旗,让河对岸的蜀军不知底细,自己却率军连夜奔赴洮城。当邓艾的军队赶到洮城时,姜维正在指挥军队渡河。

由于邓艾抢先占领了洮城,终于保住了城池,使姜维未能达到目的。

点评

所谓叶黄知秋,见霜疑冰,也就是在大自然中见到"黄牌"时 ,就应想到危险即将降临,应立即组织抢险、救险,以绝后患,千万不能麻痹大意。邓艾在发现蜀军本应渡河袭击却驻扎不动时,他就认识到这是姜维在出示"黄牌"。由于邓艾多了个心眼,从周围的环境条件中分析出敌军的另一个目的,于是,便采取了果断的措施,最终保住了城池。在这里,邓艾认识到姜维的行为就是"叶黄",就是"微霜",而"洮城"是"秋",是"坚冰",是蜀军的目的。由于邓艾具有高超的认知能力,识破了姜维的谋划,所以及时地破坏了蜀军的战略部署。《易》曰:"履霜,坚冰至。"霜和冰作为自然现象,是不可抗拒和不可改变的,作为人类却可在"履霜"之前采取防寒措施,尽可能减少寒冷带来的损失。作为一种比喻,它对于人类的政治、军事、经济等一切社会活动,都有着积极的指导意义。这也正是古人作"易"的目的。这里的关键是"知",见霜而"知"冰,见一叶而"知"秋,见微而"知"著。

这个“知”，也是“智”，是智慧，是由先天之赋和后天的学习积累起来的观察能力、思考能力和推理判断的能力。

六二：直方大。不习无不利。

“直”为正直，“方”指端方，“大”为阔大。六二以柔爻居阳位，处下卦中位，当位得中，是坤卦的主爻。全爻辞意为：正直、端方、阔大，不用修习，无所不利。

三国故事

棒杀蹇昌

曹操虽然身材五短，但年轻时就是个非常成熟的人。他经过不懈的努力，二十岁时就被举为孝廉。

后来，他的祖父曹腾得汉桓帝恩准，给了曹操一个正式的官职——洛阳北部尉，相当于现今京城北区的警备队长。曹操上任的第一天，便召集众人开会，针对当时裙带关系复杂、社会风气败坏的现象，大讲了一通立德秩序，又发布了一通严格的执法制度。然后，命人特制五色军棍数十根，悬挂于各个城门上。并布告全城，如有违法者，不论皇亲国戚，一律棒杀。

立法之后，官内大宦官蹇硕的叔父蹇昌自恃后台强硬而故意触犯法规。当卫士把蹇昌押到了曹操面前，曹操见他四十多岁，生得肥头大耳、油头粉面，见了自己也不下跪，甚至有轻视执法之意，于是厉声问道：“你是何人？”“蹇硕的叔叔蹇昌！”蹇昌回答得气壮如牛。曹操又问：“为什么私自出城违犯法规？要作乱吗？”“我堂堂蹇昌安有作乱之理？”蹇昌仗着宦官侄子蹇硕的威风，毫不示弱，根本不把曹操放在眼里。曹操对此不屑一顾，说：“押起来。”

押了一夜的蹇昌，第二天感到事态有些严重，便对曹操请求道：“请曹都尉念在我侄蹇硕的份上，还是饶我一回吧。”

曹操立即高声质问：“难道法规是可以随意改变的吗？我洛阳北部尉执法严正，绝不徇私情。你是蹇硕的叔父就更该守法，今天饶你不死，何以正法？怎可安民？”遂立即命令：“速将蹇昌拉出去，在违法处就地正法。”

于是，持棒卫士一拥而上，把蹇昌押到其违法之地，就地正法。

当时在场围观的群众无不佩服感叹。顿时，洛阳城内大街小巷议论纷纷，称赞曹操刚正不阿、敢作敢为，是个执法严明的好都尉。此后洛阳城北的社会秩序逐渐好了起来。

点评

曹操任洛阳北部尉，虽初出茅庐、官微权轻，但他敢以五色大棒处死当时名声显赫的蹇硕叔父，这正体现了曹操为官正直、端方、阔大的道德品质。当然，这里首要的条件是曹操是顺乾而行、替天行道，有皇帝作为坚强的后盾。所以，即使“不用修习，也可以无所不利”。在此六二所强调的“不习无不利”是需要“直方大”作为前提条件的。

法远禅师在寺中做首座，负责众僧的衣食住行，天天忙得不亦乐乎。这年大旱，田地不收，寺中的供养甚少，经常吃了上顿没下顿。这天寺中主持归省禅师外出化缘，门外来了几个面黄肌瘦的师兄弟，央求法远煮点汤喝。法远把柜中不多的油面放进锅里给众师兄做了一顿五香粥。粥刚煮好，归省禅师回来了，质问法远：“今日有施主设斋供养大家吗？”法远说：“没有。”归省立即提高嗓门问：“这锅粥从哪里来的？”法远答：“这是柜里的油面，让我给煮了。”归省主持大怒，喊道：“你盗用寺中的东西做人情。来人，打三十大板，逐出寺门。”法远默默地交出了钥匙，想尽办法按原价偿还了寺中的油面，他出了寺庙，但没有下山，而是在寺院边的柴草房找了个角落住了下来。法远每天依旧随众僧去听归省主持讲法。

一日，归省主持路过柴草房见到法远问：“你在这里住了多久了？”“半年多了。”归省又问：“你交钱给寺里吗？”“没有。”归省又说：“这是寺中的房产，没交钱你怎么能住呢？”法远第二天就托钵走向市井，他为人诵经，向人化缘，每天都把得到的钱全部交回寺庙。

后来，归省主持知道了，便在讲法时说：“法远是个活佛。”

归省在圆寂时，郑重地把衣钵传给了法远。

六三：含章可贞。或从王事，无成有终。

“含章”即蕴含美德。“无成”指不居功，即不敢以成事自居。六三位于下卦上方，是得位的人臣。六三爻的位置不中不正，应该特别小心谨慎，以免猜忌。全爻辞意为：蕴含美德而不显露于外，这样可以坚持正道。辅佐君王的事业，不以成功自居，最后才会有善果。

三国故事

三让徐州牧

曹操的父亲曹嵩其实并非陶谦手下所杀，而是黄巾余党张闿等一伙人打家劫舍、图财害命所致。然而，曹操却借替父报仇为由进攻徐州，企图扩大自己的地盘。

在这种情况下，刘备率兵赴徐州救陶谦。当徐州牧见到刘备器宇轩昂、语言豁达，又加往昔听说刘备是个大仁大德的皇室宗亲，不禁心中大喜，便命糜竺取出徐州大印让与刘备。刘备却再三推让，并说："曹军正是兵临城下之际，我们首要的事情是退敌。"陶谦也只好不再坚持。当刘备写信给曹操劝其退兵时，恰好曹操所占的兖州城又被吕布袭破，接着吕布又要进占曹操的濮阳。曹操在无奈之际，也只能卖人情于刘备，回身急救兖州和濮阳，放弃了攻打徐州的打算。曹操退兵，陶谦大喜，再一次提出请刘备领徐州牧，自己情愿乞闲在家养病。可是刘备还是不答应。陶谦无奈，只好请求刘备屯军小沛，以保安宁。刘备辞别陶谦，进驻小沛。

不久陶谦病重。临终之前，又一次把徐州托付给刘备。刘备还是推辞。可是陶谦死后，徐州百姓群集于州府之前，哭拜在地说："刘使君若不领此郡，我等皆不能安生啊。"

刘备在陶谦三让徐州牧之后，看到徐州城中众多百姓哭求于自己，最后不得不亲领徐州牧。

刘备心里明白，众意难违呀。

点评

陶谦三让徐州牧，刘备三辞徐州牧，都为"含章可贞"。然而他们所从的"王事"却都不是皇上，而是徐州的平民百姓。当然，这两位封建时代的官员也都是"无成有终"的。陶谦载着"三让"的美德长辞人世，而刘备也是在他的"上帝"徐州平民哭求下接任。封建社会为了争夺地盘和权利尔虞我诈、明争暗斗、你砍我杀的场面可以说是数不胜数。但陶谦的"三让"和刘备的"三辞"，却成为"道德谦逊，功成不居"的最好榜样。

六四：括囊。无咎无誉。

"括"为束扎起来。"囊"指盛东西的袋子。"咎"是过错，祸害或危害。"誉"为赞誉。六四以柔爻居阴位，象征大臣谨守臣道，晦藏明德，不招猜忌和怀疑。全爻辞意为：扎紧囊口。免遭危害，也不求赞誉。

装病诈曹爽

司马懿与曹爽是魏明帝曹睿的托孤重臣，在曹芳即帝位后共同辅政。曹爽的父亲曹真和曹操是本家，历事三代魏主，先后做过大将军和大司马。由于曹爽是宗室弟子，自少与明帝十分友善，明帝即位后，便任命他为散骑侍郎，后直升为武卫将军。明帝驾崩前封曹爽为大将军，因此曹爽在总摄朝政之后，又兼掌了魏国兵权。

司马懿是曹操时代的元老重臣，为军司马；文帝时，又升为尚书录事，因在抵御诸葛亮北伐时屡建奇功，逐渐把持了曹魏的军事大权。明帝在临终之前曾对司马懿有过戒备之心，因此当曹芳继位时，司马家族势力已逐步得到了遏制。

开始，曹爽十分尊敬司马懿这位前辈，所有军政大事从不自专，均与司马懿商讨。但随着曹爽势力的不断扩张，特别是把何晏、邓飏、李胜三位心腹都授以重任后，曹爽就有点不知天高地厚了。后来，三位高参共劝曹爽，说司马懿名声太重，不该把军国大权交给他，不然司马懿以后会兴风作浪的。于是曹爽便向魏主进谏，说司马懿功高德重，可加封为太傅。幼主曹芳焉有不从之理，于是曹爽不显山不露水地褫夺了司马懿的兵权，司马懿成了一个徒有虚名而无实权的太傅。对于这一切，司马懿心中清清楚楚，但他绝不逞匹夫之勇，甚至连一句怨言都没有。他知道，自己目前手无兵权，绝对不能和曹爽抗衡。于是，他倍加小心谨慎，称病在家，深居简出，不问朝政。

司马懿居家不出，正中曹爽下怀。曹爽与何、邓、李三位心腹整天花天酒地，作威作福，就连礼仪服饰和使用的器皿，也与朝廷无异。有时还把宫中的嫔妃、乐师叫回家中充作乐使。心腹李胜要出任荆州刺史，曹爽让他去看看司马懿有何动静，以防死灰复燃。李胜便来到司马家中。司马懿已知曹爽、李胜等用意，便让几个婢女搀扶着坐在床上，抖动着手连衣服也穿不上，还向婢女示意口渴，婢女端来了粥饭，他假装无力进食，饭从嘴角流了下来。李胜看到司马懿老朽不堪的样子，先是慰问了一番，然后不在意地说“我要去荆州担任刺史，特来拜辞”。司马懿佯装谬言说道：“你去并州？并州离胡人很近，好自为之，我危在旦夕，恐怕日后不能见面了。”李胜忙纠正：“我是去荆州，不是并州。”司马懿好像明白了些，接着又把司马师和司马昭两个儿子叫出来，求李胜等他死后多加照顾，并让他们

结为朋友，司马懿说完就呜咽起来。

李胜从司马家出来去见曹爽，得意忘形地说："太傅言语含糊，口不摄杯，指南为北，肯定活不长了。"

从此曹爽也不把司马懿放在心上。其实，这时的司马懿身体好得很，头脑也清醒得很。

事隔不久，新帝曹芳去高平陵祭祀祖先，曹爽的兄弟们随驾出行。司马懿根据早先的筹划，在城中安排好了兵马，占据了武库，控制了都城，随后屯兵洛水守住浮桥，然后派人给新帝曹芳上表，表略曰："臣当年辽东平叛归来时，先帝垂危，曾把着臣的手臂叮嘱后事，让臣辅佐幼主，臣对先帝说：'二祖也曾嘱托臣后事，这些陛下都已见到了，万一有不如意的事情，臣一定以死奉明诏'，当时黄门令董祺等人都在场。今天大将军曹爽背弃顾命，败乱国典，内则僭拟，外专威权。群官要职，皆置所亲，天下汹汹，人心危惧。现在皇太后令臣表奏罢免曹爽兄弟的官职，立令回家，不得在外逗留，如果胆敢稽留车驾，便以军法从事……"

曹爽听近臣读完表后，一时手足失措。谋士桓范劝说"赶快保皇帝到许城，立刻镇压司马懿的反叛。"然而曹爽却选择了投降，把剑往下一扔说："我不起兵了，情愿弃官不做，只求当个富家翁。"

曹爽自以为交了兵权就没有任何事了。可是他交出兵权不久，曹爽兄弟及其党羽被司马懿冠以大逆不道、妄图谋反的罪名，全部被处死，并灭了三族。

点评

六四爻处位不中，与下已离，又逼近上层，是个不上不下的位子，处境也很尴尬，怎么办？唯一的出路是扎紧囊口，千万不能让囊里的东西露出来。若以爻辞喻人事，就是让人把雄心大志、不满、不服、不屑等情绪全部封藏在肚子里，谨言慎行，韬光养晦，以求无咎。三国时代的司马懿，太晓此爻之精髓了，他在与曹爽十年的政治博弈中，韬晦自己的思想，伪装自己的言行，麻痹了对手，既免祸保全了自己，又蓄积了力量。当机会到来之时，他及时抓住战机反扑，一举消灭了曹爽及其党羽，彻底击败了对手，从而夺取了曹魏的大权。

春秋时期，越王勾践卧薪尝胆，比司马懿更为艰难，他的行为也是很好的"括囊"。他忍辱负重，发愤图强，十年生聚，十年教训，终于转弱为强，灭了吴国，成了霸主。

六五：黄裳，元吉。

“黄”在五色中属于中色。“裳”是下身的衣服，引申为谦卑居下的意思。“元”是既大又善。六五以柔爻居尊位，处上卦中位，具中顺之德。坤道为臣道，所以它身在崇高的地位却保持柔顺之德，必然大吉。全爻辞意为：穿黄色裙裳，地位虽高但仍甘心居乾下之位，大吉。

三国故事

高风亮节

刘备因关羽被东吴所杀，遂率七十五万大军东征，结果惨败。他在病故于白帝城之前托孤于诸葛亮。蜀国当时的军事力量已到了惨不忍睹的地步，政局也十分不稳。内有豪强乘机叛乱甚至投敌，外又有曹魏和东吴觊觎，虎视眈眈。后主刘禅年幼又不明事理，蜀国内忧外患，岌岌可危。

诸葛亮首先要处理的是恢复已经被刘备彻底破坏的孙刘联盟关系。他深知如果孙权臣服于曹魏，对蜀汉不止是威胁，甚至是灭顶之灾。诸葛亮在为刘备办完丧事之后，马上派尚书邓芝出使东吴，重修孙刘联盟。孙权听说邓芝来到东吴，不愿与蜀汉来往，生怕得罪了曹魏，所以一直不予接见。邓芝深解孙权的心理，立即向孙权上书，表明他来东吴不仅是为了蜀汉，更重要的还是为了东吴。孙权一看邓芝还有大为东吴着想的意思，就秘密地接见了邓芝。邓芝说：“你如果臣服于魏，不是让你入都伴驾，就是让你送太子去当人质，你如果不从，曹魏就可以叛臣的名义讨伐你。而如果蜀、吴恢复联盟，将来你就可以兼并天下，至少还可以三足鼎立，我们为什么不结盟共抗曹魏呢?”孙权听了邓芝的话，觉得有道理。与此同时，蜀汉又做了大量的工作，才使得孙吴与曹魏断绝了关系，并重新恢复了吴蜀联盟。双方互派使臣，友好如初。

诸葛亮见东吴的威胁已经解除，就开始整顿内政，发展生产，并及时地提出了“务农殖谷，闭关息民”的政策。整修水利，奖励农耕，还尽力地减轻了农民负担，使国内经济得到了很好的发展。

对内诸葛亮做了大量工作，不论是政见不同者还是反对者，他依然积极疏导，尽力化解各种矛盾。并且还制定了许多行之有效的政策，把一个内忧外患的蜀国治理得井井有条，综合国力也渐渐增强。

在消除外患、稳定内政的基础上，诸葛亮又把精力转移到了南方平叛上。当时蜀汉的南方，即现今的川南、云南、贵州等地，时称“西南夷”的少

数民族时时袭扰蜀汉，造反闹事。诸葛亮部署三路人马，采取“南抚彝越”的方针，在短时间内又赢得了少数民族之心，解除了蜀汉的后顾之忧。

平定南方以后，诸葛亮为了统一天下，又开始进伐曹魏。六出祁山，风餐露宿，沙场拼搏，呕心沥血，自奉甚简，从不因自身为丞相而有半点奢侈。失街亭后，诸葛亮上表后主刘禅，请求自贬三等，以示惩罚。即使是临终之时，也在遗嘱中表示自己的葬仪要从简。

诸葛亮病死的消息传到成都后，朝野震动。不论是生前受过赏的，还是受过处罚的，都很悲痛，认为这是蜀汉天大的损失。为了纪念他，大臣们经过讨论，决定在他的墓地上为他立庙，以便祭祀。

诸葛亮病故之后，不但蜀汉军民缅怀，而且连他的敌人钟会在攻下汉中时，还专门派人去祭扫其墓，且下令严禁在诸葛亮墓前牧马砍柴。

点评

刘备死后，诸葛亮名为丞相，实际上是蜀汉的一把手，但他从不越位，一直是“鞠躬尽瘁”。他虽然位极人臣，大权在握，但对后主刘禅恭顺谦下，刘禅左右的小人屡次想陷害他，都不能得手。更令人感叹的是，他的敌人后来都去祭扫他的坟墓。这说明高风亮节的诸葛亮不仅赢得蜀国人民的爱戴，就连敌对国的将士也非常尊敬他的人格品质。这其中的原因，就是诸葛亮终生恪守臣道，守中居正，不居功，不自傲，两袖清风，一心为国。唐朝大诗人杜甫曾有诗赞曰：“三顾频烦天下计，两朝开济老臣心。出师未捷身先死，长使英雄泪满襟。”

上六：龙战于野，其血玄黄。

“龙战”指坤阴发展到上六爻，达到了极盛的境界，便以乾卦六爻中的“龙”为象。“野”指离城和市郊很远的地方。“玄”为黑色。上六位于坤卦的终极，表示阴气亢盛，已有足够的力量与阳气抗衡。全爻辞意为：龙在原野上争斗，流出青黄混杂的血。

三国故事

政归司马

一生不离沙场的曹操建立了三国中综合实力最强的魏国，可惜子孙不肖，一代不如一代，抑或因果不虚，报应不爽，到了曹芳当政时，司马氏已操纵了魏国的实权，就连司马师带剑上朝，曹芳都不敢吭一声，一切政

事均由司马师决断。身为一国帝君，曹芳心中岂能容忍司马师如此妄为？于是便下密诏诛杀司马师。谁知事情败露，司马师抓住把柄，废了曹芳，立曹髦为新王。新王登基便想大有作为，但由于司马氏家族控制了朝政，曹髦干着急没有办法。司马师死后，曹髦想趁机大力作为一番，哪知司马昭又自封为天下兵马大都督，处处控制新王，并且篡权的野心更加张狂。“司马昭之心，路人皆知”，也正是当时的最好写照。

曹髦见司马昭如此狂妄而又专横，曾写《潜龙诗》以言志。此事让身边的官吏贾光得知，向司马昭告发。司马昭听完曹髦的《潜龙诗》，身佩宝剑进入宫殿，当着满朝文武百官斥骂曹髦：“难道你想当第二个曹芳吗？”

曹髦回宫后，悲恨交加，痛下决心要铲除司马昭。他招来王经、王既、王业三位大臣，决心合谋诛杀司马昭。王经以历史上鲁昭公讨伐季孙氏不成反被杀害的故事为鉴，劝谏曹髦。王既和王业公然到司马昭那里告发曹髦。曹髦是个宁死不屈的皇上，他决心要和司马昭决一雌雄。在无将可委、无兵可用的情况下，他仗剑登辇，亲率殿中老弱卫兵、苍头三百余人，鼓噪讨伐司马昭。结果不言自明，被司马昭的人杀了。司马昭于是又立曹奂为君，史称“元帝”。

七年之后，司马昭之子司马炎逼曹奂禅位，司马炎登上了帝位，天下归晋。

点评

日出月落，阴盛阳衰是自然规律。曹丕受禅，废汉兴魏。可惜曹家后代像老鸹窝里孵麻雀——一窝不如一窝。由于子孙不肖，司马氏家族拥有的权力也一天比一天大，直至发展到两个家族的权力相衡。再以后，司马氏家族的权力发展得又远远大于曹氏家族，这时已是坤道大于乾道，阴气极盛，必然导致龙战于野的结果。按理司马氏身为人臣，应守坤道，但由于曹氏家族势力日衰，大权旁落，对司马氏家族又失去控制，结果只能是阴盛阳衰，曹氏家族被杀得“其血玄黄”，天下归于司马氏之手。

《三十六计》之中的第十八计为《擒贼擒王》，其原文大意为：击溃敌人的主力，抓获其首领，就可瓦解整体的力量。好比群龙无首，战于郊野，必然陷于穷途末路。尽管《擒贼擒王》的原文与本爻意思有着较大的差别，但其“龙战于野”一词却是取之于本爻爻辞。两者在谋略的运用中，有着极为相似的地方。《巧除强盗》一事即是一例：过去的襄阳有一位林公任知县，他在处理一起抢劫大案时，发现其中有一位相貌最凶的家伙，估计可能是个头目，林公在审理中首先把他骗

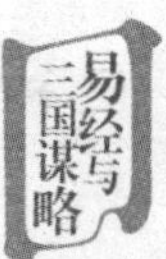

到了另一个地方拘囚起来，然后把其他罪犯叫进大堂，一拍惊堂木，大喊："某某某，本不是强盗，只是你们遭人胁迫，他现在已把情况说明，现在谁敢再隐瞒事情真相，立即找他来对质。"众罪犯一听，都认为他们的首领不仗义出卖了大家，于是众强盗齐呼冤枉，纷纷揭露他们首领的罪行，诉说其引诱胁迫大家抢劫的事由。由于众罪犯相互揭发，一起抢劫大案便了结了。

此案的审理，不仅是巧妙地做到了擒贼擒王，而且设法让众罪犯能够形成"龙战于野"的局势，然后使之"其血玄黄"。

用六：利永贞。

"六"的大用在于它可以转化为"九"。"用六"的功用和运用，在意义上与"用九"相同，但是性质却相反，即坤虽然能变乾，但坤性仍然保存。反过来说，坤性依然保存，但已有了乾的阳刚。乾卦之中的"用九"是刚而能柔，坤卦中的"用六"则为柔而能刚。只有如此，才能顺承天道，永久持守正固。全爻辞意为：有利于永远守持正道。

三国故事

奉天子以令诸侯

汉献帝在屡遭变乱之后，终于在建安元年（196 年）由杨奉、韩暹等将士护驾，回到了都城洛阳。

由于当时军阀混战刚刚开始不久，所以各自的力量都还不够强大，杨奉与韩暹的情况也是这样。在此之际，曹操认为应当趁政治局势尚未明朗之际，把汉献帝迎到许昌去，以便借皇帝之诏，行治乱之权。对此曹操的谋士们有的极力反对，认为山东还没有平定，杨、韩又新到洛阳，北连张杨，是很难制服的。

这时曹操的谋士荀彧却劝曹操说："过去汉高祖东征时为义帝举哀，天下归心。自战乱以来，将军您首先提出兴兵讨伐董卓，这已表明了大将军有安定天下的信心与志向。现在如果您能奉天子以从众望，天下豪杰也必将拜服于您。到那时，即使天下有叛逆的人，也一定奈何不了将军。现今应趁杨奉、韩暹还没有安定王室的能力，快速决断，迎接汉献帝尽快入住许昌。否则的话，一旦四方豪杰纷起，那时即使有迎接天子的念头，也为时已晚。"

曹操立即采纳荀彧的意见，亲自到洛阳把汉献帝迎到了许昌。而杨

奉、韩暹由于兵力太弱，也无能为力，只能任曹操所为。曹操将汉献帝迁驾许昌后，立即在政治上占据了优势。曹操自封为大将军、武平侯，其文官武将，也各任要职，朝廷大权皆归于曹操。凡朝廷大事，都须先禀曹操，再奏汉献帝。

从此以后，曹操奉天子以令诸侯，南征北战、东讨西伐，最终统一了中原。

点评

汉献帝为君为王，属刚健之阳；曹操为臣为相，属坤柔之阴。但阳极必衰，阴极必盛，阴发展到极点就开始与阳抗衡。当汉献帝大权旁落成为傀儡时，曹操便成了事实上的“天子”。不过，曹操虽位极人臣，但并没有把汉献帝完全彻底地甩到一边，而自己称帝。因为曹操深知，天子就是天子，臣子就是臣子。臣子为坤，天子为乾，坤道为柔为顺，须“承天而行”，才会“永贞”。坚守正道，才能“利”。所以曹操“奉天子以令诸侯”，凡事总以皇帝名义发号施令，他借皇帝之名，剪除异己，打击对手，纵横天下，最后统一中原。曹操的这些作为实质是行“不臣”之道，按照中国的礼制是非法的。但他起码在名义上和形式上，披上了“合法”的外衣，以坤道、臣位，承乾、借天而行。把自己的所作所为尽力地“合理合法”化了。

坤卦中的“用六”在六十四卦中，是唯一的情况，它也是讲“变”之道的。它与乾卦中的“用九”意义一致，也是处在坤与乾之间，即当坤柔、坤顺发展到了至极，就必须向乾刚、乾健发展。但是在发展中，只能运用“坤变”、驾驭“坤变”，却不能被“坤变”所拘困，否则就不是“用六”，而是“六用”，也难“以大终也”。“用六”的转化，从西方的社会心理学观念来看，以刚化柔往往比较难，但以柔变刚则容易得多。因为太过柔顺难以持久正固，或者说为了履行正道，厚载万物也必须刚阳起来。

“用六”从理论上讲比较容易，但真正做到通变并不容易。原因有三：一要等待事物发展变化到了极致之时；二要认清形势，抓住时机，否则的话，“用六”难以化坤为乾，变阴为阳；三要以心转物而不能为物所转，如果不能运用坤变，反被坤变所拘，也难以达到以坤转乾的发展目的。有一则《小和尚求援》的故事很能表明“用六”的功用性和运用的不易。一位小和尚在大水灾到来之时来不及逃难便爬到了屋顶上，大水在渐渐上涨，小和尚眼看就要被水淹没，便虔诚的祈祷：“观世音呀观世音，您大发慈悲吧，快来救我。”这时有人驾着独木舟

来救他，小和尚说：“我要观世音救我，不要你，你走吧。”独木舟远去了，大水继续上涨，水淹到了小和尚的胸部了，这时又来了一只大船，船上的人都大声喊让小和尚快上船，小和尚却又固执地说：“我虔诚，我信观世音，不信你们，你们走吧。我等观世音来救我。”等大水漫到了小和尚的脖子，小和尚眼看就要毙命了，这时一位老禅师驾舟而至，强行救小和尚上了船。小和尚却有些愤怒地抱怨老禅师说：“我如此虔诚，观世音怎么就不来救我呢?”老禅师和颜悦色道：“你冤枉观世音了，她曾两次化作舟船来救你，你却挑三拣四。”

可悲的小和尚就是一个不懂“用六”之理、“用六”之机的人。而名满天下、千古流芳的诸葛亮先生却是个最懂坤道、也是最会“用六”的高人。他的一生占尽了坤道，也为坤道之履作出了精彩的注解。

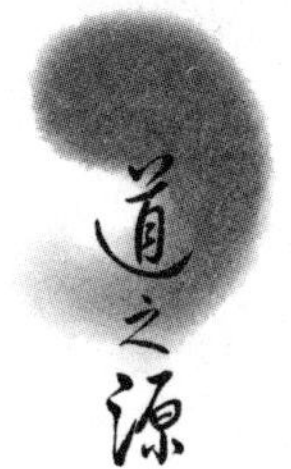

屯 ䷂ 下震上坎

屯卦是六十四卦的第三卦，也是乾、坤之后的第一卦。乾、坤开始交合，万物进入始生阶段，事业进入草创时期。从卦象看，下震上坎，震为雷，坎为水。水气积聚成雷，这就是天地始交的象征。从卦德来看，震为动，坎为险，动而遇险。动于险中，也就是在险难之中行动，所以说要想发展，就必然会遇到屯难的。

屯卦是论述艰难始创及处险之道的，对于社会与人生有着普遍的意义。

卦辞释译

屯：元亨，利贞。勿用有攸往。利建侯。

“攸”为所。万事万物在草创之始，虽然陷入屯难，但又蕴含着元亨大通的道理。只要能够固守贞正的德行，就能安然渡过屯难之危。在此期间，阳刚被阴柔所遮覆，不易冒险轻进，要想创建大业，必须做好固本立基的工作，尤其应当礼贤下士，广揽人才，作为自己的羽翼，静待时机，共济屯难。此卦中也有元、亨、利、贞四字，但意义与乾卦中的元、亨、利、贞不同，乾卦中的立意指“天道”，而屯卦中的立意则为“人道”，也就是说人的事，在初创中要想极为亨通，坚守正道最为有利。全爻辞意为：初创时期，极为亨通，利于坚守正道，不宜有所前进，利于“建侯”（即建立起领导机构）。

重要提示：综论如何面对初创的艰难和设计策略。

初九:磐桓。利居贞,利建侯。

“磐桓”就是“盘桓”,指盘旋难进的样子。初九是一个阳爻,居屯卦之始,尽管以阴爻居阳位,与上又相应,具备出险的条件,但在创始之际,不能轻举妄动,在坎险面前,应以守正为要。唯一可做之事,就是静下心来等待时机,建立诸侯。这时应谦卑自处、亲近众贤、收揽人心,只等机会成熟,动则成功。全爻辞意为:徘徊不前。利于守正而居,利于建立诸侯。

三国故事

感 父

曹丕在早年随曹操平定河北时,纳了袁熙的妻子甄氏为妻。即位后,他立甄氏为后,甄氏为曹丕生了一个儿子,名曹睿。后来,郭贵妃得宠与甄氏争斗,曹丕便杀了甄氏,立郭贵妃为后。郭后因无子嗣便抚养曹睿为己子。

曹睿懂事后,因生母死于郭后之手而“意甚不平”。但曹睿是个很聪明的人,很清楚自己应该怎样做。他侍奉郭后非常谨慎孝顺,嘘寒问暖,关心郭后的饮食起居,很讨郭后欢心。起初曹丕怀疑曹睿内心不平,所以始终没有下决心立曹睿为嗣。有一段时间,曹丕还有意立徐姬生的儿子京兆王为嗣,更因此而迟迟没有立太子。

一次曹丕率曹睿外出打猎,遇见了母子两只鹿,曹丕挽弓将母鹿射死,接着命曹睿射杀小鹿。曹睿掷弓在地,说:“陛下已经杀死了小鹿的妈妈,我不忍心再杀死它的孩子。”说着,就痛哭流涕,非常悲伤。曹丕一听,马上放下弓箭,说“我儿真是个仁德之主啊”,于是封曹睿为平原王,决定立之为嗣。

曹丕驾崩之前,嘱立曹睿为帝,是为魏明帝。

点评

初九以乾阳尊贵之体居震卦两个阴爻之下,是为“以贵下贱”。应该说初九处位既不得位又不得志,但可能很得人心的,所以只要坚守正道,就可以待时而动,动则有功。

《魏书》云,曹睿“生而太祖爱之,常令在左右”。魏文帝曹丕共生九子,而曹睿是最受其祖父曹操钟爱的。可是由于其生母甄氏与郭贵妃之间争宠,而致甄氏被杀,他被郭贵妃收养,因而使他处在一个非常特殊而微妙的地位。郭后之于他,既有杀母之仇,又有养育之

恩。对于其生母甄氏被杀，如果无动于衷，毫无不平，则显得无心无肺，不仁不孝；如果耿耿于怀，则会招致杀身之祸。当时的曹睿，虽然贵为龙子龙孙，可是由于这种特殊的处境，使他既有继承皇位的希望，又有生命危险。他站在危险的悬崖上，应最能充分体会到做人之难。他只有先保住自己的生命，然后才能取得成功，只有谨慎自律，坚守正道，多行仁孝，才能赢得父皇的欢心，达到自己的目的。随父打猎，不从父命，拒杀小鹿且情不自禁地涕泣悲伤，使他身上的仁孝、忠恕、慈悲等美德得到了集中体现，从而感动了父亲。

还有一位禅师的行为，对诠释此爻爻意更有意义。从前，有一位禅师在自己的院子里种了一株菊花，三年之后，小院成了一座菊香四溢的菊园，香味甚至传到山下的村里。于是村里的人们都到寺院看花。后来，有一人竟然开口向禅师要菊花苗，禅师便把最好的菊苗送给了第一人，接着第二人又来索要花苗。再后来，又有第三人、第四人来索要。再后来全村人都到寺院要菊苗。寺院中最后不但没有了菊苗，就是连菊根也没了。一个和尚说："禅师，这寺院里没了菊花，就和没了阳光一样。"可禅师却极为高兴地说："你想想秋后的村子又会怎样？一村菊香不比一座寺院菊香好吗？"老禅师的脸笑得比最美的菊花还要灿烂。

如果禅师是一位俗人，想要"建侯"是否更容易些呢？

六二：屯如邅(zhān)如，乘马班如，匪寇，婚媾。女子贞不字，十年乃字。

"邅"为难进的意思。"如"是语气助词。"乘马"指的是向前进。"班"为分布排列。六二以阴爻居阴位，故称为"女子"。"字"指古代成年女子订婚，用簪子插住挽起的发髻。六二以柔爻居震卦之中，上有九五相应，所以一心向往。但是六二又乘于初九之上，与初九形成逆比。所以在屯难之际，六二徘徊难进，乘马欲行又止，但想与九五往应婚配，中间又有六三、六四两个阴爻阻隔。六二由于自身柔弱，无力出险，所以只能坚守正道，拒绝与初九苟合，等待时机，与九五婚配，共脱屯难。全爻辞意为：创始艰难，彷徨不前，乘马的人纷纷而来，他们不是强盗，是求婚者。女子守正不嫁，过了十年才出嫁。

华佗之死

孙权杀害关羽后，把关羽首级送给了曹操，曹操命人盛殓入棺予以厚葬，但曹操一到夜晚，只要闭上眼睛就梦见关公，十分害怕，天长日久，头痛疾病又犯，而且日重一日。无可奈何的曹操传旨寻求名医治疗。

华歆向曹操推荐了华佗，曹操便星夜派人请华佗入宫。华佗说："大王头痛，是因患风而起，病根深在脑中，不除风涎，枉服药汤，难以治愈。如果大王喝了我的麻醉汤，然后我用利斧开颅，取出风涎，就能除根，头疾自然也将痊愈。"

曹操听后大怒，说："你想杀我？"

华佗问："大王可曾听说关公刮骨疗毒一事？关公在刮骨之时，不仅脸无惧色，而且照常与人下棋。你这小小毛病，何必多疑？"

曹操说："臂毒可刮，脑颅岂能随意砍开？我看你与关公感情甚好，想趁此机会报仇吧！"说完，令人把华佗拿下送于牢中，百般拷打，不久将其杀害。

华佗死后，曹操的头疾愈来愈重，当想到华佗治疗头疾的手术似乎有些道理，曹操又有些懊悔，但为时已晚。

点评

在创业初期，对于乘马而来的人，不仅要分清良莠，更需分清敌友，否则就会干出傻事、蠢事和错误之事。曹操得了头痛病，名医华佗本来是怀着治病救人的善心去给他治病，由于曹操奸诈而又多疑，倒把华佗给害死了。最后的结局是，曹操过早地无可奈何地进入坟墓。人们万万记住，在创业最初阶段，要想取得最后的成功，必须分清良莠与敌友，否则的话，必然会后悔甚至失败。

人处屯难之时，究竟怎样去寻求阳刚者帮助出险呢？旧时的赵州禅师在为人处世上有一个故事，这个故事可能是你走出屯难的一把钥匙。赵州禅师是一位有名的高僧，当时皇上崇尚佛教，就带领人马去拜访他，当时禅师有病卧床，躺着对皇上说："陛下，我今年迈多病，请勿见怪。"皇上听了非但没有责怪，反而尊重有加，并赐袈裟和禅杖。当地赵王听说此事，也去看望赵州禅师，赵州禅师一听说赵王到，立即下床到客堂迎接。此举令赵王有些受宠若惊。第二天立即命人给赵州禅师送去礼品。事后，赵州禅师的弟子对他的行为很不理解，便问禅师个中缘由。赵州禅师说："我待客有三等区别：上等人

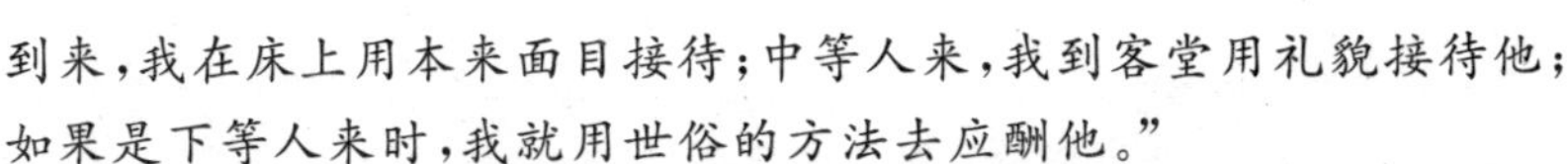
到来，我在床上用本来面目接待；中等人来，我到客堂用礼貌接待他；如果是下等人来时，我就用世俗的方法去应酬他。”

试想三国中的曹操若达到赵州禅师的境界，就可能避免他与华佗的悲剧了。

六三：即鹿无虞，惟入林中。君子几，不如舍。往吝。

“即”是追逐。“虞”是虞人，掌管山林鸟兽的官。“几”为事物的征兆。六三以阴爻居阳位，失中不正，又才质柔弱，处屯难之际，不足以济难出险；如果失中而用刚，不免有躁动之缺憾，很可能是偷鸡不成蚀把米。如果有明哲的心态，当进则进，当止则止，巧借外力，方能取得理想的结果。全爻辞意为：追猎野鹿而没有虞人引导，只能白白地深入林海。君子见机行事，不如放弃追逐。继续追赶下去就会带来遗憾。

三国故事

远征乌桓

曹操平定了河北，袁绍之子袁熙、袁尚引残部投奔乌桓。曹操听取谋士郭嘉的意见，率领三军乘胜向乌桓进发。行进中，但见黄沙漫漫，狂风四起，道路崎岖，人马难行。见此情形，曹操有回军之心，问于郭嘉。此时郭嘉因不服水土，卧病车上。曹操说：“我见道路崎岖，荒无人烟，意欲回军，若何？”郭嘉说：“兵贵神速，现在我们是千里长途奔袭，需要扔掉辎重，轻兵兼道，攻其不备。要达到此目的，关键是找到熟悉路径的人为向导。”曹操听罢，就把郭嘉留在易州养病，他派人四处寻求向导官以引路。有人推荐袁绍旧将田畴，说他熟悉去乌桓的路径，曹操大喜，召田畴问计。田畴说：“这条道儿秋夏间有水，浅不通车马，深不载舟楫，最难行动。不如回军，从卢龙口越过白檀险要之地，出空虚之地，直扑柳城，攻其不备，蹋顿（乌桓首领）可一战而擒也！”曹操闻言大喜，即封田畴为靖北将军，做向导官为前驱，张辽为次，曹操亲自押后，倍道轻骑而进。田畴引张辽到白狼山，正遇袁熙、袁尚会令蹋顿等数万兵骑而来。操令张辽引许褚、于禁、徐晃分四路下山，奋力急攻，蹋顿军大乱，张辽挥刀斩蹋顿于马下，余众皆降。袁熙、袁尚引数千骑投辽东而去。曹操收军进柳城，封田畴为柳亭侯，以守柳城。田畴不受封，又拜田畴为议郎。曹操收缴骏马万匹，即日回兵。

点评

追鹿而没有向导，盲目地深入莽莽林海，这样的事君子是不会做的，为什么？没有向导，莽莽林海中危机四伏，弄不好，不但追捕不到鹿，可能还会招致损失，甚至丢了身家性命。如果在无虞人指引的情况下，不顾一切地去追求，其结果往往会失败。曹操最初进兵乌桓，由于路径不熟，崎岖难行而欲退军，是正确的。因为如果一味蛮干，深入千里不毛之地，弄不好会全军覆没。郭嘉进言寻找向导，曹操立即找到了解决问题的关键。后来，果然在向导官田畴的引导下，千里奔袭，出奇制胜。由此我们深知，做事情要“即鹿有虞”，追鹿一定要有向导。“鹿”是目的、目标，而“有虞”是方法、手段。不论何事，只有在确定目标、目的的时候，运用恰当的方法、手段，才能取得成功。

六四：乘马班如，求婚媾。往吉，无不利。

六四以柔爻居阴位，当位得正，可上承九五阳刚中正之君，可惜它才质柔弱，还不能济难出险。六四柔爻又下求于有正应关系的初九以成婚配，也就是说，六四往求初九阳刚之助，共同辅佐九五君王，再行前往，则吉而无不利。六四若不求于初九，自己虽有济险之志，却无济险的条件，不得不坐而待时。此时六四十分明智，屈尊下求，使初九与六四达成了往来求应，同舟共济，一同出险。全爻辞意为：乘马纷纷而来，是求婚者，前往应婚是吉祥的，无所不利。

三国故事

三顾茅庐

诸葛亮隐居隆中，时刻注视着天下政局的变化。他常以乐毅、管仲自比，很想展现自己的才华，但找不到明主。刘备当时势力不大，他身为汉室之胄，身上有帝王之气，但在战场连连遇挫，檀溪遇险差点丧命。他欲成大业，光凭他与关、张二人是不行的。一天，他偶遇司马徽先生，便向其求贤。

司马徽先生说：“今欲安天下，非奇才卧龙不可，公当前往求之。”

后来刘备的军师徐庶也推荐了诸葛亮，并称赞诸葛亮乃绝代奇才，若得其辅佐，不愁天下不定。

刘备准备好了礼物，与两位义弟前往隆中拜访诸葛亮。诸葛亮得知刘备求贤，尽管心里情愿，但又怕刘备假情假意，便故意离家，看一看刘备

是否真心。刘备第一次访贤未遇，惆怅不已，只好失望地回新野去。

第二次拜访诸葛亮之前，刘备已访得诸葛亮在隆中草庐中，正欲动身，张飞却认为："一介草民，派人召来就是了。"刘备却嫌张飞不敬，说："孔明是当世大贤，怎么能派人去召呢？"刘备与两位义弟骑马又往隆中。这时正是寒冬季节，朔风凛凛，瑞雪纷纷，两位义弟提出回新野避雪。刘备说："我很想让孔明知道我对他的诚心，二位弟兄若怕冷请回吧，我自己前往。"第二次访贤又扑了个空，刘备只好问诸葛亮之弟诸葛均，诸葛亮去哪里了？诸葛均说其兄出外云游，哪知去往何方？无奈，刘备手书一封交于诸葛均。信中既表明了自己求贤不遇的惆怅，又写了自己求贤心切的真诚，并许下诺言，自己下次一定斋戒熏沐之后，再来仰拜尊颜。

第二年开春，刘备请人占蓍，择定吉日良辰，又经过斋戒熏沐，之后才去隆中拜访，当他离诸葛亮所住草庐还有半里之地时，刘备为了表示心诚，下马步行，到了草庐前，轻叩柴门，一小童出来便说："先生虽在家，但正在睡觉。"

刘备顿了一顿说："既如此，休通报。"

刘备又命两弟在门前立候，自己进去，当刘备轻手轻脚地进去之后，见诸葛亮仰卧酣睡，便站立在草堂之外，静静等了一个时辰。诸葛亮终于醒了，他问小童有客来否，小童说："刘皇叔在此立候多时了。"

诸葛亮说："何不早报？尚容更衣。"诸葛亮说罢，起身入后堂，又过了半晌才整好衣冠出来迎客。

谈话中，诸葛亮向刘备阐述了自己安邦定国的方略。他建议先取荆州，再取西川，建立基业之后，再与孙权、曹操形成鼎足之势，最后西和诸戎，南抚彝越，外结孙权，内修政理，全力对付曹操，以图中原。

这次被称为"隆中对"的战略性谈话，使刘备激动万分。刘备拱手大声赞曰："先生之言，顿开茅塞，使我如拨云雾而见青天。备虽名微德薄，愿先生不弃鄙贱，出山相助，备当恭听明诲。"

诸葛亮答道："亮久乐耕锄，懒于应世，不能奉命。"

刘备一听，眼泪顿时流了下来。

诸葛亮见刘备泪湿衣襟，便不再怀疑其诚意，终于答应了刘备的请求。

点评

刘备三顾茅庐，成为千古佳话；诸葛亮出山相助，使近百年的三国历史变得波澜壮阔，奇谲瑰丽。刘备有了诸葛亮，如虎添翼，诸葛亮遇上了刘备，也是英雄有了用武之地。就因为刘备有了一个诸葛

亮，才有了后来的火烧新野和博望坡，有了赤壁大战，有了借荆州，有了入西川，有了三国鼎立。“得人者昌，失人者亡。”刘备虽有帝王之志，但如不得诸葛亮，其志向也只能是水中月、镜中花，不可能占一席之地，自成气候。诸葛亮跟随了刘备，便结束了笑傲风月的耕读生涯，有了一个施展才华的舞台，使平生所学有其用，奇思妙想得实践。应该说，刘备与诸葛亮的结合，既称得上阴阳和合，又称得上阴柔得时当位。这也正如刘备自己所说：“孤之有孔明，犹鱼之有水也。”这个比喻是多么恰切啊！

九五：屯，其膏。小贞吉，大贞凶。

“其”，助词。“膏”，膏泽，引申为恩泽、德泽。屯其膏，是草创之始屯积恩泽未能发扬光大。“小贞”，是用渐进的方法来解决问题。“大贞”，则是用急躁、强硬的方法来解决问题。九五以刚爻居阳位，又得中正，属于君王尊位。但因处屯难之时，又陷入坎险之中，若无得力之人辅佐，难以有所作为，但是，如果能得到有力之人辅佐，就须广施德泽，收揽人心，只有这样处理小事方能获得吉祥；若处理国家大事，在恩泽不能广泛布施时，结局仍然会有凶险的。全爻辞意为：处于艰难草创时期，虽有德泽，但尚未能发扬光大，要摆脱困境，最要紧的是稳健，问题要逐渐地解决，才有成功的可能；若急于求成，必然归于失败。

三国故事

刘备袭许都

古城会之后，刘备率关羽、张飞、赵云及孙乾、简雍、糜竺等，应汝南刘辟、龚都之请，前往汝南驻扎，招兵买马，壮大势力。此时，曹操于官渡击败了袁绍军，又在仓亭重创袁绍，欲平定河北，攻取冀州。这时的刘备已得数万人马，自以为羽翼已丰，便急于寻找曹操决战，占据许昌，以讨国贼，兴复汉室。当确知曹操出征河北时，刘备立即命人乘虚攻打曹操的大本营许昌。

曹操闻报刘备来攻许昌，大惊，留一部分曹军屯兵黄河，虚张声势，以镇袁绍之军，自己亲提大兵，往汝南迎战刘备。

刘备与关、张、赵带兵行近穰山地面，迎面正遇曹兵杀来。刘备便于穰山下寨。军分三寨，关羽屯兵于东南角上，张飞屯兵于西南角上，刘备与赵云于正南立寨。曹操兵到，刘备率军鼓噪而出。操布成阵势，叫刘备

说话。刘备出马于门旗之下，曹操指鞭大骂刘备忘恩负义，刘备说："你托名汉相，实为国贼，我奉天子密诏讨伐反贼。"于是在马上高声朗诵衣带诏。曹操大怒，命许褚出战，刘备背后赵云挺枪出马，两将大战三十合，不分胜负。此时，忽然喊声大震，东南角上，关羽引兵杀来；西南角上，张飞带兵冲突而来。三处一齐掩杀，曹军远来疲困，大败而走，刘备得胜回营。

第二天，刘备又派赵云搦战，曹军硬是不应战，十几天闭门不出。刘备再使张飞搦战，曹军依旧不出。刘备正在纳闷，忽报龚都运粮至，却被曹军围住。刘备急令张飞去救。忽又报夏侯惇引军抄背后径取汝南去了，刘备大惊，说："如果这样的话，我前后受敌，没有归路了！"急忙派关羽去救汝南。不到一天，飞马来报夏侯惇已打破汝南，刘辟弃城而去，关羽现今被围，刘备又大惊。忽又报张飞去救龚都，也被围住了。刘备吃惊连连，只好连夜撤兵，正走之间，被曹操截住。赵云挺枪跃马，杀开血路，保刘备向外冲。刘备执双股剑随后。正战间，许褚赶到，赵云奋力迎战。背后于禁、李典又追杀上来。刘备见形势危急，拍马落荒而逃。刘备单骑逃生，跑到天明，撞见刘辟引千余败军保护刘备家小前来，孙乾、简雍、糜芳也到了，众人且行且说，行到数里张郃又迎头拦住，后边高览挡住退路。刘备进退无路，拔剑欲自刎，刘辟急止，说："让我死战，夺路救君。"说罢，便与高览交锋，战不三合，被高览一刀砍于马下，刘备惊慌，方欲自战，一将从高览军后冲出，一枪刺死高览。视之，乃赵云。赵云又杀退张郃，保护刘备突围，万分危急中又遇着关羽和张飞，只好带着不足千人的败军，狼狈西逃，投奔荆州刘表。

点评

刘备引军袭击许都，完全是不自量力的愚蠢举动，惨败是必然的。败袭许都，是对"屯其膏，小贞吉，大贞凶"的最好注解。本来，在"三国"争雄的角逐中，刘备的条件是最差的，力量也是最弱的，他了无根基，白手起家，在三顾茅庐之前，既无替他运筹的智者，又缺冲锋陷阵的战将，更无一块可供安身立命的根据地。所以只能先从吕布，后事曹操，又投袁绍，再依刘表，命若转蓬，寄人篱下。在敌强我弱的情势下，作为弱者的刘备，第一是生存，第二是发展，万不敢轻举妄动，急躁冒进。而他却在此时以区区数万乌合之众，来与谋士如云、战将如林的曹操争锋，无疑是以卵击石，必败无疑。审时度势，知己知彼，方能立于不败之地。刘备终其一生，所缺的正是这一点。

再看楚汉之争中的刘邦与项羽，更有说服力。项羽在将士立功之后，总是吝于奖赏。而刘邦与项羽完全相反，他能在将士立功之后

行赏，平日也善于奖赏有功之臣，广施恩德，与天下同利。所以，最后项羽败于刘邦是一种必然。刘邦之于此爻爻意，不仅懂，而且更会行，否则的话他不可能由弱到强，最后建立大汉天下。

上六：乘马班如，泣血涟如。

“班如”为回旋不进的样子。“涟”是哭泣流泪。上六以柔爻居于屯卦之极，也是上体坎卦之终端，外无应援，处屯难之极，想前进也无去处，在绝境困厄之中，忧惧交加，也只能泣血涟如。但是，人处绝境，应当穷则思变，因为只有变才能出现通，否则更没出路。全爻辞意为：骑在马上盘旋不前，哭泣得血泪涟涟。

三国故事

东　征

刘备于四川闻听东吴夺了荆州，又杀了二弟关羽，非常气愤，下定决心，豁出老本也要报仇雪恨。此时刘备已为失去结义弟兄而昏了头，什么意见都听不进去。赵云谏阻说：“国贼是曹操，不是孙权；现在曹丕篡汉，神人共怒。陛下自应讨曹而不应伐吴。”又说：“汉贼之仇是公，兄弟之仇是私，愿您以天下为重。”刘备说：“我不为兄弟报仇，虽有万里江山，何足为贵？”

学士秦宓又苦苦劝谏，刘备一怒之下要斩秦宓。众官纷纷告免。刘备不听忠谏，自率川将百员，蜀兵七十五万，气势汹汹讨伐东吴。

开始，蜀军七十五万大兵一齐出发，铺天盖地，连战连胜，一直打到吴国境内的夷陵之地。蜀军在长达六七百里长江沿岸建军营四十多座。当时的吴国因大将吕蒙去世，孙权只能派年轻的将领陆逊带兵与刘备交战。

谁知刘备与关羽一样，一向瞧不起陆逊。刘备手下的一员大将马良进言：“别看其人年轻，打仗却很有一套，不能小觑啊。”刘备不屑一顾地说：“我戎马一生，何怕这毛头小子！”于是，刘备便亲自指挥蜀军去陆逊营前挑战。

陆逊先带几个将军到高山顶上去察看形势，远远看见蜀军潮水般涌来，中间有一顶黄色的伞盖，一位年轻的将领说：“让我冲下去，那个黄伞盖里坐的一定是刘备。”

“不行！”陆逊连忙制止，且分析道：“刘备现在气焰正高，不能与他们死打硬拼，那样我们必然会吃亏的。现值盛夏，只要坚守不出，他们就无可奈何。时间一久，必会钻进树林，躲避夏暑酷热，到那时再想办法也不迟。”刘备带兵来到营前，天天上门挑战，士兵们高声辱骂、讥笑，反反复复，让吴军的将领实在受不了，兵士们硬要出营迎战，但陆逊坚决拦住，不准出战。

刘备无奈，只好到森林中有溪水的地方安营避热，又是马良提醒刘备，如果敌人用火功怎么办？刘备骄傲得大吹大擂："他们还敢出营？如果真出营，那倒正中下怀。"

陆逊听探子报告，蜀军全部进入森林，便带人到山头上观看。他见刘备的军队散散乱乱，队形不整，实在不像个样子。一个将军求战于陆逊："让我下山，把这些人吃掉吧。"

陆逊把手一摇，说"刘备经验丰富，必定埋伏了精兵，故意引我上钩。不信，你们等着瞧吧。"过了一段时间，刘备果然率领大量精兵从埋伏地出来，把所有的军队会合到一起，直朝森林深处迁移。陆逊见将军们都摩拳擦掌，说："刘备现在正渴求速战速决，咱们一旦动手，就上了他的当。现在，大家看清楚了吧？不出十天，我们就可以打垮他们。"

随后，一天夜里，陆逊派一支精锐队伍去攻袭森林里蜀军的一个小营，吴军一到那里，蜀军因早有准备，便吃了败仗，垂头丧气地跑了回来。大家纷纷埋怨陆逊，陆逊反而坦然大笑，并说消灭蜀军已有妙计，这不过是试探敌人罢了。

正在将军们将信将疑，甚至有的人提出不同意见反对陆逊时，东南风刮了起来。陆逊手握孙权赐的宝剑，严肃下达军令："每人准备茅草一束，带足硫黄和烟硝，一听到鼓声，立即出动。"

战鼓敲响后，战士们一齐冲进蜀军安营扎寨的森林里，立即发起了火攻。

蜀军所在之外，满山满谷都是大火，风随火势，火借风威，不久，便形成一片火海，刘备无奈，眼睁睁地看着四十多座军营化为灰烬，最后只带少数将士逃回白帝城，不久便忧愤病死。

点评

刘备东征伐吴，起码在战略上犯下了两大错误。一是破坏了孙刘联盟。东联孙吴，北拒曹魏，是诸葛亮未出山时为刘备定下的大政方针，是蜀汉的立国之本，也是吴、蜀两国的生命线。刘备伐吴，主动破坏了这条生命线，无异于自毁长城。如果伐吴获胜，灭了吴国，则吴亡蜀危；刘备失败了，则蜀弱吴亦危。所以，刘备伐吴，是胜亦失算，败亦失算。为什么这么说呢？唇亡齿寒故也；二是削弱了蜀汉国力，失去了发展机会。刘备取益州、得汉中，使蜀汉出现了前所未有的大好形势。东有荆州之屏障，北有汉中之关防，益州天府之国，物产丰饶、钱

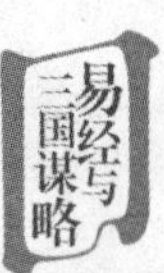

粮富足，本可以休养生息，积蓄国力，待机而动，以图中原。可是叫刘备这么一番折腾，大好形势付之东流。蜀汉元气大伤，一蹶不振。

导致刘备大错而万劫不复的直接原因是感情失控，不顾一切地要为兄弟报仇雪恨。当赵云说“兄弟之仇为私，汉贼之仇为公，愿陛下以天下为重”时，刘备的回答是：“我不为兄弟报仇，虽有万里江山，何足为贵？”由此看出，刘备是把兄弟之情凌驾于国家利益之上的。兄弟之情要讲，但如果将其凌驾于国家利益之上则大错特错了。由此可以找到刘备犯错误更深层的原因，那就是人格上的缺陷。刘备的胸襟气度是远不如曹操的。张绣曾在背叛曹操时杀了曹操的长子曹昂、爱侄曹安民和爱将典韦，曹操本人也险些命丧张绣之手。但当张绣再降而担心曹记旧怨时，曹操执其手说：“有小过失，勿记于心。”还封张绣为扬武将军，加以重用。倘若是刘备遇到仇人来降，会如此对待吗？在因私情而废国事方面，刘备与袁绍倒相仿。当曹操东征刘备，袁绍帐下谋士劝袁绍乘许都空虚而袭之时，袁绍却因为最钟爱的小儿子有病而神思恍惚，不肯出兵，失掉了击败曹操的最佳时机，最后反被曹操击溃，兵败身亡。

刘备是善哭的。有人说刘备的江山是哭出来的，然而江山也是让他哭没的，哭关羽，哭张飞，最后伐吴兵败，退到白帝城，痛悔交加哭自己，泪尽继之以血！象曰：“泣血涟如，何可长也。”不久，刘备即驾崩于永安宫。

再从《易》的角度上看刘备，他在西占益州时，虽然已形成三国鼎立的局势，但在三方中蜀依然是一个最弱的小国，刘备应想办法走出贫穷柔弱的绝境，富国强民。可是刘备违背了这个原则，亲手葬送了蜀汉的元气。

写到这里，笔者想起了孔子与子贡关于死亡的谈话。当子贡读书劳累感到厌倦时，他向孔子说想休息一下。孔子回答：“人生哪有什么休息。”子贡不解地问，难道连休息的地方都没有吗？孔子意味深长地说：“有啊。你看那坟墓，高高的、空空的、鼓鼓的、大大的，应该在那儿休息。”孔子对子贡的回答是多么耐人寻味。人生路上不应松懈，而应执著于追求，在人生的穷困绝境中就更应该寻找出路，以穷则思变为指导思想，千方百计摆脱困境，走向辉煌。

人处屯卦之时，首要任务是想办法走出屯难，不利于自己的事不做，不利于自己的方法不用，不利于自己的怒气不生。否则，永远走不出屯难。

蒙 ䷃ 下坎上艮

蒙卦是启迪蒙昧之卦。从卦象看，由坎、艮两卦组成。坎代表水，艮代表山。山下有水，象征泉水从山壁间不断地涌出，但不知流归何方。从卦德看，内卦坎代表危险，外卦艮代表静止，如同一个人内怀险陷之心，但不敢急于行动。从爻象看，刚爻代表启蒙的老师，柔爻代表尚待启蒙的幼童。

卦辞释译

蒙：亨。匪我求童蒙，童蒙求我。
初筮告，再三渎，渎则不告。利贞。

“匪”即非。“童蒙”指蒙昧无知的孩童。“筮”是以蓍草占卦以决疑。“渎”为亵渎轻慢的意思。九二阳刚为中居正，可称为老师，能够把握时机，因材施教，六五以柔爻居中，作为学生与九二爻相应，能虚心受教，自然受益匪浅，所以说“亨”。在事物发展的初期，都处于蒙昧状态，启蒙教育是首要的工作。当然，这个启蒙教育是十分积极的事情，因为学生向先生的请教是抱着至诚之心，而先生对学生的启蒙也应是诲人不倦。不过，若学生对同一问题再三发问，带有亵渎之意，则不必回答。全卦辞意为：亨通。不是我去求蒙昧的童子，而是蒙昧的童子求我。初次请问，应该回答，对同一问题再三地滥问，那是对先生的亵渎，就不再回答。利于守持正道。

重要提示：本卦论述启蒙之道和启蒙的原则。

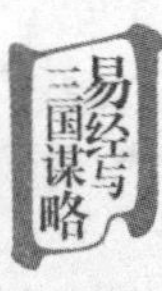

初六：发蒙，利用刑人，用说桎梏(zhì gù)。以往吝。

“刑人”为罚人。“说”为“脱”的通假字，意为除却、摆脱。“桎梏”为木制的刑具。初六以阴爻居阳位，失正又不当位，上与九二刚爻亲比，初六就如同蒙昧不守正道的顽童，但在九二的严加管束下，启发蒙昧，还可以走向正途，以免将来遭受刑具加身之类的大祸。全爻辞意为：启发蒙昧，施加惩罚的手段是有利的，使人免犯罪过。听任发展下去，必然造成遗憾。

三国故事

割发代首

曹操在举兵讨伐张绣之际，恰逢麦收季节。老百姓闻听官兵到来，均是背井离乡，躲避战祸。成熟而发黄的麦子无人收割。曹操有感于汉末以来战祸连连，军纪败坏，使平民受苦最甚，他们听到军队，谈虎色变，逃之夭夭。于是曹操派人到四邻八乡，竭力宣传官兵是奉天子之命进剿张绣，是为民除害的，劝百姓返乡麦收。同时发布军令：凡过麦田的大小将校，无论谁人践踏了麦田，格杀勿论。

曹操的兵马在路上行进时，从麦田里突然飞出一只斑鸠，曹操的坐骑因受惊吓，猛地窜进了麦田，瞬间践踏了一大片麦子。曹操自忖刚刚颁布法令，自己就违背了，怎么办？曹操脑筋一动，便唤过行军主簿请他议自己践踏麦田之罪，说罢拔出佩剑欲要自杀。主簿很难为情地说：“军令怎么能用到丞相身上呢？”“我自己下的命令，怎么可以不遵守呢？这样如何让众将心服呢？”曹操说完便要自杀，众将急忙劝住。谋士郭嘉说：“古之《春秋》之义，法不加于尊啊。丞相统帅大军，怎可自戕？”曹操见大家都在劝阻，沉思良久后说：“既然春秋有法，法不加于尊，我姑且可以免除死刑，但须以发代首。”说罢，用剑慢慢地割下了自己的一绺头发，掷之于地。然后，他令人拿着头发，传示三军。并说：“丞相践踏了麦田，本应斩首，为了严明军纪，今割发代首。”

三军将士看到曹操的头发，吓得个个直冒冷汗，行军中无不小心翼翼，遵守军令，对老百姓毫不扰攘。

点评

此故事粗看似乎与“发蒙”无关，细细推究，并非如此。初六是阴爻且居最下，所以这里的所谓“发蒙”之“蒙”，并非单指“童蒙”，也可

以理解为下层群众、兵卒。这儿是发下层之"蒙"。其法就是"用刑人"。"用刑人"就是制定明确的法规，利用刑罚，使之有所戒惧，不敢妄为。

自"三国"以来，人们多把曹操割发代首作为其奸诈之典型例证，此大谬也！曹操的本质应为古代法家代表之一，他以法治军的思想可以说无处不在，他为保护百姓麦田，自己以身作则、严明军纪。他的割发代首说明了两点：一是平等观念，法令面前人人平等。自古以来，中国的法律、法令、纪律只是对老百姓的。在古代，人们所说的"王子犯法，与民同罪"和"法律面前人人平等"只是一种向往而已。"法不加于尊"，只要是"尊者"就有特权不受法律约束。二是说明曹操善于以身作则。蒙卦说"用刑人"，曹操则是用"刑己"的方式表明了军法的严肃性，展示了刑罚的威力，教育下属要自觉地遵守军纪。可以说，曹操割发代首，不知使多少将校保住了项上之"首"。榜样的力量是无穷的，古今皆然。

若站在治学和学习的角度上看此爻，日本有一位挑水禅师可为发蒙的榜样。这位禅师饱读经书，遍参禅道。他出道前曾在一位禅师门下甘愿做了二十年的挑水僧，因此"挑水"就成了他的法号。后来，他只身一人云游四方，行脚参学，与乞丐一起生活在京都的一座桥下。一次，他的一位学僧见到了他，肯求开示，挑水僧毫不客气地说："你不符合我开示的要求。"学僧问："怎样才能符合要求呢？"挑水禅师说："你能与我和乞丐一起生活，我可以给你开示。"于是，这位弟子第二天就随挑水禅师和乞丐生活在了一起。后来，挑水禅师也逐渐给学僧开示、发蒙。

九二：包蒙吉，纳妇吉。子克家。

"包蒙"是包容蒙昧。"纳妇"原意指男人娶妻，这里妇为阴，引申为容纳阴暗或昏暗。"子克家"指儿子继承父志，兴家立业。九二以阳爻居阴位，处下卦之中，刚柔相济，能包容蒙昧的幼童。上应六五，以阳刚承受阴柔，如同男子娶妻一样。九二与六五恰如老师和童蒙志同道合，相得益彰，再加之九二能以阳刚的才干任事，继承父志，定能兴家。全爻辞意为：包容蒙昧，吉祥。容纳昏暗，吉祥。儿辈能够治家。

智教曹丕

曹丕得知曹操要立自己为世子时，一度高兴过了头，既不看书学习，又不习武练剑，每天不是田猎就是斗鸡，太傅司马懿多次求见，都难见到。

一天，曹丕又在后院斗鸡，命家仆把门关上，不论谁人求见，一概都说身体不适，拒绝求见。司马懿因以前连续碰了几次壁，这次却提着一只芦花大公鸡求见曹丕。开始守门人拒见，司马懿很客气地说："请你回告一下，我带来了一只凶猛的芦花大公鸡。"当曹丕知道司马懿是来送大芦花斗鸡玩的，立即请进。

司马懿一进曹丕后院，只见斗鸡场上羽毛飞扬，血星四溅，丹红涂地。曹丕见司马懿送来的芦花鸡又肥又大，准是一个大草包，便说："你这芦花大公鸡哪能斗鸡，只配喂鸡，如果你输了怎么办？"

司马懿说："讲一个故事。"

曹丕说："不行。太简单了。"

司马懿又说："我讲的故事必须能打动人，否则，就不算数，再讲一个，直到感人为止。"

曹丕心想，好吧！让你坐着讲一百个，累死你。

斗鸡开始了，战了不到两阵，芦花大公鸡就彻底败了，而且败得一塌糊涂。

司马懿只好讲故事："刘皇叔有两个白美人。一个是甘夫人，肌若嫩脂，肤如凝霜，坐于白绡帐中，从外望去就是月下堆着白雪，让人看了神飞魂荡。另一白美人是白玉雕刻的，高约三尺，雕得惟妙惟肖，细端量比甘夫人还漂亮，这是河南人献的。刘备于帐中，常常一手揽着甘夫人，一手抱着玉美人，耽于安乐，不问政事。一天，甘夫人问刘备：'你真爱这玉美人，就把我休了吧。'刘备搂紧甘夫人说：'你们两个都是我的宝贝，我一个都不能离开。'甘夫人接着说：'你真爱我，就带我到乡下过田园生活吧，相亲相爱的，多好呀。'刘备回答：'这哪行，我还没夺得天下呢。'甘夫人说：'刘皇叔说得对！男子汉得了天下，何愁不得万物？现在您这是玩物丧志啊。春秋时代，宋人得了一块美玉送与子罕，子罕不受，并说：你如果以玉为宝请自珍藏吧，我以不接受你的玉为宝。子罕因此受到了人们的尊敬。'刘备听完，幡然醒悟，当即摔了玉美人，便与属下开始商谈国家大事。"

司马懿见曹丕听得半晌不语，便问："下官还要再讲一个？"

曹丕说："有这样精辟的故事，我还不警醒吗？我从现在起夜间读书，白天练武……”

不久，曹丕文思日进，武艺渐高。曹操非常高兴，最终立其为世子。

点评

曹丕尽管有贪玩毛病，但经司马懿的教育，立即醒悟过来，后来他不仅被立为世子，而且做了魏国的皇帝。从爻辞之理看，司马懿对曹丕的教育，可谓包容蒙昧，容纳昏暗，讲究方法，也把曹丕教育成了“子克家”的典范。

六三：勿用取女，见金夫，不有躬。无攸利。

“取”与“娶”通假。“金夫”为有钱的男子。“不有躬”指失身。六三以阴爻居阳位，不中不正，且处于蒙卦下体之上，乘凌中正刚明的良师九二，攀附与它同样不中不正的上九，两者品质相近，臭味相投，见利忘义。全爻辞意为：不要娶这样的女人，因为她见了有钱的男子就失身，娶他为妻是不吉利的。

三国故事

吕布毙命

吕布最初是荆州刺史丁原的部下，也是丁原的义子。在董卓召集群臣商讨废先帝而另立陈留王为帝时，荆州刺史丁原首先反对说：“不可！不可！天子是先帝的嫡子，没有过失你就想随自己意愿另行废立，你这不是想篡权吗？”董卓被丁原气得大喊：“顺我者昌，逆我者亡！”说着抽出宝剑就要杀丁原。

这时吕布手持方天画戟站在丁原身后，器宇轩昂，怒目而视，威风凛凛。董卓的谋士李儒一见大事不妙，立即劝说：“今日饮宴，不谈国事，来日在公堂上再论也不迟。”

众人劝丁原上马返回，吕布也跟随而去。

吕布成了董卓的心病，他想这个吕布是个英雄，若得此人，天下就是我的了。这时，董卓的中郎将李肃说：“吕布是个见利忘义的人，这好办，主公把你的‘赤兔’千里马送给吕布，再给他些珠宝，吕布就成你的人了。”

董卓问谋士李儒如何。李儒答说：“主公想取天下，怎么能吝惜一匹马呢？”

于是董卓派李肃将“赤兔”千里马、黄金千两、玉带一条送给吕布。吕布见利忘义，当天夜里就杀了丁原，投了董卓，并且又做了董卓的干儿子。

董卓专权后，自号为“尚父”，骄横无比，权势熏天，又加吕布助纣为虐，搞得满朝官员人人自危。司徒大臣王允认清了他们的本质，都是些狠毒、贪婪、无耻而又相互利用的小人，他们一旦面对利益和美色必定会发生争夺，绝无信义，其中一个就会杀掉另一个。于是他就把自己的婢女貂蝉先许给吕布做妾。然后，王允又把貂蝉许给董卓做小。董卓一见貌美如仙的貂蝉便立即娶回家中。当吕布后来在凤仪亭见到貂蝉时，貂蝉就诉说董卓对她的欺污，要求吕布杀死老贼为她报仇，吕布咬牙承诺，誓杀老贼。后来，吕布在董卓毫无防备的情况下，将他的第二位义父杀死。

后来吕布在下邳城被曹操活捉，吕布对曹操说：“曹公，不要杀我了，只要让我辅佐您，安定天下是不成问题的。”曹操正在犹豫之际，刘备却进上一言：“您不知道丁建阳和董卓之事吗？”

于是曹操毫不犹豫地杀了吕布。

点评

吕布就如同见到了有钱男人就委身的“女子”，丁原敢“娶”，董卓敢“娶”，曹操还敢“娶”吗？在丁原与董卓争斗时，丁原为正义方，吕布却不分善恶，认贼作父，为虎作伥，投靠比丁原势力更大的董卓。在女人的问题上，吕布又以董卓霸占己妾为由亲手杀死董卓，认王允为岳丈……，如此小人，道德败坏，谁还敢再与他为友呢？吕布的毙命是因“见金夫，不有躬”，也是道德败坏的必然结局。德者，得也！无德的人最后除了受惩罚，是什么也得不到的，得到的也会丢掉，甚至搭上性命。

“见金夫，不有躬”，用现代话说是“人尽可夫”，也就是无所谓情和义，只要有钱、有用，人人可以做丈夫，这样的女子，无异于娼妓。与“人尽可夫”相类的一种说法是“有奶便是娘”，那么目前还有“奶”的“娘”如果稍作推究，便可发现叫你“娘”的“子女”，也完全可能变成“无奶便不是娘”的坏崽子。目前仍坐“娘位”的人，同时也应想到你能老有“奶”吗？

六四：困蒙，吝。

六四以阴爻居阴位，两阴相重，与阳爻既非亲比，又无正应关系，远离阳爻，在此卦中阳爻为师，阴爻为童蒙，所以六四就是昏昧不明的幼童，再加之天资又弱，所以只能困处于蒙昧之中。全爻辞意为：困在蒙昧之中，这是憾事。

不可救药

何进是何皇后的哥哥，其妹入宫后生皇子刘辩，被立为皇后，何进因此得以重用。

皇子刘辩与另一皇子刘协在争立太子之时，宦官们都偏向刘协，因此联合向汉灵帝献计："必须先杀何进，以绝后患。"

皇帝同意了这个意见，因此召何进入宫。

何进正欲进宫门，有人密告："千万不能入宫，皇帝正命宦官杀你。"于是，何进急忙召集心腹大臣，密商准备杀掉宫中全部宦官。此时典军校尉曹操挺身出来说："宦官之势，由来已久，在朝廷中蔓延极广，怎能全部除掉？倘若事机不密，必有灭族之祸，望大将军三思而行。"

何进听曹操说完，立即喝道："一个无名小辈，也言朝廷大事?"何进喝完，武断地决定：由司隶校尉袁绍率五千御林军进宫诛杀全部宦官。此时，恰巧传来皇帝驾崩的消息，曹操再次劝阻何进，说："今日之计，应先正君位，再杀宦官。"

何进仍然不听，派袁绍披挂上阵，带兵进宫，追杀宦官。宦官们一个个吓得东躲西藏，鸡飞狗跳，有的逃进宫内，向何太后求救。糊涂的何太后经不住宦官的花言巧语，于是对宦官们进行庇护。

这时袁绍对何进说："若不斩草除根，必有丧生之祸。"何进入宫又找何太后，请求诛杀宦官，但何太后还是不准，袁绍又献计说："可招天下四方英雄，带兵来京，尽杀宦官。"

何进听袁绍说得有理，立即发檄文到全国，急召各路人马进京。

主簿陈琳劝谏："何将军是皇戚，又掌握兵权，诛杀宦官如同火上燎毛，何必召兵进京，授人以柄，致生祸乱。"

何进讥笑陈琳说："懦夫之见。"

曹操此时鼓掌大笑曰："此事易如反掌，何必多议！杀这些宦官，少数人马就可，何必召兵进京，倘事不密，必有灭族之祸!"

何进气呼呼地大骂："你曹操也怀有私心。"

曹操退而仰天长叹曰："乱天下者，何进也。"

不久，何进不但没有全部诛杀了宦官，反而被宦官们一刀砍为两段。更为严重的是，他传檄篡国之贼董卓入京，无异于引狼入室，皇宫开始了真正的大乱，大汉天下随之进入分崩离析的混乱局面。

点评

俗语云：听人劝，吃饱饭。而何进就是一个不听人劝的蒙昧之子，他听不进陈琳和曹操的正确建议，也听不进大家的苦口良言。而袁绍的馊主意他倒是觉得很对味，于是，他不仅要尽诛宦官，还要招四方英雄进京，结果是引狼入室，致生大乱，自己也命丧九泉。

身处蒙昧阶段，其实并不可怕，最怕的是自己不识"蒙昧"，或者识了蒙昧不想法跳出蒙昧的圈子。古时一位学僧也遇到此种情况，他问禅师："师傅，我每日用功，从早到晚不敢懈怠，可是为什么不能开悟呢？"禅师是一个很会教授的高僧，他说："你拿一葫芦，装满水后，再放上一些盐，用力摇一摇，盐如果马上化了，你就开悟了。"学僧半信半疑照着做了，可是盐就是不化。学僧愁眉苦脸地去找禅师，禅师接过葫芦，倒掉了一些水，就摇了起来，盐很快就化了，禅师说："你把葫芦里的水装得太满了，摇都摇不动，盐能化吗？"学僧晓得师傅的做法之后立即说："禅师，我开悟了。"

六五：童蒙，吉。

九二阳刚居中，启迪群蒙，是有道"师表"的象征。六五居尊位能谦逊，以"童蒙"自处，是好学的"君子"的象征。因九二与六五正应，是理想的师生关系，所以卦辞中肯定"童蒙求我"是吉祥的。全爻辞意为：童子蒙昧，吉祥。

三国故事

忠心扶弱主

刘备死前把阿斗和另外两个孩子都托付给诸葛亮，然后对他们说："我死后，你们三个要父事丞相，若有不孝之处，就是天人共诛的不孝之子。"

诸葛亮表示鞠躬尽瘁，死而后已，定当竭力辅佐。

刘备死后三天，诸葛亮扶太子阿斗登上王位，史称"后主"。因后主年少才浅，在国家政事上十足是个蒙昧无知的孩童。他称诸葛亮为"相父"。

就在这时，魏主曹丕认为是讨伐蜀国的最好时机。他亲自点兵数万，又联络诸少数民族，分五路向蜀国杀来。刘禅听到消息后，吓得心惊肉跳，不知如何是好。而诸葛亮却染病在家，连续几天不到朝，无奈之下，后主驾车亲至相府，却见诸葛亮正在安闲地垂钓。刘禅便问："如今曹丕兵

分五路，侵犯边境，情况危急，丞相您说怎么办呀？”

诸葛亮听后，扶后主入内，奏道：“曹丕兵分五路，我怎能不知道，我并不是在安心钓鱼，而是静心思索退兵之计。”后主急得如同热锅上的蚂蚁，忙问：“丞相到底有何主意？”

诸葛亮诚挚地说道：“先帝把陛下托付于我，我怎敢怠慢？用兵之道，要在出其不意，万勿泄露于人。”他接着详细介绍说：“我早已料到西蕃王轲比能攻打西平关，而马超祖上又是西川人，素得羌人之心，羌人又把马超视为神威天将军，我已派人连夜传令马超紧守西平关，埋伏四路奇兵，轮流值勤，这一路您尽可放心。对南蛮孟获，我已调魏延领兵前往，摆下了迷惑阵，蛮兵见了必定不敢进攻。第三路是孟达引兵出汉中，他与李严曾结为生死之交，我已写好一封书信，以李严的名义送去，孟达必定托病不出。曹真率兵进犯阳平关，这是第四路，此处地势险峻，我已派赵子龙引军守关，曹真见我军不出，不久就会自退。这第五路军是孙权，也是我最忧心的一路。不过，主上不必担忧，我已有退兵之计，但须一个能言会道之人，前去重修盟好，这个人到底用谁呢？目前臣还没有想好。”

后主一听丞相安排得面面俱到，而且切实可行，就说：“今天朕听了相父的计策，如梦初醒，已无忧愁了。”

诸葛亮请后主共饮数杯，便送后主出府。

诸葛亮事事都像父亲一样爱护阿斗，对其竭尽忠心，后主刘禅虽然童蒙无知，却又能像赤子一样对待丞相，什么事情都不疑生二心，均由诸葛亮决断，所以在诸葛亮的治理下，蜀国又开始出现了新的太平景象。

点评

刘禅虽居九五尊位，但才质柔弱，在此妙似六五之爻。诸葛亮位居九二之爻，位正刚直，对待弱主绝无二心，“鞠躬尽瘁，死而后已”。所以蜀国不仅没有大乱，而且治理有序，只要诸葛亮活着，刘禅就能稳坐帝王之位，没有灾咎。这不仅说明了诸葛亮是个能包容蒙昧的老师，也赞扬了后主是个恭顺谦逊的帝王。

俗话说：“熊要有个熊样，龙要有个龙相，最怕又熊又不老实。”“龙”相自不必说，那是强者的风范，大家都知道什么意思。关键是有几人知道“熊要有个熊样儿”是什么意思？天下又有几个人能做到！为君、为官者，倘若自知才不超群，智不出众，那么就放手让有才干的人大胆去干，不嫉妒、不掣肘，干出成绩来，不也是你这个为君、为官者的成绩吗？这样，你就不是个熊人了，而成为了“龙”人、强者。就像前文讲的后主刘禅，虽然自身蒙昧、柔弱，但能用能干的人，这也叫

本事，利国利民，自己还赚个逍遥自在。最怕是自己不行，还不听别人的，不叫别人干，甚至嫉贤妒能，百般陷害，重用小人，祸乱朝政，最终只能落得江山易色，身家败亡。历史上这样的教训实在是太多了。

上九：击蒙，不利为寇，利御寇。

上九以刚爻居一卦极端，象征过于刚猛，不能行中正老师之教。对待学生过于严厉，甚至不分青红皂白，致使学生往往走向反面。如果谨慎用其刚严，掌握分寸，不超越限度，适当的惩戒和要求，能够去除孩童违理悖道之心，防止将来他们成寇为盗就可以了。全爻辞意为：以猛击来启发蒙昧，过于暴烈是不利的，严防其为非作歹是有利的。

三国故事

张飞遇害

张飞是蜀汉五虎上将之一，为人刚烈，有万夫不当之勇，名声仅次于关羽。据史载，张飞“敬爱君子而不恤小人”。事实也确是如此，张飞军阀作风严重，性又嗜酒，酒后暴怒即鞭打部下将校兵卒。为此，其义兄刘备多次告诫他，叫他今后应宽容一点儿，否则将自取其祸。张飞总是当面应承，过后就犯老毛病。

张飞闻知关羽遇害的噩耗后，旦夕号哭，泪湿衣襟。帐下诸将以酒解劝。张飞酒醉之后，心绪更坏，有事没事就鞭挞士卒，好多人被他鞭挞而亡。当先主刘备决定伐吴之后，张飞赶回阆中，下令军中三日内制办齐白旗、白甲，挂孝伐吴。第二天，帐下两员末将范疆、张达入帐禀报说：“白旗、白甲一时间办不齐，请求张将军宽限些时日。”张飞一听大怒说：“我急欲为兄报仇，恨不得明天便杀到东吴，你们怎么胆敢违我将令！”喝令帐下武士将二人绑缚在树上，每人狠狠打了五十鞭。打毕，张飞怒气未消，用手指着二人说：“白旗、白甲，来日都要置办完毕！若违了时限，就杀你们两个示众！”范疆、张达被打得遍体鳞伤。二人回到营中商议，范疆说：“今天受此严刑，来日怎么办得完，这个人性暴如火，如果来日办不完，你我就都被杀了。”张达说：“与其他杀我们，不如我们杀他。”这天晚上，范疆、张达趁张飞醉酒酣睡之际，身藏短刀，潜入张飞帐中，以短刀猛刺飞腹，张飞大叫一声而亡，时年五十五岁。一代名将，就这样被自己手下人杀了。范、张二人割了张飞首级，连夜投东吴去了。

点评

对昏蒙之极者，以较猛烈的手段来治蒙是必要的，所以叫“击蒙”，但最要紧的是掌握好分寸，不论是对学生还是属下治蒙，不能把他们当成贼寇，那样势必把他们逼向反面；适当地运用惩治手段，是为了防止“蒙”们成为贼寇。

军队是特殊的社会组织，为了搞好军队的管理，完成军事任务，统领军队的将帅，执法不得不严。这个严是严明军纪、严格执法，而不是对人的严酷甚至施暴。这里的分寸或界限是，不能因为执法而把自己的部下当作敌人对待，从而使他成为敌人。张飞命丧部下之手，在很大程度上就是不懂得掌握这个分寸和界限，而是随心所欲，对待下属严酷暴烈，毫不体恤，结果导致了无可挽回的悲剧。

历史上有一个《南泉斩猫》的故事，是对“击蒙”教育理念和教育模式的最好体现，而且也很好地把握了分寸。从前，南泉禅师面对两僧争夺一只猫，他拿来一把刀，把猫拎在手中说：“你们说出道理来，我就放了这只猫，不然，我就杀了它。”两个僧人谁也说不出道理来，南泉禅师立即把这只猫斩为两段。后来赵州禅师从外面回来，南泉禅师把这件事情讲给赵州禅师听，赵州禅师听完此事，立即把鞋脱下来顶在头上就出去了。南泉禅师说：“如果你在场的话，这只猫就不用死了。”

其实，南泉杀死的不是猫，而是弟子的混沌妄念。赵州禅师却明白南泉禅师的本意为本末倒置，把杀人的刀变成了活人的剑。南泉“击蒙”的手段很高明，把人的矛盾一下子转化到猫的身上，人未受损害，却受到了教育。

需 ䷄ 下乾上坎

需是象征等待的，由乾、坎两卦组成。从卦象看，乾为天，坎为水，在天则为云。天上的云何时凝结为雨，这取决于大自然的力量，不能过分地强调人为，应该静待时机。从卦德来看，乾为刚健，坎为陷险。刚健处坎险之内，不能在时机尚未成熟之际轻举妄动，否则就有凶险。如果等待时机来临，再有所作为，必能成功通达。需卦安排在蒙卦之后非常恰当，因为启蒙之后需要发展，在发展中难免会遇到困难和险阻，在险阻与困难面前不能急躁和盲目，必须学会等待。

卦辞释译

需：有孚，光亨，贞吉。利涉大川。

“孚”为诚实。在事物的发展过程中及遇到艰险时，要善于审时度势，发挥自己的韧性，能进则进，不能进就耐心等待。创造条件，捕捉时机，适时而进。九五以刚爻居阳位，处于中位，是本卦主爻，但它又陷于上卦的坎陷之中，一时之间还难以脱离困境。不过只要心存诚孚，从容等待，必能远离困境，诸事亨通，而且有利于涉渡大河。全卦辞意为：真诚地信守此道，前程光明而亨通，持守正道而获吉祥。利于涉越大河。

重要提示：本卦论述等待的重要意义。

初九：需于郊，利用恒。无咎。

“郊”在古代指城墙之外的地方。“恒”是恒常、永久的意思。因需卦的险难在上体的坎险之中，所以，初九离其最远，尚处于郊外之地，初九以阳爻居阳位，刚健而好动，同时又与六四的柔爻相应，更有上往的趋势，若动就会遭遇坎之险。唯有安分守己，才能远离祸患而无咎害。全爻辞意为：在郊外等待，保持恒心是有利的。这样不会有过错。

三国故事

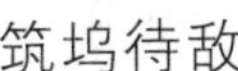

筑坞待敌

孙吴与曹魏两军在长江两岸对峙。曹军擅长陆攻，吴军长于水战。每当曹军南犯，孙吴就派水军迎敌，胜则上岸进攻，败则下岸上船退守。

一时间，吴军没有大败，曹军也没有占到好处。

后来，吕蒙向孙权建议，在北方军队的必经之处修筑坞堡，严防曹军的突然袭击。

东吴诸将领听了，颇不以为然，都说："我们上岸击贼，跣足上船，筑坞堡有何用？无用之功，少做为佳。"

吕蒙说："放长眼光看问题。兵器有利有钝，战事有胜有败。如果仓猝之间与敌遭遇，我军连入水都来不及，又怎能上船躲避敌军？"

孙权一听有道理，说道："人无远虑，必有近忧。子明之谋，利多于弊。"

于是，命令军士在濡须水口一带修筑要塞。不久告成。

过了不长时间，曹军大举南侵，想搞突然袭击，但由于坞堡的阻碍，曹军始终没能如愿。

点评

在军事相持中，有消极等待，也有积极等待。东吴大将吕蒙，自知吴军的综合实力不及曹军，就大修坞堡以阻挡锐不可当的敌人的突然袭击。这种做法不仅是积极的等待，而且也是在前线上巧借地势地物。按《易经》之理，是为阻敌于郊外，绝不轻易冒险。这种等待是有所恃的等待，所恃者，坞堡也。这种等待做到了坚持恒久不变，从而立于不败之地。

佛家对积极的等待也是给予肯定的，有一则故事为《学会等待》，这个故事不仅对等待给予赞扬与支持，同时也对急躁给予了批判。有个年轻的小伙子做什么事都是急躁不安。有一次与情人约会，他去得太早，就站在大树下面长吁短叹，很不开心。正在此时，一位神仙出现在他的面前，给了他一块表，并说："如不愿等待，就把表拨得快一点，时间一到，你就可如愿了。"小伙子高兴极了，立即把表针拨动到约定的时刻，情人马上就出现了。他想如果现在能结婚多好啊，于是他转动表针，很短的时间内他就又与情人在悠扬的音乐中举行了婚礼。他又想洞房花烛夜多么令人陶醉，便又拨动表针，顿时，婚礼上的人们全部走尽，他们两人尽情地享受新婚之夜……他的愿望

层出不穷地出现，于是，他不停地转动表针，接着他得到了孩子、房子、金钱，他的孩子成了大人，又有成群的孙子出现，不停地吵闹……时间过得飞快，他不仅成了耄耋老人，而且生命也走到了尽头，他已病入膏肓，躺在床上不能自理了。

于是，他后悔至极，想要等待，可是已经来不及了。

九二：需于沙，小有言。终吉。

九二爻辞比喻在近水的沙滩上等待，有静待不躁之象，但离坎险已近了，并且受到了一些小的伤害。不过，只要镇定以待，就能无咎。全爻辞意为：在沙滩上等待，有些小小的语言中伤，最终还是吉祥的。

三国故事

兵不血刃

袁绍有两个儿子，一个叫袁尚，一个叫袁熙。

在柳亭之战中，袁绍两个儿子的兵马和乌桓军队都被曹操的军队打败。在走投无路之际，袁尚和袁熙便带着几千人马，投奔了辽东太守公孙康。

曹操击破乌桓之后，有人建议立即进攻公孙康，这样可以一箭双雕，既能降服公孙康，又能捉拿袁绍的两个儿子。如果不及时征讨辽东，等到袁氏两兄弟成器，必为后患，而趁他们现在还没有举动就出兵讨之，是个好机会。

曹操听后，胸有成竹地说："不必劳烦众位。不久公孙康就会把二袁的头给送来的。"

开始大家都不相信。但没过几天，公孙康果然派人把二袁之首送给了曹操，众将士非常吃惊，佩服曹操料事如神。

曹操便说："果然不出奉孝所料，这是等待的结果。"

原来，曹操的重要谋士郭奉孝在临终之前，给曹操留下一封信。信中写道："我听说，乌桓的柳亭之战结束后，袁熙、袁尚两人都逃到了辽东公孙康那里。明公千万不要重兵追歼。长久以来，公孙康颇怕袁氏弟兄吞并他，二袁去投，只能引起怀疑。如果出兵击之，他们必定合力迎战；如果放缓一些时间，他们又必定会相互图谋。"曹操见信之后，想到过去袁绍在世时，常有吞并辽东之意，公孙康又对袁家恨之入骨。这次袁氏二兄弟投奔公孙康，公孙康必定也害怕曹魏大军向他们进攻，公孙康为了自保，也

必定会除掉二袁的。于是，曹操为了给公孙康施加点压力，便把重兵屯扎在距辽东不远的易州。

公孙康生怕引火烧身，立即斩杀二袁，将首级送往曹营。最后，曹操兵不血刃地达到了目的。

点评

曹操在这里清醒地认识到公孙康与袁氏有旧仇、公孙康也害怕自己的三角矛盾。袁方势力小，公孙康方势力也不大，两者之间既有矛盾，又有联合，曹方势力比任何一方都大，但又不比袁与公孙两方结合的势力大。所以采取郭奉孝的战略：镇静等待，给公孙康制造压力，然后，坐收渔利。时间一长，公孙康又与二袁互相猜忌，等矛盾发展到尖锐之际，袁氏两兄弟的头就掉在了公孙康的刀下。这件事从本质上讲，也是曹操借助矛盾而去解决矛盾的成功实践。但要有个前提条件——时间要长一些，需要等待。

虽然受到一点小小的中伤，但只要镇静等待，就能得到最后的胜利之果，那么就不要害怕小小的中伤。古代宋国有位名叫华子的人，中年得了健忘症，先是早上的事晚上忘，后来在家里忘了坐，在路上忘了走，不知道古今，也不知道先后，家里人都为他苦恼。这时鲁国有位儒生说他能治此病，但需要时间，并且还要病人经受一些痛苦。华子家人说不怕，只要能治好病就行，还给了儒生一些家产。鲁国儒生开始为华子治病，他说："这种病是不能靠药物治疗的，需要用时间去感化他的心智，变换他的思虑，方可痊愈。"于是，鲁国儒生先是故意冻华子，等他感到冷时，再给他衣服穿。然后又故意饿他，等他饥饿得不能支持了，再给他饭吃；最后又让他住在黑暗处见不到阳光，等他渴望阳光时再让他走出黑暗。日子一久，华子果然感觉很好。儒生又说："这个病完全能够治好，但这是家传秘方，须屏退人们，单独与病人在一起，再待七天七夜。"华子家人同意了。七天七夜后，华子的健忘症果然好了。

九三：需于泥，致寇至。

"泥"为与水相接的泥淖之地。"寇"是指大灾祸。九三处于乾之上，不仅过刚而不居中，而且更加临近坎险，很容易导致灾难。需卦乾在下，坎在上，九三虽然离坎险很近，但若不去接近坎险，便可无事。如果去招惹它，必导致灾难。全爻辞意为：在泥淖中等待，可能招致大灾害。

火烧赤壁

刘备还没有占得益州之际，孙权已在江东立稳了脚跟。具有战略眼光的曹操，想趁孙、刘羽翼未丰之际消灭他们，便率八十三万大军直奔东吴，先攻克了襄阳和江陵。于是，东吴上下一片惊恐。

曹操虽有强大的军事力量，但因都是北方军，不习水战，将士们到了南方又不服水土，一时半刻还不可能灭了东吴。面对这种情况，诸葛亮出使东吴，智激孙权，说服周瑜，使孙、刘两家结为联盟，并导演了赤壁大战。

赤壁大战之前，孙、刘两家又合谋让庞统到曹操军营献上了连环计，然后只待火烧赤壁。

时曹操军营在江北，孙权军营在江南，欲要烧连环战船，须借东南风。但寒冬数九，哪里会有东南风？周瑜为此忧心如焚，因渴望东南风一事而病倒，且口吐鲜血，病情很重。这事被诸葛亮得知，他立即传言说能治其病。周瑜忙请诸葛亮入帐，诸葛亮说："此病须先理其气，气若顺了，在呼吸之间，病可痊愈。"

周瑜已知诸葛亮掌握了自己的病因，便问："如若顺气，当服何药？"

诸葛亮说："我有一偏方，定使都督气顺。"说罢，命左右退下，手书十六字"欲破曹公，宜用火攻；万事俱备，只欠东风。"然后递给周瑜。

周瑜一看，顿时大惊，暗想："孔明真神人也，他早已深知我意。"又问："先生知其病因，当用何药？"

诸葛亮又说："我虽不才，可借东风。刮上三天三夜，助都督用兵。"

诸葛亮辞别周瑜，到南屏山查看地势，筑坛设祭，焚香祈风。周瑜却一边调兵遣将，一边秘密派人准备在东南风刮起之时坚决暗杀诸葛亮。当晚三更时分，东南风渐渐吹起，旌旗哗哗迎风飘扬，周瑜出帐，东南风已猛烈地刮起。

周瑜回到帐中，惊骇地说："孔明竟有这样大的本领，能呼风唤雨，若留下他，必为我东吴祸根。"于是令护军校尉丁奉、徐盛二将率二百精兵，直奔南屏山七星坛，要当场将诸葛亮斩首。徐、丁二将飞马赶到南屏山，见只有将士们站在七星坛上，却不见诸葛亮身影。丁奉、徐盛正欲寻找，一小卒报告："昨晚一只小船停在前面滩口，诸葛亮直奔那只船去了。"丁徐二位兵分两路乘船追赶，并大喊："军师休去，都督有请。"

诸葛亮立在船尾上大笑道："回告都督吧，他不能容人，必来害我。我早已命子龙来接了，请回吧。"

徐、丁二位追杀诸葛亮不成，回报周瑜。周瑜得知之后大惊道："此人可谓足智多谋，神机妙算，他太使我日夜不安啦。"鲁肃劝其破曹以后再对付诸葛亮。

周瑜只得把谋害诸葛亮之事暂放一边，急召诸将听令，部署火烧赤壁。

黄盖安排火船，并令小卒先去曹操处送降书，然后再安排四个船队，各引战船三百只，向曹营进军。

曹操在大寨之中，正与众将商议，等待黄盖的消息。谋士程昱说："今日东南风，宜小心提防。"曹操颇不以为然地说："时令冬至，阳气上升，微起南风有何奇怪？"当军士忽报江东信使到来，曹操忙进帐看，黄盖写道："周瑜防备很紧，无法脱身。今有鄱阳湖运粮船来，周瑜派我巡逻保护，趁此机会，今晚二更时分，杀死江东名将，手提脑颅，押粮前降。丞相看到插着青龙牙旗的就是粮船。"

曹操看完信大喜，与众将等待黄盖来降。

黄盖降船的旗帜上大书"先锋黄盖"几字，一路顺风地向赤壁进发。这时，东南风越吹越紧，波浪汹涌。曹操在军中遥望江东，迎风大笑，自以为得志。这时，忽然有人来报："江南有一簇帆船，乘风而来。"曹操登高望去，江面上船只无不插着青龙牙旗。曹操开怀大笑："黄盖来降，天助我也。"

谋士们及众将领生怕上当，依然向曹操进谏须防黄盖有诈。

曹操看着从远处驶来的船在水上浮摇直晃，根本不像粮船。他猛然醒悟，立即派人前去阻挡。可是，为时已晚。黄盖用刀一挥，前船一齐发火，追奔曹营。船如箭发，二十多只火船一齐撞入水寨，曹寨之中的船只一下子着起了大火，火趁风威，风借火势，各船只又被铁链锁住，兵士无处逃避。火愈烧愈旺，曹营中顷刻之间烟焰弥漫。恰在此时，隔江又有炮响，四下火船齐到，只见三江水面上风逐火飞，船毁人亡。转眼之间，曹寨变成一片火海。

点评

只有临险谨慎，方能不败。火烧赤壁一战中，曹操和诸葛亮两人相比较，特别有意思。曹操在大战以前，故意招惹东吴，急躁冒险，不能等待。连续三次轻信他言，三次中计。第一次使蒋干误中周瑜之计，错杀蔡瑁、张允；第二次中了周瑜、黄盖演出的苦肉计；第三次又中了庞统的连环计。一场战争，曹操连中三计，就是有天大的实力，岂能不败？为何反复中计？全因不慎。为何会不慎？是一连串的胜

利使曹操骄傲了，轻敌了。骄兵必败。与曹操相反，赤壁大战中的诸葛亮，在大战之前则是事事谨慎。在周瑜因欠东风而不能火烧赤壁时，诸葛亮为了孙刘联盟共同抗曹去给周瑜借东风。东风借来，火烧赤壁即将成为事实之际，诸葛亮又神不知鬼不觉地乘事先安排好的一叶小舟远离东吴，避开了周瑜的暗杀。诸葛亮为何能避害？全因谨慎。

“身陷泥淖”，面临可能招致的灾害，避害的关键是能否做到“居安思危”。濒临险难，并不是已成事实的险难。居安常思危，避危则危险不至；居安不思危，不避危则危险必至。此“凡事预则立，不预则废”之谓也！赤壁大战中的两个关键人物曹操和诸葛亮在濒临险难时截然不同的态度、做法和结果，值得后人深思。

这让人想起了庄子的一个故事。一次，庄子在雕陵园里游玩，看见一只怪异的鸟从南方飞来，翅宽七尺，眼径一寸。可是这只大鸟就要碰到了庄子的额头上，却还没有看见庄子。庄子见它落在栗树枝上，疑惑地说：“这是只什么鸟？翅膀宽却不大会飞，眼睛大却看不大见。”于是，庄子提起衣裳小心地走过去，想用弹弓射杀它；这时，庄子看见一只蝉正躲在树叶荫处拼命叫喊，忘记危险；再看它的身后还有一只磨刀霍霍的螳螂，那只螳螂正聚精会神地盯着自己的美味，也忘记了危险，想不到大鸟就在它身后；大鸟为了贪利，也忘记了自己的生命之忧，睁着寸大的眼睛竟然还看不见庄子，只是注视着螳螂。庄子见此情形，吃惊地说：“物类相互牵累，这都是因为互相贪利招致的灾难啊。”庄子立即扔掉手中的弹弓，拔腿向家跑，看管栗园的人以为他是偷栗之贼，边追边骂。庄子回家后，三天闭门不出，弟子蔺且问：“先生为何三天不出门？”庄子说：“我为了守住物体而忘记了自身，沉醉于利害忘了天性……我到雕陵园去游玩忘了自身，让大鸟碰了头，在栗树林里游玩忘了真性，让管园人辱骂，所以我闭门不出。”

难怪庄子能够长寿，这就是得益于他善于自保，看清环境，不去招惹灾祸。而那些蝉、螳螂、大鸟等动物们呢？恰恰相反，身处泥淖，都还不觉危险。

六四：需于血，出自穴。

六四已进入坎险，受了伤，极其危殆。尽管在血泊之中，只要能静待时机，顺应变化，依然能够化险为夷。全爻辞意为：在血泊中等待，能从险境中脱出。

三国故事

吕布脱险

吕布被李傕、郭汜打败之后投奔袁术；被袁术拒绝，又去投奔袁绍。

过去，吕布在袁绍面前，自恃骁勇，曾引起过袁绍的不满，袁绍这次收留吕布，就是想趁机会除掉吕布。由于袁绍机事不密，又被吕布发现，所以吕布便设法躲避杀身之祸。

吕布找到借口要离开袁绍时，袁绍又不得不同意，于是只好派三十名卫士护送。这三十名卫士实际上是三十名刺客。袁绍叮嘱，一定趁吕布松懈之际把他杀掉。

吕布深知自己所处环境险恶，稍有不慎，就有杀身之祸。一天晚上，吕布宿营野外，他让袁绍的三十名卫士住在帐篷附近，而让自己的一个亲信在帐内鼓瑟。夜深人静之时，吕布帐中瑟声依然不断，三十名卫士认为吕布还未入睡，无从下手，只能着急地等待着机会。三更过后，瑟声一断，刺客们悄悄地钻进帐内，不问青红皂白就朝床乱砍起来。当刺客们感觉到不对头时，掌灯一看，吕布早已不在了。

原来，吕布已察觉了三十名护卫就是刺客，担心晚间下手。于是，他让亲信鼓瑟，自己却在瑟声绵绵之际，神不知鬼不觉地逃离了帐篷。

点评

都说吕布是个见利忘义、四肢发达、头脑愚蠢的家伙。但这次却很成功地逃过了袁绍的刺杀。首先，他在投奔袁绍之时就心怀谨慎，没有胡乱盲从；其次，当他发现杀机，能找到借口逃出袁绍的控制范围；再次，设计躲过杀手。由此看来，身处血光之险中，只要谨慎善变，哪怕头脑愚蠢一点，也是可以安然无恙的。

更懂“需于血，出自穴”之理的是周王朝奠基者周文王。他被纣王囚于羑里，能够镇定自若，静待时势变化。他在静待时势变化之际，不仅能远避灾祸，还能从容不迫地深研八卦，将其推演成六十四卦。最后以非凡的气度获释，为西周的建立奠定了基础。

九五：需于酒食，贞吉。

九五已陷坎险之中，很难自拔，但是只要刚健中正，有着坚定的自信心，过硬的心理素质，处变不惊，在困境中洞明事理，不失操守，也可履险

如夷。全爻辞意为：在酒食宴享中等待，守持正道可获吉祥。

三国故事

坐镇唱空城

马谡失街亭，造成了诸葛亮在战略上极大的被动。魏将张郃占领了街亭。诸葛亮在无奈之中赶紧命关兴、张苞各领三千人马去武功山小路作疑兵阻击魏军。命张翼领兵修整剑阁，以备归路。又密令大军暗里收拾行装，准备启程。再令马岱、姜维去山谷中埋伏，准备为大军断后。

安排完毕之后，诸葛亮亲率五千兵士占住西城县城。忽然探马来报，司马懿率十五万大军涌往西城。

此时的诸葛亮身边只有一些文官，连一员武将也没有。他率领的五千士兵，有一半因押粮草离开了西城，城中只有不到两千五百个士兵。如果硬和司马懿较量，无异于鸡蛋碰石头。他登上城楼，只见司马懿的军马兵临西城，所经之处尘土滚滚，不少士兵已吓得有些失色。诸葛亮立即下令："把城上所有的旗子全部落下，士兵们各就各位，不得擅自离位，更不准大声喧哗。违令者斩首。城门外只留二十人，皆穿百姓服装，一律清扫街道。司马懿的兵马若到，谁也不得擅自行事，我自有办法。"

说罢，诸葛亮穿上鹤氅，头戴纶巾，由两小童伴随，携一张大琴登上城楼。在栏杆前燃香坐好，开始舒缓地抚琴。

司马懿前头部队见此景象，立即回报司马懿，司马懿大笑："继续前进，诸葛亮在玩空城计。"

但司马懿毕竟是个谨慎的人。他亲到城下，见城中状况安然，立即命部队暂停，自己再策马向前。抬头细看，只见诸葛亮面带微笑，从容弹琴，座前香烟缭绕，左边小童捧一柄宝剑，右边小童手执拂尘，城门外还有二十几个百姓在清扫街道。再细听诸葛亮抚琴之声，优美不躁，舒畅如云，不恐不惧，韵味又深。于是司马懿疑惧顿生，说："撤！速向北山头方向撤。"

司马昭不解地问："诸葛亮肯定手下无兵，设下圈套疑人，父亲为何命撤？"

司马懿回答说："诸葛亮一生谨慎，凡事都是三思而行。他一生没冒过一次风险。今天城门大开，其中必有埋伏，一旦进军，必中他计。撤！不会错！"

司马懿撤去，诸葛亮抚掌大笑。官员们无不惊讶，而不知其故。诸葛亮说："他认为我思维周密，办事谨慎，不敢冒风险，他见大门敞开，以为必有埋伏。再则司马懿也是个谨慎之人，也是从不冒险的。我今冒此空城之险，也是万不得已呀。"当众士兵听后，夸赞诸葛亮神机妙算，诸葛亮笑说："我们只有两千多人，弃城逃跑，就等于告诉司马懿，你来活捉我们吧。"

难怪后人有诗赞曰："瑶琴三尺胜雄师，诸葛城西退敌时。十五万人回马处，士人指点至今疑。"

点评

困厄之中享玩酒席，是不能常玩的事情，不仅要有非凡的胸襟和气度，而且还要有平时一贯坚守正道的基础，然后才能获得吉祥。设若诸葛亮经常弄险，整天咋咋呼呼，司马懿能认为他有埋伏吗？正如他所说："诸葛亮一生都没有弄过一次险。"处在"九五"坎险之中，能够安闲地以酒席自娱，这需要有很深的修养、广大的胸怀、宏大的气魄和终生的谨慎作后盾。否则，是达不到这种效果的。

古代的颜回在这方面则是另一类的代表。孔子曾高度称赞他："一箪食，一瓢饮，居陋巷，人也不堪其忧，回也不改其乐。贤哉回也！"

上六：入于穴。有不速之客，三人来。敬之终吉。

"穴"指陷险之地。"速"为邀请的意思。"三人"指下体乾卦的三个阳爻。这三爻并不是与上卦的三爻都相应，所以又称"不速之客"。上六爻已经到了坎险终极，终于陷进险穴无法自拔，只有等待外援。不过上六爻以阴爻居阴位，只要怀有柔顺之德，恭敬地接待三位不速之客，不与之冲突，采取诚敬态度，向三阳求援，最终能化险而得吉。全爻辞意为：落入险境，有不请而到的三位客人来，恭敬相待，会得到吉祥。

三国故事

礼待不速之客

刘备少不喜读书，好结交侠肝义胆的朋友，家乡涿县一带的青年人多愿与他交往、听他招呼。汉末黄巾造反，刘备因率家乡年轻人随官兵讨黄巾有功，被授职平原县令，后来又领平原相之职。刘备任平原令之后，结交天下豪杰侠士更为广泛，多数与刘备过从甚密，对刘备敬爱有加。那时天下饥荒，粮米紧张，吃饭困难。但是只要有好汉来投奔，刘备总是尽最大力量盛情招待，与他们同桌吃饭、同席而坐。因此，很多侠义之士都愿归附他。

平原县有个豪绅名唤刘平，向来瞧不起刘备，以在刘备治下为耻。今见刘备结交天下英雄，众人归附，愈加嫉恨刘备，决心除掉刘备。于是花

重金雇了一名刺客，前往刺杀刘备。

刺客到刘备住所之外观察了两三天，见刘备处理公务，维持治安，来去总是有侍从跟随，况且刘备也是剑不离身，一时间难有下手的机会。刺客灵机一动，计上心来。他想：刘备不是好客嘛？我何不假装侠士前去投奔他，在衙内伺机刺杀他！打定主意后，刺客便来到衙门口，烦门吏通报有远方朋友慕名来访刘玄德。刘备听说以后放下手边事务，将这位不速之客迎到住处。来客不说什么，只说慕名来访。刘备也不多问什么话，只是命手下人添茶倒水，收拾客房，殷勤照顾。一日三餐，刘备倾其所有，尽量把酒饭弄得丰盛一些。暂时外出时，刘备也要提前亲自安排好客人的酒饭。他见客人的上衣破旧，硬逼着客人脱下破旧衣服，找出自己一件新衣给客人穿。

不速之客在刘备住所一住三天。他开始是要寻找机会刺杀刘备的，可是现在却犹豫了。他想自己与刘备素不相识，对刘备无恩无惠，刘备却对他推食解衣，敬礼有加，这说明此人是仁人君子，我若刺杀他，岂不是显得太不仁不义、不够朋友吗？我虽为了钱财而受人之托，但是也不能为了钱财而丧尽天良。倘若真像当初设想，伺机刺杀刘备而得不义之财，我还算条好汉吗？打定主意后，不速之客找机会把一切都向刘备讲了。到这时刘备才知不速之客是刺客，才知道几天来自己一直身处险境。客说：“仁兄厚待之恩，容后报答，小弟告辞！”刘备定要资助盘缠，客人坚辞不受，朝刘备深作一揖，然后离去。

点评

“刘备礼待不速客”的故事，不仅富有传奇色彩，而且发人深省。唐初名相魏征说“竭诚则吴越（吴国、越国）为一体，傲物则骨肉为行路”，这话是很有道理的。不速之客为杀刘备而假装投奔，刘备按其待客惯例以诚相待。“以诚感人者，人亦诚而应”，刺客被刘备的人格感动而放下屠刀，立地成友。假如刘备傲慢无礼，目中无人，那结果又会如何？“神真神于至诚”，刘备在身陷险境之时，不自觉中救了自己。“人有礼则安，无礼则危”，善待别人就是善待自己。

此文让人想起战国时一位名唤牛缺的儒生。一天，他驾车东去邯郸，途中遇上了一群强盗。这群强盗抢走了他的车马，又扒下了他的衣服。于是他赤身步行而去，看样子还很高兴，没有一点发愁和吝惜的表情。一位强盗立即追了上去，好奇地问牛缺：“看你的样子，一点都不惆怅，这是为什么？”他说：“君子不因为保有生命的外物而损害了要用它们来保养的生命。”强盗们听后齐赞：“此人聪明啊。”

牛缺理所当然地免去了大灾。

讼 ䷅ 下坎上乾

讼是双方在各执一理时求之于公，以明辨是非曲直。从卦象看，由乾、坎两卦组成。坎为水，乾为天。在此“水”又以黄河为代表，天以日月星辰为象征。黄河自西向东，日月星辰由东向西，两者朝着相反的方向运转。在事物的发展中，只要两者相反就必然引起矛盾和争讼。从卦德而言，坎为险，乾为刚健。坎为内卦，乾为外卦。如果比喻为人的行为，则是内怀险陷之心，外又逞刚健之行，必然引起争讼。

卦辞释译

讼：有孚，窒惕。中吉，终凶。
利见大人。不利涉大川。

“孚”为诚信而真实。“窒”为止塞不通。“惕”是慎戒恐惧。当争讼发生之后，当事人只得求之于公，由第三方明断曲直是非。讼卦的二、五两爻，皆为阳刚又居中，这表明都有实理。但争讼起来，必须谨慎，避免再起风波。“中吉”说明争讼若能适可而止就吉祥；“终凶”表明只要争讼到底，必然有凶。“大人”指九五，因是阳爻又处中位，他在争讼之中，可以作出公断。“不利涉大川”意为争讼起来都会各执一词，人心乖离，互不相亲，难免两败俱伤。胜者不胜，败者会更惨。本卦总的指导思想为：争讼是坏事，不争讼是好事。讼卦不是教人如何争讼，而是教人如何止息争讼的。全卦辞意为：内心诚实，克制，警惕。中途停止是吉祥的，争讼到底有凶险。利于出现大人。不利于涉越大河。

重要提示：辩证论述如何止息争讼。

初六：不永所事，小有言，终吉。

“永”是长久之意。“小有言”为言词上稍有争辩，是轻微的灾患。初六以阴爻居阳位，才质柔弱，地位低下，为与近君而又刚强者的九四争斗，必败无疑。初六只要度德量力，清楚地表达自己的意见，辨明是非就行，倘若不是无休止地争讼下去，最终就是吉祥的。相反则是无益和有害的。全爻辞意为：不要无休止地争执下去，略有言语摩擦，最终是吉祥的。

三国故事

妙语息险

坐守江汉的刘表，胸无大志而又懦弱无能，不但不能应付复杂的局势，连家务事也处理得一团乱麻。他因听信后妻蔡氏之言，偏爱后妻所生之子刘琮，致使前妻所生之子刘琦与刘琮兄弟之间产生矛盾，刘琦与后母的矛盾更是剑拔弩张。

但刘琦比较有心计，他深知自己不讨父母喜爱，一直想找个自安术。诸葛亮当时为刘备军师，德高望重，刘琦就去求诸葛亮给自己出个安身全己之术。诸葛亮想，父子之间的矛盾，外人难以说话，因而也就拒之不答。刘琦见诸葛亮不愿为自己出主意，就想法请诸葛亮去游后园，谎称楼上有本好书，让诸葛亮登上高楼一边饮酒观景，一边赏书。当刘琦和诸葛亮一同爬上了高楼，刘琦便暗中命人把梯抽走，便又向诸葛亮请问自安计，说：“现在只有我一人，你可以放心赐教了。”

诸葛亮见刘琦请教心切，也很诚挚，便回答了一句话：“公子不知道晋国公子申生在内被杀、重耳在外脱险的事吗？”

诸葛亮的一句话使刘琦恍然大悟。

次日，刘琦借机向父亲请求引兵去江夏驻扎。刘表在刘备劝说下，也就同意了，让刘琦出任江夏太守，并率兵三千驻守。

刘琦到了江夏，不仅保全了自身，也免除了祸起萧墙的危险。

点评

面对父亲的偏爱、后母的苛毒，刘琦、刘琮兄弟俩难免有所摩擦，但是这种矛盾一旦发展为公开争斗，位低势弱的刘琦必定要吃大亏。他争斗不起，所以他请求诸葛亮教给他安身术。诸葛亮很含蓄地以古人申生与重耳之例作了启发，刘琦深悟之后，便坚决地离开了矛盾

滋生地。刘琦的这种做法是很高明的，他在争端初起之时，明辨是非，不作纠缠，远离是非之地。这实为“小有言，终吉”。

九二：不克讼。归而逋（bū）。
其邑人三百户无眚（shěng）。

“克”为胜。“逋”指逃亡。“邑人”是领地中的农户。“眚”为灾祸。九二以阳爻处阴位，又处坎险之中，地位和形势都很不利。与他相争讼者是九五之尊，有权有势。如若争讼，必然招来祸患，如果明理，急流勇退，应像犯人逃跑一样迅速，否则很可能一人受累，百家连坐。全爻辞意为：不能胜讼，赶快回家，像犯人一样逃亡，他的三百户邑人也可以免灾。

三国故事

司马懿赴召

曹操在担任丞相之前，就听人议论青年司马懿很有才干，人称“才骏”，曹操一心想召他出来做官。当时，司马懿尽管看透汉朝国运衰微，朝权已落入曹操手中，但他感到自己属于士族后裔，不能屈节从事宦官之后，便以身患风痹为由，拒绝应召。

曹操向来警觉而多疑，他怀疑司马懿是对他不敬，故找借口推辞，于是马上找刺客，去试探司马懿是真病还是假病。当刺客进入司马家，司马懿也非常警觉，他准确地判断这是曹操派人来试探，他便如僵人一样躺在床上，刺客以刀假意刺向司马懿，司马懿却连躲也不躲，丝毫没有露出装病的破绽，两眼瞪着利刃，没有露出惧死的样子。

年轻的司马懿骗过了刺客，也骗过了多疑的曹操。

七年过去了。曹操担任了丞相，又想到召司马懿为使臣，并对属下说：“如果司马懿还是推三阻四，就把他抓起来。”

面对曹操的再次征召，司马懿决定赴召。如因为他知道：如果再不去，杀身之祸恐怕难免；再说，现今的曹操已独揽朝政，也统一了北方，天下大局已定。审时度势，应该赴召，这样不仅免灾，以后还可成就一些事情。

曹操先任命他为文学掾，并让他和曹丕游处。司马懿和曹丕相处很好，私交甚厚。曹操也很赏识司马懿的才气，不久又升他为主簿。

点评

此爻要义为：如果争讼失利，就应及时中止，以免祸患，更不能株

连九族。司马懿的第一次拒召，如果不是对曹操的认识到位，对刺客判断准确，就已经丧命了。事隔七年，司马懿面对曹操的再次征召，他知道，自己如果再和曹操较劲下去，必遭祸殃。所以，他唯一的选择就是赴召。

这种做法，是断然地免除了祸患，同时也为以后发展奠定了基础。这诚如老百姓所言：不能吃了豆子，还不知豆腥味。

《战国策》上有一寓言故事：一只老虎由于自己不慎，一只前爪踩中了人设的机关，老虎疼痛难忍，虎啸震天。可是，不久老虎静下心来想，现在只是失去一只前爪，若设陷的人来了，自己恐怕不仅是失掉一只爪，而且还要失去一条生命。于是，这只老虎决定忍痛舍掉前爪。然后，它用三条腿，忍着疼痛走进森林。

关键之际，连老虎都明白必要的损失是能保全整个生命的，更何况会思考的万物之灵长呢？

六三：食旧德，贞厉，终吉。或从王事，无成。

“德”是俸禄的意思。“厉”指危险。一般人都是喜欢自我表现，而六三却是一位退避三舍的君子，它以柔质居下卦之上，以阴爻居阳位，处位不正不中，且又受阳刚包围，实在是危险，在这进退两难的境地中，六三又面对居处终极地位的上九，它咄咄逼人想与六三争讼到底，六三以自己士大夫的形象，甘居下风，绝对不与人争。当它从事君王之事取得成绩时，也不居功，处处小心谨慎，防危虑险。全爻辞意为：安享旧有的俸禄，守持正道以防险，终将吉祥。或辅助君王的事业，不以成功而自居。

三国故事

张昭强饮

张昭是东吴的重要谋士，年高爵显，吴王孙权也十分尊敬他，并时常忆起其兄孙策的临终遗言：内事不决问张昭，外事不决问周瑜。

一天，孙权欢宴群臣，让诸葛恪遍行把盏。诸葛恪走到张昭面前，张昭却推杯不饮，并对诸葛恪说：“这不是奉养老臣的礼节吧。”孙权在一旁看了，对诸葛恪问：“你能让子布饮下这杯酒吗？”话一说完，张昭就听出了孙权的弦外之音。

诸葛恪听完就对张昭说：“姜尚当年九十岁未说老，照样披挂上阵。而现在饮酒的时候先生您在先，临阵的时候您又在后，怎么能说这不是养老的礼节呢?”诸葛恪也是话里有话。

张昭思忖着吴王孙权的话,面对着诸葛恪,停了不久,猛然仰首,强把酒饮下。然后朝着孙权歉意地笑了。再把空酒杯善意地朝向了诸葛恪。

孙权和诸葛恪都笑了。

点评

吴国太临终前遗言孙权:“伯符(孙策)临终有言,内事不决问张昭,外事不决问周瑜。”这说明张昭在东吴不仅是位重量级的老臣,而且对内政问题的认识处理也是非常到位的。在吴王面前饮酒,张昭看到上有吴王孙权的揶揄,下有诸葛恪的“养老”之说。夹在上君下臣之中的元老张昭实在不能倚老卖老,也只有强饮杯酒,止息争讼,并且博了个皆大欢喜。

有一个《啄鸡米》的故事更能表明此爻的深刻含义。古时候一个名叫少保的人,因贫贱谁都瞧不起他。少保木讷少语,但他与支机关系很不错,他不论在支机跟前说什么,支机都会点头称是。后来,少保做了高官,就举荐支机为谏议大夫。支机身为谏议,却从无建言,不论皇上说什么,他都像鸡啄米似的点头称是,很得皇上欢心。一天,皇上率众臣游花苑,随口说道:“朕幸上苑,花必须连夜开放。”支机听了,当场就说“是”。可是到了晚上,上苑的花并没有开放,皇上又问支机:“难道不到时候吗?”支机还是说:“是,是。”皇上立即大怒:“卿只一味地说是,到底是谁的是?”支机立即回答:“君当谁是,臣就当谁是。”皇上一听,也只得一笑而罢。

如想长久的食旧禄,又不产生争讼,《啄鸡米》里的支机恐怕不能说是无主见吧?若真无主见,恐怕是难成为谏议大夫的。

九四:不克讼,复即命,渝安贞,吉。

“复”为回头。“即”是靠拢。“命”为天理正道。“渝”是改变。九四以刚爻居险位,性健好争,又不守正道,成为失正不中的好讼之徒。但因它居阴位,又有善退之象,当它看到自己不占正理时,又能及时修正行为,改弦易辙。虽然丢了点小面子,但没失道义,最后可获得吉祥。全爻辞意为:不能胜讼,回头顺其自然,改变态度而安守正道,可获吉祥。

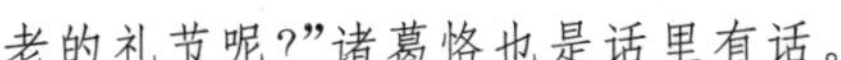

三国故事

巧脱险境

曹操在立嗣一事上长时间狐疑不决。按《春秋》之义“立嫡以长不以

贤”，当然应立长子曹丕。但是曹操不是个拘泥古训的人，他欲以贤愚来决定立谁为嗣。在诸子当中，曹操一直看好三子曹植。曹植自幼聪明伶俐，生性机警，才华横溢，少年时期即能出口成章，提笔成颂，甚得曹操欢心。而一心想成为世子的曹丕与曹植相比，则大为逊色。因而曹丕深深嫉恨曹植，必欲除之而后快。曹植对此也有察觉。因此，兄弟二人明里暗里摩擦不断，明争暗斗，各有爪牙。曹丕为人阴险，好用权术，善于伪装；曹植才高八斗，饮酒不节，任性而行。渐渐地，曹丕靠玩手段占了上风。曹操晚年在征求了谋士贾诩的意见之后，为了免蹈袁绍、刘表废长立幼造成内乱的覆辙，立长子曹丕为世子。

曹操去世前，遗命曹丕继承王位。此时曹植自知大势已去，胸中虽有不平，然也无可奈何，只能放弃争斗，诗酒消遣。然而曹丕仍不想放过他。曹丕手下人迎合其心意，力劝曹丕杀掉曹植以绝后患。曹丕于是派虎将许褚引兵到临淄，将曹植及其同党尽数绑缚邺郡。曹丕还听从华歆之言，叫曹植七步之内吟诗一首，若成，免其一死，若不成，格杀勿论。曹植心里明白，此时真是“人为刀俎，我为鱼肉”，只能任人宰割了。于是他对曹丕说：“请您给个题目。”当时大殿上悬一幅斗牛图，二牛斗于土墙之下，一牛坠井而亡。曹丕指画说：“就以此画为题，诗中不许出现‘二牛斗墙下，一牛坠井死’字样”。曹植于殿行七步，诗已成，开口吟道：

两肉齐道行，头上带凹骨。
相遇块山下，欻起相搪突。
二敌不俱刚，一肉卧土窟。
非是力不如，盛气不泄毕。

七步成诗！曹丕及群臣都吃一惊。一心要置曹植于死地的曹丕眼珠一转又出一招：“七步成诗，我还是认为慢了。你能应声作诗一首吗？”曹植说：“请您命题。”曹丕说：“我和你是亲兄弟。就以此为题，但诗中不许犯着‘兄弟’字样。”曹植不假思索，当即口占一绝：

煮豆燃豆萁，豆在釜中泣。
本是同根生，相煎何太急！

曹丕听罢，动了手足真情，不觉潸然泪下。于是只将曹植贬为安乡侯，曹植保住性命，拜辞而去。

点评

曹植总算保住了性命。曹丕和曹植为争立嗣而斗法，曹丕除了其长子身份，德才均非曹植对手，而在玩权术方面，曹植却也绝非曹丕的对手。建安二十二年(217 年)，曹丕被立为魏世子，但他仍对才

高八斗的弟弟曹植不放心，担心有朝一日世子之位归了曹植，因而绞尽脑汁毁坏曹植的形象。建安二十四年(219 年)，曹仁被关羽围困，曹操封曹植为征虏将军，率军南下救曹仁。曹植受命整装欲行，曹丕以送行的名义召曹植饮酒，千方百计将曹植灌醉。当翌日军队出征之际，曹植因醉卧酣睡而误军机，曹操大为恼火，遂对曹植失望。由此可以看出，德才不逮的曹丕心怀鬼胎，心狠手辣，阴谋迭出，才华横溢的曹植心胸磊落却疏于防范。最后的结局当然是才华不敌阴谋，君子输给小人。自古及今，这似乎成为一条定律，不论你承认与否。

曹植还是有理智的。当事情已成定局，争斗已经失败之后，他虽心有不平，但是还是偃旗息鼓了，安于为臣为弟之道。这叫“识时务者为俊杰”，也正应了一句大俗话：“人在屋檐下，焉敢不低头。”尽管如此，曹丕还是不想放过他，仍把他看成是自己王位的最大威胁，必欲置之死地而后快。在生死关头，是非凡敏捷的才思和遵循正道(为臣为弟之道)救了他，七步成诗，使曹丕动了兄弟恻隐之心。尤其在听完“煮豆燃豆萁”四句时，曹丕感到在道义上失败了，只有转弯回头，改变蛮横无理的态度，走向正理正道。

要想止息争讼，首要的是不要把眼前的输赢看得太重太过，其实站在人生一世的观念上看，某一个过程中的输和赢可能是微不足道的。在人生中有大赢小赢，也有大输小输。若为了大赢就不应害怕眼前的小输和某一过程中的小输。如果有了这一观念，止息争讼恐怕就不是过程中的事情，而是心中的事情。沩山灵祐禅师对待此类问题的看法，境界更高，在他眼中可以说就没有输赢的概念。一天，他登堂讲法完毕，意犹未尽，他生怕自己的弟子将来为俗务所累，于是他开示弟子，便问：“将来老僧百年之后，投生为一头牛，那时你们会称我沩山僧，还是叫我牛呢?”弟子们面面相觑，无法回答，因为众弟子们一时还参不透师父的禅意。这时一位路人经过此地，得知此事后说：“师父无异名。”沩山一听，哈哈大笑，说：“这位路人，你是我的关门弟子。”众僧一听，都是一脸迷惑，不解其意，沩山这时说：“弟子们，你们心中还是不净，竟被‘牛’与‘僧’给遮住了慧眼，说明你们眼中还有名相俗念，告诉大家，在法眼之中，哪有什么‘牛’啊，‘僧’啊，其实都一样。”

众僧听完之后，个个如同拨云见日。

九五：讼，元吉。

九五象征刚健中正，属于明快公正的主讼者，是位贤明的法官，也是理想的化身。它不仅能明断曲直，而且还能让诉讼者心悦诚服。本卦词中所说的“利见大人”，就是指九五大人了。全爻辞意为：能够决断争讼，大吉。

三国故事

制　衡

诸葛亮走出隆中辅佐刘备，刘备任命他为军师，非常尊敬他。然而刘备的两兄弟关羽、张飞却是极为不服。

有一次，关、张对刘备说：“孔明年幼，有什么才学？兄长对他的敬待实在有些太过。”刘备却说：“你两位不要多说了，我得到他，如同鱼儿得到水一样。”

关、张见刘备如此，也无可奈何。

不久，忽报夏侯惇引兵杀奔新野。张飞对关羽说，让诸葛亮去迎敌吧。正说话间，刘备召他二人商讨伐敌之事。张飞反问：“哥哥你何不用‘水’去迎敌？”

刘备说：“运筹帷幄当用孔明，用武打仗该用你们，不要推三阻四了。”关、张见兄长如此明确的态度，也只能如此。

再说刘备与诸葛亮筹划应战之事，刘备叫诸葛亮调兵遣将，诸葛亮感到有些为难，说：“主公，恐怕关、张两位将军难以服从命令，若让我行施军令，还请主公把尚方宝剑和官印交我用一下。”

刘备把剑、印均交与诸葛亮，去调兵遣将迎击敌人。这时关羽却问：“我等都出马迎敌，不知军师你能干些什么？”

诸葛亮回答：“我只坐守县城。”

张飞大笑：“我们都去厮杀拼命，你在家闲坐，好自在呀。”

诸葛亮说：“剑、印在此，违令者斩。”

面对两位结义弟兄的不服不恭，刘备极为严肃公正地说：“二位弟弟不可违令。难道你们没听说，运筹帷幄之中，决胜千里之外吗？”

关、张两弟兄只好服从军令，去新野迎击曹军。

点评

面对关、张两弟对军师的诘难不恭，刘备绝没有偏袒两位义弟，

而是站在公正的立场上，认真严肃地维护了诸葛亮在军营中的地位。他树立了诸葛亮在指挥作战方面的威信，又严肃地让两位义弟去执行军令。于是火烧新野，一战成功。最后关、张两位将军对诸葛亮的态度自然而然地彻底转变了。

刘备在诸葛亮与关羽、张飞之间的争斗中，从来不偏袒任何一方，一直运用自己的地位、权威，公正严肃地进行裁决，可谓一举三得。正如本爻强调的那样：只有以中正之道决断争讼，才是最为吉祥的。

上九：或锡之以鞶(pán)带。终朝三褫(chǐ)之。

“锡”与“赐”通假。“鞶带”为大臣命服上的佩带。“褫”指剥夺。上九以阳刚居于讼卦的终极，象征他是一位强争到底而不知改悔的好讼者，它一味地好强、争讼，面对六三的避让而获不讼之胜，并且因此而升官。由于上九占了便宜，所以它的行为受到舆论的谴责。因为它的高官厚禄不够光彩，以后在一天之内曾被君王连下三道命令剥夺权势。全爻辞意为：或许会得到赏赐的佩带。也必然在一天之内，三次被剥夺。

三国故事

魏延的悲剧

诸葛亮一出祁山时，派曾自幼熟读兵书的马谡去镇守街亭，又派平生谨慎的王平协助。但恐二人有失，又唤高翔屯兵附近的柳城，准备关键之时救应。随后诸葛亮又想高翔非张郃的对手，遂唤魏延引本部兵马去街亭之后屯扎。魏延当时问诸葛亮：“我为前部，理当先去破敌，何故置我于安闲之地？”诸葛亮解释说：“前方破敌乃偏裨之事耳，今令你接应街亭，总守汉中咽喉，此为大任，怎么能是安闲？”魏延听罢，方才高兴而去。

在二出祁山时，魏国派虎威将军王双任前部大先锋，把守隘口，此人有万夫不当之勇，蜀军数员大将都丧命于他手中。诸葛亮在粮草不济而退兵时，又恐王双杀来，于是派魏延在陈仓道口阻抗王双。王双中了魏延埋伏，被魏延一刀砍于马下。

诸葛亮逝于五丈原，在病床上把一个锦囊交给长史杨仪，并秘密嘱咐：“我死后魏延必反，等他反时，你打开此锦囊，到那时必有斩魏延之人。”

杨仪本来是以诸葛亮为靠山而起来的重臣，凡事很少愿买魏延的账，

因此魏延对杨仪也很恼火。两人在诸葛亮亡故之后闹到了水火不容的地步。此时的杨仪凭着诸葛亮传授的锦囊妙计，对魏延就更不买账了。当杨仪见到尚书费祎时，就拿出兵符，故意让他去试探魏延。魏延听说丞相去世，问谁代替丞相主持大事，费祎说："丞相把一切大事都托付给了杨仪；并把用兵秘法授给了姜维。这兵符就是杨仪下达的命令。"

魏延听完，极为恼怒，说："丞相虽亡，还有我在。杨仪仅是长史，他怎能承担如此重任？他的差事是护送丞相回川安葬。我要亲自去攻打司马懿。当前，绝不能因丞相一人而废国家大事。"

费祎找到杨仪把试探情况说完，杨仪便说："丞相临终之前，曾秘嘱我说魏延必有异志，今果然如此。"

正当杨仪和魏延两人为了争权，矛盾愈来愈深时，在回川的半途中，两人均以对方谋反为名展开了决斗。可悲的是，魏延不听杨仪的号令，擅自领兵西归，并企图半道截杀杨仪。在此关键之际，杨仪打开了诸葛亮生前所授的锦囊，然后笑着对魏延说："你敢在马上大声连喊三句'谁敢杀我'，我就佩服你是大丈夫，把汉中城池都给你。"

魏延大笑："杨仪听着！丞相已亡，天下谁敢敌我？别说三声，三万声又有何难？"魏延骑马按辔，大声嚎叫："谁敢杀我？"

魏延声音未断，脑后一人，一刀劈来，且说："我敢杀你！"魏延一下滚于马下，众人一愣，细看是马岱杀了魏延。

原来，诸葛亮临终之时，已授马岱密计，就是让他留在魏延身后，等他喊叫之时，出其不意地把魏延杀死！

点评

魏延是三国时代的骁勇大将，为蜀国立下了赫赫战功，其影响与地位丝毫不亚于五虎上将关、张、赵、马、黄。然而，他的结局却是一场悲剧。究其原因，大概与他孤傲的性格、恃强争胜的特点是有很大关系的。魏延在投奔刘备之前就有过两次暴烈的行为；刘备死后，他又与诸葛亮暗中种下了许多不合的种子，并且胆敢明里批评诸葛亮胆怯，不听自己的建议，导致北伐失败。正因如此，诸葛亮心里一定认为他锋芒太露，不具备将帅品格，许多军国大事不愿与他商量，甚至处处防着他。后来，当诸葛亮病逝前把丞相的权力交给了杨仪时，魏延又居功自傲、自恃勇武，与人不和、好斗争强，把叛逆的个性彻底显现出来了，与《讼》卦的上九一样，恃强争讼不止，最后自尝恶果。

魏延的悲剧根本在于他自己。第一，他是一个不分场合爱争强好胜的将军；第二，在关键之际，他又爱出风头，爱自作主张；第三，这

可能是诸葛亮最不能容忍之事，即爱给领导提意见；第四，他是一个经常忘记中国传统文化观念的人，说得更具体一点，是一个忘记官场文化观念的人。由于魏延这四大缺陷，日子一久就给蜀汉老将留下了一个不好的印象，甚至认为他是一个争强好斗的“讼徒”，最后自己的结局就理所当然地难以预料。当然，后来蜀汉的领导集团内部也存有诸多不合理的重要因素，更为重要的是战略上也犯下了许多错误。话再说回来，设若魏延不一味地争强好胜，下场又会怎样？诸葛亮还能寻找理由杀了他不成？

佛家有个故事更为有趣，它从不争不讼的角度让人明白了“到底谁大”的道理。无德禅师是一位得道高僧，声名远播，弟子无数，他仁慈授徒，宽厚对待弟子，深受爱戴。一天，一位信徒来到寺院拜佛，他刚坐下就听到一位年轻的小和尚对年事已高的无德禅师喊到：“禅师，有信徒来，快上茶。”过了一会儿，小和尚又说：“禅师，桌上的香灰太多，你擦一擦吧。”无德连忙答应，桌上的香灰还没擦完，小和尚又说：“禅师，门前的几盆菊花您该浇水啦。”无德禅师照样答应。小和尚说完就要出门，这时又对无德禅师说：“还有，中午别忘了留信徒用饭啊。”无德禅师还是答应着，在小和尚的指挥下东跑西奔，忙个不停。信徒看不下去了，问：“禅师，这小和尚是你什么人？”无德禅师说：“徒弟呀。”信徒更是不解地问：“他年轻，你年高；他是徒弟，你是师傅。他怎么这样无礼？看样子倒像他是师傅，你是徒弟。”老禅师非常高兴地说：“能有这样的徒弟，我是修来的福。信徒来了，我只管倒茶，不用说话；平时我擦香灰，他上香换水；他让我留信徒吃饭，他却去烧茶煮饭。寺内的一切事务，他都安排得井井有条，我多轻松啊。”无德禅师说完，满脸都绽放着舒心的笑容。信徒还有些疑惑，又问：“那你俩谁大谁小？”老禅师说：“当然我老些，不过，年轻的更有作为啊！”

像无德禅师这样能与人争讼起来吗？

师 ䷆ 下坎上坤

“师”为军队之意。师卦安排在讼卦之后是一种必然，当争讼难以平息时，必然要产生战争。战争就须兴师动众。本卦主要阐发兴师动众、行军作战的道理。师卦由坎、坤两卦组成。从卦象看，下坎为水，喻为军兵。上坤为地，喻以为民。地中有水也可以引申为“兵源来自于广大的民众”。从卦德来看，内卦表示坎险，外卦表示柔顺，内险外顺，表示以柔顺的策略来处理危险的事情。将至危至险隐伏于大顺之中，将神鬼莫测的行动藏匿于极端的宁静之中，这正是行军作战的道理。

卦辞释译

师：贞，丈人吉，无咎。

“贞”为守持正道。“丈人”是受到众人尊敬的老将军。用兵之道要把握战争的性质，应以正为本，师出有名，以己之正讨伐他人不正，把战争看成是替天行道之行为。在师卦中，六五爻代表在上位的君主，他能够顺应天命而进行讨伐，合于行军的正道，又能任命九二爻这样贤明、有威望而又富有经验的人来做将领，所以用兵作战能够吉祥无咎。全卦辞意为：守持正道，以贤明的长者为统帅，可以吉祥。无灾祸。

重要提示：综论用兵之道和原则。

初六：师出以律。否(pǐ)臧(zāng)凶。

“否臧”为不善。初六为师卦中第一爻，是兵众初出之象，它以阴柔之爻，又居内卦之下，象征为弱才之将。如果率兵打仗，军纪为先，“师出以律”，就能打胜。否则，就是凶。全爻辞意为：军队出动要以纪律约束，军纪不良，必有凶险。

三国故事

严律斩老乡

东吴大都督吕蒙，在关羽攻打樊城之际，乘机占领了关羽据守的公安、江陵两地。占领之后，吕蒙对关羽及其将士们的家属全部给以抚慰，并严厉告诫自己的部队，不得擅入民宅，对违令擅取居民财物者立斩不赦。

一天，一个士兵拿了老百姓的一个斗笠遮盖铠甲，被吕蒙发现，吕蒙令人进行审问，原来这个士兵是吕蒙的老乡。吕蒙说："你虽然是我的老乡，但我号令已出，你故意违犯，应当按军法从事。"那个士兵哭泣着说："我怕雨淋湿了公家的铠甲，所以拿了斗笠遮盖，绝不是私用。恳求将军念同乡之情，饶我性命。"吕蒙不为所动，令左右推出斩了，割下头颅传示各营，然后为他收尸，流着泪把他葬了。自此三军震惊，军纪肃然，无一人敢拿老百姓的东西，也无人敢擅自进入私宅，对百姓秋毫无犯。吕蒙虽是刚刚占领公安、江陵之地，但由于军队的纪律严明，两地的百姓人心非常稳定。

吕蒙治军有方，军纪严明，不扰百姓，又善待关羽部将的家属，所以后来致使关羽所率荆州之军大变，纷纷离去。最后，关羽部卒仅剩三百余人。

点评

军队是特殊的社会组织，它是统治者用以争斗从而达到某种政治目的的工具。为了达到某种政治目的，统治者都喜欢把自己的军队说成是"王者之师"、"仁义之师"。而"王者之师"或"仁义之师"的根本特征之一是不扰民，造福于民。如果扰民，则为寇。因为贼寇的行径就是劫掠财物，欺男霸女。要使军队不成为百姓既恨又怕的"寇"，关键的一条是严明军纪，即师卦所说的"师出以律"。东吴吕蒙是个很有政治头脑的将军，他深知替吴侯孙权去攻伐关羽所镇守的荆州，绝非短暂之计，而是要以此替吴国开拓疆土。既然如此，就必须取得荆州民众的支持，得到荆州民众之心。而得人心的最好办法是严明军纪，不妄取民间一物，不妄杀一人。吕蒙借老乡的脑袋来严肃了军纪，既得了民心，又对关羽所部荆州军进行攻心之战，最后取得占有荆州的胜利也是一种必然。

九二：在师中，吉无咎，王三锡命。

“在师”为率领军队。“锡命”是颁发赏赐诰命。九二是本卦的唯一阳爻，是一卦之主，象征带兵的将帅。它阳刚守正，使权适中。也就是说既要接受君王之命，又不能太专权，以免君王猜忌。只有如此才能吉祥。君王三次奖赏，不是鼓励穷兵黩武，而是为了尽早结束战争，强调战争的正义性。全爻辞意为：统率军队，守持中道，可获吉祥，没有灾祸，君王多次赐命嘉奖。

三国故事

位尊权大无私欲

刘备三顾茅庐请出诸葛亮，与之食则同桌，寝则共床，如鱼得水，信任有加。白帝城刘备托孤的几句话更是感人泪下。

刘备说：你的才气能力比曹丕强十倍，必能安邦定国，终成大事。若阿斗能辅佐就辅，不可辅佐，你就自立为成都之主。诸葛亮听罢，泣拜于地说：“臣哪敢不竭尽股肱之力，尽忠贞之节，死而后已啊！”

可以说，诸葛亮是位有理想但没有篡权野心的好丞相。刘备死后，他辅佐后主刘禅，抚平南蛮，挥师北伐。在北伐中，四出祁山时，大胜了司马懿，正欲乘胜追击司马懿之时，狡猾的司马懿知道明斗不是诸葛亮的对手，于是用起了反间计。不久，成都城里，谣言四起，说诸葛亮有怨上之意，早晚要称帝。恰在此时，都尉苟安因好酒而耽误送粮，被诸葛亮命人打了八十杖，他因此积怨在心，也在成都散布谣言，说“孔明自倚功大，早晚必篡国。”这话传到了后主刘禅耳朵里，他还真疑心丞相要夺权谋反，于是下诏，让诸葛亮班师回朝。诸葛亮接诏后仰天长叹：“皇上年幼，必听谗言。眼看胜利在望，为何偏偏此时降诏?！不回去是欺主；奉命而退，又失去战机。”

可是，当诸葛亮回到后主身边，又是一个哭笑不得的局面。幼主说：“朕好久不见相父，非常想念，特意召回，并无他事。”

点评

诸葛亮位尊权大，无人能比，其威望闻于天下。虽然是大权在握，但他从不用手中权力谋取半点儿私利，更不用说篡位窃国了。一生忠贞不贰，一切都是为了先帝，为了后主，为了苍生百姓。在中国几千年的历史中，有那么多军师，那么多丞相，多少人是人亡政息，口碑不佳，唯独他不仅千古留名，而且还被后人奉为神明。原因是诸葛亮位尊功高不震主，权重势大不谋私。其人格的光辉照耀古今。

此爻“在师中，吉无咎”还有另一番意思。《三十六计》中的《连环计》原文也曾引用过此语。此语在《三十六计》中的引申意义为：将帅处于险象之时，应刚而得中，巧妙指挥，这样就如同天神相助一样。如战国时代的司马熹曾设谋玩过“一石三鸟”，取得了很好的效果。这个故事不仅能阐释此爻爻意，还能对连环计给予诠释。当时，中山国国相司马熹很得国君信任，大权在握，势大人威。可是国王的宠姬阴简却很憎恨他，常在国君枕边说他的坏话。为此，司马熹十分担忧，这时一位名叫田简的智者悄悄地献上了一计。不久，赵国派一使者到中山国，司马熹不敢离开半步，并且还讨好地说：“赵国擅长音乐的美女多吗？我们中山国有位美女可能让贵国君主大吃一惊，不过，她是我们国君的宠姬，名叫阴简，那真是绝代佳人呀。”使者回国将此话告诉了赵国的君主，赵国国王听后立即动心，派人让中山国君主拱手让出阴简，中山国君主不答应，众大臣却慌了手脚，生怕赵国出兵。此时司马熹立即向中山国王献上一计，说：“国王，你应立即册封阴简为皇后，那样的话，与赵国的矛盾也就解决了。”中山国君主立即采纳司马熹的意见，先立阴简为后，然后回绝了赵国。

阴简做了皇后，赵国当然不能再索要这个美女。从此阴简对司马熹的态度彻底转变，充满了感激之情。司马熹这一做法，可谓一举三得：首先摆脱了阴简的怨恨，其次维护了中山国的尊严，同时也维护了自己的国相地位。

六三：师或舆(yú)尸，凶。

“舆尸”为以车运载尸体。六三以阴爻居阳位，质柔用刚，是一位志大才疏的将领，它上无阳爻相应，下又以柔来乘刚，它不顾主客观条件，贪功冒进，轻率用兵，大意轻敌，结果吃了败仗，至为凶恶。全爻辞意为：军队可能载尸而归，凶险。

三国故事

失街亭

马谡跟随刘备入蜀，历任绵竹、成都县令，越巂太守。他喜欢谈论军事，又自以为才智过人，诸葛亮也很器重他的才学，对他格外尊重。不过

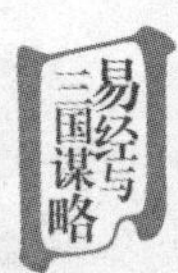

先主临死之前曾对诸葛亮说:此人言过其实,不可大用。

然而,诸葛亮北伐曹魏,却执意带上马谡,并视其为重要臂膀。

司马懿听说诸葛亮北伐,便把先锋张郃叫到帐中,分析道:“诸葛平生谨慎,不肯冒险。他不会首先直取长安。若出斜谷,必先取郿城。取郿城,又须兵分两路。其中一军必先取箕谷。我已令郭淮死守郿城,令孔礼、辛毗去箕谷道口,蜀兵来时,就出奇兵迎击。”当张郃问从何处进兵时,司马懿又说:“秦岭西边有条路,名叫街亭,街亭旁边有座列柳城。这两处要道都能通往汉中。诸葛亮一定会分析曹真对此路没有准备,定从此路前进。我和你带兵去取街亭。诸葛亮若知我们断其街亭要道,陇西一带便不能安守,只有再回汉中,我们再提兵半路截击,可获全胜。倘若他不回,我截断所有小路,蜀军得不到粮草供给,必被饿死,到那时便可活捉诸葛亮。”

诸葛亮对司马懿的认识可以说也是分毫不差。他也分析道:“司马懿出关,必先取街亭,断我咽喉之路。谁敢引兵去守街亭?”

马谡请战:“我愿去。”

诸葛亮又说:“街亭虽小,关系重大,如果失守,全军溃败。你虽有谋略,但此处既没有城郭,也没有险阻,防守起来很困难。”

马谡说:“我自幼熟读兵法,一个小小街亭还能守不住?街亭若有差错,丞相处死我全家。”

诸葛亮慎之又慎地嘱咐:“司马懿不是等闲之辈,更有张郃为前锋。恐怕你不是他们的对手。”

马谡说:“我愿立军令状。”

诸葛亮与马谡立下了军令状,又点两万五千精兵,再派给他一个细心谨慎的王平做助手,并且亲自交代:“重任交给你,你要记住:营寨要安在重要路口,使魏兵不能经过。营寨安扎后,画图送于我,凡事多商量,千万莫轻率。如守住街亭,你们就是攻取长安立下第一功的人。”马谡和王平答应,领兵而去。诸葛亮又令高翔带一队人马屯扎在街亭东北的列柳城,一旦街亭失守,可出兵援助。随后还不够放心,又点魏延、赵云、邓芝等将出兵,以防万一。最后,诸葛亮亲率大军,兵出斜谷,直取郿城。

到了街亭,马谡和王平看完地势,马谡却说:“丞相太多心了,这么一个偏僻地方,魏兵怎么能来?”王平说:“即使魏兵不来,我们也得先在这里安营扎寨。若是魏军来,十万大军也别想过去。”马谡讥笑:“小女人之见。我们应在山上屯扎,魏军若来,凭高而视,势如破竹。若魏军围山,断我水源,我将众兵置之死地而后生,保准个个死战,以一当百,杀得魏兵片甲

不留。”

王平说不过马谡，只好说：“你不按丞相之意，就拨一批人马让我在山西扎一小寨，关键时候，还可救援一下。”

马谡又说：“给你五千人马，但是破了魏军，丞相面前，你可分不得功。”

司马懿为了抢街亭，先派司马昭率三千骑兵出发，自己率大队人马随后。当司马昭一见马谡的部队屯扎在山上，大笑：“虽有军队把守，但却都在山上。”司马懿不信，便亲自到山下察看，并问：“是谁把守街亭？”

探马答：“马良的弟弟，马谡。”

司马懿大笑：“徒有虚名，庸才。诸葛亮用这样的人，岂不坏事？”司马懿又问：“还有别的部队没有？”当得知王平在山西还有五千人马时，司马懿立即让张郃派人挡住王平的救援之路，然后调动所有人马，把山的四周彻底包围。蜀军在山上见到魏军队伍严整，旗帜鲜明，整个山下围得重重叠叠，个个吓得胆战心惊。马谡便命众将向山下冲锋，没人敢冲，马谡立斩二将。于是两军从辰时战到戌时，由于山上无水，军中无食，不到半夜，军中大乱。

司马懿又派兵沿山四周放火，于是蜀军更乱，死的死，伤的伤，降的降。马谡见守不住山，便率军杀出一条血路，突围逃走，街亭最终失守。

点评

马谡在平定南叛时任参军，曾以“攻心为上”之计献于诸葛亮而得到赏识。在挥师北伐时，他又以离间计破坏了曹睿与司马懿的关系，并解除了司马懿的兵权。也正是由于这两计取得了诸葛亮的信任，便有了领兵守街亭的资格。而马谡却并未认识到自己仅是一个辅佐他人的参军，而不是一个优秀的将帅。作为一个独当一面的将帅，资质柔弱，又缺乏能力，一旦面临战事，轻率用兵而又刚愎自用，最终的结局只能是载尸而归。

六四：师左次，无咎。

“左次”为退避歇息的意思。六三冒进大败，六四只能退守图存。六四以阴爻居阴位，虽然居位不中，但当位，象征将领虽然无才克敌，但能够量力而行，细心慎重。为了保持战斗力，在下无相应的困境中，适时而退，保存实力，以待变化，因此无咎。全爻辞意为：军队撤退驻守，没有灾祸。

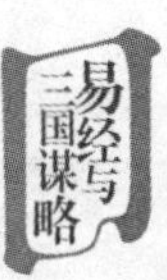

陆逊退兵

孙权于嘉禾五年(236 年)起兵三十万北征伐魏。魏主曹睿亲率大军拒敌,吴军首战失利,两军相持于襄阳。曹魏继续增兵。陆逊见魏兵势盛,且时逢盛暑,人马多病,与战无益,便派亲信韩扁给孙权送信,建议从襄阳退兵,孙权觉得有道理,便回书同意。谁知韩扁中途遭遇曹军被俘,回书也落到曹军手中。

诸葛瑾知道此消息后,立即派人送信给陆逊,催其赶快撤退。

可是陆逊接到信后,毫无退意,竟命兵士在军营周围耕种,自己弈棋射戏如旧。诸葛瑾得知这消息后,立即亲往陆逊营中商议进退之策。

陆逊见诸葛瑾亲到军营,便说:"曹军已知我们要撤退,他们已没后顾之忧了。可以专力攻打我们。我们不能仓猝撤兵,那样必有危险。"陆逊便小声和诸葛瑾商讨了退兵之法。

之后诸葛瑾去准备船只。陆逊便命全部将士整装待发,虚张声势,准备攻打襄阳。当曹军急忙要去襄阳迎战之际,陆逊又命将士火速赶到江岸,坐上诸葛瑾准备好的船只悄悄地撤退了。

点评

两军相持襄阳,吴军不增,魏军却兵力大增,陆逊见自己实力不行,不仅战不能胜,就是长期相持,也会有失,于是决定撤退。在撤退中,陆逊采取积极的防御方法,先造进攻襄阳假象,当曹军准备迎战时,吴军却悄无声息地撤退了,这样做必然吉祥。这也正如毛泽东游击兵法所倡导的:"打得赢就打,打不赢就走。"

《走为上》是《三十六计》中最后一计。原文大意为:为了保全军队的实力,实行撤退没有什么罪责,因为并没有违背用兵之常道。太安元年(302 年)冬月,西晋河间王和成都王起兵讨伐洛阳的齐王。齐王见二王兵力从东西两面夹攻,心里异常恐慌,急忙召集文武群臣讨论对策。尚书令王戎建议说:"今二王大军有百万之众,来势凶猛,一时难以抵挡,不如暂时让出大权,回到封国,这是平安保全之策。"王戎的话刚完,齐王的一个心腹怒气冲冲地吼道:"身为尚书,理当运筹帷幄,怎能举手投降?从汉魏以来,凡王侯回国的有几个人能保全性命?谁说此种话应该杀头!"在场的群臣听了此话,个个面如土灰,因为齐王对这个心腹从来都是言听计从。王戎一看大祸临头,急中生智,装作很难受的样子,说:"老臣刚才服了点寒食散,药性发作,所

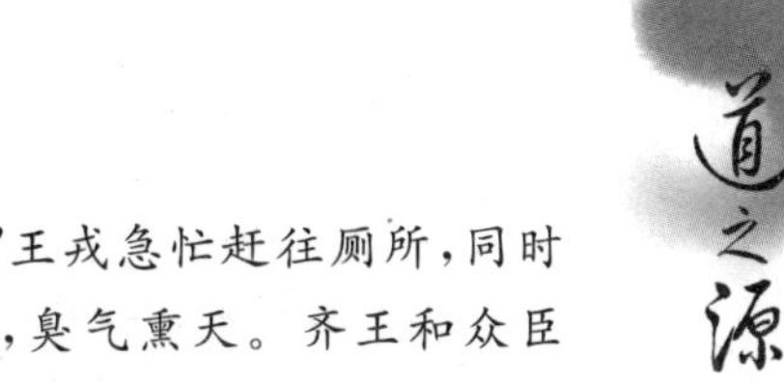

以胡言乱语。现在肚子很痛，先去趟厕所。”王戎急忙赶往厕所，同时故意跌了一跤，掉进了厕所，弄得全身屎尿，臭气熏天。齐王和众臣都捂着鼻子大笑不止，王戎面对众臣更是装得丑态百出。

王戎趁换衣服的机会溜掉了，免除了一场杀身之祸。

六五：田有禽，利执言，无咎。

长子帅师，弟子舆尸。贞凶。

“执言”是奉辞讨伐的意思。六五以柔爻居上卦中位，是柔顺中正而又能用师的明君。“长子”就是卦辞中的“丈人”，两处称呼不同，从兵众以九二为尊的角度来看为丈人，但从君王宠信的角度而言他又是“长子”。“弟子舆尸”是指六三、六四两弟子皆非将才，若君子拿他们当将才用，必然是败亡之道。那么为什么六五既能任命有才有德的九二，又去任命六三、六四两位才浅德薄的庸才？因为六五以柔居中，与九二有应；但它又以柔爻居阳而不当位，所以也有出现糊涂的时候。全爻辞意为：田地有禽兽，捕捉是有利的，没有灾祸。刚正长者，可以率兵出征，平庸小子必将载尸败归。守持正道，可以防凶。

三国故事

满宠移城

在三国魏明帝太和四年(230年)，满宠任东征将军，负责扬州一带军事，坐镇合肥。

当时，合肥南临大江，北面距离寿春又远，东吴看到合肥城在战略位置上的这一弱点，时常出动水军攻击袭扰。如果曹魏有援兵到，吴军就从水路逃走。致使魏军的处境极为不利。

青龙元年(233年)，满宠向魏明帝建议把城向西移三十余里，那儿有天险可守，如果吴军再攻，可以马上切断退路。如果吴军失去了北路，也就没有优势了。信送到魏明帝之手，护军将军蒋济认为移城不妥，这实质上是向东吴示弱，就像看见了敌人的烟火，自己就烧掉城池一样。魏明帝听了两种相反的意见，也不知谁对谁错，只能不表意见，暂且作罢。

又过了一段时间，满宠再次上书移城。魏明帝见合肥的战事一直不断，军旅往还，疲于奔命，屡次救援又屡次失利，便同意了满宠的意见。魏人迁城，东吴将士议论纷纷，大多数人认为满宠是惧怕吴兵不得不迁。孙权见机，率兵渡江准备乘满宠立足未稳之时，攻下合肥。

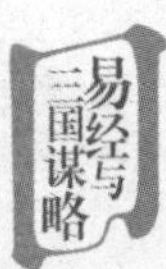

可是，孙权刚抵达新城，便不觉大吃一惊，这座城离江很远，又是依险而建。即便曹魏没有援军，这座孤城也可守持数载。于是孙权命令军队将战船停泊，不许一卒一兵上岸。孙权正在犹豫不定、骑虎难下之际，满宠发现了战机。此时的孙权既不能攻城，也不能撤兵，十有八九在炫耀。满宠为了防敌于万一，便布置了六千骑兵悄悄地埋伏在城后。

过了几天，果有几千吴兵下船上岸，往来驰骤。正当吴兵忘乎所以之际，满宠指挥曹军鼓角齐鸣，六千骑兵猛地杀了出来。顿时，吴军尸横遍野，有些来不及逃跑的，便跳江淹死了。吴军惨败。

点评

满宠开始移城，在魏明帝不明事理还不敢断决之时，蒋济却提出了反对意见，致使移城未成。当魏明帝看到战事发展又无可奈何之际，便同意了满宠的移城请求。满宠就在移城后找到了战机，给敌人以重创。这和刚正者率兵出征必有利的道理是一样的。常言道："是闺女是小厮，抱出来让大家看看。"只要你是刚正者，别说是君主能给你裁判，就是平头百姓也是能够分出好坏的。至于蒋济的意见，那就是不辩自明了。

唐肃宗在平息安史之乱中的用将如同六五君主，既有聪明的一面，也有糊涂的一面。开始，他命令名将郭子仪等率军围攻叛军于邺城，不久，又派宦官鱼朝恩为监军，去节制各路军马，最后招致唐王朝六十万人马彻底失败。由于唐肃宗玩弄伎俩，以小人去抑制功臣，结果引发了一连串的恶果。鱼朝恩也成了"弟子舆尸"的小人监军。

正因如此，爻辞最后严正告诫："贞凶。"只要用人不够光明正大，必凶。相反，则可防凶。

上六：大君有命，开国承家。小人勿用。

"开国"指册封新的诸侯国。"承家"指封为士大夫，使之承继家业。上六是师卦之终，象征战争结束，该论功行赏了。小人立功，只能赏物，万勿拥有实权。君子则可以册封新的诸侯或大夫，以承家业。全爻辞意为：国君颁发命令，封赏功臣，或分封诸侯，或任命为大夫。小人则不可重用。

三国故事

亲贤杀佞

在三国当中，政治、军事成就最大者当属曹操。曹操的成功与他善于亲贤臣、疏小人、杀佞臣的理政原则是分不开的。

关羽在走投无路找不到义兄之时，便与曹操立约而降。曹操因爱关羽的忠诚，又爱其骁勇，极力笼络关羽，送给他“赤兔”坐骑，还拜为偏将军，表封为汉寿亭侯。同时，视关羽为上宾，三日一小宴，五日一大宴，上马金下马银地热情款待。但是关羽得知刘备消息后，挂印封金，毅然决然地去找兄长刘备。

关羽离去，曹操的部下多有不平，主张追而杀之。曹操力排众议，还亲自为他送行，并在部下面前说十分敬佩他的“义”心，且说：“事主不忘其本，乃天下之义士。”还说：“来去明白，真大丈夫，你们应效仿学习。”

曹操不只是对待关羽如此，对死不投降的张辽不仅不杀，还封官重用，且不疑忌；对公开骂自己三辈祖宗的陈琳，也爱其才而任命其为从事；对吕布的忠臣陈宫杀后还赡养其母、照顾其妻室；对袁绍的谋士沮授“誓死不降”非常钦佩，且为他建墓题字：忠烈沮君之墓。而对待佞臣呢？态度是截然相反。

苗泽为了得到他姐夫黄奎之妾李春香，竟向曹操出卖他的姐夫。在曹操杀害马腾、黄奎时，苗泽便向曹操邀功，曹操不屑一顾，说留这样的人一钱不值，还是杀了吧。另一个是出卖张鲁的叛臣杨松，为了一个金甲就轻易地出卖了张鲁，使曹操不费吹灰之力而获胜。后来，杨松也想从曹操处邀功，曹操不但不封其功，赏其物，反而命人把杨松杀了。

点评

曹操对于立功的君子，一定要赏，还要封。就连曾为自己死对头的关羽，一旦投降于自己，还是又赏、又赐、又封，待如上宾，上马金下马银地供奉。而对待小人佞臣苗泽和杨松之流呢？尽管他们曾为曹操作出了贡献，但还是被曹操杀了。因为曹操深明小人不能用、佞臣更是不能用的道理。

三国当中，曹操为何能成大业？因为他不论是在平日还是在危难之中，从来都是奖赏君子不吝千金，打击小人手辣心狠。其作风不仅展示了自己的认知境界，而且开辟了曹魏用人的新风尚，也为以后曹魏的用人奠定了很好的基础。

战争胜利之后，君王论功封赏是自然而然的事情。但赏封是有原则的，即人尽其才，物尽其用，该赏什么就赏什么，因为人的本性往往是难以抑制的。战国时期鲁国有个名叫公扈的人和赵国一位名唤齐婴的人都得了病，两人同去找名医扁鹊诊治。扁鹊对公扈和齐婴说：“你们有先天带来的疾病，它和身体一起发育，现在欲想治疗，要做心脏移植的手术。”两人同意之后，扁鹊先对公扈说：“你的心智强，

但体质弱，所以谋略很多，但缺乏果断。”然后又对齐婴说：“你体质强，但心智较弱，所以做事往往专断欠周到。如果你们二人把心交换一下，就都会好的。”二人同意后，扁鹊为他们交互移植了心脏，经精心护疗，不久便都痊愈了。两人告别扁鹊各自回家，可是奇怪的是公扈去了齐婴的家，要占有人家的妻室儿女；而齐婴则去了公扈的家，也要占有公扈的妻室儿女。齐婴与公扈的原妻室儿女当然不会同意，于是便打起了官司。这时，扁鹊出面说明理由，两家的官司才宣告结束。

此故事虽有笑话之疑，但人的本性却从中得到了折射。根据人性使然之理，赏封应当有度。老百姓都明白：狗看家、马拉车、牛耕田都是正道，若硬给它们调职，就乱套了。

比 ䷇ 下坤上坎

比卦是讲政治安抚的，研究亲密比附的内容。比卦由坤、坎两卦组成。从卦象看，下坤上坎，坤为地，坎为水，水在地上流，形成两者之间的亲附关系。从爻象来看，比由五个阴爻与一个阳爻组成。九五以刚爻居尊位，是众柔爻比附亲近的君王之象。九五是此卦的主爻，所以其他五爻亲附于它，必然是吉祥的。

卦辞释译

比：吉。原筮(shì)，元永贞，无咎。
不宁方来，后夫凶。

"原"为考察推究之意。"筮"是通过占卜决定可否。"不宁方"为不安顺的邦国。比卦这里着重讲了战争结束之后，首要的大事是和平安定、休养生息的政治安抚。安抚中最主要的是在相互亲附之上建立密切的关系，在亲附中，强调选择亲附的对象要慎重，不可滥附滥比。亲附要有三个条件：元、永、贞，即既要有尊长之德，又要长久不变，还要坚持贞正。当然，那些不安顺的诸侯邦国迟缓地来亲附，将会有凶险。全卦辞意为：比卦象征亲附，吉祥。能否亲附对方，要经过考察研究再作决定，若亲附者有尊长之德，可以长久不变。能够坚守正道，就不会有灾祸。不安顺的邦国也来亲附，迟来者将有凶险。

重要提示：本卦综论亲附之道。

初六：有孚比之，无咎。有孚盈缶（fǒu），终来有它吉。

“孚”为诚信。“缶”指盛酒瓦器。“它吉”是它至之吉，即意外之吉。初六地位低微，又遥居荒郊野外，想亲附“九五之尊”很不容易。但如果心怀诚信，如同美酒盈缸一样去诚敬九五，就可以无咎，并且还能得到意外的好处。全爻辞意为：心怀诚信地亲附，没有过错。充满诚信，如同美酒满溢，终究会有意外吉祥的。

三国故事

忠汉之臣

荀彧二十七岁被举为孝廉，但时逢董卓之乱，便弃官回家。因他老家颍川地处平原，一有战争便四面受敌，他特意召集父老乡亲，劝他们躲避战祸，搬入他乡。但父老乡亲怀恋故土，犹豫不定。他只好带领自己的家族移居冀州。

到了冀州，袁绍闻其大名，希望荀彧能辅佐他共成大事。袁绍出身于“四世居三公之位”的世家豪族，弱冠登朝，名重天下。但他不会用人，很少向荀彧问政事，荀彧在那里也无法发挥才能，他见袁绍难成大事，便毅然地辞职离开了袁绍。

荀彧心中的抱负是匡扶正义，拯救朝纲，一心想辅佐明主，施展自己的才华。

曹操当时的名望和实力，可以说远不如袁绍，然而荀彧见此人尊重人才，又有雄才大略，正是他心中渴望的明主。于是他脱离袁绍投奔了曹操。两人见面后谈得非常投机。曹操高兴地说：“你就是我的子房啊。”立即委任荀彧为奋武司马，让他帮助管理军府要事，并参与军事谋划。

后来荀彧成为曹操最重要的谋士之一。

点评

荀彧一生真诚地忠于大汉朝，颇有生为汉朝生、死为汉朝死的精神。起初，他离开袁绍投奔曹操，是因为他看到曹操是个能拨乱反正、匡扶汉室的明主，尽管当时位卑权轻，但荀彧坚辞袁绍，真诚投曹。可当后来，当他发现曹操由奉天子以令诸侯发展到挟天子以令诸侯时，他深深地认识到曹操意欲自立为帝。于是，荀彧对曹操的真诚产生动摇，内心依然忠于汉朝，最后宁肯受死，也绝不屈从于曹操。

荀彧是个真诚报国，以死效主的忠臣。可惜他既未得其主，又未

逢其时，最后只能是“遵命”服毒而亡。荀彧的结局是个悲剧。

相比之下，一位拜佛的屠夫倒与荀彧形成了鲜明的对比。一天早上，玄素禅师忽听寺院外面大吵大闹，他立即前往，经了解是一位屠夫要进寺烧香，寺里的僧人见他是屠夫，嫌他双手沾满了血腥，不肯让他入寺。玄素立刻阻止僧人，僧人却坚持不许，说：“他每天屠羊宰牛杀猪的，双手血腥罪孽，不能让他玷污了佛门的清净。”旁边的人也说他家里每天都传出猪狗羊牛的哀叫，这样的人怎么能入佛门呢？玄素禅师却说：“这就是你们不对了，他也是为了生计才屠宰生灵的。现在他一定是于心不安，决心忏悔。佛门不仅为十方善人而开，也为度化十方恶人而开。”屠夫听完，满面感激，恭敬地说：“方丈慈悲，我杀孽太重，心存不安，想请方丈与各位法师到我家，我置办素斋供养各位，以慰我的不安之心。出于心诚，我们全家先斋戒沐浴三日，然后恳请众法师光临宴会，助我完成这个心愿。”玄素禅师说道：“佛的面前人人平等，每个人都有同样的机会，只要与佛有缘，就可度他，佛门慈悲，不会舍弃任何一人。”众僧及旁观者满脸乌云被屠夫的真诚和玄素禅师的微笑化解了。

六二：比之自内，贞吉。

六二以阴爻居阴位，又得中位，上与九五相应，可以说所处条件非常优越，只要主观上能守持正道，必获吉祥。但是条件优越，更应该修身正己，以待人君之求，如果降志辱身，汲汲钻营，未必吉祥。全爻辞意为：从内部亲附，坚持正道，必获吉祥。

三国故事

情同手足

吕蒙十五岁时偷偷从军，母亲知道之后十分不快。他对母亲说：“贫贱难可居，脱误有功，富贵可致。”吕蒙从军之后，胆略非凡，忠勇无比，靠军功逐步获得升迁。富贵了以后，在孙权的指导下勤奋读书，最后成了东吴的重臣要人，很让人刮目相看。关羽虽然战功赫赫，威震华夏，然而却败在了吕蒙手下。

吕蒙患病时，孙权正驻公安，他立即把吕蒙叫到自己的身边，千方百计地为他医治。当需用针刺治疗时，孙权难过得满面愁容。孙权想经常去看他，又怕吕蒙为迎接自己而劳累，于是便在吕蒙隔壁的墙上打了一个

小孔，以此观望病榻上的吕蒙。当看见吕蒙能吃些东西时，就高兴地告诉周围的侍从，当他得知吕蒙情况不佳时，又唉声叹气，悲痛欲绝，憔悴不堪。

孙权知道吕蒙已经没有治愈的可能了，他几乎是痛不欲生，哀叹失去了股肱，折断了栋梁。

点评

吕蒙为何能得到孙权如此厚待、并且被视为股肱？原因是：

第一，吕蒙本身就是个人才，而且学习十分勤奋，到后来其兵法学术让鲁肃都大为吃惊。第二，吕蒙是孙权一手培养起来的人才。第三，君臣亲附关系处理得当。他得到孙权的信任一不是靠裙带关系，二不是靠阿谀奉承，靠的是胆识、忠勇、军功、能力，概言之，靠的是正道。他忠于东吴，更忠于孙权；孙权把君臣关系视为手足之情，从不做那些过河拆桥、卸磨杀驴的蠢事。孙权与吕蒙间的亲附之情，可以说不仅守正，而且也是内部亲附的典型。当然，在历史上也有借亲附之由行反间之事的，这一点应当十分警惕。《三十六计》中的《反间计》就是根据亲附的原理，让至亲走向至恨至仇。嘉靖年间，在浙江沿海一带有徐海、陈东和麻叶三股海盗。当时的沿海总督胡宗宪想利用反间的手法除掉他们。胡总督先派心腹夏正前往徐海处献礼，并说："你在海上奔波，屈作萨摩王的倭奴，哪里能比得上归附朝廷做一贵官。"徐海正在拿不定主意之际，夏正又耳语道："陈东已与胡总督密约，准备缚你归降，但胡总督又恐陈东反复无常，所以还是希望你能缚陈东、麻叶二位归顺朝廷，到那时胡总督上奏皇上，封你世袭爵位。"后来，徐海打听陈东的消息，陈东得知徐海接待了朝廷的使者，便对徐海不满，并传出了许多恶语。这时，徐海深信陈东已经归降朝廷。过了一段日子徐海图陈东不成，一个偶然的机会却逮住了麻叶。徐海把麻叶送给了胡总督，胡宗宪不仅没有处罚麻叶，反而盛情款待，并让他致书陈东，共谋徐海。胡总督说归说做归做，但并没把信给陈东，反而把信给了徐海。徐海一见信便大骂陈东，立即与人去抓陈东。陈东被抓住之后，徐海把他交给了胡总督。胡宗宪犒赏了徐海并让他屯驻东沈庄。之后又对陈东说："你的本事不比徐海差，怎么能让他抓住了？我并没有害你的意思，你去西沈庄驻扎吧。"陈东一到西沈庄，就率人与东沈庄的徐海交战，两股海盗正在恶战之际，胡总督的大队人马赶到，包剿了两股疲劳的海盗，从此浙江沿海一带的海盗被肃清了。

六三：比之匪人。

“匪”与非通假。六三所处爻位极为不利，以柔爻居阳位不当，自己所处的环境糟糕透了。在这种情况下，既然客观条件不成熟，那么只有守正，等待条件成熟再作计划。全爻辞意为：想亲附而不得其人。

三国故事

终得明主

马超被曹操战败之后，转而攻陇上诸郡，杀了刺史韦康，占据了冀城，自称“征西将军”，并领并州牧。

凉州刺史韦康的故吏杨阜、姜叙、梁宽、赵衢等人一心想为韦康报仇，合谋攻马超。杨阜与姜叙在卤城起兵，马超立即组织出兵攻打，而梁宽和赵衢又在冀城起兵，抄其后路，断了马超的归路。走投无路的马超只好前往汉中投奔张鲁。可是张鲁的部下又妒忌马超的才能，常向张鲁说马超的坏话。在攻打凉州时，张鲁派马超出战，却又不愿多给兵马，故意刁难，使马超战事失利，只好退守葭萌关。

在马超进退两难、一筹莫展之时，刘备得知了马超的境遇，立即派李恢前往游说马超。马超开始不怀好意，对李恢说：你若说得不合我心意就杀了你。李恢却说：“……我听说日中而偏，月满则亏。将军与曹操有杀父之仇，与陇西还有切齿之恨。现在前不能救危险之中的刘璋，后又不能制杨松而见张鲁之面，你不感到一身无主、四海难容吗？假如再有渭桥兵变、冀城之失，将军还有脸见天下人吗？”接着李恢又分析了马超目前的不利和种种危险，然后指出了一条光明之路，说：“刘豫州过去曾与令尊大人约定共同讨伐曹操，将军何不继承先父之志，弃暗投明，这样既可报杀父之仇，又可立功于天下。”

马超听了李恢的一席话后，终于下决心投靠了刘备。

建安二十四年(219 年)，刘备在汉中称王，马超被封为左将军，成为五虎上将之一。

点评

马超在归顺刘备之前虽是一员了不起的战将，但由于找不到明主，可以说四处碰壁，运气不佳。后经李恢游说投了刘备，在很短的时间内，无论地位还是声誉都发生了极大的变化，成为三国时期的名将。这也是另一种“大树下面好乘凉”。

此爻告诉人们一个道理：不论亲附于谁，一要看准时势，二要看准人物，三还要看准战略。否则的话，宁可如千里马老死在厩里，也不能乱求伯乐。古时的姜太公八十多岁才出山助周文王。李白诗云："朝歌屠叟辞棘津，八十西来钓渭滨……大贤虎变愚不测，当年颇似寻常人。"这个"寻常人"，怎么会变成兴周八百年的大功臣？是因为姜子牙遇上了慧眼识人的周文王。如果不遇周文王，姜子牙恐怕终其一生都只是个以屠牛为生的老头儿而已。

六四：外比之，贞吉。

凡是六四承九五者都为吉祥。六四以柔爻居阴位，柔顺得正，又上承刚健中正的九五，必然吉祥。不过，这里的贞吉是在坚守正道的情况下才能吉祥，如果一味地讨好他人，就有谄媚之嫌。全爻辞意为：亲附外面的贤人，坚持正道可获吉祥。

三国故事

弃暗投明

郭嘉少有大志，见识卓越，很少与凡夫俗辈交往，长期在家苦读磨砺，满腹经纶。在胸有成竹之际，一心想寻觅明主，建功立业。

他首先去见了当时名声颇大的袁绍，不久，他看到了袁绍的致命弱点：礼贤下士是徒有虚名，他不能真正用贤；不抓大事而又善小谋，并且往往有谋而不能断。这种人是不能担当天下大任的。郭嘉决计离开袁绍。

胸怀大志的郭嘉，在选择理想的明主时，只有耐心地等待，慢慢地觅寻。

在古代，像郭嘉这样的书生谋士，虽有超人的才华，但由于没有寸土，又没有兵权，要想成就大业必须依傍有政治、军事势力的人，择有雄才大略的明主。当被同郡荀彧推荐给曹操时，郭嘉毅然离开了袁绍，投到了曹操麾下。两人相见，纵谈天下大事，英雄所见略同，郭嘉认为找到了明主，曹操也发现郭嘉是个具有卓越见识的青年，不禁高兴地赞叹："使孤成大事者，必此人也。"

当时曹操已迎汉献帝到了许都，就表荐郭嘉为司空军师祭酒。

点评

郭嘉从袁绍之处跑到了曹操的帐中，弃暗投明，找到明主，找到了能够实现自己抱负的平台。在官渡之战以前他曾以"十胜"的理论坚定了曹操决战的信心。而后在征乌桓、平定二袁当中都作出了卓越的贡献。难怪在他死后，曹操从华容道上逃命后，大哭郭嘉："吾哭郭奉孝耳！若奉孝在，决不使吾有大失也！"遂又捶胸大哭："哀哉奉孝！痛哉奉孝！惜哉奉孝！"从郭嘉投曹操这件事上，也让人在亲附之中明白了另一番道理，当你所的在地方既无明主可亲附、又无客观的条件发挥自己的才气时，"跳槽"到外部是一条很好的路子。古语云："良禽择木而栖，贤臣择主而事。"臣择君，君亦择臣；智谋之士能为所用，在于用士者智。这其实是一个双向选择。双向选择的成功与否，并非完全决定于为君者的礼贤下士，而是双方是否旗鼓相当，君能否以臣为知音，臣能否鞠躬尽瘁、死而后已。

当然，要想比附君子，首先要自己是位君子，然后再去寻找君子，比附君子。这期间若不坚守正道，过度地去依附君主，就有谄媚之嫌。孔子当年对此事曾有过感叹："事君尽礼，人以为谄也。"但能无愧于心就好。

九五：显比。王用三驱，失前禽。邑人不诫。吉。

"显"指显明，引申为光明正大。九五以唯一的刚爻处阳位，众阴亲附，它必须保持刚正无私，光明正大，才能亲比于天下，这就是显比。"王用三驱"是个比喻，君王打猎，三面设围，驱赶猎物，在前方网开一面，任凭禽兽逃跑。王者对于亲附的民众也应来者不拒，去者不追。比卦中九五以下的四爻都比附于君王，九五应当来者不拒，而上六违逆以阴乘阳，不愿归依，则去者不追，如同打猎时，听任前方的禽兽跑掉。全爻辞意为：光明正大的亲比。君王打猎，三面设网驱围，一面放开，听任前方的禽兽逃跑。对属下的野人也不特别告诫，吉祥。

三国故事

诚招天下之贤

从建安八年到十二年（203～207 年），曹操曾连续颁发了四道求贤令。他要求主管选择人才的官吏，莫论出身贵贱，也不要求全责备，只要有某方面的才干就应扬长避短，量才录用。他不仅首倡了"唯才量用"的观念，同时也履行了这一观念。

曹操用人的原则是让有才能的人做官，获得俸禄，使他们有权有威，对将士们论功行赏，使他们勇敢作战，视死如归。

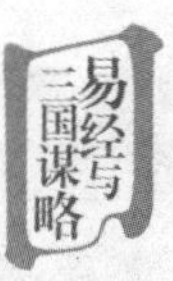

曹操曾问下属众官："现在天下难道就没有身穿布衣、胸怀大志在渭水长钓的姜太公吗？难道就没有身负污名却很有才气的陈平吗？你们应该传扬我的意思，把有才能的人都推荐上来，去任用他们。"曹操在《取士毋废偏短令》中更加明确地指出："有良好品德的人，未必能有所作为；有所作为的人，未必有良好的品德，陈平盗嫂而贪贿，但能辅佐汉高祖，苏秦品行有不足，却能救弱小的燕国。"

曹操帐下出身寒门布衣的人才有：郭嘉、戏士才、杜畿、杜袭、赵俨。出身于名门望族的有：华歆、钟繇、司马懿。凡有真实才学的人，曹操不论亲疏、贫富、贵贱，都能得而用之。

还有一类人，那就是最令人不能容忍的叛徒。但曹操对叛徒也能网开一面，大胆任用，而且运用得特别精到。如徐歙、毛晖先前都在曹操部下为将；兖州叛乱之后，徐、毛二人又都背叛了曹操。后来人们要求诛杀这两人时，曹操因爱其才，不深究其罪，还让他们担任郡守。

被神化了的关羽与曹操的关系更为奇特：对用与被用一事还签了约，等关羽后来得知刘备的消息要去寻觅时，曹操不仅没有阻拦，还送以盘缠锦袍，以作留念。

还有投降曹操的张绣，后因故反叛，杀了他的长子，又杀了他的爱侄，还杀了他的爱将典韦，然后另立山头。最后，张绣再次投降，曹操不仅不杀他，并且还封官授爵，与他结为儿女亲家。

点评

三国之主都能用才，而曹操的识才用才明显技高一筹。他不仅系统地总结了前人"唯才是举"的思想，还将自己广招贤士的主张用于实践。他对人才的录用只有一个标准——对事业有利，其他一切皆可另论。正因如此，他才能谋士如云，名将如林，成为三国鼎立中最强的一方。

世间没有完全一无是处的人，只是需要找准他的特点，放对他的位置。曹操在识人用人方面是位空前绝后的大师，像他这样光明磊落地任用一切能够亲附的人才，力量肯定比任何人都大，历史政绩当然就会卓尔不群。

从另一个角度讲，作为君主，仅能光明正大地亲比天下是远远不够的，亲比天下要先亲近人心，得到人心那才是最大的亲附。有一个禅师的故事说得更深刻。一个寺院里，有一位老禅师在坐禅，忽然见一小偷进寺院偷东西，老禅师问："从过去到现在，你偷了多少东西？"小偷回答说有万儿八千的吧。老禅师摇头说："你是一个小毛贼。不会偷东西，更不会去偷大的东西。”小偷很惊讶地问：“那怎么偷呢？”老禅师以手抚其心胸说：“要偷，就去偷最大的心。”

是啊，外在的财富总会有用尽的时候，内在的财富则是取之不竭的。难怪毛泽东在指挥战争时反复强调：“革命战争是人民群众的战争，只有动员群众，才能进行战争，只有依靠群众，才能进行战争。”得人心是多么地重要。得人心者得天下。

上六：比之无首。凶。

“首”是终点。上六柔爻居于比卦终点，位于坎卦至极，孤单地处于众爻之上，以柔乘刚，险陷至极，正是卦词所指的“后夫凶”。上六处于亲比之极，位高而自傲，不依正道去亲比。当他发现九五以下四爻全部比附九五后，才姗姗去亲附，当然不会善终，必定有凶。全爻辞意为：比附于人，而又没有良好的开端，凶险。

三国故事

张松揭短

张松背叛益州牧刘璋，意欲把自己草画的西川地图献给曹操，让曹操早日取川。可是，当张松拿着西川地图进见曹操时，曹操因见其人身长不足五尺，貌相猥琐，再加之是个背主之徒，于是非常鄙视。

张松说曹操所撰的《孟德新书》系剽窃之作，一时间把曹操弄得摸不着头脑，怀疑自己写的书与人暗合，就让人把他的书撕碎烧掉了。曹操看到张松那股张狂的劲头时，心里不快，想让他在西校场上看看曹魏五万雄兵，杀杀他的傲气。张松来到了西校场上，看着威武的五万雄兵，心里佩服，两眼却不正视。

曹操禁不住地问：“在西川见过如此精壮的兵吗？”

张松答：“蜀中不曾见此兵革，而只以仁治天下。”

曹操沉下了脸对张松说：“我大军所到之处，攻无不克，战无不胜。顺我者昌，逆我者亡，你知道吗？”

张松大笑之后便揭曹操的短处：“丞相率领大军，战必胜，攻必克，我听说了。不过，以前濮阳攻吕布、宛城战张绣、赤壁遇周郎、华容道上逢关羽，割须弃袍于潼关，夺船避箭于渭水，我也听说了，这都是丞相无敌于天下啊！”

曹操听后十分恼怒，大喝：“腐儒大胆！竟敢揭我的短处！来人，推出

斩首。”

机灵的杨修立即劝道：“丞相息怒，张松虽然该杀，可他毕竟是西川派来进贡的。今若把他杀了，恐怕远方的人再也不会有敢来的了。”

曹操虽免了张松的死罪，但令武士用乱棒把他打了出去。

点评

张松最初的目的是想依附于曹操，巴结曹操，为此连主子刘璋都背叛了。但因曹操瞧不起他，张松的内心就承受不了，公然大揭曹操的短处，忘了最初的目的和想法，最后差一点连命都送上，幸亏杨修讲情，只挨了一顿乱揍。曹操一生都在为实现霸业而东征西讨，一时间因受不了张松的揭短，结果失去了进川的地图，等于把西川拱手让给了刘备。

在初次交往或者比附中，人们万万不要忘了良好的开端是成功的一半。双方互相疑忌，很是危险。再看张松去了刘备处，刘备又如何对待张松的依附和献图呢？

当刘备听说张松被曹操以棒驱出，他派人在半路上迎接张松。张松到了荆州，刘备却只字不提献图之事，只盛宴款待，热情叙旧，张松非常感激刘备，几次故意言挑刘备献图之事，可是刘备还是不提，非常尊重张松。时间一久，张松被刘备的真情感动得不行了，最后自己主动提出了献图之事。刘备很高兴地接过了张松草画的西川之图。

刘备对待依附亲比之道，应该说比曹操更加高明。

小畜 ䷈ 下乾上巽

“畜”与“蓄”通假，就是储积蓄养的意思。小畜，是以孤阴蓄群阳，即以微小蓄养大，以阴蓄阳。小畜卦由乾、巽两卦组成。从卦象看，乾为天，巽为风，风行于天上，尚未行于地，表示不急于济助外物，而是注重积蓄自己的力量。从爻象看，一个阴爻，五个阳爻，是以一个柔爻之力蓄之五个刚爻，也即以小蓄大。从卦德来看，乾刚巽柔，即以柔顺的德行来蓄养刚健之阳，这也是说所蓄养者不大的意思。

卦辞释译

小畜：亨。密云不雨，自我西郊。

“自我西郊”为云来自我的西方，也指来自于阴方。俗语说：云行东，车马通；云行西，披雨衣。此卦辞借“云来西郊”之象，目的是说雨为阴阳化合之物，云从西来，则很难化合出大的结果。此卦九五、九二分居上下卦体的中位，具有刚中的德行，是两位能把意志付诸实践的高能者。小畜卦中仅以一阴而蓄五阳，势力不相等，阴阳无法调和融洽。此卦中唯一的一个阴爻六四，又处在从属的地位，它要想去容纳、吸引、聚合五个阳爻，必须以柔顺的方式，小心翼翼把阴阳关系协调到最佳状态，实现阴阳的和谐统一。比喻到人事，则是处小畜的时候，不要急于有所作为，有德君子应行柔顺之道以自勉，以巽顺之德来蓄乾阳的刚健。全卦辞意为：小畜卦象征微小的蓄聚，亨通。从西方吹来的浓云密布在天空，却不降雨。

重要提示：综论以阴蓄阳的基本原则和方法。

初九：复自道，何其咎？吉。

“自道”即自己原来的位置。在小畜卦中唯一的阴爻是六四，上下五阳都受他的蓄聚，这是一阴蓄五阳之象。初九上应六四，阳刚好动，动则上行，必被六四蓄聚，但是初九位居最下，阳质尚弱，一旦被六四蓄积，必然失去主导地位。在这种情况下，不宜急躁冒进，而应返回本位，潜伏于下，等待时机，才会吉祥。全爻辞意为：返回于本位，会有什么危害呢？吉祥。

三国故事

许攸之死

许攸，字子远，少时曾与曹操为友。官渡大战之前，在袁绍处为谋士。当时，曹操屯兵官渡，军粮告急，急发书往许昌教荀彧火速筹办军粮，星夜解赴军前。使者带信走不上三十里，被伏路袁军捉住，缚见谋士许攸。许攸持所搜曹操催粮书信，来见袁绍说：“曹操屯军官渡日久，许昌必然空虚。如果我们分出一支精锐军队星夜掩袭许昌，可获大胜。现在曹操粮草已尽，我们可乘此机会，兵分两路击之，则曹操可擒。”袁绍说：“这催粮书信是曹操的诱敌之计，不要上当！”许攸坚持攻袭许昌，袁绍不听。正在此时，留守邺郡的谋士审配遣使送信给袁绍，信中说许攸在冀州时，曾收受民间财物，并纵容其子侄多收税，把钱装入自己腰包，现已将其子侄逮捕入狱。袁绍见信大怒，初欲斩许攸，后只大骂一顿，呵斥许攸退出。许攸出，仰天长叹：“忠言逆耳，竖子不足与谋。”欲拔剑自刎，左右劝住，说：“您既与曹公有旧，何不弃暗投明？”一句话，点醒了许攸。于是许攸暗自出营，径投曹寨。伏路军人拿住，许攸说：“我是曹丞相的老朋友，快给我通报，说南阳许攸来见。”当时，曹操正解衣歇息，听说许攸到寨，来不及穿鞋，赤脚出迎。远远望见许攸，抚掌欢笑，拉着许攸的手进了帐，纳头拜于地。许攸说：“您身为汉朝丞相，我是一个百姓，您何必如此谦恭？”曹操说：“你是我的老朋友，咱们怎能按官位分尊卑？”于是曹操向许攸请教破袁绍之计。许攸见曹操顾念旧情，对己信任有加，于是说：“您以孤军抗大敌，而不求速胜之方，这是取死之道啊！我有一计，能使袁绍百万大军三日之内不战自破，您肯听吗？”曹操大喜，说：“愿闻妙计。”许攸说：“袁绍的粮草辎重，都在乌巢。现在是淳于琼把守。这个人嗜酒无备。您可选精兵诈称前去护粮，乘夜间烧尽他的粮草辎重，袁绍的百万大兵不出三日必

自乱。"曹操大喜，厚待许攸，留于寨中。

第二天，曹操亲自带精兵五千，依计而行。黄昏时分，军队打着袁军旗号，进军乌巢。是夜，尽烧乌巢粮草。袁绍军大败。曹操乘胜进兵，攻打冀州。许攸又献一计："决漳河之水以淹冀州。"曹操依计而行，顺利攻取了冀州。至此，袁绍大势已去。曹操取得了决定性的胜利。

此时的许攸，自以为劳苦功高，傲气冲天，根本忘记了自己姓什么。攻下冀州后，曹操统领众将入冀州城，将入城门，许攸纵马近前，用马鞭指着城门喊着曹操的小名说："阿瞒，如果不是我，你怎么能进入这城门？"曹操大笑。众将闻言，俱怀不平，怒视许攸，但许攸不觉。

一天，许褚骑马进冀州东门，正碰着许攸。许攸唤住许褚，说："你们如果不靠我，能进这个门吗？"许褚大怒说："我们出生入死，夺得城池，你怎敢夸口？"许攸骂着说："你们都是些有勇无谋的匹夫，怎么值得说呢？"许褚大怒，拔剑杀了许攸，提头来见曹操，说："许攸无礼，我把他杀了。"曹操说："许子远与我是旧交，所以相互开玩笑，何故杀他。"深责许褚，令厚葬许攸。

点评

许攸在军事策划方面是个智者，然而在明哲自保方面却极不明智。官渡之战是曹操战胜袁绍的关键一仗，而许攸在这关键一仗中献出了关键一计，也起到了关键性的作用。他确实为曹操立下了功劳。然而立功之后他昏了头，忘了自己的身份和地位，一味地狂傲，狂傲到连曹操也不放在眼里，甚至直呼其小名。许攸夸大自己的作用，捋了曹操的"虎须"，又去捋许褚的"虎须"，最后遭杀。可以说，许攸之死，是自取其咎。小畜卦初九爻辞说"复自道"，强调的是要复其本位，慎重行事，这样才会无过错，才会吉祥。假如许攸在立功之后不自夸，不自矜，而是谦虚谨慎，不忘自己原本的身份，怎么会丢掉了性命呢？自我膨胀的结果，只能是自我爆炸，身败名裂。

在以阴蓄阳、以小蓄大方面，怎样做才能算是"复自道"呢？赵州禅师曾有一个故事，很值得参悟。有一次，一位小和尚问："禅师，您的最重要的格言是什么？"赵州说："我连半句格言也没有呀。"小和尚不信，又问："您不是在这里做方丈吗？"赵州禅师依然平静地回答："是呀。不过，那是我，也不是格言啊。"

小和尚立即省悟。赵州禅师胸怀博大，不仅能蓄小，也能蓄大。

九二：牵复，吉。

九二的情况与初九相类似，它在上行时受到初九的牵连，退守在下卦中间的本位，同样避免了被六四蓄积而失去主导性。由于九二刚质未盛，地位较低，一旦被蓄就会失去主导地位，所以被蓄必危。初九与九二就相互牵连地退守本位，联合抵制六四蓄积，保持自己的阳刚本质。全爻辞意为：被牵连而返回于本位，吉祥。

三国故事

刘备辞县尉

刘备因剿灭黄巾有功，被朝廷授职安喜县尉，虽然觉得官小点，但他还是上任了。

上任不久，督邮到安喜县巡视考察，听说刘备是皇帝宗亲，立即喝道："你诈称皇亲，虚报功绩，现在我就是奉诏来查办你的！"督邮的目的是为了索贿。可是刘备与民秋毫无犯，哪有钱财送贿呢？刘备只能喏喏，连声而退。

督邮见索贿不成，便施计坑害刘备，先张贴揭发告示，再辱刘备虚报功绩，冒名诈称皇胄，为官害民。张飞见督邮如此，实在是忍无可忍，便借酒力闯入督邮所居馆驿，将督邮揪至县衙之前痛痛快快地打了一顿。

刘备闻讯，急忙喝住张飞，关羽在一旁，说不如杀了这个督邮，弃官归乡，别图远大之计。刘备还是不忍。

张飞和关羽又齐劝刘备弃官归乡。刘备深深地认为，经张飞这一折腾，这个安喜县尉是做不成了。于是，他取县尉印绶挂于督邮之颈，与关、张二人弃官而去。

点评

安喜县尉，是刘备踏进仕途以来做的第一个官。虽然官卑职微，但对于刘备却有不同寻常的意义，因为刘备自此由一个织席贩履的小手工业者、小商贩变成了"国家干部"。刘备起初是很想当好这个小官的。到任之后与民秋毫无犯，民皆感其德。可东汉末年的官场贪污成风，贿赂公行。从小小的县衙到朝廷，要做好、做稳官位一概靠金银打点。刘备与民无犯，拿什么打点呢？要在腐败的政治环境里做官，先要学会腐败，否则丢官是早晚的事。

但是如果不是张飞痛打了督邮，刘备是不会自动选择弃官还乡

的。张飞的莽撞直率和无畏倒帮了刘备一个忙，促使他离开这个安喜县，另谋出路，为后来的发展创造了机会。

在人生的岔路口，退却有时也是一种明智的选择。退守本位，重新开始，可能开辟一片新天地。刘备因张飞牵连，返回本位，三位结义弟兄不得不再寻新路。

《列子与伯昏瞀》的故事，对以小蓄大或以阴蓄阳的道理说得更为明白。列子到齐国去，中途而返，伯昏瞀问："你怎么回来了？"列子答："受到惊吓。"伯昏瞀又问："受到什么惊吓？"列子说："我到十家酒店去买酒喝，却有五家要白白地送给我喝，他们本来所挣的利钱很少，可是他们为什么要白送给我喝呢？我想假若我到齐国去为万乘之国的国君操劳，他又会怎样呢？所以我感到害怕。"伯昏瞀说："你省察得好啊，人们将会依附于你呀。"没过多久，果然列子家门口摆满鞋子，门庭若市。这时伯昏瞀又来了，见此情景后，他向北站着，竖起拐杖，拄着下巴，站了一会儿，没有言语就返回了。后来列子知道此事，立即出门追上伯昏瞀，说："老师，您既来，就应给些良言呀。"伯昏瞀说："不要动摇了自己的本性，那样做是没有意义的。对那些不合大道的花言巧语，要当心，那是些毒害人的东西，如果自己不觉悟，对大道又如何能思虑得下呢？"

九三：舆说辐，夫妻反目。

"说"为"脱"的通假。九三处下卦的上位，又与六四比近，因刚亢而躁动，终被六四蓄聚。由于九三所处的爻位所定，非但不能以阳制阴，反而被乘凌九三之上的六四所制，失去了主导地位，阴阳失衡。由于失衡，阴阳冲突，必然造成"舆说辐，夫妻反目"的结局。全爻辞意为：车轮的辐条散脱，夫妻反目失和。

三国故事

治罪夏侯玄

夏侯玄是魏国夏侯尚的儿子，大将军司马师前妻的大哥。

夏侯玄是个性格开朗，品行端正高尚的人，善言辞，又有渊博知识，在魏齐王曹芳年间就任护军使。司马懿谋杀曹爽之后，为了不树更多的敌人，便征夏侯玄为太常。夏侯玄与曹爽是一党，他深知，既然司马懿能斩杀曹爽家族，又株连一万多人，自己也就难以免祸。现在司马懿不治自己

的罪，绝非是司马懿想放过自己，而是因为他不愿树敌太多。夏侯玄想尽快离开官场。于是，他便不与世间任何人交往，也不保留任何书写的文字。

司马懿死后，许允对夏侯玄说："现在你没有忧虑了。"

夏侯玄却不是这样看，他问："许允兄，难道司马弟兄还能拿我当亲戚看？不以我为后患？还能放过我？"

后来，魏主曹芳将讨伐司马师兄弟的血诏付李丰、夏侯玄等，被司马师察觉。司马师将夏侯玄、李丰等腰斩于市，尽灭其三族。

点评

司马懿杀了曹爽后，还要收揽人心，因为司马懿当时的政治形势并不是很妙，权力也不是太巩固，征夏侯玄为太常仅是手腕而已。而当司马师的政权稳定了，此时的司马氏就实行"顺我者昌，逆我者亡"的方略，他们的家庭与夏侯家族反目成仇也是一种必然。

有一个残酷却貌似美丽的故事更有深韵。一个原本很幸福的家庭，丈夫、妻子和儿子。一天，男人带儿子去草地上玩，捉到一只美丽的大蝴蝶。儿子问父亲："蝴蝶是什么变的？"父亲回答："人死了之后，就会变成一只美丽的蝴蝶。"不久这个父亲有了外遇，但舍不得自己的儿子。作为第三者的女人便劝他说："我也会为你生个生龙活虎的儿子。"于是，这位做了父亲的丈夫和原来的妻子离婚了。结果新婚的男女过了好几年也没有生出孩子来，这时，男人更加想念自己的儿子了。后来几经努力，男人终于见到了久别的儿子。可惜，儿子已经认不出父亲了。父亲望着儿子手中正玩着的一只大蝴蝶，心头猛地一震，问："你很喜欢这蝴蝶吗？"天真的儿子回答："是呀，它是爸爸变的呀。"

六四：有孚，血去惕出，无咎。

"血"指流血，引申为受到伤害。六四是本卦的唯一阴爻，上下五阳都受它的蓄聚。但是六四处于近君、危惧之地，要实行以阴蓄阳，弄不好就要遭到九五的猜忌，甚至有蒙受伤害的危险。六四如果要发挥以阴蓄阳的主观能动作用，就得不破坏主从关系，保持阴阳平衡。这样就必须心怀诚信，以诚感之，取得九五的信任与支持，才能以阴蓄阳，以小蓄大。而最理想的境界为：六四与九五相互信赖，上下合志，君臣当位，但这又谈何容易！全爻辞意为：心怀诚信，就能免去伤害，脱出惕惧，不会有过失。

三国故事

班师回朝

诸葛亮四出祁山，北伐曹魏，大胜司马懿，本想乘胜追击，给司马懿以沉重的打击。

谁知昏庸无能的后主刘禅中了司马懿的反间计，再加上朝内小人进谗言，说诸葛亮要在祁山谋反，伺机夺权。这时刘禅信谣为真，于是降诏，要诸葛亮班师回朝。

无奈的诸葛亮，也只能遵从旨意而退兵。

但是，诸葛亮在退兵时，又怕司马懿乘机追杀，于是便施用了“增灶计”，分五路退兵。退兵时若退一千人就挖两千人的炉灶，退三千人就挖六千人的炉灶。当司马懿的军队追随其后，想乘机追杀时，细心的司马懿最想知道的是诸葛亮到底有多少兵士。随着诸葛亮的步步撤退，司马懿就根据查点的炉灶判断诸葛亮的兵将数。

诸葛亮为了进一步迷惑敌人，故意放慢撤军的速度。而司马懿深知诸葛亮是个足智多谋的人。当他看到炉灶不断增多，撤军速度又在不断减缓，只得暂且停下，另作谋划。

诸葛亮终于安全地班师回朝。他见了后主刘禅，问有何事，刘禅又说不出有什么事，他不仅没见到丞相有谋反的迹象，反而见他对自己非常尊重、诚恳，只得支吾说日子久了很想念相父。

诸葛亮免除了刘禅的怀疑和猜忌，以巨大的人力、物力牺牲粉碎了谣言，也破了司马懿的反间计。之后，再度出祁山攻伐司马懿。

点评

“鞠躬尽瘁，死而后已”已成千古佳句，诸葛亮也正是以这样的忠心与行为，时时效忠于皇上。他呕心沥血，事必躬亲，面面俱到。然而他作为一个臣子，照样也受到猜忌怀疑。诸葛亮为了蜀国的长久大计，虽受屈辱，但他照样竭诚尽忠，报效主公与国家。心怀诚信，日夜惕惧。这样，既免去了自身的伤害，也有利于实现蜀国长久的战略目的。

诸葛亮忠诚若此，连后人都能被其感动落泪。他的《出师表》情真意切，不仅感化了后主，也感化了中国一代又一代的人。但后主却到底难免对他起疑心，这大概是利益、私念和欲望在作怪吧。中国历史上伴君的名臣可以说数不胜数，兴周八百年的姜子牙，伴过文王、武王和成王，他们君臣之间从无大的间隙；齐桓公与被他称为“仲父”

的管仲相伴，他看着管仲把齐国治理成为七雄之中的佼佼者，心里也可能有过矛盾；一心忠于国家的大军事家孙膑也曾多次被齐王猜忌过。但这些君臣之间总体上都能做到诚信相处，都把阴阳关系协调得极为平衡，不从根本上破坏主从关系。所以他们不仅治理好了国家，而且还成为君臣关系的千古典范。

九五：有孚挛如。富以其邻。

“挛如”为结合紧密，“富”指九五，“以”和“与”相通。九五刚爻居于尊位，能够涵养蓄积自己的德行，消除疑虑，并推诚以接受六四之能臣的以阴蓄阳，所以九五与六四两爻关系密切，心怀诚信，上下相互信任，君臣心志相连。当然作为君王的九五要起主导作用，主动诚心诚意地去接受六四的容蓄，并且以阳刚之德统率卦中所有阳爻，接受六四之蓄，这样小畜之道就有大成。全爻辞意为：真诚地与人合作相处，并协助邻居一同致富。

三国故事

曹操与郭嘉

郭嘉在年轻时曾投奔过出身于四世三公、兵多粮广的袁绍，然而，当他发现袁绍是一个难成大事者时，便在荀彧的推荐下改投了曹操。比较当时的情况，曹操无论哪方面的客观条件都不及袁绍，而且相差还很大，但郭嘉看好曹操的最重要的一点：曹操是个能成大事的英雄。郭嘉投曹后，曹操曾表示：“使我成大业者，必定是此人。”而郭嘉也赞叹：“曹公真是我投奔的明主啊。”

在官渡之战前，袁绍与曹操的力量相差悬殊，曹操曾一度信心不足。在此关键之际，郭嘉为了鼓舞曹操战胜袁绍，提出了著名的“十胜”之说：“其一为道胜，袁绍礼仪繁多，民不聊生，而您安定社会的措施，合乎自然规律。其二为义胜，袁绍师出无名，您却奉汉献帝之名以令天下，名正言顺。其三是治胜，汉朝末年治国的缺点是为政以宽，放纵豪强大族，兼并土地。袁绍不仅没有纠正汉末弊政，反而宽纵豪强。您则以刚猛抑制豪强，适时地打击了他们。其四为度胜，袁绍表面上宽宏大量，实际上气度狭小，任用人又不相信人，而且任人唯亲。明公却贤明通达，唯才是用。其五为谋胜，袁绍遇事犹豫不决，常常错过时机。而您处理大事果断，善于随机应变，在谋略和决策方面都超过袁绍。其六为德胜，袁绍依仗门第沽名钓誉，跟从他的都是些只务虚名而没有实际本领的人，而明公却能以诚待人，自己严谨俭朴，赏赐有功之人毫不吝惜，所以天下有才能而又讲究实效的人都愿辅佐您，在德上您远远胜过袁绍。其七为仁胜，您能发展生产，恢复经济，安定社会，施惠于民众，而袁绍则放纵豪强，贪暴无比，民不堪命。其八为明胜，袁绍部下争权夺利，听信谗言，为谗言所迷惑。您却用人有方，谗言难行，内部团结。其九为文胜，您善于以礼和法治国，而袁绍却是非不分，任其所行。其十为武胜，袁绍不懂军机，却喜欢虚张声势。明公却能善于以小克众，用兵如神，具有杰出的军事才能，令敌人畏惧。”

曹操听后十分高兴，没想到自己还有这么多地方胜过袁绍。

郭嘉在官渡之战前为曹操创建了“十胜”的理论，之后又献计给曹操，在官渡之战前，先消灭将来必能成为袁绍帮凶的吕布。

官渡之战相持阶段，曹操担心孙策从空虚的后方下手，袭占许都，抢夺汉献帝。郭嘉又对曹操的担忧进行分析，现在孙策介入各种矛盾之中，不久孙策必死于匹夫之手，明公不必担忧。后来郭嘉的明断分析又一次得到了印证，孙策被人以暗箭射死。曹操与郭嘉二人的合作就更为密切了，两人关系已由过去的认知相同发展为国事大业上的默契知音。

官渡之战取得胜利之后，还有袁绍的长子袁谭、幼子袁尚据守在河北，当许多人建议继续攻打时，郭嘉与荀攸共同合谋，阻止了攻打。郭嘉又一次断言，只要曹操给二袁点时间，二人必定为争嗣位自相残杀，到时明公可尽收渔人之利。时间和事实证实了郭嘉的高见和预谋。当河北平定之后，曹操立即封郭嘉为洧阳亭侯。

平定河北之后，郭嘉便以战略的眼光提出东征乌桓，为统一北方奠定基础。郭嘉力排众议，积极谋划，促使曹操下决心远征。不久，郭嘉因操劳过度而卧病不起。在郭嘉抱病期间，曹操亲临问疾，关怀备至。

年仅三十八岁的郭嘉终因积劳成疾而英年早逝。后来，曹操因赤壁大战失败，还曾两次痛哭郭嘉：“哀哉奉孝！痛哉奉孝！惜哉奉孝！”

点评

郭嘉与曹操有过十一年的合作关系，他们关系谐和，甚为融洽，绝不仅仅是单纯的私人感情上的友好，最重要的还是共同的事业促使他们紧密合作。郭嘉在年轻时便非常明智地弃暗投明。在统一北方大业上，他能够纵览天下大势，知己知彼。不仅能看准形势发展的趋向，而且能抓住良机，善于运用矛盾，“指挥”敌人。他目光高超，奇谋迭出，妙计横生，高屋建瓴。在三国时代，死于曹操刀下的谋士不

知有多少人，但郭嘉同曹操的关系却几乎达到了水乳交融的程度，他俩“行同骑乘，坐共幄席”。曹操曾对荀攸等人说：“战乱平定之后，我准备把身后的事业交给奉孝，不料他却在中年夭折，这是命啊！”

在三国当中，大概曹操和郭嘉君臣两人是最懂小畜要义的。他们不仅紧密合作，而且各自心怀诚信，促使事业发展、国家强盛。如果把曹操比作太阳，那么郭嘉就是月亮；如果把曹操比作月亮，郭嘉就甘愿去做一颗小星星。其实，曹操在三国年代不止用郭嘉是这种方法，用其他谋士和战将也多循此道。只可惜其他的谋士和战将不如郭嘉深明小畜之道，致使许多谋士与大将最后都落得一个可悲的下场。

君臣合作是一个千古说不完的事情，原因何在？正如小畜卦中之意，以阴蓄阳过大过刚，最易导致君臣失和，若君之行思太过，臣要么远离，要么死亡，这正如古人云“君不密则失臣，臣不密则失身”。要想解决好这一难题，恐怕只有以禅的境界修行自己，才可使双方都不会过亢，而能永久和谐。

一位要臣曾问慧海禅师：“禅师，你与我们有不同的地方吗？”慧海说：“有。吃饭和睡觉与你们不同。”要臣不理解地问：“我们也是困了睡觉，饿了吃饭，这有什么不同？”慧海认真地开示说：“你们吃饭时总是想着别的事情，不专心吃饭；睡觉的时候总是做梦，睡得极不安稳。而我与你们不同，吃饭就是吃饭，睡觉就是睡觉，拥有的只是平常之心。你们则难一心一用，往往在利害之中穿梭，囿于浮华荣辱，让千种思量万般妄想搅得迷失了自己，失去了平常之心。”这位重臣在聆听慧海开示时，一个劲地“哦，哦”着，也许他在找自己的准确位置，找回自己的平常之心。或许他也找到了以阴蓄阳的大道。

上九：既雨既处，尚德载。妇贞厉，月几望。君子征凶。

“处”是被蓄上的意思。“载”为积满之意。“几望”是将圆。“征”为前进。卦辞中“密云不雨”是说明小畜刚开始，阴气积累不足，还能充分地蓄积阳气，难以化雨。但到了上九爻辞中，小畜之道已发展到极盛之际，阴阳和合，开始降雨了，这也是以阴蓄阳、功德圆满的象征。当阴蓄阳达到了最大限度，致使阴阳中和平衡，已处最佳状态，这时就应保持相对的稳定。作为从属者六四一方，应及时停止以阴蓄阳，要如同妇女一样坚守正道以防危险，不要阴盛于阳，以防泰极而否来。作为上九，这时还要以君子的姿态注意六四的方向，控制事态发展，不能沿着以阴蓄阳的路子再走下去。全爻辞意为：密云已经降雨，阳气已经被蓄，高尚的功德已经圆满。妇人应该坚守正道，以防危险，要像月亮将圆而不过盈。此时君子如果继续前进，将有灾祸。

三国故事

费祎受命

六出祁山时，诸葛亮率军急攻魏兵不下，他欲联络吴国出兵伐魏，以分散魏军的兵力，但派谁去呢？

费祎是蜀国的忠臣，也是重臣，而且也有很强的能力，诸葛亮很器重他，于是决定派费祎出使东吴。于是诸葛亮对费祎很客气地说："吾有一书，正欲烦公去东吴投递，不知肯去否？"费祎一听丞相如此礼待自己，也很有礼貌地说："丞相之命，岂敢推辞？"

诸葛亮听后，很是高兴，立即写信。信好之后，费祎也是竭尽所能不辱使命，真诚地去完成丞相所交给的任务。

点评

在蜀国，诸葛亮与费祎虽然私人之交毫无隔阂，但他们的友情却是因工作而建立的。两个人都是蜀国的大忠臣，一位是丞相，另一位是重臣。丞相安排费祎没有摆出"九五之尊"的架子，费祎也没有以重臣的身份显摆自己。为了蜀国的大业，两人在国事上都能做到"阴阳平衡"、协作如一，所以一件"送信"之事，两人也干得非常圆满。当然通过这件小事，反映出他们合作大事也绝不会出现因"不守正道"、"圆而过盈"而导致凶灾的行为。

同样，汉朝的开国军师张良在这方面也是个绝顶聪明之人。当他的权势登峰造极时，他能够急流勇退，放弃权力，托辞多病，杜门不出，潜心修炼道家养身之术。特别是汉高祖剖符行封，让他择齐地三万户时，他只选万户左右的留县，并说："今以三寸舌为帝者师，封万户，位列侯，此布衣之极，于良足矣。愿弃人间事，欲从仙人游。"这在一般人看来，张良可吃了大亏了，但张良深知天下的君王与臣子之间，都是可以共患难而很难同富贵的。张良在汉朝建立后，能找到原来的自我，没有过火的行为，更没有忘记自己是谁，故得善终。

为臣者能见好就收，为君者在大功告成之际也应控制事态发展，不致使大臣们"以阴蓄阳"过了头，造成坤极亢胜以至于"龙战于野，

其血玄黄”的局面。在这方面宋太祖赵匡胤的做法可称典范。赵匡胤当皇帝不久，便问赵普：“唐末时，征战连年不息，几年换一个皇帝，这是为什么？”赵说：“地方藩镇权力太大，皇帝势弱，而臣子势强，朝廷无法控制局面。”太祖便问赵普：唐末皇帝怎样才能不出现问题呢？赵普说了一大堆办法和理由，但是都不得要领，他话还没说完，太祖便不听了。一天，宋太祖把过去征战的老部下石守信等召集到御花园宴饮，觥筹交错，载歌载舞，十分开心。酒酣耳热之际，太祖令左右退下，动情地说：“当初打天下的时候，你们各位都给了我很大的支持，我将永远记住你们的高功。人生苦短，如白驹过隙，想求富贵的人，不过是金钱，使自己优裕享乐，子孙不贫穷。如今你们应置田买仓，给子孙创立永久之业；再买些美女名优，饮酒作乐，以终天年。同时最好放弃兵权，也免除君臣之间的猜疑和戒备。”太祖说完逼视众将。石守信等人明白了赵匡胤之意，第二天一齐上奏，表示已然年迈，甘愿让出军权。赵匡胤立即向他们发放俸禄，并收回了他们的兵权。

至此，宋朝开国老将再也不会“月几望”，而是“妇贞不厉”，绝不会出现“君子征凶”的局面了。

履 ䷉ 下兑上乾

履卦是讲实践履行之道的，也有立身行事执守礼节的哲学。履卦由兑、乾两卦组成。从卦象看，下卦兑代表泽，上卦乾代表天。八卦中乾为至刚至健，兑为至柔至弱。上天下泽，比喻上尊下卑，上刚下柔，各有一定的分际，不能逾越。从卦德来看，乾卦最为刚健，兑卦最为柔顺。兑卦以柔顺和悦的心态和行为随从于至刚至健的乾卦，谨守礼分，如履薄冰，就能远离祸患。所以处于履卦之时，谨用柔顺之道方为高贵。

卦辞释译

履：履虎尾，不咥(diè)人。亨。

"履"为蹑步跟随在后。"咥"是咬的意思。虎是猛兽，是能咬人伤人的动物，属刚健之物。兑体和悦地跟随在刚健的乾体之后，就如同跟在老虎尾巴后面行走，态度和悦，小步慎随。不但老虎不会咬你，反而还能获得亨通。此卦辞通过"履虎尾"之喻，强调了行为举止要谨慎，只有如此，才能有惊无险，有危无害。全卦辞意为：跟在老虎尾巴后面行走，老虎却不咬人，亨通。

重要提示：综论慎行防危的原则。

初九：素履，往无咎。

履卦的六爻根据不同的主观特性和客观处境，分别陈述了六种不同的处事类型。初九属于处履之初，相当于一个人初涉世事，起步践履，刚刚踏上旅途。这时候的态度应该是质朴、本分、坚守正道。全爻辞意为：以质朴的态度行事，继续前进必无过错。

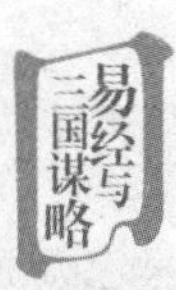

三国故事

草船借箭

孙刘联盟之后，周瑜要诸葛亮三日之内造箭十万支。按正常的情况，这是个无论谁也完成不了的任务。但是孙刘联盟刚刚建立，诸葛亮必须答应此事，否则的话不仅影响联盟成败，而且也不能对曹操进行有力的打击。于是他向周瑜立下了军令状。

第三日到了，诸葛亮尚未造出一支箭。

好心的鲁肃急得不行，埋怨诸葛亮不该答应周瑜，更不该立下军令状。诸葛亮说："子敬兄，请你借给我二十条船，每船用军士三十人，船的周围用青布幔幛围起来，然后在每只船上扎上一千把草束，我自有妙用。"

夜晚降临，大雾弥漫，长江之中雾气更大，面对面都难以看清。五更时分，诸葛亮下令让二十只船靠近曹操的水寨，并且把船只头西尾东地一字摆开，然后下令将士擂鼓呐喊。雾中的鼓声和喊声，让曹军感到一场没头没脑的大战就要开始了。

曹军寨上一万余弓弩手听到呐喊和擂鼓声，因辨不清怎么回事，便立即集结，一齐向江中发箭，立时箭如雨发。不一阵，二十只军船，凡临曹寨的一面，草束上插满了无数箭矢，然后诸葛亮又命军士将船掉头，再让船身的另一边靠向曹军，二十多只战船掉身之后，将士们的呐喊声、鼓声更是响彻云霄，曹军的弓弩手们，依然没命地射箭。又一阵子后，船身已被箭矢压得沉下了许多，诸葛亮估计已有十万多支箭，便命人开始返航。

等到日高雾散时，诸葛亮把十万多支箭交给了周瑜。

点评

草船借箭从方法上看，可以说是毫无"素履"之意，但从准备赤壁大战的战略思想上看，诸葛亮为取得孙刘联盟的成功，不仅是"思想素履"、"行为素履"，而且心情都是极为诚恳的。原因是刘备人马少，没有地盘，再不想办法为赤壁大战准备点军需物资，恐怕即使结成了联盟，也不牢固。只有赤壁大战取得胜利，刘备才能生存下去，才能找一块自己的地盘徐图发展。

当诸葛亮指挥着二十条战船，载着十万支箭矢见到周瑜时，周瑜无论怎样小肚鸡肠，也定会被诸葛亮为赤壁之战的"素履思想"、"素履情结"感动的，联盟也将会更加巩固。

楚国的孙叔敖生病将要离世，他告诫儿子："过去楚王屡次分封土地给我，我都拒绝了，以后楚王还会给你分封的。等我死后，你一

定不要接受有利可图的分封。楚、越之间有块不毛之地叫寝丘，这个地方无利可图，你因涉世不深，你就接受那块。”孙叔敖去世之后，楚王果然分封给他儿子一块好地，可他儿子坚辞不受，却请求到寝丘去。楚王最后无法，答应了孙叔敖儿子的请求，孙叔敖的儿子到了那里，一直长久地安稳地生活着，直到终老。

九二：履道坦坦，幽人贞吉。

“幽人”指安闲恬静的人。九二的主客观条件都很好。首先它以阳刚而谦居阴位，刚而能柔，得中不偏，心内安闲恬静，自我修养又好，不会因人间的纷争而扰乱自己的精神境界。全爻辞意为：行走在平坦的大路上，安静恬淡的人，坚持正道，可获吉祥。

三国故事

平息骚乱

张辽是三国时代曹魏的名将。曹操派他到长社屯驻，目的是为了与占领荆襄之地的刘备军对峙。

张辽率兵赴驻地的时候，军中有企图反叛的人，乘黑夜放起火来，整个军营顿时骚动起来。张辽经过慎思，对部下说：“不要慌，军人们不可能全部起来造反，一定是谋反的人想先扰乱军心，然后乘机谋反。在此之际要想不乱，首先是我们不自乱。”

于是，张辽命人在军中下令：“凡是不谋反的，全部坐下。”张辽亲率十几个得力将士站在军营中间。不一会，骚乱平息下来。

然后，张辽把策划谋反的首要分子盘查了出来。

当张辽命人把谋反头目斩首后，整个部队很快就恢复了正常。

点评

张辽的镇定果断和料事准确的能力，在平息骚乱中起到了决定性的作用。只要不自乱，外界不论谁都很难乱了阵营。假若张辽做不到“不自乱”，就会乱上加乱，骚乱就会酿成大祸。但张辽心中有数，决断能力又好，短时间内给那些不明事理和事情真相的兵士指明了方向，军队就可获得吉祥。像张辽这样安静恬淡、坚守正道的武将实在是不可多得。

如果站在佛道的角度理解此爻的爻辞可能会有更积极的意义。释迦牟尼在世的时候，有一个人因忌妒他所拥有的美誉，便极尽恶意

中伤之能事，但他始终不予理会，保持冷静，等那人骂累了，佛便问："朋友，如果有人送你东西，你不愿接受，那么这礼物该归谁呢?"那人不假思索地答道："当然物归原主。"释迦牟尼立刻笑道："刚才你给我的礼物，我不想接受，又该归谁呢?"那人霎时感到自己过分，立刻道了歉，并保证以后再不如此放肆。

释迦牟尼的做法，可以说是最好的安静恬淡，也是最好的坚持正道。

六三：眇(miǎo)能视，跛能履。

履虎尾咥人，凶。武人为于大君。

"眇"指一只眼睛。"武人"指一介武夫。六三以阴爻居阳位，资质平浅，不知天高地厚，盲目行动，如同是一个又瞎又跛的人，还自以为视力好，脚力也好，偏要乱跑乱闯，事情就非坏不可。他稀里糊涂地踏上了危机重重的旅途，必被老虎咬伤。像六三这样的人，实际上是个志大才疏，鲁莽行事的一介武夫，总要闹到人仰马翻才算完事。这种人虽然才智薄弱，但气刚胆壮，如果把他置于君主的指挥下，倒可以发挥他的匹夫之勇，报效君主。全爻辞意为：独眼却自以为视力很好，跛脚又自以为脚力好。跟在虎尾后行走被虎咬，有凶险。这是一介武夫，只可以效力于大人君主。

三国故事

量不容人

恃才傲物的关羽，除了结义弟兄，向来是目中无人，最后败走麦城，不仅给蜀国战略上带来了很大的灾难，也把自己置于死地。

首先，他不从国家利益上看待吴蜀结盟的重要性，一味感情用事。当孙权为其子向他求亲时，他无端地指骂孙权的孩子为犬子，称自己女儿为虎女。刘备与诸葛亮西走取川，让关羽镇守荆州，以求保存通往巴蜀的重要通道，他却败在了东吴吕蒙和年轻将领陆逊的手下。

其次，在处理与部将关系方面，他也不以国家利益为重，总把桃园结义的三兄弟情义放在第一位，致使以刘备为核心的国家亲和力也受到了惨重的损害。如刘备初收刘封为义子时，关羽极力反对，认为刘备有子，不必再收义子，深怕造成后来立嗣的麻烦。后来刘备在汉中称王，派人去荆州征求立嗣的意见，关羽再次提出反对立刘封为亲子的意见，并要求将

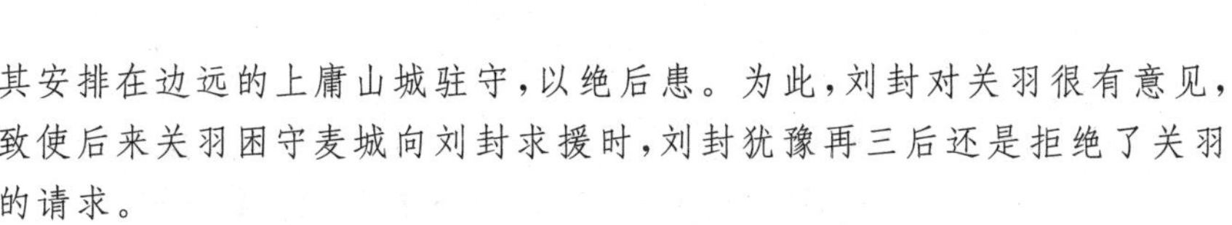

其安排在边远的上庸山城驻守，以绝后患。为此，刘封对关羽很有意见，致使后来关羽困守麦城向刘封求援时，刘封犹豫再三后还是拒绝了关羽的请求。

刘备在夺取汉中时，封关羽、张飞、赵云、马超、黄忠为五虎大将，使者送来印绶，他竟然不接，而且侮辱黄忠："他是何等人？敢与我同列？大丈夫终不与老卒为伍。"

关羽在对待军师诸葛亮的态度上，也是颇不以为然。如诸葛亮初始用兵时，他不仅说了很多怪话，而且还直言顶撞。赤壁大战后，诸葛亮派他去把守华容道，他却反问诸葛亮："若曹操不走华容道怎么办？"还逼军师为他立下军令状。诸葛亮一向以大局为重，从不与关羽计较，但关羽对诸葛亮却一直抱有成见。

关羽无论对友，还是对国事，向来只听刘备一人的，至于对其他人，均是傲慢无礼。对待抗曹的盟友东吴，他更是不屑一顾，自以为是。他曾和鲁肃数生狐疑，多次制造摩擦，对孙权之子的求婚使者诸葛瑾拔刀相向。这一系列的行为，不仅使孙刘关系紧张恶化，而且也得罪了众多内部的人，所以最后落得个孤立无援、兵败被杀。

点评

荆州是刘备赖以立足的第一块地盘，也是蜀汉立国的半壁江山。关羽身为蜀汉重将，受命镇守荆州，独当一面，身系国家安危，责任不可谓不重。他在荆州要做的事情是"北拒曹操，东和孙权"。尤其是和孙权的关系，处理好了，东吴是共同拒曹的盟友；处理不好，东吴就变成了吃人的老虎。关羽恰恰没处理好和孙权的关系。他恃才傲物，特立独行，量不容人，破坏了孙刘联盟，结果不仅害了国家，也害了他的大哥，更害了自己。他自恃神勇，认为能守好荆州。其实，镇守荆州更需要的是主将的政治头脑，而不是神勇。假设当时不是委任关羽镇守荆州，而是任命智勇双全、胆大心细并颇有政治头脑的赵云镇守荆州，关羽也很可能在进军西川中斩关夺隘，立下赫赫战功，即如爻辞所云："武人为于大君。"也就是说，勇猛的武将在足智多谋的统帅领导下，充分发挥其勇猛不怕死的长处，或许更加有益，而荆州相信也能保住了。可惜历史是不能假设的。

民间有一个《走马观花》的故事，对跛能走、眇能视的自我错觉说得极为有趣，也极有意义。有一位腿残的少年到了成婚的年龄，邻居给他介绍了邻村一位姑娘。小伙子生怕女方说他腿残，于是骑着骏马去相亲，见了女孩，他坐在马上谈笑风生，好不英俊。可惜，女孩是

个没鼻子的，但她也是个很有计谋的人，她见小伙子时，始终用一朵美丽的鲜花遮挡着自己的鼻子，让两只水汪汪的大眼睛和小伙子说话。相亲之中，小伙子觉得女孩靓丽，姑娘认为小伙子英俊，于是二人决定结婚。新婚之夜，小伙掀下了姑娘的盖头，立刻呆住了：呀，姑娘的脸蛋一片平平，没有鼻子，中间只有两个黑孔。姑娘也惊得睁大了眼睛：眼前的小伙怎么变成瘸子了呢？

于是两人大哭，都以为自己上了大当，哭声越来越大。不久，聪明的小伙子先说："姑娘，你嫌我是个瘸子吧？可是，你也没鼻子啊，咱们其实都是有缺陷的人。不过，以后咱俩不管干啥事只要合作，还是没问题。"后来，这对夫妇取长补短，日子倒也过得很是红火。

九四：履虎尾，愬(shuò)愬终吉。

"愬愬"为恐惧的样子。九四以阳爻处阴位，内刚外柔，他走在九五这只老虎后边，小心翼翼，履危知惧，仔细谨慎，所以最终得吉。全爻辞意为：跟在老虎后边行走，保持恐惧谨慎，最终获得吉祥。

三国故事

贾诩伴君

贾诩，字文和，凉州武威人。少有权谋。董卓入洛阳时，贾诩官居平津都尉，之后迁为讨虏校尉。董卓败亡，贾诩辅佐董卓部将李傕、郭汜、张济等人，为虎作伥。后来贾诩离开李傕等投奔同乡段煨，因段煨多疑而暗结张绣，张绣奉贾诩为谋主，对贾诩言听计从，屡败曹兵。后来，贾诩审时度势，说服张绣投降了曹操。曹操不计前嫌，对贾诩说："你的行为，使我在天下人面前建立了信誉。"即表奏贾诩为执金吾，封都亭侯，迁冀州牧，参与军事筹划，成为曹操的重要谋士。

贾诩自投奔曹操后，谨慎恭敬，既忠心效力，又低调为人，总是能在曹操最需要的时刻，选择最恰当的场合，以最佳方式进献他的计谋。所以贾诩投曹之后深得曹操父子信任和倚重。

曹操与袁绍对峙于官渡。当时，袁绍兵马号称百万，粮草丰足，而曹操只有数万军马，粮草将尽。曹操问计于贾诩，贾诩说："主公您明达胜过袁绍，勇气胜过袁绍，用人胜过袁绍，决策胜过袁绍。有此四胜而对峙半年还没有攻破袁绍，是因为您想求得万全之策。现在只要抓住战机，下定决心，袁绍顷刻可破。"曹操大受鼓舞，抓住战机，火烧乌巢，大获全胜。

曹操与马超、韩遂在渭南作战，马超英勇，加上有韩遂倾力相助，曹操军马吃了大亏，曹操本人割须弃袍，险些丧命。曹操又问计于贾诩，贾诩说："可用离间计离间韩遂、马超。"曹操依计而行，于是大破韩遂、马超。曹丕为五官中郎将，与曹植争立世子。二人各有党羽，暗中较劲，争斗得不可开交。曹丕素知贾诩足智多谋，于是暗使人问计于贾诩。当时曹操究竟能立谁为嗣，局面尚不明朗。贾诩从根本上想谁也不得罪，而且认为谁也得罪不起。何况，他深知"疏不间亲"之古训的含义。但是既蒙问计，不给个答复是不妥的。于是贾诩略一思索，便让来人转告曹丕："希望将军能修身进德，发扬德性和气度，亲身去做寒素之人做的事情，早晚孜孜不倦，不违背做儿子应该遵守的规矩，这样就可以了。"曹丕听从了贾诩的话，暗自深深地磨砺自己，渐渐地在其父曹操心中留下了好印象。

一天，曹操命众人退下，只留下贾诩，询问贾诩，究竟该立曹丕为世子，还是立曹植为世子，并叫贾诩务必帮着拿主意。贾诩默默地听，听完了仍然是默默不语。曹操急了，说："我与你说话，你却不回答，这是为什么？"贾诩说："刚才我正在思考，所以没有立即回答您。"曹操问："你思考什么？"贾诩说："我正在想袁绍、刘表两对父子啊！"曹操一听，抚掌大笑，于是决定立曹丕为世子。

贾诩深知自己不是曹操旧臣，而又深受重用，因而一贯谨慎谦恭。在朝为官是这样，生活方面也是这样。每天忙完了公务，就回家关门自守；也不在同僚中私下交往。儿女婚嫁，更是不结高门。

曹丕做了魏文帝，封贾诩为太尉。

贾诩活了七十七岁，谥为肃侯。

点评

在群雄割据、谋士如林的三国时代，众多谋士殚精竭虑，设谋划策，各为其主，然而荣辱沉浮，命运多舛，鲜有善终者。但是贾诩却是一个特例，是谋士成功的典范。他并非曹操旧臣，而且历史上有辅董卓、帮李傕、助张绣的污点，然而这并没影响曹氏父子对他的宠信。他一生安享富贵，直过了古稀之年才寿终正寝。原因是什么？是曹操好伺候吗？曹操虽能识才用才，但他并不是个好伺候的主儿。有多少谋士、名士死于他的刀下！荀彧是曹操的重要谋士，也是曹操的旧臣，几十年鞍前马后出谋划策，忠心耿耿；曹操也对荀彧言听计从，曾夸赞荀彧说："此吾之子房也！"然而当荀彧反对曹操加九锡、晋魏公时，曹操便勃然变脸，以送空食盒的方式赐荀彧死。赤壁之战前夜，曹操横槊赋诗，扬州刺史韩馥当场进谏，说诗中的"月明星稀，乌

鹊南飞。绕树三匝，无枝可依”是不吉之言。曹操大怒，说：“你怎敢败我的兴致！”手起一槊，刺死韩馥。

这些冤魂向后人展示着一条古今不易的真理：伴君如伴虎。然而这些冤魂在成为冤鬼之前往往是只知所伴是君，不知所伴是虎，所以稍不留神，便被虎咬伤乃至咬死。他们对“伴君如伴虎”的理解是很肤浅的，这就是悲剧形成的原因。而贾诩对“伴君如伴虎”的理解是独到的、深刻的，可以说是溶化在血液中，渗透到骨髓里，落实在行动上。这也是贾诩成功的奥秘。首先，在认识上，他知道所伴之君是“虎”，“虎”是会咬人的。对这一点，他时刻保持着清醒的头脑，决不糊涂。其次，在行动上他谨遵三点，即喂虎、用虎、防虎。喂虎，就是尽忠竭力，在君王需要的时候献出最高明的计策，助君王成就大业。用虎，即“了却君王天下事，赢得生前身后名”。防虎，就是时刻防着虎咬人，万不能葬身虎口。他小心翼翼，谨慎谦恭，愬愬然如履薄冰，惕惕然如临深渊。凡设一计，进一谋，既看时间，又看场合，并且很讲究表达方式。他忠君，也贵我。在进献计策、表达意见、为君谋划的同时，也设计好了全身而退之路。他回答曹操关于立嗣问题的话，高明至极！在曹丕与曹植争嗣之战中，他为曹丕献策，看似愚拙，实乃上上之策，且不犯“疏而间亲”之忌。他与同僚无私交，杜绝了朋党之嫌；身为高官，儿女婚嫁却不结高门，避免了一荣俱荣、一损俱损的结局。

“履虎尾，愬愬终吉。”贾诩把履卦的奥义吃透了，他成了自古以来伴君者中少有的明白人。

九五：夬(guài)履，贞厉。

“夬”为决的意思。九五以刚健中正而践履帝位，从卦象上看，苍天高高在上，群爻都向我应，拥有绝对的权力，行事既可果决又可独断。但与此同时，由于九五是阳爻居阳位，气质刚硬，处事又过刚，往往也主观武断，听不得他人意见，有时不能刚柔相济，长此以往，必有危厉。所以，九五最需要的是守正防危。全爻辞意为：刚决果断地行事，要坚守正道，以防危险。

三国故事

慎断

司马懿在兴兵伐蜀时，派手下偏将军郑文到诸葛亮营中诈降。郑文声言他与秦朗同领一支军队，而司马懿只重用秦朗而不重用自己，心里不服，前来蜀营投降效力。

诸葛亮没说什么，留下了郑文。随后，人报秦朗引兵在寨外，单挑郑文交战。诸葛亮说："此人武艺如何？"郑文说："我当立马斩了他。"诸葛亮便命令郑文出战。二人刚一交锋，郑文就杀掉了秦朗。郑文回营，得意之色还没来得及流露出来，诸葛亮却勃然大怒，命令刀斧手，把郑文推出去斩首。

郑文连忙求饶。诸葛亮问："你刚才斩杀的不是秦朗，为什么骗我？"

郑文见骗不过诸葛亮，只能如实地说："他确实不是秦朗，而是秦朗的弟弟秦明。"

诸葛亮微微一笑，说："司马懿要你来诈降，于中取事，如何瞒得过我？如不实说，定斩不饶。"郑文只得实说了。诸葛亮说："但你如果想活的话，就给司马懿写一封信，与他约期劫寨，我就饶了你。"

郑文不得已，只好听从了诸葛亮的吩咐。后来，司马懿果然领兵劫寨，结果中了蜀军的埋伏，折了大将秦朗，只好大败而归。

第二天，诸葛亮又把郑文斩了。部下的人都不明白，诸葛亮解释说："郑文既然诈降失败，为了忠于自己的主公就不该写信给司马懿，让他劫寨中我埋伏。"当部下问诸葛亮为什么能识破郑文诈降时，诸葛亮又说："司马懿不轻易用人，如果用秦朗为前将军，他武艺一定高强，不会刚一交战就被郑文斩首。秦朗是假的，那么郑文的投降也是假的。"对于丞相能明察决断，又能守正防危，诸将都很佩服。

点评

诸葛亮对郑文的诈降能够作出正确判断，一是他对司马懿用人特点十分了解。如果他不熟知司马懿的用人特点，也就不一定能断定郑文是诈降。这就是兵家所说：知己知彼，百战不殆；二是诸葛亮运用了逻辑推理，第一步认为司马懿绝不轻易用人，凡用之人必定武艺高强，他加封使用秦朗，秦朗就必是一个武艺高强之人。第二步则基于大前提——秦朗武艺高强，小前提——阵前来将武艺不高强，所以得出的结论：阵前败将不是秦朗。继续通过逻辑推理，诸葛亮得出结论：郑文是诈降。再向下推理：如果郑文投降是真，那么他必定能

够识破假秦朗，而小前提是郑文没有说出秦朗是假，那么郑文必是诈降。如果郑文怕死，揭穿其诈降之后就可以让郑文诱敌上当。

由于诸葛亮的谨慎和认真，他决定将计就计，让郑文诱敌上当，结果狠狠地让司马懿吃了一个大败仗，最后再将事败卖主的郑文处决。

《新序》一书中记载了孔子告诫鲁哀公的一段话："夫执国之柄，履民之上，懔乎如以腐索沏奔马，《易》曰'履虎尾'，《诗》曰'履薄冰'，不亦危乎。"孔子的这个治国理论观也是出自于《履》卦九五爻的。但是在生活中要遵循这一爻的观念，的确不容易。宋朝大将岳飞就是做不到这一条，所以以死成就了自己千古英雄之名，但没有成就抗金的大业。"夬履"易，"贞厉"却很难。

上九：视履考祥，其旋元吉。

"视"为回顾总结。"祥"指凶吉的征兆。"旋"是转身，引申为反身。上九爻是履卦最后一爻，象征到达旅途终点，应回头看看自己所历之事，从中总结经验教训，不怨天尤人，反身求诸自己，进行自省，这才是"履道"的圆满实现。全爻辞意为：回顾行履的历程，考察凶吉的征兆，反身自省，大吉。

三国故事

华佗传医

华佗因给曹操治疗头痛被押入死牢。他在狱中常受到一位吴姓狱吏的精心照顾，准备把毕生积累的治病之法传授给他。

一天，吴狱吏给华佗送去酒食，华佗十分感激，便对他说："我将要死了，无以报答，只能将我一生的医术传给你。这些医术都记载于《青囊书》中，从未传于世人。"

不到半个月，华佗死于狱中。

吴狱吏买棺材殡葬了华佗，便辞了差役，回家照着《青囊书》医术学起了医道。可谁知吴狱吏的妻子无知，在吴狱吏不经意之际，竟把《青囊书》当废物给烧毁了。等吴狱吏发现时为时已晚，全书只残留了一两页，所记不过是阉割鸡猪的小方法。因此，一代名医华佗的《青囊书》竟然失传了。

点评

华佗是三国时代的知识分子，是善于观察、试验、总结的一代名

医，也可以说是一代医圣，他能把一生的行医经验进行总结归纳，编写为《青囊书》，并在临终之前传留后人，实在可贵。可惜的是，如此宝贵的遗产，竟被吴狱吏之妻给烧毁了。

华佗著书，就是对自己行履历程的总结，说明他从开始行医起就在总结自己、反省自己，并希望能留下一本造福后代的医书。

有一个寓言故事《狐狸与病狮》，把此爻的义理说得更为浅显。一头年迈体衰的病狮无力觅食，只能躺在洞中等死。此消息很快被百兽得知，它们一个个地去探望病狮，结果是一只只野兽被病狮吃掉。狐狸听说此事，就有些怀疑，很想去看个究竟。当它老远向病狮问安时，病狮道："亲爱的朋友，怎么站得那么远？来到我耳边说句话吧，我快不行了。"狐狸却说："愿上帝保佑你，请你原谅，我不能过去。因为我只看到向你走去的脚印，而没有看到走出来的脚印！"

多么善于观察总结的狐狸啊，对它来说善终当非难事！

泰 ䷊ 下乾上坤

泰卦居履卦之后，很有意义，只要谨慎践履，所有事情必定通泰。泰为通畅、通泰的意思。由乾、坤两卦组成。从卦象看，乾居下，坤居上。就天道而言，阳气在下而上浮，阴气在上而下沉，阴阳交会，天地大通。就人事而言，君道屈尊就下，臣道又能下情上达，这是国泰民安之象。从卦德看，内卦乾健，外卦坤顺。也就是说，内怀刚健之心，外行柔顺之道，即内刚外柔，内健外顺。具有此德行，前往任何地方都会畅通无阻。

卦辞释译

泰：小往大来，吉。亨。

“小”为阴，“大”指阳。“往”是上往，“来”是下来。“小往大来”指纯阴的坤卦往上，纯阳的乾卦往下，于是两者和合，形成了泰卦。在中国的哲学中，阴阳是代表万事万物的两个方面，它们既处于对立的状态，又处在和谐统一之中，所以乾之阳气上升，坤阴之气下降，阴阳便交会和畅，轮复循环，便滋生了万物。全卦辞意为：阴气往上升，阳气向下降，吉祥。亨通。

重要提示：论述阴阳交泰的哲理。

初九：拔茅茹，以其汇。征吉。

“茅”为根系相连。“汇”指同类。初九以阴爻居阳位，处于下卦之初，刚健好动，当此上下交泰之时，他首先上行，带动了同类上行，也可以说是一阳动而三阳皆动。同心同德，共求进取。全爻辞意为：拔起茅草，将根系牵连而出，因为它们是同类。前进可获吉祥。

桃园结义

汉末黄巾起义，各郡官府出榜招募义兵镇压起义军。此时，织席贩屦的刘备看到招兵榜文，只能长叹。而杀猪屠夫张飞见到刘备哀叹时，厉声说："大丈夫不为国家出力，为何兴叹？"

刘备回头一看，见那人身长八尺，豹头环眼，燕颔虎须，声若巨雷，势如奔马，是一位硬汉。刘备见其人相貌异常，便问姓名。那人回答："我姓张，名飞，字翼德，祖祖辈辈居住在涿郡，家里有些庄田，靠卖酒杀猪为生，专好结天下豪杰，刚才见你长叹，所以才问。"

刘备说："我是汉室宗亲，姓刘，名备。有志于为国家出力，但恨自己没能力，不能不叹啊。"

张飞急说："我家颇有资产，可以用来招募乡勇，与你共举大事，你看怎么样？"

刘备大喜，两人情投意合，便到村中酒店去喝酒，两人边喝边议，正谈到兴浓时，忽见又一大汉推车来到酒店，大喝酒保："快斟酒来吃，我等着进城去投军。"刘备细看此人，五大三粗，虎背熊腰，威风凛凛，便邀其同桌饮酒。当刘备问及尊姓大名时，那人便说："姓关，名羽，字云长，河东解良人。因本地恶霸仗势欺人被我杀了，现已逃难江湖五六年，如今听说城中招军杀敌，特来应募。"

刘备和张飞也把各自的打算说了，关羽听了大喜。

张飞又说："我庄后有一处桃园，如今正是桃花盛开，明天咱们可以在园中祭天告地，三人结为兄弟，同心协力去干大事，不知两位兄弟意下如何？"

刘备、关羽齐声说好。

第二天，张飞便在桃园中，备下了黑牛、白马等祭品，三人点上香，一起跪下，对天祭拜，并起誓："刘备、关羽、张飞三人，虽姓不同，但愿结为兄弟，同心协力，救困扶危，上报国家，下安百姓，不求同年同月同日生，但求同年同月同日死。皇天后土，实鉴此心。背义忘恩，天人共戮。"三人叩首设誓毕，拜刘备为兄，关羽次之，张飞为弟。然后宰牛设筵，聚乡勇三百人，痛饮一醉。来日收拾兵器，招兵买马，准备起兵讨伐黄巾军。

点评

桃园结义，是刘、关、张共同事业的开端。自此以后，三人同心同德，情逾骨肉，在数十年的岁月中，风雨同舟，纵横天下，祸福同当，甘苦共尝，生死相从，上演了一幕幕千古传颂的历史话剧，留下了一个个脍炙人口的情义故事。可以说，桃园结义是刘备政治军事集团的雏形，是后来刘备争霸天下的起点。

桃园结义，已成千古佳话，这说明其影响之深，也说明人们对于纯洁的生死不渝的友谊的向往和追求。人生是需要友谊的，无论是在生活中还是事业中。古语云："二人同心，其利断金。"莎士比亚说过："有很多良友，胜过有很多财富。"人生的价值，往往是靠朋友才得以实现的。当然，有些人也毁灭在"朋友"的手里。所以，荀子说"匹夫不可以不慎取友"。白居易诗云："乃知择交难，须有知人明。"

那么，人们应怎样择交呢？明代的苏浚按行为将朋友分为四种类型：道义相砥，过失相规，畏友也；缓急可共，生死可托，密友也；甘言如饴，游戏征逐，昵友也；利则相攘，患则相倾，贼友也。

诚然，君子近畏友，结密友，远昵友，斥贼友；小人则反之。

九二：包荒，用冯河，不遐遗。朋亡，得尚于中行。

"冯"是涉越的意思。"亡"为无。"尚"是佑助或配合的意思。"中"为中道。九二以刚爻居柔位，又得下卦中位，是刚柔相济的中正大臣。又与六五君王相应，君臣同心同德，上下合作无间。是个治世之能臣。但九二还须包容荒秽，胸襟开阔，不遗弃远方的人，不以私心亲昵旧党，有责任提拔天下的贤人，罢黜不肖小人，这样方能涉越大河。全爻辞意为：有包容荒秽的胸襟，可以涉越大河，不遗遐远。不结朋党，能够辅助中道而行的君主。

三国故事

诸葛亮胸阔似海

马超是一位武艺高强的人。渭水之战杀得曹操"割须弃袍"；大战葭萌关，与张飞杀得难解难分，令人胆战心惊。当时刘备就看上了这员虎将。诸葛亮精心策划离间计，并派能言善辩的李恢劝降。同时又制造马超与张鲁之间的矛盾，致使两人反目成仇，最后使马超归顺刘备。诸葛亮还采用了"声东击西"、"引蛇出洞"及"放虎归山"的连环方法智收了姜维，

使蜀国后期多了两员大将。

诸葛亮自刘备三顾茅庐成为刘备的军师后，关羽和张飞开始时也不服诸葛亮，但诸葛亮作为一位称职的军师，却不计个人恩怨，总是从大局出发，从长远的利益出发，尽量与关、张处好关系，发挥他们的作用。张飞在与张郃大战之前，刘备知他经常饮酒误事，反复叮嘱不准饮酒。而同时诸葛亮又令魏延送酒给张飞。刘备恐不妥，诸葛亮却说："张飞与张郃相持五十多天，酒醉之后，便坐在山前大骂，此非贪杯，乃败张郃之计呀。"后来张飞连夺张郃三寨。

更让人钦佩的是诸葛亮对魏延的运用，他生前虽知魏延有反骨会叛敌，但他运用得法，使魏延屡建奇功。而魏延真反叛时，他又在临终之前留下锦囊妙计，令马岱砍杀魏延，使其伏法。

点评

诸葛亮不仅广收人才，而且能够容纳人才，更能够容纳人才的毛病，其心胸似海一般宽广。尤其关羽和张飞两位义兄义弟，除了大哥，很少能听他人之言。诸葛亮也能与他们融洽相处，并且还能按个性使用他们。诸葛亮做军师时不结朋党，就是后来做了丞相也是不结党，总是站在国家的利益的角度上看问题，为国为君，鞠躬尽瘁。不仅能守持中道，而且还能包容荒秽，把蜀国治理得井然有序。

在三国时代，业绩斐然的曹操更能包举宇内，并吞八荒。他的《短歌行》是最好的注解："山不厌高，水不厌深。周公吐哺，天下归心。"

在泰卦之中，首爻之后就倡提"包荒"，"不遐遗"，目的是"用冯河"、"尚于中行"。那么怎样才能达到如此境界？此爻之中最重要的内容还是"包荒"。

盘珪禅师很受大家尊敬，就是因为他有高尚的"包荒"目标。一次，他的一个弟子行窃被人抓住，众僧要求将这个弟子逐出佛门，盘珪以仁慈宽容之心原谅了他。可是没过多久，这个弟子的窃病又犯了，盘珪禅师依然宽恕了他。待这窃僧第三次又行窃时，众僧纷纷联合上诉盘珪禅师说："若再不把这一窃僧逐出门外，我们宁可都离开这里。"盘珪听后说："你们都能够明辨是非，真让我欣慰。你们离开这里我也很放心。但这个窃僧我不能让他走，因为他连明辨是非的能力也没有，还需要我帮助他。"那位窃僧听了老禅师的话感动得热泪盈眶，从此再没有去犯偷窃。众僧们当然也没离开盘珪禅师。因为众僧见到了禅师的博大胸怀和仁慈之心。

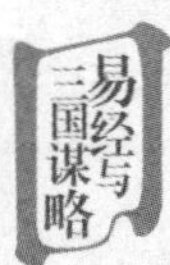

九三：无平不陂(pō)，无往不复，艰贞无咎。勿恤其孚，于食有福。

"陂"是不平的意思。"恤"为忧虑。"孚"指所预期必然发生的事情。人世间，向来是有平就有坡，有泰就有否，所以泰极成否和否极泰来是很正常的规律。九三处下卦的终极，在三个阳爻最上，通泰大盛。所以针对泰极必否的规律，要坚守正道，避免向反面转化，避免过错，这样就能得到朝廷的赏识，封官食禄而享福庆。全爻辞意为：没有总是平地而不化为险坡的，没有总是前进而不返回的。不忘艰难，坚持正道，可以避免过错。不必过分忧虑，要以诚心相信本爻哲理，自有福庆，食享福禄。

三国故事

建立智囊团

曹操镇压围剿黄巾军，立下赫赫战功，但他面对战绩没有沾沾自喜，而是决定建立一支属于自己的军队。军队成立之后，曹操又感到缺乏人才，于是他又谋划着招贤纳士，建立智囊团。

他首先得到了一批拥有独当一面能力的文官荀彧、荀攸、程昱、郭嘉、毛玠等。接着他又得到典韦和于禁两位能征善战的武将。有了这个班底，曹操就有了打天下的资本。但他仍嫌人才不足。他深深地认识到，要想克服进而不返的规律，唯有众多的人才方能克服，唯有人才方能化险为夷。

官渡之战中，沮授、田丰、许攸都是袁绍的重要谋士，张郃、高览都是袁绍的大将，后来，除田丰被袁绍所忌而杀和沮授自杀以外，其余皆被曹操招降。对待来降之人，曹操不计前嫌，不抱试试看的态度，一律与自己原班人马一视同仁，量才放手使用。即使对那些降而复叛又被捉到的人才，也是千方百计地争取过来。在兖州战役中因曹操失败，多数将士投敌，曹操夸奖故旧将领魏种不会离开自己，这时，有人却报魏种投敌。当曹操再次捉到了魏种时，有人建议杀掉，曹操思量再三，依然说"唯其才也"，释其缚而用之。

还有，曹操曾多次想把刘备和孙权也笼络到自己帐下，建立一个庞大的智囊队伍，以实现自己的宏伟心愿。可惜，刘备、孙权都想称雄天下，非曹操所能取也。

点评

面对“泰极则否”的规律，曹操认为，只从方法上去解决这一千古难题，那是远远不行的，要想从根本上解决问题，首先要网罗人才，运用大家的力量去克服“泰极则否”的规律。事实证明，曹操自从建立了兖州智囊团后，就不断地尝到甜头，克服了许多困难。也许由此受到启发，他在建立兖州智囊团的基础上，不断地扩大力量，许多困难，往往在尚未出现之际就有人提出防范；而困难一旦出现，他也会有对口的人才去解决困难。正因如此，曹操在三国当中是功勋最大的一人，当然，也是克服困难最多的一人。这种做法，不仅是处泰防否的最佳方法，也是一种长久的战略，或说是一种可持续发展的永久性的方针政策。

道家有个“肩吾问孙叔敖”的故事，是防止泰极灭否规律生起的最好方法。一天，肩吾问孙叔敖：“您三次当令尹不炫耀，三次离职也不忧愁。开始我对您怀疑，而今看您表情轻松自在。可是我不理解这是为什么？”孙叔敖说：“我有什么过人之处呢？我认为官职来了不能推卸，它去也不能阻止，得与失都是身外之物，想到这些也就不会忧愁了。我的得失我不知道是由于令尹之职，还是由于我。如果得失在于令尹之职，那与我无关；如果与我有关，那与令尹之职无关。所以我从容自得、心满意足。没有工夫去顾得人间的贵贱。”孔子听了此事后说：“古时候的真人，智者不能说服他，美人不能使他淫乱，强盗不能使他屈服，伏羲、黄帝不能使他亲近。生死也算大事了，对自己毫无影响，何况爵禄！像这样的人，精神穿越大山没有阻碍，进入深渊不会淹没，位处卑贱不会困顿。精神充满天地，全部给予别人，自己则更加充足。”

六四：翩翩不富，以其邻，不戒以孚。

“翩翩”是相随飞翔之貌。“不富”为阴虚不实或不自满。“邻”指六四的同类。泰卦的内卦在初九的带动下上升求阴，外卦在六四的带动下又下降求阳，这就形成了上下交泰的局面。六四以阴爻居阴位，处上卦之初，柔顺谦虚，首先下降与初九相应。上卦的三个阴爻因都是阴虚之质，所以面对三阳上升求阴都能虚怀若谷，下应阳刚，实现阴阳通泰。全爻辞意为：翩然下降，虚心求阳，连带着它的近邻。它们无须告诫，都心怀诚信地下求阳刚。

三国故事

力主西征

孙权任命刘备为荆州牧，但周瑜只给了刘备荆州八郡中的四郡。刘备直接去见孙权，嫌周瑜给的土地太少。周瑜闻讯立即劝孙权，不能给刘备太多的土地。刘备是个枭雄，他绝不是长期屈居人下的人，一旦他有了立足之地，孙吴将来统一南方就有了最大的障碍。

刘备听说周瑜劝谏孙权，叹道："天下智谋之人所见略同。"

周瑜对居住在东吴与西蜀之间的刘备，一直耿耿于怀。周瑜分析到，刘备现在无力侵占东吴，他必然要打西蜀的主意。益州刺史刘璋昏庸无能，百姓都渴望明主治理，如果刘备抢先占据西蜀，东吴就难以完成统一南方的大业。所以，他又劝孙权道："曹操赤壁刚败，现在最担忧的是内部不稳，一时还不敢举兵西战，趁此良机西征，一举消灭刘备，夺取西蜀。当我们夺取西蜀后，留下孙瑜将军镇守，再由孙瑜与关西马超结成联盟，率兵东进。我率军与将军一起夺取襄阳，然后挥师北上，击败内忧外患的曹操，统一天下的大业就可成功。"

孙权非常赞赏此举。

周瑜回到江陵后调集兵马，准备船只，筹划进军西蜀。

可惜的是，周瑜途中忽患急症，西征未能如愿。

点评

设想一下，如果当初周瑜才志大展，不因急症而丧，恐怕三国的历史就可能是另一个局面。可惜了！太可惜了！周瑜作为臣子，主动亲附主子，并制定长久的战略方法，力主西征，统一中国；而作为主子的孙权，也不是昏庸之君，周瑜主动亲附，他便诚信对待，两者相辅相成，必然能够实现阴阳交泰。

有一则日本的道元禅师到中国向阿育王山典座(庙寺里专司斋食之事的僧人)学佛的公案，对阴阳交泰"不戒以孚"说的是另一种意义。道元禅师见典座到市场购香菇刚要回山，两人便相谈起来，当道元禅师深知典座遍游四方、知识渊博时，颇有相见恨晚之感。可老典座见太阳快下山了，说："我还要赶回山去。"道元问阿育王山离这有多远，老典座说几十里路吧。这时道元很诚恳地说："难道遇到一位可以求教的高僧，不可结个善缘？"老典座也很认真地说："不行！我必须赶回去准备明天的斋食，供养山上的僧人。"道元又说："寺里有很多打理的人，难道就差你一个典座？你应该理解我对中国禅学求知若渴的心。""我上了年纪才有了这份职务，好不容易得到，我怎能不珍惜呢？"老典座也十分坚持。道元又问："以您老广博的学问、深

刻的见解，为什么不坐禅修行，参古人之经，却去做一个辛苦的典座呢？”老典座笑了，说：“您大老远从日本来学禅，我看您还不了解什么叫修行吧。”老典座说完，告别道元回山。

在日本，一直受着朝廷尊重、百姓敬仰的知识广博、学问高深的高僧道元，望着远去的中国老典座的背影，才似有所悟。

六五：帝乙归妹，以祉，元吉。

“帝乙”指商代的一位帝王。“归”为女子出嫁。“妹”是少女之称。“祉”为福泽。帝王的千金是十分尊贵的，仍需要屈尊下嫁给贤臣，才能获得福祉。六五以阴爻居上体之中的君位，位尊而性柔，能屈尊与下体相应，以助成阴阳交泰的实现，这是吉祥的。全爻辞意为：帝乙嫁出少女，以此得福，大吉。

三国故事

曹操嫁女

伏皇后于建安十九年(214年)冬写信给国丈伏完，让他设法联络孙权、刘备为外应，密谋除掉曹操。

当曹操得知这一信息时，怒不可遏，命尚书华歆勒兵进宫，搜捕伏皇后。伏皇后被搜出之后，披头散发向皇帝痛哭：“你不能救我吗？”

皇帝流着泪说：“我的命还不知活多久啊。”

曹操将伏皇后乱棒打死，随之进宫把伏皇后所生的两个皇子以鸩酒毒死，然后将伏皇后家族二百多人全部杀死。

诛杀了伏皇后之后，曹操想出了一个釜底抽薪的计谋——自己成为皇帝的外戚。于是他对汉献帝说：“你不必担忧，我也没什么异心。我的女儿很贤惠，也很孝顺，有做皇后的品行，你就从中选一个做皇后吧。”

建安二十年(215年)正月，曹操把自己的三个女儿都嫁给了汉献帝，并从其中挑选了一个为皇后，从此避免了外戚叛逆事件。

点评

众所周知，汉朝末期，自董卓篡乱后，皇帝早已不成皇帝，不论谁执掌政权，皇帝只不过是个金字招牌。尽管如此，外戚事件时有发生，何进被诛，董承又弄出了个衣带诏事件，伏皇后企图谋曹，结果被杀，这些都成为惨痛的历史事件。但自从曹操嫁女之后，外戚事件便彻底绝了迹。曹操嫁女，从形式上看是丞相嫁女给皇上，但从权力上

看，却是拥有绝对权力的曹操把女儿嫁给了一个毫无权力的“金字招牌”。这样做既监视了皇上，又意欲感化皇上。

这让人想起了春秋时代晋国重臣血季举荐农民冀缺为军大夫的事。血季出使时看到农民冀缺在田地里拔草。当他的妻子给他送饭时，两人相敬如宾，血季看了很受感动，立即把冀缺推荐给晋文公，并说：“冀缺是个贤人，在田间劳作，夫妇都不忘相敬如宾，恭敬是严守德行的体现，严守德行的人还有什么事办不成呢？”于是晋文公接见了冀缺，通过考察任命他为下军大夫。

商纣王的父亲帝乙，史称“殷高宗”，他当时为了巩固商朝的政权和统治，主动地把小女儿嫁给了西部诸侯姬昌，这正是千古传颂的“帝乙嫁女”的典故。帝王的千金十分尊贵，但他屈尊下嫁于贤臣，目的就是为了获得福祉。后来姬昌率兵灭纣，建立西周，人称“周文王”，正是文王推演了千古流传的《周易》。

由此看来，欲想通泰，交是首要之事，而且还必须要诚交，否则难以通泰。

上六：城复于隍。勿用师，自邑告命。贞吝。

“复”与“覆”通假。“隍”是环绕于城墙外无水的壕沟。“用师”是以军队平定乱事。“邑”为贬损。“告命”即为诰命，也指文告。上六处于泰卦的终结，即将转变为否卦，犹如起初以挖掘壕沟的土石修建城墙，最后城墙倾覆，土石又返于壕沟之内。也比喻通泰到了极点，像城墙一样倒下，复则如前。乱久则治，治久则乱，是往复循环的天道。上六此时万不可兴师动众去免除否塞、平定乱事，因为天道循环如此，要想保持盈泰也不是那么容易。全爻辞意为：城墙倾覆到干涸的城沟里。这时不可兴师动众，要发布自行贬抑的文告，即使坚持正道也难免遗憾。

三国故事

泰极否来

两汉的大一统局面，维持了四百多年。东汉末期，种种机构已经磨损剥蚀，势同腐索，分崩离析的趋势也渐渐形成。外戚宦官轮流执政是病症，但不是病源。

东汉末年的四个皇帝都是短命的。桓帝死时三十六岁，灵帝死时三十二岁，顺帝死时三十岁，而和帝享年则只有二十七岁。和、顺、灵、桓之

所以短命，是因为后宫的妃子太多。皇帝死后再立小皇帝，小皇帝当朝，年轻的小寡妇们就以皇太后的身份垂帘听政。这些皇太后手中有权之后能够相信的无非是自己的父亲（国丈）或者兄弟（国舅），于是窦、邓、阎、何等几家外戚便先后当权。这些人当权之后，争权夺利，往往把自己的利益凌驾于国家之上，所以国家必然受损，人民就要遭殃。

而人民遭殃的原因，最重要的是政纲混乱，老百姓赋税加重，各级政府对官吏控制不力，各种摊派、勒索加之其他的非法行为猖獗起来，致使老百姓度日如年，而天公往往又不作美，先是大旱，后又黄河决口，黄水泛滥，接着又是地震、蝗虫、瘟疫相继发生……

东汉末年，人民对皇上失去了信心。于是张角、张梁、张宝三兄弟就高唱起“苍天已死，黄天当立，岁在甲子，天下大吉”的歌谣，百万农民揭竿而起，大汉朝也就不得不开始走向三国时代……

点评

“合久”首先是因为“治久”，天下通泰。但是由于“治久”之中，国家各个机构相对稳定，于是各个机构就会出现腐败现象，腐败必然导致危乱，乱则“必分”，“分”则大乱，这个过程本身也就是对“泰极则否”的诠释。

其实，古老中国的五千年历史上，并非仅仅汉朝如此，历代王朝到了末代都是自掘坟墓。正如唐代诗人杜牧在其名作《阿房宫赋》中所说：“灭六国者，六国也，非秦也。族秦者，秦也，非天下也。使六国各爱其人，则足以拒秦。秦复爱六国之人，则递三世，可至万世而为君，谁得而族灭也。秦人不暇自哀而后人哀之。后人哀之而不鉴之，亦使后人而复哀后也人。”

历代执权柄者又有几人以斯言为鉴？哀哉！

写到这里，笔者又记起了庄子论述的生死之道。庄子的妻子死了，惠子前去吊丧，只见庄子不拘礼节地坐着，敲盆唱歌。惠子说：“妻子和你生活了一辈子，为你生儿育女，如今她去了你不但不哭，反而唱歌，太过分了。”庄子却说：“不对。她刚刚死，我怎能不感叹？但是推究起来，她原初本没有生命，没有形骸，也没有气。她混杂在恍惚间，变而有气，气变有形骸，形骸又变而有了生命，现在又变而为死。这种变化就如同四季的变化一样，是自然而然的运行。人已经安歇于天地间，我却哭哭泣泣，我认为这样是不通达天命的，所以我不哭。”

泰极必否，又何尝不是？

否 ䷋ 下坤上乾

“否”(pǐ)为闭塞的意思。否卦由坤、乾两卦组成。从卦象看，坤为地居下卦，乾为天居上卦。就天道而言，此卦阴气下沉，阳气上升。阴气愈向下沉，阳气就越往上升，两者不仅不交，反而背道而驰，无法成就生养万物的大功。就人事来说，下卦坤体为臣民，上卦乾体为君王。君王高高在上，臣民屈卑在下，君臣不仅不来往，反而离心离德，必然否塞不通。内卦坤体为柔顺，外卦乾体为刚健，内柔外刚，内怀小人之德，外有君子之位，正是小人道长、君子道消的时候。

卦辞释译

否：否之匪人，不利君子贞。大往小来。

“匪”与“非”通假。“大”指阳刚。“小”为阴柔。“往”是上往而居外卦。“来”是下往而居内卦。乾体阳爻居外而上往，坤体阴爻居内而往下，致使乾坤不能相交，阴阳隔离。泰与否是乾坤运动的两种很有代表性的形态，也是主要形态，两者的区别为交则通泰，不交则否塞。在否塞之际，人道无法畅行。由于小人得势，枉曲正道善德，伤害正直之士，因此对于君子坚守正道十分不利。君子处否塞之际，应固守其光辉的品德，韬光养晦，潜藏明德于内，不显于外，方可免祸。全卦辞意为：否塞不是人间正道，不利于君子坚持正义，阳气往上升，阴气向下降。

重要提示：论对待否塞的态度和处乱之道。

初六：拔茅茹，以其汇，贞吉。亨。

“茅”为茅草。“茹”为根系相连。“汇”为同类。初六以阴爻居阳位，虽上与九四有应，但是处于否塞之时，唯有牵动同类以贞固自守，才能得吉。初六爻以柔爻居刚位，应该注意防止才质柔弱却好用刚强的缺点，静待时机成熟，去获取通达。全爻辞意为：拔起茅草，根系牵连而出，因为它们是同类。君子守持正道，可获吉祥。亨通。

三国故事

妻　贞

孙翊为丹阳太守时，由于他性情急躁，部下多怀怨恨，都督妫览乘机勾结边洪等人，阴谋暗杀孙翊。有一天孙翊正在送客，走在身后的边洪趁孙翊不注意，抽刀猛然砍死了孙翊，然后逃进深山躲藏起来。

孙翊的妻子徐氏是个非常刚烈的女人。当时她得知凶手逃走时，马上以重金招募勇士，终于杀死了边洪。

然而，杀孙翊的主谋是妫览。他在孙翊被杀后，不但不捉拿凶手，反而把持了孙翊的所有权力，还把孙家的嫔妾占为己有。他见徐氏貌美，很想一起霸占。徐氏见自己身单力孤，很难对付妫览。于是她表面上装作顺从，背地里却联系孙翊的旧将孙高、付婴等人，伺机为孙翊报仇。

当妫览要求徐氏下嫁于他时，徐氏便很痛快地答应了，但她提出了一个条件：要等到月初的晚上，祭奠了亡夫之后才能嫁他。妫览一听高兴万分。到了月初的晚上，徐氏在灵堂上祭奠亡夫。祭完之后进帐重新换衣，准备进入新设的帷帐与妫览成婚，但妫览心怕徐氏怀有他意，便先暗中观察，当他发现没有可疑的地方时，便走进了徐氏的家门。就在这时，徐氏大喊：“孙高、付婴杀贼！”

妫览还在得意忘形之际，孙高与付婴等人应声而出，杀了妫览。随后，又把妫览的侍从杀光，为孙翊报了仇。

点评

孙翊被杀，妫览掌权，这已经是否塞乱道。但孙翊的妻子徐氏却能临危不惧，固守正道，坚守贞节，有理有节，通盘谋划。最初，她不但不急于杀死妫览，而且还表面上答应与妫览成亲，在否塞之际，只能麻痹妫览，稳住仇人，以待时机。一旦时机成熟，她便联系亡夫的旧将一同杀了妫览。在整个《三国演义》当中，像徐氏这样贞烈的女

子大概没有第二个，真算得上巾帼英雄、女中丈夫，也是处否之道的典范。

六二：包承，小人吉。大人否，亨。

“包”指以阳刚包纳阴柔。六二以阴爻居阴位，当位得正，上与九五刚中君王相应。对小人来说，处于否塞的时候，可以承顺于在上位者，求取在上位者的包纳与信任，借以救济否塞的情势，因此得吉。但对于大人来说，在否塞之际应当安于否塞的境遇，固守正道，洁身自好，尽管时局否塞，生活穷困，但志气高洁，因此亨通。全爻辞意为：包容奉承，小人得吉。大人闭塞，可获亨通。

三国故事

笑脸误董卓

董卓是个不明事理的人。他自携兵入京，独揽大权，一心想废少帝，另立陈留王为帝。

当时因袁绍有些许兵力，因此董卓与袁绍商量废立之事，由于二人产生抵触，袁绍屈于董卓的淫威与势力，只好逃到冀州。

这在这时，袁绍的说客出现了。因为袁绍深知，凭董卓的势力要消灭自己真是易如反掌。说客笑嘻嘻地对董卓说：“废立皇帝可是天下的大事，不是一般的人所能办到的，也只有您才能办得到，办得好。”董卓有点飘飘然，说客又言：“袁绍的逃跑，说来可笑，看形势他不像是和您有抵触。废立这样的大事，他没有能力做，怎么能有能力和你斗下去呢？”

董卓听完说客的褒贬，更加陶醉起来。

说客又贬袁绍：“您如果追捕他，他一旦公开地反对您也不是好事，恐怕会出乱子。再说袁氏是四世三公，如果他反对您，天下再有不明事理的人响应，那就更危险了。还不如趁机让他做一郡太守，这样也就免除了祸患。”

董卓一听这办法也确实不错。便拜袁绍为渤海太守，封祁乡侯。

后来袁绍稳坐冀州，终成讨伐董卓的一股力量。

点评

这个说客真是了不起，身为国相的董卓明明看到袁绍是自己的敌人，可经说客的嘴巴一嚼，袁绍便成了无足轻重的小吏。董卓沾沾自喜，感到平安无事了。但当后来袁绍讨伐董卓时，他可能才明白：

自己否塞，袁绍亨通。无论后人对袁绍的评价如何，但在当时的小人道长、君子道消之际，袁绍托人游说而令自身安于否塞是英明的。因为连自己都保全不了的人，怎么能成大事？

此爻的爻辞在《易经》当中属比较特殊的，因为《易经》中不论爻辞或卦辞都善于辩证地去解释，而此爻说在包容奉承方面，小人得吉，大人否塞。当然在三国时代，像董卓、袁绍之流是很容易在短时间内得到吉祥的，而作为大人则完全不同，如解缙在未出仕之前，在过春节写春联时，面对门前财主家的一片竹林，写道：

门对千竿竹
家藏万卷书

此事让财主知道了，他认为解谱的对子侵犯了他的财产权，很生气，立即命人把竹林全部砍伐，看你解缙还有什么能耐。竹林被伐后，对子又变成：

门对千竿竹短
家藏万卷书长

事后老财主一听，依然感到气不顺，解缙把原对子又增了两字，这不是明着气我吗，便命人当晚把全部竹根刨掉，看你解缙还能如何。解缙看到财主刨完竹根，又给对子加了两个字：

门对千竿竹短无
家藏万卷书长有

解缙在处否塞之际，仅用两改对联的事情，就完全表明了他的心态。

六三：包羞。

六三处于上下体之间，迫近于上，而且又以阴质居于阳位，不中不正，秉性浮躁，是个地位较高的小人。当社会政治失常，处于否塞之际，它不能守持正道，而是为了飞黄腾达，急于高攀，就以媚态包容奉承上九。但上九是个正人君子，不愿与之同流合污，所以六三就蒙受羞辱。全爻辞意为：因包容而受羞辱。

三国故事

羞　辱

吕布被捉之后，高大的身躯被捆作一团。吕布大叫捆得太紧，恳求松一点。这时曹操正好过来，说："捆虎不能不紧一点儿。"吕布见了曹操，打

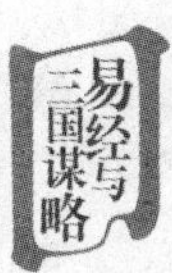

量着曹操问:“明公怎么这么瘦?”

“你怎么认得我?”吕布和曹操尽管打过多次交道。但两人从未见过面,于是曹操反问。

“以前在洛阳温氏园见过。”吕布赶快接话,满脸堆满了巴结的媚笑。

“我忘了”,曹操看看吕布又说,“我之所以这么瘦,是因为没能早日捉到你”。

吕布听了,不由得惭愧,低下了头。由于活命心切,抬起头来再次对曹操说:“明公,从今往后,天下可以平定了。”

“为什么?”曹操反问。

“明公的忧虑,主要是吕布。现今我已降服了。”吕布见曹操正在犹豫,忙接着说:“若明公为大将,我辅之,天下不难平定。”吕布又以齐桓公不记管仲一箭之仇的故事来说服曹操,并且愿为曹操效犬马之劳。曹操回首问跟在身后的刘备说:“怎么样?”刘备回答:“您难道没看见丁原、董卓的下场吗?”吕布大骂刘备:“你这小儿最不讲信用!”

曹操喝令将吕布牵下白门楼勒死。

点评

吕布是个小人。他认丁原为父,亲手杀了丁原;他认董卓为父,又亲手杀了董卓。如果曹操饶吕布不死,且引为辅助,曹操的下场又会怎样?

吕布忘了自己的先前所为,刘备没忘,及时提醒了曹操。吕布很想巴结曹操多谄谀几句,指望能死里逃生,结果正如本爻所言“包羞”——最后被杀。

处否塞之际,即人的行为进入否塞之中,这时往往可以通过总结进行自救,不至于死得不明不白;应当警惕的是,你的思想进入否塞之中还没有觉察,最后死得糊里糊涂。过去曾有一位懒汉,家徒四壁,天天祈求佛祖让他发财。佛祖看他穷得可怜,发了善心,给了他一个装钱的口袋,且说:“这里面只有一枚金币。但你取出第一枚后,第二枚又会生出来。当你要花第一枚时,必须把钱袋子扔掉,否则你会上当。”这位懒汉取出了第一枚金币时,钱袋子里面果然生出了第二枚,懒汉看着袋子想:“佛祖真傻,扔掉了钱袋子才叫上当呢。”于是,懒汉从钱袋子里取出第二枚金币,第三枚金币又生了出来。懒汉没有扔掉钱袋子,依然去取第三枚,接着,他一枚一枚地取着,最后他取钱累得极度虚弱,连喘气的力气都没了,他望着金山一般的金币,笑微微地死去了。

在包羞之中，处穷途末路的确可怜；当处曙光灿烂之时，如果不正不中，比穷途末路更可怕。

九四：有命无咎。畴离祉。

“命”为天命。“畴”与“俦”通假，是同类的意思。“离”为丽，是依附的意思。“祉”为福祉。否卦发展到九四，已进入上体，逐渐具备能致通达的条件。因此，九四可以下往与坤体的柔爻相交，扭转否塞的局势。九四因是近君的大臣，以阳爻居阴位，才质阳刚，足以辅佐君王，还能善用柔顺之道避免君王的猜忌。在否塞之际，奉君王之命，与在上的两阳爻相互依附、齐心协力，功成不居，所以没有过咎。全爻辞意为：有天命安排，必无过错。同类相互依附，都能受福。

三国故事

伏地而泣

曹操很注意接班人的选择。长子曹丕虽为世子，但幼子曹植更有才华，文名满天下，所以曹操曾多次产生易储的念头。

曹丕得知此消息时，非常惊慌，便召集他的贴身大臣们，共商对付易储之事。贾诩提出指导性的意见：“愿世子有德性，有度量，如同寒士一样，凡事兢兢业业，不违背做儿子的礼数。”

曹丕把贾诩的意见认真地琢磨透了。

一次，曹操要亲征。曹植借此机会，大声朗诵歌功颂德的文章。当时曹操听了非常高兴，也很钦佩曹植的才气。曹丕却伏在地上哭泣，一句话也不说，当人们问他为何伏地而泣时，他哽咽着说：“父亲年事已高，还要披挂亲征，做儿子的心里又担忧又难过，哪还能说出话来。”

曹丕一席话，满朝默言，都被世子的仁孝所感动。曹操也放弃了易储的想法。

点评

曹丕能安做世子，是因他虽刚却柔，以仁孝取得父王的认可与赞同。而曹植却忘记了仁孝柔顺的大道，只顾大逞文才，显得华而不实。与曹丕相比，曹植很有些有悖人子之道，光有华而不实的文才，难怪被人认为将来难以胜任一国之君。曹丕的成功，正是因为他深谙中国传统的仁孝文化，在关键之际的表现暗合了曹操的心理期望。

曹丕成功了，贾诩等一班贴身大臣自然也成功了。这也正是爻

辞所说的“畴离祉”吧。

在权力的争夺上，曹丕借风吹火，费力不大，达到了政治上的目的。

战国时的庄子能够寿终正寝，也是深谙此道吧。庄子在潜水钓鱼，楚王派两人去请求庄子到楚国从政。庄子依然垂钓，头也不回地说：“我听说楚国有一神龟已经死去三千年了，楚王还把它用布巾包起来装进箱子，供奉在庙堂之上。你们说这只龟是宁可死去把壳留下让人珍惜呢？还是活着爬行于泥里？”楚王派来的两人说：“当然宁愿活着爬行在泥里。”庄子说：“你们回去吧，我愿爬行在泥里。”

在战国时代，庄子把形势看得很准。

九五：休否，大人吉。其亡，其亡，系于苞桑。

“休”为停止的意思。“亡”是危亡或败亡。“系”为固结牢实。“苞桑”是指桑树根深蒂固。九五以阳爻居阳位，得上卦中位，又处一卦之尊，是具备阳刚中正之德的大人，能止息否塞，转为通泰，所以得吉。虽然九五未远离否塞的时势，但一般人都认为天下已安定了，九五大人能立身治业了。其实不然，九五大人始终不忘危乱败亡，居于安逸的环境也不忘其中隐藏的危险，随时戒惧，所以，终于像根深蒂固的桑树丛一样稳固而不动移。全爻辞意为：休止闭塞的局面，大人可获吉祥。念念不忘，会灭亡，会灭亡，才能像系于桑树丛上一样牢固。

三国故事

田、沮苦谏

袁绍兴兵官渡，准备歼灭曹操。田丰因多次劝谏被押入大狱。袁绍的兵马就要出发了，田丰在狱中仍然上谏：“当今形势应当静守，以待天时，于我有利时方可动手，万万不可贸然兴举大兵，否则恐怕有不测之事。”

袁绍大怒，要斩了田丰，再兴兵官渡。众位官员苦苦哀告，都说：兴兵之前杀人是不吉利的。于是，田丰幸免。但袁绍还是骂道：“等打败了曹操，回来再收拾你。”

袁绍催军出发。军队到达武阳时，沮授又出来劝谏：“我方军队虽众，但勇猛的劲头不如曹操。曹操兵虽精良，但粮草供给不如我们。曹军因无粮而急于求胜；我军因有粮，则应当缓以求胜。时间一长，曹兵不战自败。"沮授的看法本来是对的，但袁绍依然发怒："田丰涣散我军心，我回去的日子就是田丰落头的日子，你怎么也敢这样？"于是袁绍立即下令道："把沮授锁禁军中，等破操以后，与田丰一并治罪。"

官渡之战，袁绍大败。沮授被曹操俘虏，宁死不降而被杀。

袁绍在逃亡中，想起当初田丰的劝谏，觉得没脸去见他。这时又有小人逢纪挑拨说："田丰在狱中抚掌大笑，说不出他所料。"袁绍听后立即大怒："还敢取笑我，回去杀了他。"

一日，狱吏见田丰说："与君贺喜，袁将军大败而回，今后会重用你。"田丰笑说："无喜。我就要死了。袁将军外宽而内忌，他不念忠诚。如果战争胜利，一时高兴，还可能免我一死。而现在战败，他一定感到羞愧，必定杀我。"

正说间，袁绍传令杀田丰。田丰于是在狱中自刎。

不久，袁绍也因兵败吐血而亡。

点评

袁绍为何失败？就因他在否塞之际，一不能认识掌握休止闭塞的局面，二不能听取众人意见。作为领导或者君王都须气度恢弘，海纳百川，具有长远的战略眼光，做到安而不忘危，存而不忘亡，治而不忘乱，才能保国安身。身处否塞更应虚心纳谏，从善如流，励精图治，走出否塞。否则，历史就会让你用生命去交答卷。袁绍在官渡之战前听不进他人的忠诚之见，还有情可原，但战后还是听不进忠诚的意见，更不想法去解决根本问题，反而只顾自己的脸面，这样的君主哪有不败之理？而且谁跟从了他，也必定倒大霉。

本卦爻义，小人难渡否塞之局势，但大人在否塞之时，由于反复地提醒自己，不掉以轻心，认真谨慎，所以才有长久的安宁。春秋末期，齐国国君荒淫无道，横征暴敛，老百姓苦不堪言。齐国的贵族田成子对自己的宾客说：王室用榨取的手段虽然得到了钱财，但也失去了民心，他们这种"取"，实质上是"舍"，舍了民意，丢了民心，最后只能丢掉国家，而仓库里所积聚的财物，只不过是代人收藏罢了。于是田成子制作了大小两种粮斗，开仓赈民，借粮用大斗，收粮用小斗，结果借出的是粮食，收取的是民心，貌似给予，实则得到。后来，齐国的国民都不肯为公室效力纳粮，纷纷投奔到田成子的门下，齐国国君的宝座也为田氏家族所得。

同居否塞之道的九五，不同的思想和不同的境界会带来不同的结局。

上九：倾否，先否后喜。

上九以刚爻处否卦之终极，表示否卦发展至极而倾覆。在此爻中，“倾否”含有人事力量的作用，所以应因势乘机而动，不应被动等待。此爻犹如泰卦上六以柔爻居泰卦终极而不能长保通泰一样，否塞的局势达到顶峰必倾覆，之后重新转为泰通。全爻辞意为：倾覆闭塞的局面，先有闭塞，然后才有欣喜。

三国故事

徐庶试主

徐庶为东汉末年的奇士。年轻时，他潜心学习，遍求名师，在学业上有极高的成就。他与南阳的司马徽、庞统、诸葛亮等人齐名。

刘备到了新野。徐庶在街头长歌。刘备听其歌不俗，便以礼相待。徐庶为了试探刘备究竟是不是礼贤下士的人，便隐瞒了自己的名字，说：“我还是先看一下您的坐骑吧。”

刘备命人牵马来，徐庶故作惊讶地说：“这不是一匹的卢马吗？虽为骏骑，但妨主人，不能骑它。”

刘备笑答：“人的死生均是命中注定，与马何干？如果它妨主的话，我在檀溪遇险时，它就应妨我，而我却凭它脱了险。”

徐庶接着说：“这是救主，并不是妨主。然而这匹马终究要妨一个人，我可以为您想个办法来避免。”

当刘备问何法时，徐庶说：“你可以把这坐骑送给你平生最痛恨的人，妨了他人之后，你再骑就无妨了。”

刘备听完，很不满意地说：“我很希望先生教我些大道理，没想到教我坑人的事情，实不敢奉教。”

徐庶心里有底了，他知道刘备的确是位仁君，便说：“过去常听人说使君仁德，但一直不相信，今天是故意试您。”于是，他对刘备说出了自己的真实姓名，并且谈了自己对时局的看法，也为刘备出了很多妙计良策。刘备拜他为军师。

后来，曹操以其母要挟徐庶，徐庶不得不离开刘备，临别又为刘备推荐了隐居隆中的诸葛亮。徐庶到曹营后，一直没为曹操谋划过。

点评

徐庶在东汉末年群雄并起的年代，绝不是乱投主的人。他深知

良禽择木而栖的道理。初遇刘备,他便设法对刘备的道德进行试探。通过试探知其确为仁德之君,遂做了刘备的军师。当徐庶不得不离开刘备时,他又给刘备推荐了“卧龙”诸葛亮,而且更为难能可贵的是,徐庶“身在曹营身在汉”,终生不为曹操出谋划策。

刘备在新野遇徐庶之后,也可以说是否塞至极的结束,因他一贯行仁,终于在中年时结束了人生潦倒、反复寄人篱下的局面。他有了谋士徐庶,开始了自己集团的领导班子建设,开始访求贤才、罗织贤才。尤其是他的“三顾茅庐”更是“倾否,先否后喜”的开幕。

有一个故事《地狱与天堂》,对否极泰来的转换也很有参考价值。一位武士名唤信重,他向白隐禅师请教:“仙间真的有地狱与天堂吗?”白隐问他是做什么的,信重说:“武士。”白隐接着说:“什么样的人会收你做门客?看你长得如同乞丐!”信重十分气愤,欲拔剑刺杀白隐,禅师再次挑逗:“你的剑太钝了,根本就砍不下我的头颅。”信重被激得举起剑就要下手,白隐缓缓说道:“地狱之门由此打开。”信重一听,心中一震,当即有悟,遂收起利剑,向白隐禅师深深地鞠躬。白隐禅师又欣然道:“天堂之门已经开启。”

同人 ䷌ 下离上乾

“同人”意为与人和同。与人和同才能化解争执，消灭对立。同人卦由离、乾两卦组成。从卦象来看，离为火在下，乾为天在上。这说明乾天高高在上，而离火也是燃烧向上，所以就有离火与天和同的征象。同人卦中，唯一的阴爻是六二，它又与上天九五之尊有应。六二，以阴爻居阴位，当位又中正。从卦德而言，离卦象征文明，它怀着文明之德，实行柔中之道，不仅与九五有应，而且还与上下五个阳爻都能和同。

卦辞释译

同人：同人于野，亨。利涉大川，利君子贞。

“野”为郊的外边，而郊在古代是城墙的外边。六二在此卦中是唯一的阴爻，为众阳爻亲附的对象。六二只要怀着宽柔之道，居下卦中正之位，无私溺偏好之心，就能与偏远地区的人和同。天下大同是古人美好的社会理想，所以，只要有君子之德就要固守贞正，凭正道与人和同，以达到同心同德，友好合作，共同为善。同时，还要胸襟似海，同舟共济，去实现世界大同的理想。凡事只要和同而无阻，就不怕涉险渡难！全卦辞意为：在原野上与人和同，亨通。利于涉越大河，利于君子坚守正道。

重要提示：综论广泛与人和同的积极意义。

初九：同人于门。无咎。

初九处于同人卦之始，一出门就与人和同，而且不分亲疏厚薄，能够打破门户之见，超越一门之内的狭隘。当两者不期而遇时，初九不出于私意，而出于求同，所以没有怪罪。本爻目前无咎，也没有断凶吉，以后好坏有待于看下一步。全爻辞意为：在门外与人和同，必无过错。

三国故事

和同不避仇

张绣第一次降曹以后，在宛城先用计灌醉了曹操的大将典韦，又偷走了他的兵器双铁戟，然后放火攻寨。典韦因手无兵器，只能赤手空拳与敌搏斗，当双手提着两个军士迎敌时，身中数刀数箭，血流满地而死。

曹操从寨后奔逃时，右臂中箭，马中三矢。逃到淯水河边，曹操又被张绣追兵赶上，侄儿曹安民为保护曹操被砍为肉泥。曹操冲过淯水河，马又被射死，长子曹昂把马让给了曹操。曹操走脱了，曹昂却被乱箭射死。

宛城之战，曹操折了长子、爱侄、大将典韦，又负了箭伤，还死了战马，可以说是惨不忍睹的惨败，与张绣也可以说是仇深似海。但为了战胜袁绍，曹操不计前嫌，接受张绣来降。曹操一见张绣，握着他的手说：不要把以前的小过失记在心上。他们在谈笑间泯了宿仇，又结成了儿女亲家，曹操还拜张绣为扬武将军。张绣在曹操的感召下从此忠于曹操，为统一北方出了大力，终成曹操的一个能臣。

点评

连敌人都可以拥抱，还有什么样的人不可拥抱？曹操的胸襟是多么广阔！战争的争夺，不仅仅是攻城略地、金戈铁马的厮杀，更为重要的是与人才和同。广揽人才，是建立一个于时于势有利的大队伍、成大器干大业的最不可缺少的基础。民间有个“五湖四海交朋友”的故事，说的是平民间的同人之道。一个名叫五湖的男子汉，妻子在家生孩子，因无粮米，他便让妻子把美丽的长辫子剪掉，自己拿着到市集上卖了些钱准备换米。这时，五湖恰巧遇上一个名唤四海的汉子在酒店喝了酒付不起酒钱，五湖看着四海被酒家逼得有些可怜，有心想帮助他，又心想手里的这点钱要给老婆买粮坐月子，很是左右为难。恰在此时，酒店涌出了一群打手要教训四海。五湖一狠心，替四海付了酒钱。五湖付完了酒钱，两眼便落下了眼泪，因为他想起了家中的妻子马上就要生孩子，这可怎么办呀？四海不解地问：“大哥，你为我付钱后悔了？”五湖把手一握：“兄弟，为朋友哪有后悔的道理，只是……”四海追问：“只是什么？”五湖说了卖辫子换钱买米之事，四海听完说：“大哥，今天，我就是专门来结你这个朋友的，过去只听说你善于仗义结友，今天一见果然如此，实话告诉你，我四海与你一样，其实也很想交友，钱财却多的是，不信你看……”四海未等言尽就从兜里掏出不少银子，说：“今天只不过是试试你的仗义罢了。”

从此，五湖、四海成了真正的好朋友。

六二：同人于宗。吝。

“宗”为宗主，六二与九五两爻分别居上下两卦中位，一阴一阳形成正应，按理应该是好事，但在同人卦当中就有了弊端。因为同人卦的主旨是广泛地与人去和同，而六二却违背了卦旨，只攀高枝，逢迎上司，其弊病是不言而喻的。全爻辞意为：只与宗主和同，会有弊病。

三国故事

失道

董卓篡政之后，召集文武大臣会宴，提出改立皇帝，群臣大多不敢反对，只有静听吩咐。突然执金吾丁原站起来反对：“天子是先帝嫡子，没有任何过错，你凭什么想废？这不是欺负汉室无人吗？”

“朝中本无人反对，你一个小小的执金吾为何多言？”董卓大怒，手拿佩剑，就想杀掉丁原。幸亏董卓的谋士李儒眼尖，他看到丁原身后站着手持方天画戟的吕布，忙说：“今天宴请大家，只管喝酒，不谈国事。”

李儒怕董卓吃亏，急忙阻止了事端。董卓也看到了丁原身后有一威武勇猛的大将吕布，心中异常发怵，最后只能顺水推舟。

第二天吕布与丁原领兵向董卓挑战。董卓被打得大败，一直退了三十多里才驻扎下来。董卓佩服吕布的英勇，决心要将其收为己用。这时董卓部下一位谋士李肃因与吕布是儿时好友，便主动请求前去劝降吕布。李肃一见吕布，就把董卓的赤兔马送给了吕布，接着又送去黄金千两、玉带一条、明珠数颗。吕布接收了大礼忙问何故，李肃便鼓吹董卓是位将来必成大业的明主，投靠了他不仅必受重用，而且将来能成大业。

吕布很快被李肃说动了，忘记了天良，便亲手杀死了义父丁原，并提丁原之首投靠了董卓，成了董卓的帮凶。

后来，司徒王允又巧施美人连环计让吕布杀死了董卓。

最后，吕布终因自己无德之行，被曹操缢死于白门楼下。

点评

吕布的失道在于他只拣高枝攀，他的和同只为利益。他的一生一直把利益看为大宗，甚至高宗，所以他不仅没有长远的战略目标，而且也不讲道德，讲的是唯利是图，有奶便是娘，专门巴结上司，失道无德，不仁不义，不明与人和同的大义，所以最后的下场必然是悲惨的，在历史上声名狼藉。

人生，当以吕布为戒！

九三：伏戎于莽，升其高陵，三岁不兴。

九三以阳爻居阳位，过于刚强，又不得中位，不知执守中道。由于它乘凌六二，意欲夺取亲比，乱求和同。但是六二又专攀高枝，所以九三就理不直、气不壮地埋伏于林莽之中，准备伺机而动；偶尔九三又登上高陵四处顾望，意欲与九五交战，夺取六二。如此过了三年，仍未采取行动，因此也没什么凶吉之果。全爻辞意为：伏兵在草莽之间，登上高山观察敌情，三年也不敢兴兵交战。

三国故事

诸葛恪平山越

江南地区住着山越之人，这些土著好武善战。山越之地又出产铜铁，可以自制武器，他们凭着险要，誓不归吴。特别是丹阳郡的山越人，最让孙权头痛。

诸葛瑾的长子诸葛恪认为，丹阳郡山势险峻，民风强悍。以前对他们攻伐，败了他们就躲进深山作鸟兽散，很难再有其他良法。为此，诸葛恪请求孙权，愿到那里去做三年的地方官，让躲在深山远谷的山民出山，为东吴添加四万兵。

诸葛恪一到丹阳府，就发公文给下属官吏，要他们严守疆界，整顿军队，凡是归顺东吴的山越民众，让他们屯田居住；又命令军队驻扎在有险阻的地方，只加强防御工事，而不准与山越人交战。等稻米成熟季节，又令士兵将稻米收割干净，连一粒种子也不留。山民们将深山中的积谷吃尽，新垦的土地收粮又微少，又不能下山抢劫，时间一久由于饥饿，只好从山里逃出归降。这时诸葛恪下令："山民痛改前非的，又接受教化的，都给以抚慰。不得猜疑逮捕一个。"

有个名叫周遗的人是山越的恶霸，投降后被臼阳县令逮捕，诸葛恪不仅不奖励臼阳县令，反而以违反禁令罪而斩其首级。山民听说此事后，相信官府的目的只是逼他们出山，既往不咎。于是山越人便扶老携幼出山。就这样，诸葛恪经过三年的时间，感化了十万山民，其中四万精壮汉子被编入军队。

诸葛恪用三年的时间征服了山越人。

点评

诸葛恪平定山越人是成功的，此事表现了他高超的政治智慧。其成功原因，首先是他的指导思想正确。他把多年不服教化的山越人当作民而不视为匪，这样，就是为了“同人于野”而去平定，而不是为剿灭山越人而去平定。其次，他采用了恩威并施的方式。具体做法，先是断粮，绝其生路，再是逼他们出山。最后，对投降者不仅不杀，还给予出路。所以，三年的时间就劝降了十万山越人，新编了四万士兵。这也正如爻辞所言“伏戎于莽，升其高陵”，但结果不是“三年不兴”，而是“三年大获”。

假若诸葛恪以武力去收服山越人会怎样？结果不言而喻，只会将山越人全部逼为匪徒，吴国将会匪患不断，难得安宁。

也有相反的例子。在过去庄浪之地有位部落首领名叫鲁麟，他很想做大将，但皇上却任命他为副将，他依仗自己的部落强大，不去赴任，一直留在庄浪，意欲待机兴事。这时朝中有人主张任命他为大将，交给他将印；也有人主张召他到京，安置到别的地方做官，正当双方争执不下时，尚书刘大夏说：“这人暴虐，不善使用部下，没有多大的作为，但他也没有多大的罪。将印给他不合规法，召他进京若不来，又损朝廷威信，不如朝廷写个表章，说他有功，赞扬一番，让他退休在家。”后来，皇帝同意了刘大夏的奏疏，鲁麟只好无可奈何地长时间待在家中，由于郁郁不乐，最后染病而亡。

不懂和同之理的鲁麟，结局只能如此。

九四：乘其墉，弗克攻，吉。

“墉”为高墙。“弗”是不的意思。九四性刚，又不中不正，还与初九不应，也想与六二亲近和同，但九三在中间像一堵墙似地隔开了九四，使其难与六二相近，九四于是登上九三之墙去攻击，想以武力争取六二。当九四发现六二与九五正应时，又攻而不能胜，便陷入了困境，于是只能困而知返，所以吉祥。全爻辞意为：登上城墙，（然后）又退下而不去进攻，吉祥。

三国故事

授书稳将

刘备夺取西川，自任益州牧后便封诸葛亮为军师；关羽为荡寇将军，汉寿亭侯；张飞为征远将军，新亭侯；赵云为镇远将军；黄忠为征西将军；

魏延为扬武将军；马超为平西将军。同时令人赍黄金五百斤，白银千斤，钱五千万，蜀锦一千匹赏赐给镇守荆州的关羽。

一天，刘备正与军师商谈大事，关羽的儿子关平从荆州来求见。关平先向刘备叙了礼，后说："吾父令侄特来拜谢所赐金帛，还说听闻马超武艺过人，很想入川与马超比试一下高低。"

刘备听后为难地看了诸葛亮一眼，诸葛亮却没任何反应。刘备先让关平回馆驿休息，然后问诸葛亮："如果云长真与孟起比试高低，两虎相争必有一伤，这怎么办？"

诸葛亮淡淡地一笑，说："主公不必介意，我明白云长之意，待我写信给他，便会平息此事。"

诸葛亮写完信后交给了关平。关平回荆州后，刘备问诸葛亮："云长如此做法是为了什么？"诸葛亮回答："关羽未随军入川，主公却赐他金帛不薄。他欲入川与马超比武，意在向主公表明，倘若他入川，定会立下盖世之功，并以此表示他受赏赐无愧。我在信中已言明，他守荆州与取川同样重要，他见信就安心了。"

刘备听后，默然无语。

关平回了荆州，关羽问明情况后，便拆阅诸葛亮之信，只见信上写道："亮闻将军意与孟起比高低，依我看实在不必。马超虽勇烈过人，不过是黥布、彭越之类的战将，只能与翼德相伯仲，哪能比得上美髯公绝伦超群，文武兼备呢？公现在据守荆州与我们现在守西川同等重要。你若入川，倘若荆州有失，其罪可不轻啊，惟冀明照。"

关羽看后，心想主公与军师都知道我必胜马超，比不比高低已无所谓。遂以手拈须笑道："还是军师知道我心啊。"随后，他把信给众将传看，再不谈比武之事。

一场比武之事就此消停。

点评

关羽是位英雄，这无可厚非。但英雄正如美玉一样，也会有瑕疵的。当他得知马超武艺高强时，心中不服，一心要入川比个高低。可是，诸葛亮手书一封，对关羽作出"高"的评价后，关羽便放弃了比武的念头，这真可谓"弗克攻。吉"。

从这件事上，人们可以看出关羽是个难以与人和同的人，心胸有些狭窄，目光也有些短浅。在他心目中，除了大哥刘备，其余谁都不如自己，这样的人往往是很难善终的，因为他不懂得与人和同的大道深义。他的内心一直如九四之初，可以说终生未改。

从禅的方面再深悟一下此道可能有些意义。一位学僧跟随赵州禅师学徒十年，一天忽然对禅师说："弟子随师学禅十年，一直不蒙开示，因此想请求下山，到别处参学。"赵州禅师听后，故作惊讶地问："你怎么能冤枉师父呢？自从你到观音院来，每日你拿茶来我为你喝；你端饭来我为你吃；你合掌我为你低眉；你顶礼我为你低头。你说，我哪一处不是在开示指导你？"

学僧听后，低头沉思，似有所悟。

赵州禅师再度开示："但尽凡心，脱离虚妄。"

学僧留了下来，最后成为一位高僧。也许这位学僧就是悟到了参禅本身就是一件"弗克攻"之事，故成为高僧。

九五：同人，先号咷(táo)，而后笑。大师克，相遇。

"咷"为大哭。"师"指军队。九五阳刚中正，与六二同心相应，是天然的同盟者，但由于中间有横隔，九三伏兵于林莽；九四登上城墙进攻，使得九五不能与相应者六二相遇，所以要痛哭。但是九五毕竟刚健有力，以中正之道为原则，所以大军顺利地克服了一切障碍，终于得以同六二同盟相遇。这使九五破涕为笑。全爻辞意为：与人和同，先号咷大哭；后来又欣喜欢笑，大军克服了阻碍，与同盟者相遇。

三国故事

挂印封金

关羽在土山被曹操的兵马团团围住，大将张辽劝关羽投降，关羽提出了三个条件：一、降汉不降曹；二、曹操必须赡养刘备两位夫人；三、一旦得知刘备去向，不管千里万里，立即辞去。

曹操虽然极不情愿，但还是硬着头皮答应了。曹操为留住关羽，百般厚待：三日一小宴，五日一大宴；还送美女、绫锦、金银器皿。关羽却毫不动心。当他得知刘备在袁绍处，便毫不犹豫地去找刘备。走之前，关羽把每次所受金银一一封置库中，将汉寿亭侯的大印也悬于堂上，只带原先的从人及随身行李，千里走单骑，护送两位嫂嫂，过五关斩六将，奔向刘备所在处。

曹操虽在关羽身上花费了那么大的心思，但他还是没有得到关羽的心。尽管关羽离去他十分不悦，但曹操还是大度地放了关羽。谋士程昱认为放关羽归向刘备，今后的刘备如虎添翼，应当追而杀之以绝后患。曹

操却说："吾昔已许之，岂可失信？彼各为其主，勿追也。"

曹操不但不追杀关羽，还特地赶去为关羽送行，并赠以锦袍留念。

正因如此，曹操在赤壁之战败走华容道时，关羽违背军令放了曹操。

点评

当关羽得知刘备在袁绍处，立即挂印封金，离开曹操，不论五关六将如何阻挡，他都是当杀则杀，当斩则斩，心中只有一个目标：坚决去找大哥！关羽找到了大哥，当然是得偿所愿。关羽和曹操的相知相识，又导致了赤壁大战后华容道上关羽放曹操的故事。关羽为什么宁肯违背军令也要放曹操？这正是当年曹操心不情愿而又无可奈何送关羽归主的结果。当年送关羽归旧主时，曹操的心一定哭过，哭的是不能和同。赤壁战败，曹操又误走华容道，落到了关羽手中，关羽于是念其旧情又置军令状于不顾，私自放了曹操。赤壁大战曹操虽败，但活了一条命，他安能不喜？

关云长挂印封金和华容道放曹操的故事也许过于复杂，过去有位叫曹节的老先生与近邻和同的故事可能更有助于我们理解此爻。曹节的邻居不小心把猪丢了，那家的猪与曹节的猪又很相似，于是邻居到曹节家里去认领。曹节听完邻居的叙说，没有争论，非常仁慈厚道地说："赶回去吧。"可是不久，邻居家的猪又跑回来了，这时邻居又十分羞愧地把猪送给了曹节，并且向曹节认错道歉。曹节听完之后，只是笑，没有埋怨邻居一句，又把猪收了下来。

这种和同是何等的超凡脱俗，也是凡人一时难以望其项背的。欲想做不俗之同人，还须大德大修养。只要有了高德深道，还何惧九三"伏戎林莽"，又何惧九四"乘其墉"？

上九：同人于郊，无悔。

上九虽处于同人卦的终极之地，但尚未离开本卦，未至于"野"，所以说还是只能同人于郊。因此上九刚爻与人和同的心志不能达成，仅能与较近的人和同，而且范围也太小。全爻辞意为：在郊外与人和同，没有悔恨。

三国故事

尚贤

青州别驾王修是北海人，曾是袁谭的幕僚，因谏袁谭被逐。袁谭被杀

后，曹操下令将袁谭首级示众，敢哭者斩。王修却不顾生命安危前往吊祭，结果当场被曹兵拘捕。曹操亲问："你不知道我的军令吗？"

王修答："知道。"

曹又问："那你为什么不怕死呢？"

王答："袁谭被杀，我不去哭是不义，因为害怕死而不要义，这样的人还有脸面活在世上吗？我今为其收尸，被你杀了也无所悔恨。"

曹操感叹："河北的义士怎么这样多？可惜袁谭不能用啊！王修是个名不虚传的义士，原谅了他吧！"当曹操命人查出王修府上藏谷不满十斗，却有藏书数百卷时，更是大为感动。从此，他待王修为上宾，封其为司金中郎将，迁魏郡太守，后为大司农郎中令。王修在任之时建树颇多。

以后曹操还写信嘉勉王修："君澡身浴德，流声本州，忠能成绩，为世美谈。"

点评

曹操的用人，绝不仅限于自己的宗族门户，自己的军队，他还善于从广大的社会或者从对手的阵营中求选人才。求选人才、任用人才本身就是最好的和同。曹操统一北方的成功，当然离不开战争的厮杀和攻城略地的干戈，但曹操深知这些方法都是难以收服众人之心的。只有与人和同，得人之心，才是上上之策；自己身边有了人才，就能创造一切。

人才的和同就是成功的基石，也是成功的保障。曹操的和同意识与和同能力，可以说是他能称霸天下的最重要的因素。

可惜北海人王修同人的眼光有些短浅，假若他能与郭嘉、荀攸、贾诩等谋士一样，早些把眼光放长些，同人的路子再广些，可能取得的成就会更大一些，当然也能早一些。由此可见，"同人于郊"，远逊于"同人于野"。

大有 ䷍ 下乾上离

“大有”是极其盛大富有的意思。大有卦由乾、离两卦组成。从卦象看，乾为天在火下之，离为火在天之上，也就是太阳高高在天上，光明八方，无所不照，是“大有”的象征。六五以阴爻居阳位尊位，处上卦之中，能与各阳爻行柔顺之道，再加之各刚爻又皆与六五亲比相近有应，所以“大有”则万众归心。从卦德来看，乾体象征刚健，离体象征文明。也就是说本卦既能内怀刚健美德，奋发不息，又能外行文明之道，循理行事。

卦辞释译

大有：元亨。

在《易经》当中，有一个基本原则，阳爻为大，阴爻为小，但物以稀为贵，所以还有“多从寡”的规律。大有卦中，仅六五为阴爻，又居尊位得正，所以是五个阳爻所尊崇的。正因如此，五个阳爻又为六五阴爻所拥有，一个六五拥有五个阳刚，这是非常盛大富有的。六五虽居尊位，但自谦无偏私，又有文明之德，柔顺谦逊不骄矜，尚贤任能，因此能保其大有，自然也就大为亨通。

重要提示：综论处富有之道的大通之理。

初九：无交害，匪咎，艰则无咎。

“交”为涉及。“匪”是“非”的通假。初九与本卦主爻六五相差甚远，无比无应。这样初九就与上层没什么来往应对，一般可以逃避过错，不受怪罪。但不能因无怪罪就掉以轻心。处富思艰，谨慎行事，不生骄侈之心，这才是常道常理。全爻辞意为：不涉及利害，没有过错。不忘艰难才能免除过错。

彭羕之死

彭羕,字永年,广汉人。为人恣性骄傲。原仕于刘璋幕府,干文书一类的差使。后因直言触忤刘璋,被刘璋剪去头发,用铁环套住脖子做劳役囚徒。刘备进军西川驻扎于涪江,彭羕进言要防川军决水淹之。刘备纳其言而密令诸军防范。自此之后,彭羕任职于刘备幕宾。由于彭羕有才能,所以逐渐得到刘备赏识。占领成都后,刘备提拔彭羕为治中从事。彭羕由囚徒而成为官员,神气立刻变了,很有点小人得志的样子,越发骄横,目中无人。刘备和诸葛亮日渐察觉彭羕为人处事也不可靠,于是将其降职为江阳太守。彭羕一听不但要降职而且还要远离成都,心内顿生怨气。

这期间,刘备正因驻军新城的刘封和孟达不救关羽而致关公父子遇害之事,欲治两人之罪。诸葛亮谏曰:"治此二人之罪,宜缓图,急则生变。可升此二人为郡守,分调开后,再行逮捕。"

刘备按诸葛亮之计遣使升刘封为绵竹太守。彭羕与孟达交情深厚,听说此事后,马上回家修密信一封,派心腹人飞马送报孟达。送信人刚出成都南门外,便被马超巡逻军士捉住,解见马超。马超见了密信,审问了使者,感到此事干系重大。于是立即去见彭羕。彭羕见五虎大将马超来访,热情迎接,置酒相待。酒过数巡,马超故意以话挑彭羕,说:"以前汉中王待您甚厚,现在怎么这么薄待您?"此时,彭羕已有酒意,加之此公平日就骄傲不谨慎,所以就酒后吐真言,把对汉中王刘备的不满全部发泄出来,他恶狠狠地骂道:"老兵痞做事极端不合情理,我一定找机会报复。"马超见其已吐真言,又试探说:"我也心怀怨恨很长时间了。"彭羕一听,立即对马超说:"将军您可率本部军马,连结新城孟达为外合,我领川军为内应,大事可定,西川就为你我所有了。"马超一听吃惊不小,想不到彭羕还有如此野心!马超说:"先生的话挺有道理,这事改日再议吧!"说罢告辞。

马超回到住处,立即将所捉之人和密信解见汉中王,并作了详细汇报。刘备大怒,即令擒彭羕下狱,拷问详情。彭羕此时悔恨无及,上书表白自己实无反心。刘备问诸葛亮如何处置,诸葛亮说:"彭羕这样的人,留之必生祸患。"于是,刘备赐死彭羕于狱中。

点评

本爻讲处“大有”之时本无咎，但若处富不思艰则有咎。西蜀彭羕的结局，是对本爻辞意很好的诠释。彭羕本是服劳役的囚徒，汉中王刘备将其擢拔为治中从事。应该说他是从一无所有一步跨到了“大有”。他此时本应抓住机遇，谨慎勤恳，一展才华。但他却忘乎所以，言行嚣张，目空一切。这是很典型的“居富不思艰”的人。当他被降职为江阳太守时，如果能冷静下来想想自己原来的境遇，想想自己的缺点过失，也许还能有所作为，起码能保住性命。但他却继续“不思艰”，而且心生怨恨，大骂当初擢拔他的人。更可恨的是，他竟为私怨私情而泄国家机密。发展到最后，竟然要联络马超图谋蜀汉之天下，简直是活得不耐烦了！当彭羕越发不知道自己姓什么时，就又犯了另一个错误：交浅言深，愚蠢至极。他与马超的一席话，彻底把自己打发了。这真是应了一句古训：祸福无门，唯人自招。

大有之际，应处富思艰。广而言之，居安应思危，处尊应思卑，永远莫忘自身是谁。“念高危，则思谦冲而自牧；惧满盈，则思江海下百川。”唐初名相魏征的话，还是很值得品味的。

九二：大车以载，有攸往。无咎。

“攸”是所的意思。九二好比一辆大车，能够满满地装载财富，稳稳前进。九二为阳爻，刚健居阴位，谦和得中，又能得到上层人士的倚重和信任。这辆大车装载着物质财富和精神财富，谨慎行驶，能刚能柔，廉而能容，道德积聚于心中，所以无往不利。全爻辞意为：用大车运载财富，有所前往，必无过失。

三国故事

隆中卧龙

东汉末年，正是天下大乱、群雄纷争的年代，有志者莫不争露锋芒。

诸葛亮与其弟诸葛均以种田为生，过着晴耕雨读的生活。他与博陵崔州平、颍川石广元、汝南孟公威及徐庶等人为密友，平时喜好吟诵《梁父吟》，且以春秋战国时的杰出人物管仲、乐毅自比，志向远大，才学颇富。他虽有治世之奇才，但不狂不躁，不骄不侈，耐心地在隆中等待，以择明主。

诸葛亮虽胸有成竹，但静观天下大势。既不投奔势力强大的曹操、袁

绍，也不想去东吴在孙权手下做官。他想找的是一位慧眼识英雄的明主。后来，刘备从徐庶之口得知诸葛亮是位良相之才，便设法邀诸葛亮出山，可是由于诸葛亮对刘备还是不太了解，便几次避而不见。等刘备"三顾茅庐"时，诸葛亮看出了刘备访才求贤的真诚，于是为刘备分析了天下大势。他说："自从董卓造逆以来，天下豪杰并起。曹操以天时、人谋克袁绍，拥百万之众，挟天子以令诸侯，不能与其争锋。孙权据有江东，已历三世，国险而民附，此可用为援，但不可图。荆州为重镇，是英雄用武之地。益州险塞，沃野千里，天府之国。将军是帝室之胄，信誉著于四海，如果能跨荆、益两地，内修政理，外结孙权，大业必成，汉室必兴。"

诸葛亮命小童取地图挂于中堂，手指地图道："这是西川五十四州之图。将军欲成霸业，北让曹操占天时，南让孙权占地利，将军自占人和。先取荆州为立足之地，后取西川为基业，与曹、孙两家形成鼎足之势，再图中原。"

刘备听完一席话，立即起身拱手，说："先生之言，使我顿开茅塞，如拨云雾见青天。"并顿首拜谢，请其出山。

诸葛亮便推托："我久乐耕锄，懒于应世，不能奉命。"

刘备立刻哭了，袍襟沾湿，诚挚请求道："先生如不出山，那老百姓怎么办？"

诸葛亮见刘备真诚，然后说："将军既不相弃，我愿效犬马之劳。"

点评

诸葛亮无论是人品还是才能，在同代知识分子中是无与伦比的。每自比于管仲、乐毅。水镜先生则将其比之为兴周八百年之姜子牙，旺汉四百年之张子房，所誉非虚。诸葛亮选择刘备，绝非仅仅因刘备情义恳切，而首先是基于政治标准，即刘备是以匡扶汉室为己任的。诸葛亮绝非其他择主而事的谋士可比，他有既定的政治理想，他是愿为理想而战的斗士。刘备选择了诸葛亮，终其一生并延及后主，将大权交诸葛亮，君臣互信，空前绝后，史书评其原因是"刘备足信，亮足重故也"。刘备亡故，诸葛亮"摄一国之政，事凡庸之君，专权而不失礼，行君事而国人不疑；行法严而国人悦服，用民尽其力而不怨"。正如本爻《象》曰："大本以载，积中不败。"大而不有其大，存中道于心中，则永不至于失败。

诸葛亮居"富有"而能自谦，且成为中国儒家的典范、谋士的榜样、丞相的楷模，究其原因，是他深明居大有之道。佛光禅师道高府深，更懂居大有之道。一天，他出外参学二十多年的弟子大智来见

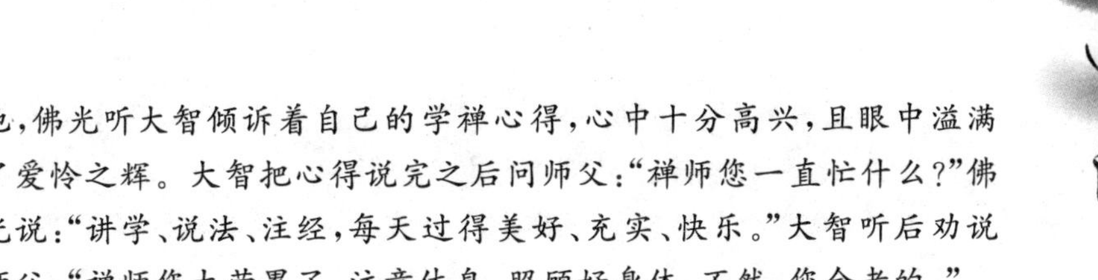

他，佛光听大智倾诉着自己的学禅心得，心中十分高兴，且眼中溢满了爱怜之辉。大智把心得说完之后问师父：“禅师您一直忙什么？”佛光说：“讲学、说法、注经，每天过得美好、充实、快乐。”大智听后劝说师父：“禅师您太劳累了，注意休息，照顾好身体，不然，您会老的。”

佛光立即说：“我哪有时间去老啊。白天开示佛众；晚上批阅学僧的书信，还要挤出时间说佛法、抄佛经。每天总有做不完的事，哪有时间去感觉老呢？”

每到清晨，佛光禅房里就传出了木鱼诵经声。大智被这勤奋之声唤起，耳边又响起了师父的话：“哪有时间去老啊。”

居大有之道，若终生没有感觉到大有，那又会是什么样子呢？

九三：公用亨于天子，小人弗克。

“亨”为享，朝献的意思。九三不仅富有，而且又有较高的地位，刚健而得正，有公卿之相。他这时要向六五作出物质上的贡献、精神上的敬意，才能保持其富有和地位。而如果小人处此位，则可能骄盈傲物，危害社会。全爻辞意为：公侯向天子致敬献贡，小人做不到这一点。

三国故事

授权抗蜀

曹操的孙子魏明帝曹睿，继承了祖父的衣钵，在用人授权上很有一套方法。

张郃原为袁绍手下的战将，官渡之战中为了逃避谗言的迫害，临阵投奔了曹操，被曹操拜为偏将军，封为都亭侯。后因军功卓著，成为魏之名将，为曹操、曹丕所器重。诸葛亮准备大举北伐，消息传到洛阳，魏国震惊。

这时，曹睿经过慎重思虑，决定让张郃挂帅抗蜀。

魏国既要以张郃为帅，就要进一步加大张郃的权力，提高张郃的地位，不然，就难以统军抗蜀，因为他的对手是大名鼎鼎的诸葛亮。因此授予张郃“特进”官衔（“特进”是官名，是专门授予列侯中有特殊地位者，被授者有自辟僚属的大权）。

张郃戴上了“特进”的头衔，威名大震，一呼百应。在街亭首战中，张郃发现先锋马谡错误地在山上安营扎寨，他立即命令魏军首先将蜀军困在山上，然后再战，于是很快取得了首战的胜利。

由于张郃多年与蜀军交战，积累了丰富的经验，特别是在街亭一仗中大败马谡，后来就连诸葛亮闻其名也有些忌惮。

不久，魏国内部的政治形势发生了变化，司马懿执掌了军事大权，张郃降改在司马懿帅旗下为先锋官。张郃虽被无故降职，但他毫无怨言，仍然尽心尽力做好自己分内的事情。

司马懿虽老谋深算，但毕竟缺少与诸葛亮作战的经验。他起用张郃为先锋，又不听张郃的意见，在诸葛亮三出祁山时，轻率地派张郃去追击蜀军，结果使其遭遇伏击，不幸中箭身亡。

点评

史载张郃虽出身行伍，但雅爱儒士，所以张郃有儒将风范。《三国志》说："郃识变数，善处营阵，料战势地形，无不如计，自诸葛亮皆惮之。"一生战功卓著，为三代魏主所倚重。重道守正，不以官职左迁而怨，凡事以国家利益为重，识大体，顾大局，实为一智勇兼备之帅才，非他将可比。假若曹睿一直重用张郃而非司马懿，张郃会是那样的结局吗？

张郃对曹魏先主曹操和魏文帝曹丕都是精神上敬重、利益上贡献的，后来曹睿即位，他依然如故。因此，他与"六五"之主关系融洽，相处得意。但司马懿后来做了张郃的"六五"之主后，事态和结局却走向了另一面。这是一个很值得深思的问题，看来，"九三"小人不行，"六五"小人也不行。

道家有一个故事，把此爻爻意诠释得更有深意。古代梁国有一虞姓富户，家产富足，金钱布帛多得难以计算。一天，虞氏登上高楼，面临大街，摆上酒肴，特置乐队为己赌博尽兴。此时正值几位豪侠结伴从楼下经过，偏巧天上一只老鹰衔着一只腐鼠飞过，一张口把腐鼠掉在了一位豪侠的头上，豪侠抬头一看，赌徒们正在为赌局大笑。这时一位豪侠说："虞氏的好日子到头了，平日里，他们就轻视别人。今天咱们没冒犯他，而他竟然用恶心的死老鼠侮辱咱，此仇不报，在天下是难以树立名声的。"不久这伙豪侠在夜间把虞家消灭得干干净净。

虞家被灭是偶然的吗？富有本身就是矛盾的聚焦。不妨以道家的观念认真地琢磨一下。

九四：匪其彭，无咎。

"匪"与"非"通假。"彭"为盛大的意思。九四在大有卦中已过下卦，

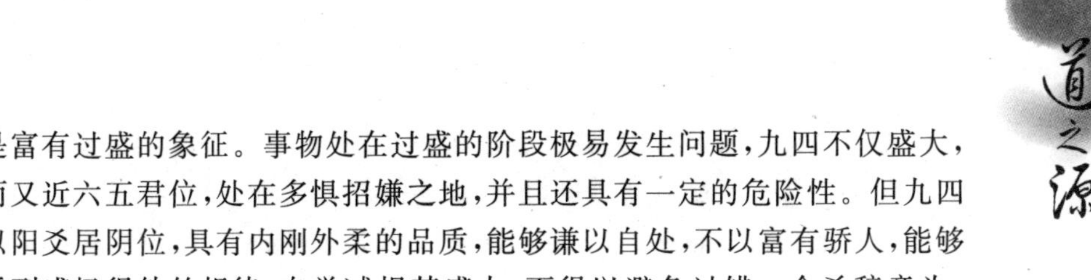

是富有过盛的象征。事物处在过盛的阶段极易发生问题，九四不仅盛大，而又近六五君位，处在多惧招嫌之地，并且还具有一定的危险性。但九四以阳爻居阴位，具有内刚外柔的品质，能够谦以自处，不以富有骄人，能够看到盛极得咎的规律，自觉减损其盛大，而得以避免过错。全爻辞意为：富有而不过盛，没有过错。

三国故事

谦逊大益

魏国大都督曹真与司马懿之间明争暗斗，常有冲突发生，但彼此在面子上又相当尊重。曹真病重期间，吴蜀联军分两路进攻魏国，魏明帝曹睿只得拜司马懿为大都督接替曹真之职，并欲令近臣马上去曹真府上取印。

司马懿立即阻止。他与魏明帝说："蜀吴联盟只是互相利用，绝不是真正结盟，目前我们只须提防一下蜀国就行了。至于取大都督印之事，还是我亲自去吧。"

司马懿到了曹府，不说取印，只说看病。当询问完曹真的病情之后，司马懿又说："蜀军要出祁山了，公知否？"

曹真十分惊讶，说不知道，并又说："情况这么危急，怎不拜仲达为都督去抵御蜀兵呢？"

司马懿忙说："我学识浅薄，不称职，怎么能行呢？"

曹真见司马懿自谦，就把都督之印取出来交给司马懿。

司马懿推辞不受，并说："某愿助一臂之力，只不敢受此印也。"

曹真以国事为重，站起来说："仲达如果不接印，中原就危急了。我当抱病上朝，向陛下推荐你。"

司马懿说："天子已经下诏，但懿却不敢受。"

曹真听后立即转忧为喜，说："我无忧了。"便让司马懿接印。

最后，司马懿见曹真再三让印，出于真心，才谦逊地收下大印，拜别了魏明帝，引兵抗击蜀军了。

点评

魏文帝曹丕死后，朝里的元老重臣只剩下了曹真和司马懿。曹真为宗室贵族，一直掌握兵权，司马懿虽老谋深算，但一直不能接近魏国的权力中心。这次曹真患病，不能率师出征，魏明帝也是出于无奈，才任命司马懿为大都督。司马懿知道，这不过是为曹真代庖，战事结束，兵权必定还要归还曹真。所以司马懿在接印时，多次谦逊，故意推辞，既向曹真表白自己无意揽夺兵权，讨得了曹真的欢心，又

表示了自己的谦恭，掩藏了自己的野心。

司马懿虽然假意自谦，但他毕竟成功了。

史载药山和尚是位高僧，大智若愚，从不炫耀自己，而是寂然独处，深藏不露。一天，他在经行（走路的坐禅）中，天空突然云雾大开，月亮"蹦"了出来，他面对浑茫的大自然，不自觉地朗笑了一声。这一声朗笑不由地传出了二十多里地。第二天人们争相打听昨晚是谁在笑，笑得那么雷动九天。当药山和尚的弟子们得知是自己的师父时，没有不受感动的，他们深深地敬佩药山的真功夫，同时也盛赞师父从来是个不张扬的人。

六五：厥孚交加，威如，吉。

"厥"为其的意思。"孚"指诚信。"如"为语气助词。六五是大有卦的主爻，以柔爻居尊位，得上卦中位，有虚心纳谏、诚信待人的征象。六五居尊而能用柔守中，以诚信的态度与众阳爻交往，因此能够感发诸阳爻以己诚信相待相助。为君之道贵在刚健有为又能以柔相济，若处事太过柔弱，容易导致臣民傲慢和骄横。太过阳刚威严又易致祸悔，所以刚柔并济，威信并行，既以诚信待下，又不失威严，必盛大而吉祥，全爻辞意为：以诚信相交，威严庄重，吉祥。

三国故事

焚　书

官渡之战，曹操虽然赢了，但已是筋疲力尽。在官渡之战中，由于情势危急，袁绍仓猝逃命，因而大本营内的档案文书，包括所有的机密文件都来不及销毁而遗弃给曹军。

曹操缴获了这些文件书信。里面多是曹营中的谋士将军们与袁绍来往的信件，甚至有些是与袁绍私通告密的。

大家都在猜测，马上就要有一场大规模的整肃运动，有不少人要倒大霉，甚至会被诛杀。

这时左右大臣对曹操说："逐一对出姓名，然后收捕斩杀吧。"

曹操面对那些信件，连看也不看，说道："当时袁绍的势力那么强大，连我本身都难以自保，何况他人呢。"说罢，命人把信全部烧掉。

点评

曹操心里很明白，大战刚刚结束，接下来的工作更为艰辛，在此

用人之际，诚心收拢人心、网罗人才是最重要的。

这种很有理性的处事方式，与曹操平日里多疑急躁的性格恰恰是相反的。关键时刻，他彻底地抑制了自己秉性，不仅表现出了大丈夫的气概，而且也表现出了一个政治家的胸怀和气魄，更为重要的是，通过焚信维护了曾经私通袁绍的人的面子，消除了他们的顾忌，让他们感激而彻底归心与自己，这种做法，表现了曹操作为一个首脑人物诚信威严、在富有之时能够刚柔并济、用人不疑的高尚品质。

上九：自天佑之，吉，无不利。

“佑”为帮助、辅助的意思。上九居于大有卦之终，能够以阳从阴，以刚顺柔，谦逊地与下面的六五结成阴阳相比的关系。因它能察知盈满则溢、盛极则衰的客观规律，所以它富而不骄，慎终如始，甚至修养到“无骄”的境界。因此，他可以长保富有，无所不利。全爻辞意为：得到来自上天的保佑，吉祥，无所不利。

三国故事

受 托

刘备白帝城托孤于诸葛亮，这已是千古佳话。与此同时，刘备还托孤于赵云。

当刘备托孤于诸葛亮之后，又对赵云说：“朕与卿于患难之中相从至今，不想此地就要分别了，卿可想与朕故交，早晚看觑吾子，勿负朕言。”赵云哭拜在地说：“臣怎敢不效犬马之劳！”刘备又对众官说：“众位爱卿，朕不能一一吩咐，愿皆自爱。”言毕驾崩。

刘备这番托孤之话，大概是忘不了长坂坡一战中，赵云数次冲进曹营，救出了阿斗以及后来截江夺阿斗的英勇事迹。若从私人感情上讲，赵云的这种智勇行对于刘备而言，也不亚于桃园结义的兄弟情谊。

点评

刘备为何器重赵云呢？这里面应该还有两个主要原因，但是很难明说，只可意会。一是赵云跟随刘备的资格很老，仅次于关、张两位。虽然赵云是老资格，但赵云从无骄傲过半次，也从无一丝狂躁之情。尤其刘备在汉中称王后的拜将封侯，应该说刘备是绝对对不住赵云的，但赵云却从没发过牢骚，泄过私愤。对主公的忠诚真能做到始终如一。二是刘备虽然托孤于诸葛亮，但他对诸葛亮从心理上还

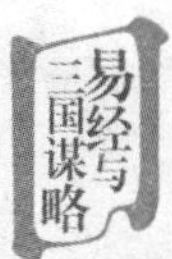

是不够相信的，因为他知道诸葛亮无论从哪方面讲都不比自己弱，尤其东吴成亲一幕大戏，诸葛亮成了导演，甚至成了主公，而刘备倒像是诸葛亮手中的一个棋子。如今，诸方面都不及刘备的阿斗又能怎样呢？所以刘备除了向诸葛亮托孤外，刘备还要托孤于赵云，他的话那么亲切不骄，又那么有人情味，其潜在的台词是：你已两次救过幼主，万一幼主刘禅再有危难，救幼主者还是你赵云！刘备这么做，也是对诸葛亮的一种制衡。这是竭力延长刘家江山的一种潜意识行为。为何刘备会对赵云产生这样的潜意识，这恐怕与赵云谦逊稳重、慎终如始有关吧！在蜀汉阵营中，修养到无骄之境界者，可以说仅赵云一人也。

刘备临终最信任的是赵云，其次才是诸葛亮。刘备托孤于诸葛亮又托孤于赵云，是枭雄刘备一个苦心孤诣的谋略。

另外，还有一个寓言故事说得更有意思。一头骄傲的狮子早上醒来，自我感觉极好，力量和骄傲充满了它的内心，他开始在大森林里炫耀自我。它一看到兔子便大吼起来："谁是森林之王？"兔子战战兢兢地说："当然是您了，老爷！"不久，狮子又见到了一只猴子，依然大声吼问谁为森林之王，猴子也用颤抖的声音答："老爷，是您呀。"后来，狮子又遇到大象，还是狂吼："谁是森林之王？"大象没有回答，狮子感到大象不敬，依然在吼，这时大象用长长的鼻子卷起雄狮，重重地摔向树干，连着十多下，把狮子摔得奄奄一息，然后再用鼻子卷起重重地又摔在了地上，便大摇大摆地扬长而去。狮子见大象远去，还是不肯示弱，说："你不知道答案可以不说，但你也用不着恼羞成怒啊，差点把我摔死。"

谦 ䷎ 下艮上坤

谦卦安排在大有卦后很有意思，只要达到大有的境界，就应谦虚或谦退，有功劳而不自夸，有美德而不自以为是。谦卦由艮、坤两卦组成。从卦象看，艮为山，坤为地，也就是高山屈卑于地下，比喻人有高德但能处于卑下。也正如《象》中所说，谦虚则亨通。天的规律是亏损满的，补益虚的；地的规律是倾陷满的，充实虚的；鬼神的规律是危害满的，加福于虚的；人类的规律是厌恶满的，喜好虚的。从卦德讲，内卦艮体为止，外卦坤体为顺，也就是止乎内而顺乎外，即内含崇高的德行而不自居，外有柔顺之行而能退让。

卦辞释译

谦：亨，君子有终。

《易经》中，以一个阳爻和五个阴爻组成的卦，其立象不同，道理也各有不同。若此阳爻在卦体的最上方和最下方，如剥卦和复卦，乃象征阳气的消长，若阳位居上体和下体的中位，如比卦和师卦，此阳爻便成众阴归附的对象，而如此阳爻居第三或第四位，刚好位于上下体交界处，则阳爻以上体退处于下体为谦卦，从下体奋出到上体为豫卦。谦卦中的六爻虽有失位、无应、乘刚等现象，却都没有凶、咎、吝的出现，就是因为谦德使然。在生活中内心充实者总是谦虚的，反之，越是精神贫乏者，越是容易浮躁。全卦辞意为：谦卦象征谦虚，亨通，君子能够保持谦虚而到终了。

重要提示：论始终坚持谦道是大为有益的。

初六:谦谦君子,用涉大川,吉。

初六以柔爻处于谦卦最下的位置,是谦而又谦之象,所以称其为“谦谦君子”。初六处谦卦之初,如同初入人世,很容易锋芒毕露,不知深浅。要想得道多助,就得心地光明,做一位谦谦君子。全爻辞意为:谦而又谦的君子,用这样的美德涉越大河,吉祥。

三国故事

恭聘二张

孙策以玉玺为质,从袁术处借得三千兵马,挥师江东,欲复祖业。兵到历阳,恰巧遇到前往丹阳省亲的周瑜。孙策向周瑜叙说了自己复兴祖业的意愿,才华横溢的周瑜听后,表示愿竭力相助。

孙策兴奋地说:“我若有公瑾相助,大业必成。”

周瑜却说:“不然。仅凭你我兄弟二人是难成大事的。你欲成大业,首当广揽人才、礼贤下士才是。你听说过江东‘二张’吗?”

孙策说:“何为‘二张’?”周瑜说:“一人乃彭城张昭,字子布;一人乃广陵张纮,字子纲。二人皆有经天纬地之才,因避乱隐居于此。吾兄何不聘之?”

孙策听完,立即令人携礼往聘,可是二张俱辞不至。孙策急见周瑜,询问怎么办?

周瑜说:“贤者,是要择主而事的。现在不是你选用他们,而是他们在‘良禽择木’。你若真心想得到他们,还宜亲自登门去盛请他哥俩。”

于是,孙策立即亲自前往。每见一人都是谦谦恭敬,倾心与他们畅谈国事,分析天下大势,真诚地请他们辅佐。张昭、张纮见孙策智、勇、志皆有过人之处,更有待人以敬之德和谦谦君子之风,是自己所择之主,两兄弟便答应下来。

于是,孙策拜张昭为长史,兼抚军中郎将;拜张纮为参谋正议校尉。

后来,张昭、张纮为东吴作出了卓越的贡献,尤其张昭,在孙策去世之后便成了孙权得力的膀臂,在某些方面甚至成了孙权的主心骨。

点评

凡贤者都有一定的政治主张和远大的抱负,他们不会为了生计而随意投奔到统御者的门下混饭吃。若想聘用他们,让他们的才气得到发挥,聘用者首先须是明主。否则,贤人是不会轻易出山相助

的。再次，明主招贤，要诚心待贤，谦恭敬重他们，不然，即使得到了人才，也未必能得到他们的心，未必能得到他们的妙计良策。

六二：鸣谦，贞吉。

"鸣"为远播的意思。六二以阴爻居阴位，柔顺则能谦退，又处下卦中位，执守中道，没有缺陷，谦虚的德行既蓄积心中，又彰显于行为上，所以谦虚的名声由近而远，传遍千里。尽管如此，六二从不骄傲自满，长久地固守柔顺中正之德，因此吉祥。此爻还强调谦虚的美名，也须从正道而来，只有如此方能吉祥。全爻辞意为：谦虚的名声远扬，坚持正道可获吉祥。

三国故事

诚敬学者

三国当中有一位名叫邴原的大学者，德才兼备，当时人十分敬重他。

一次，曹操在邺城大摆庆功宴。在宴会上，曹操说："我估计大家都能来为我接风，不过，德高望重的邴祭酒可能是不会来的。"

不久，门下通报邴原进谒。

曹操听后，惊喜万分，鞋子来不及穿，提在手中跑出去迎接，一见到邴原便说："贤人，真无法捉摸，我还以为您不来了呢，想不到您枉驾光临，真是满足了我的仰慕之心。"

邴原拜谒完毕，一语未发，掉头便走。

在场的士大夫们立刻追踪而出，以表示敬仰。

曹操感到大为震动，一个毫无权势的学者竟有如此的力量！曹操感到了以德服人的魅力。从此，曹操更加礼敬邴原。

点评

邴原是个了不起的大学者，但他的功绩与曹操相比能在一个水平线上吗?

不能！肯定不在一个水平线上。

但曹操却是真心地敬奉他。开始曹操曾认为邴原不能参加他的庆功会，但他不恼，而且从心理上还认为，不来参加庆功会是应该的。但他一旦见到邴原的出现，便立时忘记了自己的身份，提鞋迎出；当狂傲的邴原一语不吭时，他便更加敬佩；尤其看到上百名的士大夫追踪而出表示敬仰时，他又感到了道德的力量，更加礼敬邴原。

如此地谦恭，如此地诚敬，如此地对待德高望重的人，曹操怎能不名传千里、令贤者归附呢？

西周时的真君子周公曾辅佐文王、武王和成王三代君主，其间他曾被流言中伤，一度恶名昭著，但周公依然专注于辅佐之事，不骄不矜，不躁不狂，谦德至上，后来的历史终于证明周公是忠良之臣。而汉朝的王莽则与此相反，他在篡夺西汉政权之前凡事都是谦恭下士、礼贤良才，曾一度“美名远扬”，人人传颂，成为一位“鸣谦”良臣。可是，他的篡权目的一达到，丑恶的面目就彻底暴露出来了。白居易在一首诗中评论道：

周公恐惧流言日，王莽谦恭未篡时。
向使当初身便死，一生真伪复谁知。

九三：劳谦，君子有终，吉。

九三是本卦的唯一阳爻，一阳处于五阴之中，有出类拔萃之象。同时又以刚居阳，守其正位，是勤劳有功之士。若论功德，应居上位，现在却止于下体，能者多劳，却又甘心谦退，这确是劳谦君子之象。这样长久不渝、始终不一的劳谦之人，会受到人们爱戴和尊敬，当然是吉祥的。全爻辞意为：有功劳而又谦虚，君子能保持至终。吉祥。

三国故事

死而后已

诸葛亮病危期间，先向姜维传授了自己的兵书，又把军机大事作了安排。然后又吩咐杨仪：“我死后绝不能发丧，还要做一个假诸葛亮放在车上，让他人看不出一点破绽。”

诸葛亮病故了。

杨仪和姜维按诸葛亮的吩咐，封锁了丞相病故的消息，把他的遗体装在车上的一个龛里，由将士们护送回都。

此时，司马懿以为诸葛亮已死，出动大军，马不停蹄地追赶蜀军，企图趁此机会消灭蜀军。

可是司马懿追到半途，又犹豫起来，他深知诸葛亮诡计多端，怕再上当。恰在这时，夏侯霸来报，蜀营中空无一人。司马懿率军开向五丈原，果然见蜀营空虚，于是下令立即追杀。

司马懿的部队在追杀中，忽然间，蜀军又掉头杀了回来，而且蜀军大

旗上写着："汉丞相武侯诸葛亮。"军中的四轮车上，端坐着诸葛亮。司马懿一见，可吓坏了，他以为又中计了，便勒马往回逃。顿时魏军大乱，自相践踏，丢盔弃甲，一口气逃出五十多里地。

当两个魏将赶上司马懿报告军情时，司马懿惊慌地问："我的脑袋还在吗？"

当司马懿得到诸葛亮的的确确死了、蜀军也确实退回汉中的消息，又得知车上端坐的诸葛亮是个木头人的时候，他十分感叹地说："我只能料到诸葛亮的生，却不能料到诸葛亮的死呀。"

司马懿重新下令，引兵追赶蜀军，可是已经晚了。为此蜀地流行一句谚语："死诸葛吓走活仲达。"

蜀军安全地撤回营中，将士们才放声大哭，为丞相诸葛亮举哀。

点评

诸葛亮在《前出师表》中曾写下了千古不朽的名句："鞠躬尽瘁，死而后已。"诸葛亮的一生，是完美的一生，难怪中国的政治家、军事家成千上万，唯有他在中国历史上的名声最响，这除了他的政治能力与军事能力之外，更为重要的是，他那"劳谦"而又"自尊"的光辉形象永留人们心间。他在临终之前，没夸赞过自己，也没为自己以后的名誉做点什么，而是安排好政治、军事大事，让蜀军安全地撤离，甚至连魏延的反叛都提防得滴水不漏……由此，诸葛亮真正实践了"鞠躬尽瘁，死而后已"的誓言，怎能不给千秋万代留下"劳谦"的光辉形象呢？

汉代名将李广，尽管一生没能封侯，但死后却名垂千秋。这是因为李广战功卓著，劳谦终生，体恤士卒。司马迁曾写他："乏绝之处见水，士卒不尽饮，李广不近水；士卒不尽食，李广不尝食。""得赏赐辄分麾下，饮食与士卒共之。"难怪他的部下都愿为他出生入死。

六四：无不利，㧑(huī)谦。

"㧑"为挥手拒绝的意思。六四以阴柔之质居阳位，不患其不能谦虚，而患其谦虚过度。所谓谦虚，既不能不谦，但又不能谦之过分，所以要挥退过分的谦虚。全爻辞意为：无所不利，挥手不受谦逊的虚名。

三国故事

假　义

东汉末年，益州牧刘璋探知关中张鲁要攻取西川，连忙派张松求救于曹操。因曹操厌恶张松貌丑如鬼，便乱棒打出。张松便将入川地图送给了刘备。后刘璋派遣法正到荆州迎接刘备进入西川。

刘璋与刘备在涪陵相会，两人畅叙宗亲之义、兄弟之情。军师庞统劝谏刘备说："在酒席上把刘璋杀了吧，这样西川就能唾手可得了。"

刘备否定了庞统的意见，且说，"初入川境，恩信未立，不可鲁莽行事。"又说："刘璋与我同宗，不忍取之。"

第二天，刘璋又宴请刘备，酒正喝得兴高之际，庞统与法正暗中设计了一个魏延舞剑的项目，想借此机会结束刘璋的性命。刘璋部下将领，见状也拔剑起舞。刘备见到魏延等舞剑，非常吃惊，夺下身边侍卫的佩剑，站起来说："我兄弟相逢痛饮，没有猜疑，又不是鸿门宴，何用舞剑？敢不放下剑者，立斩。"

众皆纷然下堂。

后来张鲁进犯葭萌关，刘璋便请刘备出兵抗拒，刘备欣然前往，并在葭萌关专意收买人心。正巧诸葛亮来信说曹操兴兵进犯东吴，庞统又乘机建议向刘璋借兵马，回荆州攻打曹操。于是刘备向刘璋求借精兵三万、军粮十万斛。此时，刘璋因部将的进谏，对刘备已有了戒心。所以，只给了刘备三千老弱残兵、一万斛军粮。

刘备因此大怒，没想到刘璋不领他的仁义之情。刘备撕毁了来书，驱逐了来使，也撕下了自己假仁假义的面孔。然后调兵遣将，向刘璋宣战。

最后刘备攻下了刘璋的城池，逼得刘璋投降，自己则做了益州牧。

点评

难怪史学家评刘备仁义虚伪，从入川一节看是颇有道理的。庞统曾三次劝说刘备直接取川，以扩大自己的势力，落实诸葛亮三分天下、在益州创建基业的大计。刘备却假仁假义，总拉不下虚伪的面纱。还厚着脸皮大吹大擂"兄弟之情"，"宗义之亲"。结果，耽误了大事。

当刘备的确需要用兵用粮之时，刘璋又是如何呢？最后刘璋不能遂刘备心愿了，他便不行仁义了，直取西川，又自任了益州牧。可见，虚伪的自谦和虚伪的仁义都是暂时的。

刘备为仁义虚名耽误了时间，付出了代价，折了军师庞统，设若

再继续虚伪下去，牺牲又会多大？刘备不明“㧑谦”之道，愚也！

与之完全相反的是“大树将军”冯异。他追随刘秀后，忠心耿耿，在追击王朗时，因出师不利，全军饥寒交迫，冯异曾为刘秀端送过豆粥；遇上了大雨，冯异为刘秀抱柴取暖。东汉建立王朝时，刘秀下诏厚赏冯异。可是冯异并不自吹自擂，他在路上遇到诸将总是行车避匿，言行举止庄重恭敬。行军打仗时，每到宿营地，诸将便凑到一起评功摆好，而功劳卓著的冯异绝不参与，而是独自一人坐在大树之下，因此军中人都称他为“大树将军”。后来刘秀调整部队，重新分配军士，大多军人都愿意跟随大树将军。

只要能够达到“㧑谦”的水平，军中的小卒也会看得清清楚楚。

六五：不富以其邻，利用侵伐，无不利。

“以”为使用的意思，还有指挥、调度之意。阳爻为实，象征“富”；阴爻为虚，象征“不富”。与六五相邻的两爻，皆是虚而不富。虚则能谦，上卦三爻都没有不谦虚的弊端，但又怕谦虚太过。过度谦虚和不谦虚都是有违中道的。六五谦虚有余，但威武不足，处于君位的六五要刚柔相济，也就是说既要谦虚，还要威武。如果百姓只信九三大臣，不信六五之君，就当征讨。谦虚宽容并不能解决一切问题，当行谦之道取得民众悦服之时，仍有桀骜不驯者执意为非，就当讨伐。全爻辞意为：不富实，但能左右邻居。宜于出征讨伐，无所不利。

三国故事

查谣斩侍

诸葛亮在四出祁山时，因气死魏都督曹真，阵败司马懿，正当长驱直入、兵指长安时，蜀主刘禅下诏班师回朝。诸葛亮唯恐落得欺主之罪，只得不情愿地返回汉中。

原来，后主听到一些流言：“孔明想废主自立。”生怕诸葛亮背主，便听信了近侍的谗言，下诏让诸葛亮班师回朝。

诸葛亮回朝之后，了解到真实情况，正言对后主说：“老臣受先帝之厚恩，誓死以报。如今奸佞当道、小人作祟，圣上偏信，臣还怎么能安心在前方讨贼？”

刘禅见到诸葛亮，已明了一切，也只好认错：“朕因错听宦官之言，一时糊涂，招回相父，误了军国大计。如今茅塞顿开，但悔恨已晚。”

诸葛亮深思，我与先主论及后汉失败之事，常恨桓、灵二帝，宠侍失政。现如今后主听信宦者之言，危及大业。为了防止历史重演，必须清除奸邪小人，这样不仅可以震慑宦官，同时还可以警戒天子不信流言、谣言。于是召集群臣，公开追究事情的根由。经仔细盘查，原来是运粮官苟安因未完成任务，对受罚不满，暗中投魏，受司马懿指使，故意在朝中散布谣言，通过宦官添油加醋，再传到了天子耳朵，因此铸成大错。

事情真相查明之后，苟安畏罪潜逃。诸葛亮便下令把妄传流言的宦官斩首，把传布流言蜚语的宫中之人全部驱逐出宫。然后，重整旗鼓，再议复出祁山。

点评

诸葛亮北伐实在困难。后主刘禅昏庸不明，朝中又多佞臣；加之刘禅与诸葛亮相隔遥远，小人又寻隙生事，身为丞相的诸葛亮即使大行谦道，但小人和奸佞之徒从中作梗，那也是行谦所解决不了的。所以必须动点硬的，不能手软。否则的话，如要再次北伐，必定会再次出现问题。

苏东坡是中国文坛上少有的大家，但他也有狂妄的时候，且看佛印和尚是如何治他的。苏氏在瓜州任职时，曾与佛印一起谈禅论道。一天，苏氏自感入禅到了极高的境界，于是赋诗一首，令人交于佛印。其诗言：

稽首天中天，毫光照大千。
八风吹不动，端坐紫金莲。

佛印看完之后写上“放屁”两字，然后让书僮又回交苏东坡。苏东坡看到“放屁”两字，气急败坏，立即去找佛印理论。苏东坡出门走了不远就见到了佛印。佛印说：“知道你非来找我不可，我在此等候多时了。”

苏东坡吼道：“和尚，为何侮辱我？”

佛印哈哈大笑：“你不是‘八风吹不动，端坐紫金莲’吗？怎么一句‘放屁’就坐不住了？”

苏东坡立即省悟，惭愧地低下了头，再也不发狂言。

上六：鸣谦，利用行师，征邑国。

“邑国”为自己的领地。上六和六五一样，都不是谦虚所能解决问题的，最后须诉诸武力。上六以阴爻处阴位，是阴柔至极，又居于谦卦最上，

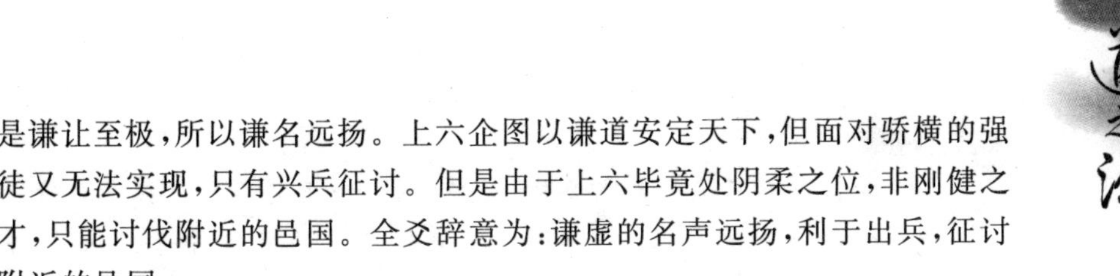

是谦让至极，所以谦名远扬。上六企图以谦道安定天下，但面对骄横的强徒又无法实现，只有兴兵征讨。但是由于上六毕竟处阴柔之位，非刚健之才，只能讨伐附近的邑国。全爻辞意为：谦虚的名声远扬，利于出兵，征讨附近的邑国。

三国故事

义感严颜

庞统在落凤坡被乱箭射死，刘备放声大哭。之后率军进攻西川，由于中途受阻，一时间又难以前进。恰在此时，诸葛亮派张飞率一支人马来增援刘备。

这一天，张飞率军来到巴郡。巴郡的太守是西川有名的大将严颜，他听说张飞到来，立即准备迎战。可严颜部下有个将领说：张飞武艺高强，不可强战。只要坚守不出，等张飞军中无粮，自然退兵。再说，张飞是个火爆将军，只要我们不与他交战，他一定会发怒，只要一发怒，就会鞭打士兵，等军心一变，我们趁机攻打，必胜无疑。

严颜采纳了这个将军的建议。

张飞在城下多次挑战，严颜始终不应战。一连几天，张飞无可奈何。强行硬攻了几次，又伤亡太大。于是，张飞派出使者劝降。

严颜不但不听劝降，还把使者的耳朵鼻子割了下来。

张飞气坏了。他跑到城下，又去挑战，严颜在城楼上又一箭射中了张飞的头盔。张飞返回帐中，只好改变战术，派人找到了可以偷偷过巴郡的山路，明着却下令全军夜里出击。严颜得知之后，立即命令士兵出城在树林中埋伏，以断张飞的军粮。

半夜时分，严颜的伏军单等张飞的人马自投罗网。果然假张飞亲自率军在前，慢慢地带一支人马进入了严颜的伏击圈。严颜一声令下，伏兵四起。正在严颜杀得性起之时，突然，严颜身后又响起了战鼓，而为首的却是真张飞。伏击圈内外的真假张飞一齐杀向严颜，里应外合，严颜的兵马死伤大半，自己也被活捉。

张飞活捉了严颜，立即下令要斩。但严颜视死如归，毫无惧色，并且大骂张飞。

张飞见严颜是个英雄，便亲自为他松绑，取来衣服给严颜披上，扶在正座上，纳头便拜，说：“在下冒犯，幸勿见责，我向来知老将军乃豪杰也！”

严颜终于被张飞感动，情愿投降，作张飞的先头部队，攻取西川。

点评

老将严颜不愧为豪杰英雄，对敌不怕，对死更不怕。但是对情却怕。由于张飞的感化，终于降刘，并在以后的战斗中立下了许多战功。

还有一个古代按察使的故事，以实际行动行谦虚之事，把州郡治理得非常好。浙江按察使周新，曾经在巡查辖下的一个县时，换上赭色短衣，一身便服，提前一天到了县城暗访。他故意触怒县官，被抓进了大牢。牢狱是最黑暗的底层，也是含冤受屈者最为集中的大本营。周新在狱中通过与囚犯们谈话，了解县民的疾苦。第二天，县官做好隆重的准备，要恭敬地去迎接按察使，这时周新换了装束，竟然从狱中走出来。县官一见，非常震惊，又愧又怕，吓得交了官印，离职溜掉。从此，周新所管辖的地方，所有官吏都惧怕他，无不尽心尽力干好自己的差事。此为实际行为上的"鸣谦"，最后取得的结果当然是"征邑国"也。

豫 ䷏ 下坤上震

“豫”为安乐的意思。《序卦传》中指出:“大有而能谦必豫。”所以豫卦排在了谦卦之后。豫卦由坤、震两卦组成。从卦象来看,坤为地居下卦,震为雷处上卦,也就是原来潜藏在地下的阳气,因积聚到了一定程度,出于地面而产生雷鸣,便通畅和豫。从卦德来讲,坤为顺,震为动,上动而下顺,表示在下者愿以柔顺的态度承应在上者的动向,内心也是豫乐的。所以豫卦是讨论“致安乐”与“处安乐”之道的。

九四在卦中是唯一的阳爻,统率其他五个阴爻,是豫卦的主爻。五个柔爻以和九四没有相应和相比关系为吉。因为处豫之际,过度放纵逸乐则有失正道,往往也会乐极生悲。豫卦除了六二得正之外,其余多为不正,故行为尤须谨慎。

卦辞释译

豫:利建侯行师。

“建侯”指君王分封诸侯,以安定天下。“行师”是国家讨伐叛逆,保护人民安全。本卦从卦象看震动于上,坤顺于下。这象征天子在上面封建诸侯,兴兵作战;民众在下面顺从悦服,乐于从征。而卦辞说的就是这个道理,上下和悦顺畅的时候,就是大有作为的时机。因为这时民心可用,士气也旺,只要抓住战机,出兵打仗就会成功。全卦辞意为:豫卦象征快乐,利于封建诸侯,出兵征战。

重要提示:论如何处和悦顺畅的局势。

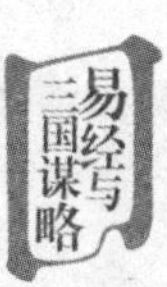

初六：鸣豫，凶。

初六以柔爻居刚位，位不正而又卑下，却与本卦唯一的阳爻相应，犹如小人在下，行为不端，依靠关系而得到上层的强有力支持，因而得意洋洋，忘乎所以，甚至到处自吹自擂。这样，必有凶险。全爻辞意为：因欢乐而自鸣得意，有凶险。

三国故事

乐不思蜀

蜀汉亡国之后，后主刘禅被安置在魏国的都城洛阳。

一天，司马昭召见刘禅并摆下宴席，先观看魏乐舞戏表演，然后再看蜀乐表演，蜀官感伤，独刘禅满面喜色。司马昭问刘禅，你想念蜀国吗？刘禅说："此间乐，不思蜀。"

一会儿，后主起身如厕，郤正跟至厢下说："陛下怎能说不思蜀呢，如再问，可哭着说：'先人坟墓，远在蜀地，心中伤悲，无日不思'。"刘禅重新入席后，司马昭果然又问："想念蜀地吗？"

刘禅如同背书一样地朗诵："先人坟墓，远在蜀地，心中伤悲，无日不思。"

司马昭忙说："我听这话，怎么像你过去的大臣郤正说的。"

刘禅惊奇地望着司马昭，回答："对呀。正是他教我这样说的。"

一句话，司马昭和周围的人都笑了。

司马昭感叹道："人的无情怎么能到了这种地步？即使诸葛亮在世，也不能辅佐他长久啊！"

点评

民间为何有俗语叫"扶不起的阿斗"？这正说明阿斗已不是正常的有骨气的人，更不是正常的有骨气的君主。这样的人已不需要气节、复国雄心，甚至连起码的人格也不要了。他要什么？只要吃喝玩乐，只要安乐就行。

这样的君主岂有不亡国之理？

东晋宰相谢安则与之相反，他不仅能临危不惧，更能喜怒不形于色。当他指挥其弟谢石、其子谢琰和其侄谢玄率军于淝水之战打败了秦军时，谢安正与客人对弈。其时，他忽然听到淝水之战大捷，但脸上毫无喜色，依然下棋，若无其事。客人问外面锣鼓喧天是怎么回事时，谢安只轻描淡写地回道："小孩子们破了秦军。"下棋结束后，谢安才抑制不住心头的喜悦，舞跃入室，不觉屐齿之折。一国之主成为"鸣豫"者，悲哉！一国之相，有功而不恃，依然行慎，贵也。

六二：介于石，不终日，贞吉。

"介"为耿介正直的意思。六二是个有操守者，身处安乐之中，却能坚定如石，贤贞自守。因为沉溺于安乐，必然导致骄奢淫逸，所以他避之唯恐不速，不待终日。正因为他以柔居阴，居中得正，能以中正之道作为根本，所以不为外物所吸引，对安逸享乐不动于心。全爻辞意为：耿介如石，(避开安乐)不待终日，坚守正道，可获吉祥。

三国故事

感　伤

刘备在荆州住了好几年，有一次他与荆州牧刘表同坐闲谈，刘备起身上厕所，看到自己大腿上长了肉，不由地感慨落泪。当他返回坐于刘表面前时，刘表感到刘备模样有些怪，便问："这是何故？满脸愁云，泪水潸潸？"

刘备说："我常年骑马征战，大腿内侧早已不长肉了。今偶然看到大腿内侧反倒长出了肥肉，这是如今不骑马的缘故了。日月如同奔驰的骏马，我眼看就要由中年到老年了，可是在功业建树上什么都没有，你说能让我不悲伤吗？"

点评

刘备是个胸怀大志、有吞天吐地之豪气的君主，他不仅不愿安于享乐，而且更能见微知著。当他发现了自己大腿内侧肉多了一点，就潸然泪下。有如此大志，又有如此的谨戒，何愁将来不成大业？

有抱负、有志向的人是不应玩物丧志、耽于安乐的。

人为什么要耿介如石地避开安乐？因为人生是短暂的。这里有一个佛祖聚众论道的故事，看后一定会令人有所深思的。

佛祖问弟子们："人生有多长？"

第一个弟子说："五十年。"

佛祖说："不对。"

第二个弟子说："四十年。"

佛祖还是说："不对！"

第三个弟子又说："二十年。"

佛祖依然说："不对！"

答案在不断地缩短，突然一个弟子顿开茅塞，疑惑地问："难道只在一个呼吸之间？"

佛祖才点了头。

人要建功立业，要坚守中道，努力奋斗，更应珍惜时间。珍惜时间，就是在积累成功。

六三：盱(xū)豫悔。迟有悔。

"盱"为张目仰视，这里指以媚眼讨好的意思；"有"与"又"为通假。六三居位不当，以阴爻居阳位，不中不正，上承唯一的阳爻九四，象征不正派的小人，内怀阴柔，外有所承，张目向上仰视，不择手段地巴结，讨好有权势者。此时的六三，应当立即更正自己的错误行为，若悔改太晚，就会酿成大错，等到无法挽回时，就会有更大的悔恨。全爻辞意为：献媚讨好以求安乐，必生悔恨；在安乐中留恋迟疑，必然再生悔恨。

三国故事

媚　上

景元四年(263年)，司马昭任命颇有谋略的钟会为镇西将军，率十万大军，进军汉中。接着又任命邓艾为征西将军，想尽办法绊住姜维，让他难以救援蜀军。

姜维得知消息后，立即上奏刘禅，请派张翼守住阳安关，派廖化守住阳平关，再派使者去东吴求救。刘禅见到奏章，便问近身的宦官黄皓，黄皓说："这是姜维想立功名，故上此表，陛下宽心，不必疑虑。我听说城中有一巫婆，她能知凶吉，可否让她来问一下。"

黄皓的话得到了刘禅的许可，他便在后殿上摆设了香花烛纸、享祭礼品，然后命人把巫婆接到宫中，延坐于龙床之上。后主焚香祝毕，巫婆忽然披发赤足乱蹦起来，然后坐于香案之上。黄皓立即说："看，神仙来了，陛下请屏退左右，亲自祷告吧。"

刘禅尽退侍臣，跪于巫婆之前，叩首再拜。巫婆大叫说："我是西川土神下凡，陛下尽享太平，不必担心其他事情，数年之后，魏国疆土尽归陛下。"巫婆说完，倒地半天才苏醒过来。后主大喜，重加赏赐巫婆，又重赏黄皓，不听姜维之言，每日于宫中尽情饮酒作乐。

不久，蜀国便被魏国所灭。

点评

有昏君必然有佞臣。这种昏君与佞臣共生的现象，在历史上也成为一种规律。究其原因，实乃人性的弱点使然。人性的弱点是在享乐之中不喜逆耳忠言，而喜顺耳的奉承话。于是，昏君身边的佞臣应运而生。昏庸之人有了权，做了君主，要的是舒坦安逸，让人性的弱点彻底释放，甚至宁肯生活在梦中，后主刘禅就是这样的君主。而作为佞臣、小人的黄皓，他头脑中根本没有什么兴国安邦的大志，收复失地的宏愿，他要的是君王愿听、君王舒坦、自己舒坦就行。这一对主仆，一个昏君，一个佞臣，一个九四，一个六三；前者丢了江山，做了安乐公；后者虽得意于一时，但因帮着昏君亡了国，随后主到了洛阳，被司马昭以祸国害民罪，令武士押至市曹，凌迟处死，在历史上落了个遗臭千古的可耻下场！此应为佞臣者戒，更为六三之戒。

万万记住，以媚上之法去求安乐是不可取的。

九四：由豫，大有得。勿疑，朋盍(hé)簪(zān)。

“由豫”即由之而豫，也可以说，为人带来安乐。“盍”为聚合。“簪”是束绑头发的一种首饰。九四是豫卦中唯一的阳爻，得到五个阴爻的相应和悦服。他是个象征着能给大家带来安乐的人，也就是说人们靠他而得到安乐，所以尽管九四处上下二体之间，属于多惧之地，但由于众心归向，也不必有忧惧。全爻辞意为：人们靠他得到安乐，大有所获。不必疑惧，朋友们会像头发束在簪子上一样聚合起来。

三国故事

核心的力量

“山不厌高，海不厌深。周公吐哺，天下归心。”曹操的这几句诗确切地表达了他招揽天下人杰的思想。正因为他身边有大量的人才，他才能形成强大的力量。

曹操的政治抱负宏大，用人气度不凡，从他与袁绍起兵作战时的几句对话就可以看出。他说：“我任用天下之智力，争天下归心，就没有达不到的目的。”

曹操的理想是将刘备和孙权一同收服。

应该说，刘备是个反复无常的人，迫不得已时投靠了曹操，谋士们主张杀了他。荀彧力谏：“刘备是个英雄，现今不杀，必成后患。”曹操不答

应。郭嘉说："刘玄德素有英雄之名，因困穷来投，若杀之是害贤也。天下谋士闻而将疑，谁还敢投？今除一人，恐阻四海之望。"曹操认为郭嘉说得有理，出则同舆，坐则同席，总想把刘备纳入自己的营垒。

孙权是东吴的统治者，他比曹操小二十七岁，赤壁大战失败之后，曹操统一中国的愿望成为泡影，他还感叹："生子当如孙仲谋。"曹操后期，让阮瑀为他起草《与孙权书》，完全是站在平等的立场上对话，为"百姓保安全之福"着想，劝孙权与己合作，统一天下。由于曹操的气度胸襟博大广阔，孙权真的作出了称臣的表示。孙权对曹操的用人也佩服得五体投地，他曾说曹操用人古来少有，自己"比之于操，万不及也"。

"任天下之智力，争天下之归心。"曹操不仅如此说，也是如此做的。他起兵时，以家族的几个兄弟和子侄为骨干组织起了一支队伍。而后又从袁绍处收纳了荀彧、郭嘉、许攸、张郃、高览等谋士或战将，使自己的队伍一天天地壮大。

曹操对敌方投降过来的人也极善运用，他不计前嫌，对降者与自己原班人马一视同仁，量才放手而用，得益颇大。就是对那些降而复叛又被捉到的人，也还是千方百计地争取过来。在兖州战役中，因曹操大败，投敌叛曹的人很多，曹操当时估计魏种是不能背叛的，可是魏种也背叛了。当曹操再俘魏种时，有人建议杀了魏种，曹操却说"唯其才也"，还是"释其缚而用之"。如此对待魏种，感召了大批的叛逃者。许多背叛之士纷纷再返曹营，以待再次被用。官渡之战胜利之后，曹操将暗通袁绍者的所有书信焚之一炬，曹操此行为正如爻辞"由豫，大有得"一样，他要人们靠他得到安乐，且大有所获，让他们不必忧惧，从今以后就如同束发一般紧紧团结在一起，真正形成一个大的战斗堡垒。

正因如此，曹操在三国用人才打造了自己集团无可匹敌的核心力量。

点评

曹操何以形成了强大的核心力量，就因他胸襟开阔，招揽八方英才；宰相肚里能撑船，能任天下之智士；真诚待人，用人不疑，敬重英雄，委以重任；还能使手下人各显其能，人尽其才。

搞政治的，要让大家依他而乐，依他而安，这是方法，也是目的。若是出家之人，让他人依己而乐，依己而安，他的目的和意义又是什么呢？答案就是此爻爻意。从前有三兄弟跟一个禅师学佛，后来为了追求更高的悟境，于是兄弟三人行脚云游。这天，三兄弟借宿一家，恰巧这家的男主人刚亡，留下新寡和五个孩子，日子过得极为艰难。老三刚一住下就忙三忙四，如同到了自己的家。两个哥哥很有

些看不惯，但都没说什么。第二天两位哥哥起床，叫三弟继续云游，三弟却说："我不走了，你俩走吧。"两位哥哥一听很生气，立即批评三弟没志气，竟然迷恋上了小寡妇。三弟不与哥哥争辩，坚决要留下来，而且非常固执，两位哥哥无奈，只好任三弟所为，两人继续云游。

老三帮小寡妇抚养孩子干家务三年之后，小寡妇自以为守丧期满，可以与老三结婚了，便向老三提出了要求，可是老三婉言说："你为大哥守丧三年，从今日起，我也为他守丧三年。丧期过后再说吧。"小寡妇一听，更加感到老三是个好和尚，极有佛心，随即同意老三为丈夫守丧三年。又一个三年过去了，小寡妇已成了老寡妇，说："这六年来，我见你是最好的，咱们结婚吧。"老三说："为了你我的幸福，你已为大哥守丧三年，我也守丧三年，可是咱们没有共同守丧三年啊。咱们再守三年如何？"寡妇见老三说得有理，于是又与之共守夫丧。

九年过去了。老寡妇的五个孩子都长大成人，老三完成了助人的心愿，面对老寡妇说："大嫂，我要去找两位哥哥去，其实我的佛心一直未泯，我留下来只不过是帮帮你和孩子，心愿已结，我走了。"于是老三又开始了云游。

六五：贞疾，恒不死。

"贞疾"为常病的意思。六五是个柔弱昏暗之君，以柔质居尊位，又乘于九四阳刚之上，依托于强臣。这样的君主，处在安乐时不问国政，只图享乐，以至于大权落到了九四之手，处境十分不幸。如同一个疾病缠身的人无法治愈。全爻辞意为：长期疾病，却经久不死。

三国故事

傀儡汉献帝

汉献帝被叛军软禁长安，利用一个机会逃了出来，奔向洛阳，但是叛军紧追不舍，这时老臣董承出计说把大家所带的金银财宝全部撒到路上，这是目前最好的方法。皇帝急令大家照办，这时大家把所带的财宝一件一件地往外扔，到最后皇帝连自己的皇冠都扔了出去，皇后也把首饰都扔完了。紧追在后的叛军一个个只顾抢夺从天而降的金银财宝，哪里顾得追赶汉献帝，于是汉献帝捡了一条命。

虽然汉献帝把命捡了回来,但还是免不了做傀儡。最先是董卓乱政,接着被李傕、郭汜挟持,最后又被曹操抢在手里,成了曹操“挟天子以令诸侯”的工具。

点评

做皇帝做到汉献帝这份上,真可谓可悲至极。国家机器是靠强权维持的,皇帝的宝座是靠强权支撑着的。一旦失去了支撑,皇帝的宝座就摇摇欲坠。东汉末年,何止汉献帝一人如此,就连桓帝、灵帝也是如此,不然的话,他们不可能把大汉天下搞得乱七八糟,生灵涂炭,国家患难。汉桓帝、灵帝开始都是以柔弱之质处居君位,凡事都依赖外戚宦官,既无长久治国方略,又不善发掘治国之才,反而相信近侍外戚,贪图享受。这种行为本身就是一种“顽症”。中国的这种“帝制”延伸近两千年,几乎每一个朝代的末年都被这种“顽症”所困扰,致使“改朝换代”成了一种不变的规律。

上六:冥豫成,有渝无咎。

“冥”指昏暗愚昧。“冥豫”即耽肆于豫,昏迷而不知返。“渝”指改变。上六以阴爻居阴位,处于豫卦极顶处,象征耽溺沉浸在欢乐之中,心智昏迷,行为错乱,一时不知反省改过。但上六处震体之极,又有改变之象,表示人一旦知道自己的过错,立刻改变自己的行为,还是没有过错的。全爻辞意为:已经形成昏昧纵乐的局面,及时改正仍可以免祸。

三国故事

孙皓无道

孙皓是东吴的最后一个皇帝。他于永安七年(264年)即皇帝位后便凶暴日甚,沉溺酒色。孙权时后宫女不满百人,到孙皓为帝时达到近两千人。他最宠幸的是佞臣中常侍岑昏。孙皓居住在武昌,扬州的百姓逆流而上供给物资,异常劳苦。再加上孙皓奢侈无度,使得国家和人民都穷困匮乏。大臣濮阳兴、张布极力进谏,孙皓大怒,斩二臣,并灭其三族。左丞相陆凯上疏力谏,陈述奢侈腐化之害,规劝孙皓改之。孙皓不悦,更不听。由于陆凯名望大,得以免死。孙皓还大兴土木,作昭明宫;召术士尚广,占筮问取天下事,尚广回答说:“陛下筮得吉兆,庚子年,青盖当入洛阳。”孙皓大喜,重赏术士。中书丞华覈谏劝说:“现今蜀汉已灭,司马炎必有吞吴之心。陛下宜修德安民,乃为上策。若听术士之言而强动兵甲,如披麻救

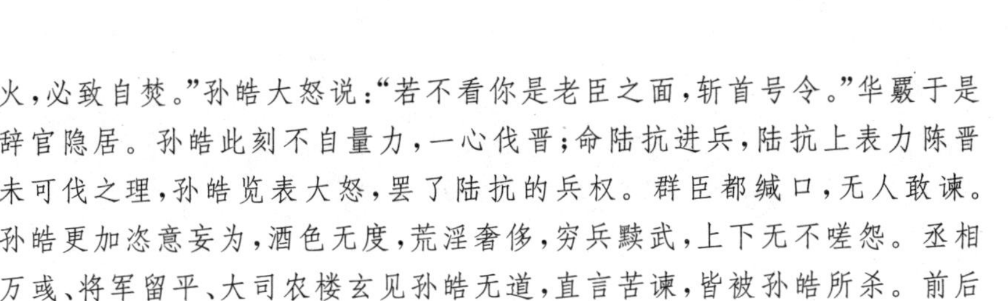

火，必致自焚。”孙皓大怒说：“若不看你是老臣之面，斩首号令。”华覈于是辞官隐居。孙皓此刻不自量力，一心伐晋；命陆抗进兵，陆抗上表力陈晋未可伐之理，孙皓览表大怒，罢了陆抗的兵权。群臣都缄口，无人敢谏。孙皓更加恣意妄为，酒色无度，荒淫奢侈，穷兵黩武，上下无不嗟怨。丞相万彧、将军留平、大司农楼玄见孙皓无道，直言苦谏，皆被孙皓所杀。前后十几年，孙皓杀忠臣四十余人。

孙皓无道日甚一日。到后来，每宴请群臣，皆令沉醉，又置黄门郎十人为纠弹官。每次宴席结束之后，令黄门郎奏大臣所犯过错，有犯过失的或者剥他的脸皮，或者挖他的眼珠，其凶暴残酷，令吴国臣民非常恐惧。

晋武帝司马炎闻知孙皓无道，大喜，认为应乘此机会伐吴。咸宁五年(279 年)冬天，晋武帝起兵二十余万，分六路伐吴。翌年春，吴国灭亡。吴主孙皓反绑双手，载着棺材，向晋军投降。

点评

孙皓是中国历史上有名的暴君之一。其荒淫无道、凶狠残酷、倒行逆使、祸国殃民到了令人发指的地步。但是就是这样一个无道昏君，只要他坐在那个宝座上，人们就得俯首帖耳地任他宰割。孙皓之行既是吴人的悲哀，也是中国帝制的悲哀。

为了使沉迷于豫乐中的孙皓迷而知返，王公大臣冒死苦谏，四十多名大臣为谏孙皓掉了脑袋，其中包括拥立他为皇帝的张布和濮阳兴。可是孙皓依然故我，愈演愈烈，他所宠幸的，只有岑昏。只要有昏君、暴君，就有佞臣小人。昏君、暴君其实骨子里也是小人。

唐宋八大家之一的苏辙，年轻时曾狂放不羁，但后来发现自己所走之路不对时，浪子回头，后来成为中国的文化名人。文天祥少年时也曾为一花花公子，但他一旦走出泥淖的“冥豫”，就成了民族英雄，他的《正气歌》更是其胸中正气的最好写照。

随 ䷐ 下震上兑

“随”为随从的意思。随卦由震、兑两卦组成。从随卦的上下体看，震卦由一阳二阴组成阳卦；兑卦为一阴二阳组成阴卦。震卦屈居于兑卦之下，说明阳刚随从阴柔，象征尊贵的君子委身求教于微卑的小人物，或是学识渊博的大学者不耻下问，也就是说能够舍弃自己原有的强势而随从他人，坚守正道取得成就。

卦辞释译

随：元亨，利贞，无咎。

人的社会性决定了人们需要相互协作，有主有从甚至相互顺从。随从之道在于阳刚能随求阴柔，高贵屈尊于微卑。如此随人，则他人就更愿随从自己，而且双方欢乐，必然亨通。但是随从他人不能盲目，必须坚守正道，不结朋党，不狗苟蝇营，要光明磊落，否则，就会走向反面。全卦辞意为：随卦象征随从，至为亨通，利于坚守正道，没有过错。

重要提示：综论随从之道的基本原则。

初九：官有渝，贞吉。出门交有功。

阳爻初九在阴爻六二之下，初九为主的地位改变了，这也就是爻辞所说的“官有渝”。这意味着初九不以“主”自居，变主为从，主动降尊，乐于随从六二，必然吉祥。初九随从六二，还不是在家内，而是走出门外，所交对象并非亲属，也不是出于私心，而是谦恭下士，那么初九也必然获得成功。全爻辞意为：为主的地位改变了，坚守正道，可获吉祥，出门交往能够成功。

三国故事

重用吕范

当年，孙策任用吕范掌管财务，那时孙权年轻，私下常为自己的事有所开支，想请吕范开个后门。吕范一旦遇到此类问题，必去请示孙策，从不私下答应，把事情办得非常死性。孙权也把吕范看作难说话的人，对其极为不满。

后来，孙权担任阳羡的长官，私下也有了小金库，但孙策对弟弟要求极严，常常查核他的开支。孙权的功曹周谷就每次都帮他做账，蒙混过关。孙权当时也极喜欢周谷，认为办事活络，是个人才，比吕范强。

孙策去世后，孙权成为君主，他果断地舍弃了周谷，继续任用吕范，并说："你替我哥当家时，连我这个有显赫身份的弟弟都沾不到便宜，这说明你坚持按章办事的原则，不会因外来干扰而改变主意，把权交给你这样的人放心。"

吕范的确不负孙权所望，公正无私，坚持原则，使孙权愈来愈加信任他。后来孙权要任命吕范为大司马，可惜，吕范还没有上任就因病去世了。

点评

孙权为什么舍弃他曾经喜欢的周谷？因为他能帮孙权做假账，欺骗主公孙策，他不守正道，如果任用他，将来会怎样？谁敢说他不会欺骗孙权？

为什么重用吕范？就因为他能守正道，正直得像"木疙瘩"，非常可靠，孙权任用他放心，将来不会出毛病，不然，怎会任命吕范为大司马？此爻说明吕范是个既随从主子而又有原则的人，不仅不会出卖主子，而且也不会因主子而出卖了原则。如此之随，是长随之计。同时，此故事也表明了主公孙权不仅能随原则，而且也能随从正臣吕范。

六二：系小子，失丈夫。

六二下处在"小子"与"丈夫"之间。二者当中要选一个作亲近，六二因以阴爻居阴位，优柔寡断，很想脚踏两只船，既不想丢掉小子，又不想失去大丈夫。在艰难的选择中，九五大丈夫相离较远，又有两爻相隔；初九小子，虽阳居阴下，但谦恭有礼，所以六二最后决定：近水楼台先得月，便将芳心献给近邻的小子。全爻辞意为：随从了小子，失去了丈夫。

刘琮上当

刘表既死，其妻蔡夫人和蔡瑁、张允等人假写遗嘱，令次子刘琮为荆州之主。当时，曹操率八十三万大军直扑荆襄，意欲夺占荆州，情势万分危急。刘琮时年十四岁，很聪明，乃聚众官说："我父亲去世，我哥哥现在江夏，还有叔父刘玄德在新野，倘若哥哥与叔父兴兵问罪，如何解释？"众官未答话。幕官李珪说："公子说得很好。现在可急发哀书到江夏，请大公子为荆州之主，命玄德同理政事，这样北可敌曹操，南可拒孙权，这是万全之策啊！"一心想投降曹操的蔡瑁一听李珪此话，立刻火冒三丈，厉声责斥道："你是什么人，敢胡说八道，忤逆主公遗命？"李珪大骂蔡瑁说："你们这些小人，内外勾结，假造遗命，废长立幼，只图私利，眼见荆襄九郡要葬送在你们这些小人手里。"蔡瑁大怒，利用自己是刘琮舅父的身份，妄作威福，喝令左右把李珪推出斩首。李珪至死骂不绝口。于是蔡瑁等立刘琮为荆州之主。也不告诉刘琦与刘备，便葬了刘表。刘琮自与母亲到襄阳驻扎，此刻，曹操大军已是兵临城下，是战是降，何去何从，迫在眉睫！此刻主战的李珪已为蔡瑁所杀，蔡瑁、张允、蒯越、傅巽、王粲一班主降派众口一词劝刘琮投降曹操，说什么"只要将荆襄九郡献与曹操，曹操必厚待主公。如果让刘备去攻打曹操，最后也是必败，到那时主公更无法去见曹操"。年少的刘琮经不住众官一力劝降，最后只好同意降操。遂写好降书，令宋忠悄悄到宛城献上降书。曹操见降书大喜，即封刘琮为荆州之主，刘琮心下稍安。不久，曹军就占了樊城。此刻，刘备得知刘琮降操，大惊，立刻率百姓南逃至襄阳城下。见刘琮将城门紧闭，刘备站在城楼下，仰望城上高呼："刘琮贤侄，可快开门，百姓投你！"蔡瑁、张允拒不开门，并叱令军士乱箭射下。刘备无奈，刘琮不登城楼，不开城门，又乱箭齐下，待曹操大军追来会更麻烦。于是，刘备只能率上万百姓离开襄阳，继续南逃。

曹操率军马进入襄阳，刘琮出门拜迎。曹操将一班荆州降官，尽行赐爵封侯。封蔡瑁为镇南侯，水军大都督；张允为助顺侯，水军副都督；蒯越为江陵太守，樊城侯。其他傅巽、王粲皆为关内侯。刘琮被封为青州刺史。刘琮一听大惊，推辞说："琮不愿为官，愿守父母乡土。"曹操坚决不准，并令刘琮立即起身到青州上任，刘琮只得与母蔡夫人北赴青州。这时，只有故将王威相随，其余荆州官员，送至江边而回。刘琮起身之后，曹操立唤于禁，嘱咐："你可引轻骑追刘琮，将其母子杀掉，以绝后患。"于禁

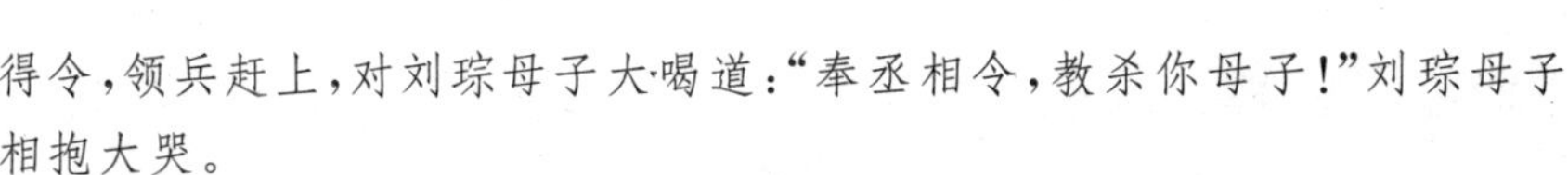

得令，领兵赶上，对刘琮母子大喝道："奉丞相令，教杀你母子！"刘琮母子相抱大哭。

于禁令军士动手杀死刘琮及蔡夫人。王威奋力相斗欲救其主，结果也被军士所杀。

点评

刘琮随小人而失君位，最终上了大当。其实，这也不能全怪刘琮，根子还在其父刘表。刘琮年幼，虽然聪明，未经世故，他所接的班底是其父刘表留下的，刘表暗弱，无识人之明，当其健在之时，任人唯亲，夫人干政，小人当道。能左右他的人是他老婆蔡夫人、大舅子蔡瑁、外甥张允。他认为这些亲戚是最忠于他的，殊不知其实是各怀鬼胎，唯利是图。这些家伙为了自己能封侯升官，不惜以刘表的江山为进见礼。赌徒为了利益能把自己的老婆孩子一起押上；小人为了私利不惜当汉奸。刘表做梦也不会想到，由于他的无能，任人唯亲，失了君子之交，多了小人之害，以致他死后会落个国破家亡、老婆儿子被杀的悲惨下场。可叹者，自古及今，权势者任人唯亲，几成惯例。裙带关系，家族班底，最后结局当如何？害了国家害自己。

在这方面，刘表及其大舅子蔡瑁和小儿子刘琮都不及当年战国时代的晋文公。晋文公在与诸侯会师时，准备出兵去攻打卫国。这时公子锄仰天大笑，晋文公问他笑什么，他说："我笑我的邻居。他送妻子去走亲戚，在路上看见了一位摘桑叶的女人，因为漂亮，就与其谈话，两人正谈得高兴之际，回头一看，自己的妻子正被人勾引，而且与那人调笑得还很狂妄。"晋文公对公子锄说："我明白了你的意思。"他立即停止发兵，带领军队回国。此时，他国部队正率兵进犯晋国的边境。由于晋文公及时省悟，国家免除了一大灾难。

"系小子"，便"失丈夫"。系小利更会失大益，甚至生大害。

六三：系丈夫，失小子。随有求得，利居贞。

六三与上面的九四阴阳相比，以阴随阳，依附于九四这个大丈夫，当然是有求必得。六三以阴柔居阳，能以下求上，很有交于权贵之象。所以即便随求有得，也不应得意忘形，还要安居守正。否则的话，就有觍颜媚上之嫌。全爻辞意为：依从上面的大丈夫，失去了下面的小子。随从于人，有求必得，利于安居守正。

三国故事

张松献图

张松到许都欲献出西川地图，因其貌丑陋而被曹操乱棒打出之后，遂生了投奔刘备之心。

刘备却不似曹操那样，而是早早地让赵云远远地去迎接，然后待以上宾之礼，并虚心求教，以诚敬之。张松见刘备宽仁待贤，随之推心置腹地详陈西川地理，力劝刘备直取西川，以建大业。刘备借机问询蜀中的地形、兵器、仓库、人马的情况以及各个要害部位的位置和距离。张松从怀中取出地图，递与刘备说："感谢皇叔的恩德，松愿献出西川地图。"张松把地图摆开，一一指点给刘备看，且说："看了此图，便知蜀中之道路。"刘备一看地图上的地理行程明了，远近阔狭，山川险要，心中一清二楚。

张松又说："皇叔可速行动，我有心腹二人，名法正和孟达。此二人必能襄助您得西川，请放心议事。"

之后，刘备果真与法正取得联系，打败了刘璋，占了西川，并且自领益州牧。

点评

张松本来就有择主献川之心。开始他想献图于曹操，没想到曹操以貌取人，诲谤张松，还差点要了他的性命。张松投曹不成，便又投刘备，后来得到了刘备的诚敬与赏识。这件事张松还真有失去小子主动依投大丈夫之意。所以，后来刘备成全了张松，张松也成就了刘备。张松为创建蜀汉立下了大功，也推动了三足鼎立的形成。

不论怎么说，张松在这件事上是有背主之嫌的，他的做法若与丰干禅师相比，真可谓天地之差。丰干禅师是位隐者，相传是阿弥陀佛的化身。道晓法师出家多年，在森林里巧遇丰干禅师，他认为机不可失，必须把握机会向丰干禅师请求开示。道晓问："禅师，什么是最完全的佛法？"丰干回答："随时。"道晓又问："修行的人应注意什么？"丰干又答："随时。"道晓有些不理解，皱起眉头又问："那么什么叫涅槃？什么叫解脱？什么是修行的最高境界？"丰干禅师大笑，说："随时，随时，随时啊！"说完便离开了道晓。道晓听完不解其意，心想丰干禅师的真面目是什么？不由得大哭起来，哭完之后，心头一轻，忽然觉悟了：是啊，什么都在随时之中。

张松投曹操可谓不随时，而投刘备则为随时，更为随缘、随心。

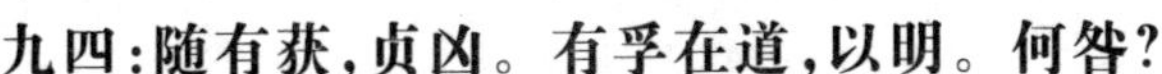

九四：随有获，贞凶。有孚在道，以明。何咎？

九四被六三追随，说明九四有一定的威望，这当然是令人快慰之事，但须小心留意，因为在某种情况下也不一定是好事。九四居九五之下是近君之位，这是很容易引起猜忌的地方。九四有人追随是好事，但不能超过九五之君，以防猜忌。九四又以阳居阴而失正，处理不好就会致凶。为了防凶，必须坚守正道，心怀诚信，光明磊落。只有无愧于人，才能无咎错。全爻辞意为：被人随从而有所获，要守正以防凶。心怀诚信，合乎正道，做事光明磊落，还有什么过错呢？

三国故事

棒驱张松

张松原在刘璋手下做事，因怀才不遇，又见刘璋昏庸暗弱，很难成器，于是张松产生了择主献川的心思。

张松首先想到的是势力强大的曹操，他想把西川的地图献给曹操。于是，张松借出使许都之机，怀揣西川地图奔往曹魏。谁知张松到了许都，一直等了三天才见到曹操。

可是曹操一见张松尖额头，塌鼻梁，牙齿外露，五短身材，就非常不喜欢。再加上曹操对卖主者的讨厌，于是对张松更是厌恶。张松对此，不但不防曹操，还高估了自己的作用，以为自己是怀宝投曹操，定受礼待。于是，他对曹操出言不逊，甚至加以冲撞，就更加导致了曹操对他的蔑视。

主簿杨修却认为张松是个人才，便力劝曹操再见张松。曹操答应再见时，便列兵在场，施以威仪恐吓张松，并以言激之。张松见此阵势，却软硬不吃，曹操大加奚落，张松继续冲撞，并大揭曹操的伤疤，于是导致曹操大怒，便欲诛杀张松。当时幸亏荀彧劝阻，否则张松就没了性命。

最后，曹操命人将张松乱棒打出曹营。

点评

棒驱张松是曹操在用人上所犯的错误之一，因为这等于把西川拱手让给了刘备。一直有识人之明、容人之德的曹孟德为什么会犯这样的错误呢？盖因时势异也！此前的曹操思贤若渴，现在的曹操乱棒赶人；以前的曹操兵少势弱，现在的曹操兵多势强。“一阔脸就变”，曹操亦未能免俗。再者，《三国志》和《三国演义》都说曹操对张松是以貌取人，其实未必尽然。恐怕曹操还有另一种思虑：一个出卖

主子的小人，怀揣地图投靠他主，可以轻信吗？难道对其进行防范还有过错吗？设若一旦收留，将来又会不会再叛曹呢？何况曹操平日最恨的是背主之徒。防背主者，虽有失误，但不会有大的凶险。而张松呢？确是个不够磊落、卖主求荣的小人，他意欲的“获”，当然会给他带来凶险。乱棒被驱，就是张松的下场。

九五：孚于嘉。吉。

九五位居于尊位，能以诚从善，必获吉祥。九五得正又居中，这是它的卓越之处，作为一位领导者，中正诚信是优良的品质。全爻辞意为：真诚地随从于嘉言善行，吉祥。

三国故事

从善如流

孙权承父兄余烈，偏霸东南，成就了帝王大业。这除了尽占地利之外，与他虚心纳谏、从善如流有很大关系。孙策临终给孙权留下遗嘱：“内事不决问张昭，外事不决问周瑜。”孙权牢记兄长的嘱咐，凡事不自专，经常主动听取帐下文武的意见。刚掌江东军政之时，孙权问周瑜：“今承父兄之业，将何以守之？”周瑜说：“自古得人者昌，失人者亡，为今之计，必求高明远见之人，然后江东可定也。”并立即向孙权推荐了鲁肃。孙权见了鲁肃，很尊敬他。此后，又招揽了不少贤才。鲁肃到江东之后，孙权就江东的未来大计向鲁肃求教，鲁肃分析了天下形势和江东的情况，指出：“我料汉室不可复兴，曹操不可猝除，为您打算的话，惟有鼎足江东，以观天下。现在可乘北方多事之际，剿灭江夏黄祖，进伐刘表，据长江天险而守之，然后建号帝王，以图天下。”孙权闻言大喜，起立致谢。鲁肃又荐诸葛瑾给孙权，孙权重用之。诸葛瑾劝孙权别和袁绍来往，且顺从曹操，然后乘便图之。孙权牢记，并立即依言而行。

孙权平时对军政之务虚心纳谏，而每到关键时刻，他更是从善如流。赤壁大战之前，帐下文武百官有主张投降的，有主张迎战的，各有说辞。孙权一时难下决心。后来听了诸葛亮和周瑜对曹军情况的分析判断，孙权断然决定依诸葛亮和周瑜之言，迎击曹操，并拔出所佩宝剑砍掉面前奏案一角说：“诸官将有再说投降曹操的，就叫他像这案子一样！”说罢，便将剑赐周瑜，拜周瑜为大都督，率兵破曹。最后获得了赤壁之战的大胜。

刘备为报关羽之仇起倾国之兵伐吴，其势锐不可当，吴军连连失利，

举国惊慌。当此生死存亡之际,阚泽向孙权进言,保举书生陆逊为将,抗击蜀兵。孙权顶住压力,依阚泽之言拜年轻的陆逊为大都督,并授尚方宝剑,说:“如有不听号令者,先斩后奏。”陆逊果然不负所望,火烧连营,大败蜀兵。

点评

孙权继承父兄之业而为吴主时只有十八岁,还是一个乳臭未干的少年。然而他不仅守住了父兄的事业,还成就了帝王之业。南宋著名爱国词人辛弃疾在《南乡子》词中称赞孙权:“年少万兜鍪,坐断东南战未休。天下英雄谁敌手?曹刘,生子当如孙仲谋。”孙权的事业是很成功的,成功的奥秘就是在于他善于听取、采纳众人的意见,集中使用众人的智慧。在这方面,他明确要求众官必须“尽言真谏,所望诸君;拾遗补缺,孤亦望之。”他说:“天下无粹白之狐,而有粹白之裘,众之所积也。夫能以驳致纯,不惟积乎?故能用众力,则无敌于天下矣。能用众智,则无畏于圣人矣。”听其言,观其行,则知孙权之所以成功矣。

为人君,为领导,能虚心纳谏,从善如流,需要的是胸怀、气度和智慧,形成的是领导集体的公信力和凝聚力,得到的是事业的兴旺和成功。

上六:拘系之乃从。维之,王用亨于西山。

“维”是维系捆绑的意思。“亨”与“享”通假,意为祭享。“西山”指西周的岐山。随从之道发展到极致,出现对立,但对立的因素是相互转换的。在举世从善之际,也必然会有反其道而行之的人,这就不得不去拘系他,强迫其归附自己。上六居随卦之极,物极则必反,所以由随而发展到了不随。九五却将他强行拘系,然后再像祭天一样的予以感化,致使顽石也有点头之意。全爻辞意为:拘禁起来,勉强服从。为了维系感化他,君王在西山祭天。

三国故事

智赚徐庶

刘备自从得到了谋士徐庶相助之后,接连数次打败曹仁的大军。曹操通过调查,得知是徐庶在为刘备出谋划策。

程昱对曹操说:“徐庶之才比我高十倍。”

曹操因此很想得到徐庶。

程昱于是献计："元直是个孝子，只要把他的母亲赚到许昌，然后让她写信给徐庶，到那时徐庶必来。"

曹操连夜派人将徐母搬到许昌，谁知徐母是个忠奸分明的人，至死不给儿子写信，反而大骂曹操为汉贼。曹操大怒欲杀徐母。程昱又劝："杀了徐母，会败坏您的名声，徐庶也会为母报仇，并且更能死心塌地辅佐刘备。不如再设计智赚徐庶。"

后来，程昱设计赚得了徐母的笔迹，便模仿其笔迹，以徐母的名义给徐庶写了一封家书。徐庶见信之后，泪流满面，进退两难。一向仁义的刘备说："你去吧。我不能做违背常理的事情。你留在我的身边，曹操会杀了你母亲的，那样你一辈子都会受到良心的责备。"

徐庶离开了刘备。

曹操终于得到了徐庶。可是，徐母得知徐庶到了曹营，便愤而自缢。当徐庶明白了真相后，他虽在曹营当中，但终生没为曹操出过一个计谋。

点评

曹操是以爱才惜才出名的，而且也能以诚相待各种人才，但他唯独对徐庶采取了卑鄙的手段，尽管得到了人才，但却得不到人才之心和人才之忠。"徐庶进曹营—— 一言不发"和"身在曹营心在汉"已成千古美谈。

不过，曹操虽没得到徐庶的献谋，但也削弱了刘备的力量。曹操的这种做法，很好地应了此爻："拘系之乃从。"不过，曹操没有很好地感化，徐庶最终还是"不随"。

随有情随、意随，也有被迫之随。有则故事云：有两头牛，一老一少，老牛每天辛苦地拉着犁具耕作，默默地贡献，跟随它的小牛就说："老牛啊，你的命真不好啊！"老牛喘着气，高高地突起两块用力的肩胛骨，一步一步地努力着，它不愿去理睬小牛，小牛却撒着欢，摇头晃尾，很是自得。秋天到了，小牛长得膘肥体壮，老牛躺在圈里享受着秋后的农闲，悠然地嚼着草料。秋天丰收了，农民要准备祭神，这时，肥肥的小牛被捆绑起来，经过烧烤，被隆重地摆在神坛的中央。

这时再想，哪种"随"会更有积极意义呢？

蛊 ䷑ 下巽上艮

“蛊”意为败坏已极而生出了弊乱。蛊卦由巽、艮两卦组成。从卦象来看，巽卦由一个阴爻两个阳爻组成，故为阴卦，艮由一个阳爻两个阴爻组成，故为阳卦。阴卦在下为巽顺，阳卦在上为艮止。这象征在下的臣民巽顺听命，而在上的君王却静止不动，不思作为，表示尊卑不相往来，便形成了弊乱颓废的局势。从爻象看，上下两卦阳爻都在阴爻之上，均为只能刚上而不能柔下，致使上下不交。本卦论述的重点是蛊乱发生之后，如何拯救整治。

卦辞释译

蛊(gǔ)：元亨。利涉大川。先甲三日，后甲三日。

“蛊”为毒虫，引申为蛊害、蛊乱和蛊惑。“甲”为天干数之初，象征事情的开始。蛊卦含有元亨大通的道理，因为在蛊乱至极中本身暗含拨乱反正的契机。此时，应该大有作为，大胆变革，整饬蛊乱，所以应当“利涉大川”。“先甲三日”意为在事情开始的前三天内要周密计划，认真调查研究；“后甲三日”是指在事情开始后的三天内要监督执行。治乱是一场艰难的斗争，要想得大亨的局势，就必须以涉越大川的精神去整治腐败与蛊乱。全卦辞意为：蛊卦象征除弊治乱，至为亨通，利于涉越大河。在事情开始的前三天内要调查研究，周密计划，在事情开始后的三天内要监督执行，补救缺失。

重要提示：论除弊治乱的基本原则。

初六：干父之蛊。有子。考无咎。厉终吉。

“干”指整饬蛊事。“考”为父亲过世。蛊乱并非一日累积而形成，往

往经过一代或数代之后才会出现。所以各爻都举父子关系说明治蛊之道。初六以阴爻居阳位,才质柔弱而志气刚强。蛊祸在刚发端之际,还易治理。初六整治先父生前遗留蛊事,所以免受灾难。当然在治蛊过程中,能够谨慎戒惧是吉祥的。全爻辞意为:整饬父辈的弊病,有这样的儿子,父辈可以免除罪过,虽有危险,但最终还是吉祥的。

三国故事

起用新人

孙策刚刚死去,弟弟孙权继位。年方十八的孙权,一下子要掌管六郡八十一州,应该说是困难的。

但孙权不惧困难,他向周瑜请教如何守住父兄留下的基业。周瑜说:“自古得人者昌,失人者亡,为今之计,须求高明远见之人为辅,然后江东可定。”

其实早在孙权之父孙坚时代,东吴就有黄盖、程普、韩当、祖茂等四员大将;在其兄孙策时代,又有了周瑜、张昭的辅佐。但孙权仍嫌不足,竭力为东吴招揽各类人才。周瑜首先向孙权推荐了鲁肃,鲁肃又推荐了诸葛瑾、张纮,后又举荐顾雍。孙权不仅能够招贤纳士,更能知人善任,致使江东人才你我相荐,一时间江东人才济济,民心归附。

孙权任命的第一任都督是周瑜,他敢于把军权全部交给周瑜,使赤壁之战取得了辉煌的胜利。他任命的第二任都督是鲁肃,帮他安邦定国,功勋卓著。他任命的第三任都督吕蒙和第四任都督陆逊,又帮他夺回了蜀汉久占的荆州之地。

在任用人才方面,孙权极善于任用年轻将士,且能委以重任,又寄予充分信任。周瑜在被任命为都督时才二十七岁,鲁肃投奔孙权时年仅二十岁,吕蒙二十多岁就担任中郎将,陆逊被封为都督时还不到三十岁。

东吴正因为有这些年轻人,才焕发了旺盛的生命力,使孙权巩固并扩大了父兄之业,能够长期雄踞江东。

点评

孙权时代是东吴的鼎盛时代。其主要原因是他真正继承了父兄的遗志,发扬优秀的传统,革除陈弊,尤其敢于起用年轻人。在这一点上他的父兄是没有做到的。治理东吴,孙权运用的方法也很简单,那就是积极地笼络人才,大胆地起用新人。因为有了人才,就没有克服不了的困难。

以历史上禹、鲧治水来注释此爻更为恰切。大禹之父鲧在以堵

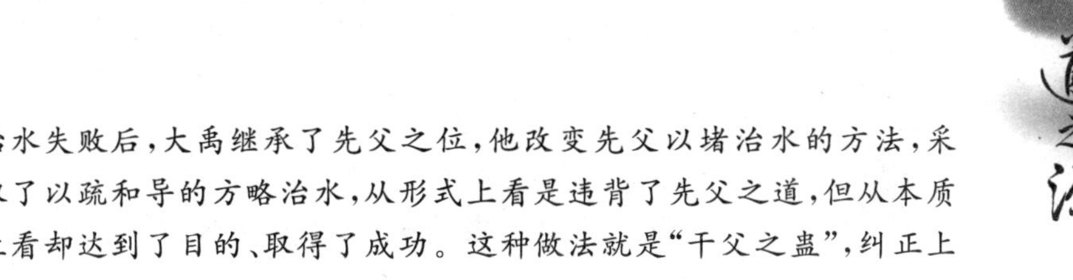

治水失败后，大禹继承了先父之位，他改变先父以堵治水的方法，采取了以疏和导的方略治水，从形式上看是违背了先父之道，但从本质上看却达到了目的、取得了成功。这种做法就是“干父之蛊”，纠正上辈的错误。

九二：干母之蛊，不可贞。

九二阳爻在下，相应的六五阴爻在上，这是母子之象。六五居尊失正，象征在位的前辈领导个性阴癖，难以听从正确意见，九二纠正这样的毛病不可操之过急，不能简单地固守正直，强行扭转，应委曲周旋，只要方法得当，刚柔相济，就有可能除去弊端。九二居下卦中位，刚健而又柔顺，具有坚定的魄力和灵活的策略，是个刚柔并济的难得人才。全爻辞意为：整治母辈的弊病，不可以过于固执守正。

三国故事

治　蜀

诸葛亮在辅佐刘备治理蜀地时，法令非常严峻，益州原有的特权世家以及众多官僚都承受不了，怨言四起。帮助刘备入蜀的大功臣法正，也多次劝说诸葛亮，效法主公的仁义，多行刘邦以宽容施政的方法治理蜀地。

诸葛亮回答：“刘邦以宽容施政是正确的，因为秦国是以严刑峻法招致灭国的。而现在我们行法严峻也是对的，因为刘璋治理蜀地多年，政事荒废，特权横行，法令不彰，如果再宽容下去，蜀地就必定不能稳定大治。”

古人讲：“乱世重宽容，弛世用重典。”现在面对法令废弛、特权横行的蜀地，诸葛亮新官上任，一变而实施厉峻法治，彻底整顿。不久，蜀地特权消除，社会也逐渐清明起来，老百姓的生活也获得了很大的改善。

点评

诸葛亮的治蜀之乱，是在昏暗软弱的刘璋之后实施的，尽管他的严峻得到了同仁的劝说、权贵的忌恨，但他没有妥协。因为诸葛亮深深地懂得治弊应当掌握适当的政策，更应掌握适当的方法。

初六与九二同样是治乱，但出发点大为不同，初六是整治父辈之蛊，需要扩展事业。而九二却是治母辈之乱，不能一味地去扩大，最主要的还是要守住基业，以调整巩固为主要目标。

对九二与六五的关系而言，汉朝刘邦初得天下时，以宽容治理比较恰切，不仅诸葛亮说那是秦朝严苛的政令使然，而且当时刘邦的谋

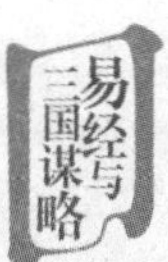

士张良也是这样给刘邦分析的。

九三：干父之蛊，小有悔，无大咎。

九三以阳爻居阳位，在整治父辈之弊病上，未免过于刚猛，操之过急，必有不当之处，也会出现一些小有的悔恨。但九三毕竟得正位，能行正直之道，同时又因在巽体之上，当发现自己治蛊过猛而失当时，就适度地退让，调整其策略，但不会丧失锐气，畏缩不前，不达目的誓不罢休。全爻辞意为：整治父辈的弊病，虽然小有悔恨，但是不会有重大过失。

三国故事

治乱英雄

黄巾起义中，广大农民实际上已经摧毁了汉王朝的统治基础，可是在残破的疆土上又出现了大大小小的地主武装集团。这时依靠法令已不能治乱。

曹操在此时却开始兴兵治乱。他曾组织盟军攻打过残暴专横的董卓；建安三年（198 年）又灭亡了嗜杀成性的吕布；建安四年（199 年）打败穷奢极欲的袁术；建安五年（200 年）又采取灵活机动、声东击西、先让一步、后发制人的策略，在官渡之战中摧垮了地广兵多的军阀袁绍，为彻底消灭袁绍集团残余，采取出敌不意、千里奇袭的策略远征乌桓；采用分化瓦解、各个击破的方略平定了马超、韩遂统治的关西，最后终于统一了北方，让老百姓过上了安居的生活。

点评

毛泽东曾称赞曹操“结束了汉末豪族的混乱局面，恢复了黄河两岸的广大平原，为后来西晋统一铺平了道路”，并说他“统一中国的北方，改革了许多恶政，遭受大破坏的社会开始稳定、恢复、发展”。曹操是个“治乱英雄”。当然，他在治乱之中付出的也太多太多，“厉”与“悔”也是不少的。他曾几次差点丧命，死里逃生；他也曾在以军师治乱中伤害过不少的好人。只要治乱取得功绩，就不可能没有损失和伤害。

曹操虽是治乱的英雄，但他在治乱中也曾出现了许多的恶弊。在治乱中新出现的矛盾究竟该怎么办，这里有一个佛家故事，可能会让人受到启发。隐峰和尚是马祖禅师的徒弟，有一天他推车经过一条小路，忽然看见马祖禅师躺在路上睡觉，隐峰便说：“禅师，请您起

来，若不然就辗了您的腿了。”马祖禅师闭眼回答：“既伸不收。”隐峰听完也道：“既进不退。”然后推车从马祖禅师腿上压了过去。马祖禅师随之大叫一声，满腿鲜血。他起身找来一把利斧，召集众僧，厉声大问：“刚才是谁压了我的腿？”众僧都吓呆了，都想佛门怎么能动斧刃？

隐峰和尚毫无惧色，大步走到马祖面前，把头探到马祖斧下，说：“砍吧！禅师。”马祖禅师嗖的一声举起了斧子，接着扔到了地上。他望着心爱的徒弟，露出了会心的微笑。马祖禅师从心底里是赞同隐峰之志的。

六四：裕父之蛊。往见吝。

九三治弊虽过了些，有悔但无咎。可是六四治弊过宽，便成了大问题。六四为阴柔之爻，处阴位，且居艮体之下，既懦弱又懈怠，这样的人根本就不能治弊，只能敷衍了事，姑息宽容，不负责任，所以必出憾事。全爻辞意为：姑息宽容父辈的弊病，将来必然会出现憾事。

三国故事

阿　斗

后主刘禅是个少有的昏君，懦弱的庸人。在诸葛亮执政时，他虽无业绩，但还能尊父所嘱“事丞相如父”；但丞相死后，他不但不承继先父遗志，反而亲近小人，不理朝政。等蜀汉的重臣蒋琬、费祎等相继去世后，他被宦官黄皓所左右，沉溺于酒色，把国事、军事搞得是一塌糊涂。

深得诸葛亮兵法的姜维是蜀国后期军事上的擎天之柱，赤胆忠心，秉承诸葛亮遗志，九伐中原，重挫曹魏，使之不敢正视西蜀。当姜维正在战场上浴血奋战、困邓艾于祁山之际，却忽然一日接到后主的三道诏书，促其班师。

原来后主听信黄皓的谗言，说姜维屡战无功，要阿附黄皓的阎宇取而代之。姜维班师回朝后便入奏后主：“黄皓奸巧专权，乃灵帝时十常侍也。陛下近则鉴于张让，远则鉴于赵高。早杀此人，朝廷自然清平，中原方可恢复。”

后主笑说：“黄皓乃一近臣，纵使专权，亦无能为。”

姜维因不能除掉黄皓而担心自己被害，乃听郤正之言，领军前往沓中屯田，以充军实，徐图进取。当钟会和邓艾率大军入侵西蜀时，刘禅拒绝

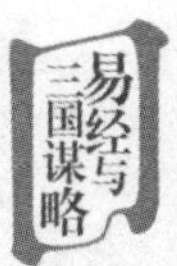

姜维上表请战，反而听信黄皓之言，请巫婆入殿问卜吉凶。

巫婆以“西川土神”附身而胡说：“陛下欣乐太平，数年之后魏国疆土也归陛下，切勿忧虑。”

自此，刘禅更不信姜维，倒更信巫婆，每日饮宴不止，终至葬送了蜀汉。

点评

刘备的晚年本已犯下了战略上的大错误，诸葛亮的六出祁山、北伐中原也说不上高明。当时蜀汉应联盟东吴，厉兵秣马，养精蓄锐，徐图大业，克服先辈的错误。

可是刘禅不但没这么做，反而亲近小人，以吃喝玩乐为事，任由小人为所欲为，国家大事全不放在心上，最终葬送了父辈创建的蜀汉大业。

六五：干父之蛊，用誉。

“用”为因此之意。六五在九二眼中是治蛊的对象，但在本卦中是治蛊的主体。六五整饬父辈之弊取得成功也并非易事。六五以阴居阳而得上体之中，以刚柔相济的中道治弊，恰到好处，因此取得了成效。六五以道德的力量继承并发展了前人的事业，而不是沿袭了前人的弊端，这是最值得称道的地方。全爻辞意为：整治父辈的弊病，因而受到称誉。

三国故事

子解父危

诸葛恪是东吴大臣诸葛瑾的儿子，生性聪明，善于应对，吴王孙权十分喜爱他。

一天，孙权大宴群臣，诸葛恪也随着父亲在座。孙权便让人牵来一头毛驴，他见诸葛瑾的脸长得很长，便在驴脸上写了“诸葛子瑜”四个字。在座的群臣看着驴脸上的字和诸葛瑾的大长脸都放声大笑起来。

诸葛瑾也感到很难堪，非常不好意思。

诸葛恪却从容离席，向孙权要来笔墨，在“诸葛子瑜”下面又添“之驴”二字。

大家一看，便成了“诸葛子瑜之驴”，满座无不钦佩。孙权大喜，当即把驴赐给了诸葛恪。

诸葛恪当年只有七岁。

点评

孙权是在取笑诸葛瑾，但诸葛瑾实在无可奈何，因为这是主公故意取笑，很难有妙方处理解决。这时的诸葛恪仅添了两个字，不仅解了父亲之围，而且还得到嘉奖和赞誉。面对如此的玩笑，处理的方法必须得当，要刚柔相宜。过柔显得无能，过刚又往往把事情弄得糟糕。

六五治理父辈的蛊乱而取得了成绩和荣誉后是否会走向反面？在这里有一个道家的故事，可能让人深省。狐丘的丈人对孙叔敖说："人常常有三件招来怨恨的事，你知道吗？"孙叔敖问何事，狐丘丈人答："爵位高别人嫉妒；官职大的君王厌恶；俸禄厚的怨恨会来。"孙叔敖说："我的爵位越高，我的态度就越谦虚，我的官职越大，心里就越谨慎；我的俸禄越厚，施舍也就越广泛。凭借这些避免三种怨恨不可以吗？"

整治父辈之蛊，本身就要得罪父辈的老人们，当他们的利益受到侵害，岂能不怨恨治蛊者？何况治蛊者又得到了好的荣誉。所以，对治蛊之誉要慎重对待。汉武大帝在西汉期间，替景帝刘启治蛊，恐怕是中国历史上空前绝后的治蛊高手，也可谓伟大的政治治蛊专家。

上九：不事王侯，高尚其事。

第一个"事"为从事之意。第二个"事"指行为。治弊之事到九五已经完成，而到了本卦的至极，谈的是治弊之后的行为原则。当某种事业到了最后阶段，一般人往往只去经营自己的权势和地位，而古代人却认为治蛊的最高境界是：功成身退，保持自己的高尚与贞洁，除弊是为了大家，而绝不是为了自己。全爻辞意为：不谋求王侯的事业，把这种功成身退的行为看得非常高尚。

三国故事

清慎勤堂

嘉平三年(251年)五月，司马氏家族祖庙落成。少帝曹芳亲往拜谒，同时给司马懿子弟十一人一一封了侯爵。

少帝封赏之后起驾回宫，司马懿长跪相送，直至曹芳远远消失才回祖庙。进门见家人杀猪宰羊，张灯结彩，不觉皱起了眉头，他从子弟家人的脸上捕捉到可怕的骄奢之气，心里一沉，厉声喝道："停下，谁让你们这样

干？胡闹！连天子回宫都不跪送！”

司马师辩道：“祖庙落成，圣上都来谒拜，我们庆贺一番有何不可？再说，父亲已去跪送了皇上。”

司马懿觉得这是一个可怕的苗头，应及时敲敲他们的警钟，否则后果将不堪设想。于是他召集了全府的人，语重心长地说：“我们司马家族世代显赫，历来以效命疆场、为国立功作立身之本。我的一生承赖祖荫，沐浴皇恩，驰骋疆场，忍辱负重，都是为了什么？就是为了继承祖宗和家族的信条。天子封赏是皇恩浩荡，司马家族就应报效国家，忠心事主。就连这样还有人怀疑我们心有异志。你们应清楚，为父在外叱咤风云，于内谦虚恭谨。尤其在天子封赏之后不利令智昏、骄奢傲物。现今在祖庙落成之际，我送你们三个字：清、慎、勤。清是为官清廉；慎为忠心耿耿，不骄不奢；勤为兢兢业业，鞠躬尽瘁。”

说罢，令家人拿来笔墨纸砚，洋洋洒洒地写下了四个斗方大字：清慎勤堂，并命人做成匾额，悬挂于庙堂正上。

点评

司马懿在阻击诸葛亮六出祁山时为魏国立下汗马功劳，后又为曹魏惩治了腐败，铲除了邪恶，曾一度有所作为。魏主曹芳封其为丞相，加九锡，并令其子司马师、司马昭执掌国事。司马懿的意愿就是愈是皇上给予洪恩，愈是应该有高尚的行为，所以为子孙们建立了一个“清慎勤堂”。

从中国有文字记载始，恐怕最理解此义之意的当属春秋时代的范蠡，他是一位才华出众的人，辅佐越王勾践二十年，使越国变得强大，最后灭了吴国。越王因他功勋卓著，封他为上将军。范蠡却坚辞不受，悄然离开越国，到齐地经商，更名为陶朱公，不久富甲一方。范蠡在离开越国前，曾给一起共事的文种手书一封，劝他尽早离开越王。信中写道：“飞鸟尽，良弓藏，狡兔死，走狗烹。越王为人长颈鸟喙，可与共患难，不可共安乐，子何不去。”文种不听，最后被勾践逼杀。范蠡却不仅成为名垂千古的政治家和军事家，而且还成为中国商人崇奉的祖神。

临 ䷒ 下兑上坤

“临”为阳刚下临屈就阴柔，尊贵者屈于卑贱者，也可以说是以刚临柔、以尊降卑的意思。临卦由兑、坤两卦组成。从卦象看，兑为泽在下，坤为地在上，即为泽上有地，泽上的岸地与水相接，临近于水，所以称为“临”。从爻象看，初九与九二为刚爻，表示阳刚逐渐上长而强盛，九二以刚居中，与六五又有应，象征君王下临，以尊降卑。

卦辞释译

临：元亨，利贞。至于八月有凶。

在临卦中，阳刚进长，尤其九二得位居刚居中，表示乾阳刚健之道逐渐兴盛，所以说“元亨，利贞”。当阳刚盛长到逼临阴柔，正是阳长阴消的时候。从卦德看，兑为悦，坤为顺，阳刚能以温顺和悦的态度屈尊下临的阴柔，所以大为亨通，固守正道是有利的。“至于八月有凶”一句中，“八”代表阴柔初长的少阴，“八月”表示阳刚至极而始衰的季节，万物开始凋零。此话告诫人们：当阳刚兴盛的时候，应当思虑即将衰退的危机；在天下大治的时候，应当注意潜在的祸端；身居安乐，当有忧患意识，正值兴盛之时须防阴衰临近。全卦辞意为：临卦象征以上临下，极为亨通，利于坚持正道。到了八月将有凶险。

重要提示：指出以德临人的统御原则。

初九：咸临，贞吉。

“咸”与“感”通假，在此为感化的意思。初九在临卦初始阶段，象征刚上任的领导，应该注意以德临人，屈尊降下，用感化的方法去统御民众。当群众被感化时，他们就会喜欢这位初出茅庐的领导，于是一切都是顺利吉祥的。全爻辞意为：以感化的方法统御民众，坚持正道，可获吉祥。

三国故事

孟获归汉

当孟获第七次被俘时，诸葛亮依然令人告知孟获，可以再放他回去，让他招集人马再战。

孟获垂泪说道：“七擒七纵，从古到今没有的事情。我虽是化外之人，但也知道礼仪，不能连羞耻也不懂得。”于是，孟获率同党之人，偕兄弟妻子来到诸葛亮面前，跪于地上，赤背谢罪，并且向诸葛亮说：“丞相的天威感化了南人，南人今后决不再反叛蜀汉。”

诸葛亮问：“孟公，现今你真的是心服吗？”

孟获泣而深谢，诚恳地说：“某深深地感谢丞相给予再生之恩，哪有不服之理。”

诸葛亮于是设宴，招待孟获及同宗之人，并且下令，孟获永久担任南蛮之主，蜀军所夺的全部地盘重新归还孟获。

孟获及同党听了诸葛亮的话，无人不感戴丞相恩德，都高兴地跳跃起来。

点评

诸葛亮南抚平叛，七擒七纵，运用的就是以诚心感化南蛮的方法，这种做法不仅得到了南蛮之地，而且还得到了南蛮之心。这为以后北伐奠定了基础。同时也深深地启发后人：统御民众一定要实行感化的大道。遗憾的是，自古及今，真通此道的统治者不多。尤其是当今世界，动辄武力征服，核弹威吓，单边主义。真不知道这个世界是进步了还是倒退了。无论如何，历史终将证明，武力征服，征而不服；以德感人，终获吉祥。

九二：咸临，吉，无不利。

九二与初九有相似的情况。居下卦之中，形成与六五阴阳感应的关

系。但是，这里面还隐藏着不利的因素，由于九二是以阳爻居阴位，六五则是以阴爻居阳位，两者位皆失正，造成九二与六五之间的关系不够协调。因而产生了被统御的民众还未顺从命令的情况。权、势、术三者是不可分的，不讲究统御之术，最终会失去统御之权与大势。全爻辞意为：以感化的方法统御民众，会得到吉祥，无所不利。

三国故事

力保蒋琬

蒋琬年轻时就以州书佐跟随刘备入蜀。他在任广都县令时，不善做小事，又常喝得酩酊大醉。一次刘备视察广都，看到蒋琬如此状态，大发雷霆，并欲加罪蒋琬。

诸葛亮知道此事后，立即替蒋琬求情，并对刘备说："蒋琬不是治理小地方的人才，他是治理国家的大器啊。他做官办事，都以安定民生为根本，不做表面文章，望主公明察。"刘备向来是听从诸葛亮的，便没有加罪于蒋琬。

后来，蒋琬得知诸葛亮对自己的了解，从内心里非常感激诸葛亮。

刘备做了汉中王，蒋琬当上了尚书郎。后来，诸葛亮设立丞相府，又召蒋琬到府里做东曹掾。建兴五年(227 年)，诸葛亮又让蒋琬和长史张裔主持丞相府政务。到建兴八年(230 年)，诸葛亮又让蒋琬代替张裔做了长史，并兼任抚军将军之职。正因如此，诸葛亮每次外出征伐，蒋琬都能保障军粮军械的满足供应。诸葛亮也常夸："蒋琬是辅助我完成统一大业的人，他的忠心和正直都寄托着报效国家的志向。"后来，诸葛亮临终遗命蒋琬继其职务。

诸葛亮死后，刘禅让蒋琬接替了诸葛亮的职务，任命他为尚书令，并封安阳亭侯。当时，由于蜀国刚失去了丞相，大小官员忧心忡忡，而蒋琬此时却既无忧容，也无喜色，一举一动，依然保持从前的样子，国家的不安和忧忡的气氛立即得到消解。

点评

统御者不能滥用权势，应该讲究领导艺术，在感化中建立起真正的权威。诸葛亮力保蒋琬就是典型的好例子。诸葛亮发现蒋琬是个治国之才，所以，当刘备要处罚他时，诸葛亮便竭力保护他，后来又积极推荐他，重用他，最终让他接替了自己的职务。这一系列行为深深感化了蒋琬，使蒋琬竭尽全力，报效蜀国。

感化，就是以情理服人。作为一个统御者(现在叫领导人)，当大

权在握的时候，他可以权力服人，也可以情理服人。以权力服人，人家往往是口服心不服；在适当的机会，人家还会以自己认为合适的方式告诉你——当你已经没有权力的时候。以情理服人，一般情况下是人家口服心也服，在你没有权力甚至已经作古的时候仍会心存感佩。

战国时期的魏国君主魏文侯，任用乐羊去攻打中山国，由于乐羊的儿子是中山国国君的近臣，因此大臣们纷纷议论，认为乐羊可能会因为儿子不会尽力去攻打中山国。颇具智慧的魏文侯请来乐羊面谈，两人开诚相见，疑窦全消。乐羊攻打中山国后，为了争取城市百姓，曾几个月围而不攻。于是，魏文侯那里天天收到攻击乐羊的信。然而，魏文侯此时不但没有更换乐羊，还不断派员去前线慰问，后来，乐羊终于打败了中山国，率军凯旋。当魏文侯为乐羊庆功的时候，送给乐羊一只大箱子，乐羊当时疑为黄金美玉，可打开一看，全是非议中伤自己的密信。乐羊看后非常激动，感激魏文侯的信任。魏文侯赏赐他封地，给他封官，乐羊都是再三推辞，坚决不受。魏文侯对乐羊的感化，甚至高过诸葛亮力保蒋琬。

六三：甘临，无攸利。既忧之，无咎。

以言辞之甘，骗取民众支持，谓之“甘临”。屡次自失其言，必然丧失威信，招来怨恨，便为没有利。六三以阴居阳，不中不正，上无正应，下乘二阳，故为心术不正。六三又在兑卦之上，为悦之极，便为取悦民众，一味地以甘言欺骗，如果能知危而忧，改弦易辙，还是可以挽回影响的。全爻辞意为：靠花言巧语统御民众，没有什么好处。如果已经知道忧虑而改正，过错就不会长久。

三国故事

孙权嫁祸

建安二十四年（219 年），关羽被东吴擒杀。

老臣张昭星夜赶到了建业，参见孙权说：“主公杀死了关羽，刘备得知此事后，必然倾国出动，奋力报仇，东吴恐一时难以抵敌，大祸将要临头了。”

孙权听后大惊失色，忙问如何是好。

张昭进计说：“今曹操拥有百万之众，虎视华夏，刘备欲为关羽报仇，

必定与曹操约和，共同袭击江东，那时江东必危。现在不如先派人将关羽首级献给曹操，让刘备知道杀关羽是曹操纵容所致。这样刘备就会痛恨曹操，发兵攻曹。而我东吴就会免受战祸，静观其胜负，坐收渔人之利。”

孙权听后，依法而行，派人将关羽的首级献与曹操，并向曹操极尽媚言。

可是曹操也不是傻蛋，他不但没上东吴的当，反而以隆重之礼厚待关公首级，并为关羽做了一个假身，隆重安葬。

刘备得知关羽被东吴杀害，兴兵伐吴，展开一场为兄弟复仇的战争。

点评

张昭不是太聪明，这种嫁祸之计犯了最大的毛病：忘了弱势之国间联盟的大义。孙权当然也是如此。他们二人破坏了联盟之后，又极力去媚言联盟的对手，这种做法实在愚蠢。聪明的曹操却一下子看透了联盟间的矛盾本质，他反而以礼对待死去的关羽。而失去理智的刘备也如同孙权之流一样，为了“气”，为了“义”，把国家利益丢在了脑后，最终导致东吴与蜀汉展开了战争，把坐收渔利的好事让给了曹魏。孙权此谋应用得实在不算高明。首先他忘了联盟间的利益与义务。其次，妄图以空语甜言去结交联盟方的劲敌，以达到转嫁祸由的目的。这种做法初看很聪明，但再看看效果，就可知此法实在拙劣。任何人只要忘记战略目标和根本利益，花招玩得再花，也是南辕北辙。

孙权玩弄此术，目的是想统御外部，利用外部，但没有成功。东汉时期有一位叫许武的人曾五次被举为孝廉，他在指导两个弟弟成名和成功上靠的可不是花言巧语，而是用了真功夫。许武看着许晏、许普两个弟弟长大，便说：“《礼》上说，兄弟们长大后，必须分开住，这是天然的道理。”于是许武把房产、土地和财物分成三份，自己留下了最好的房子和土地，就连婢女也要最能干最漂亮的。当然，把劣等的财物分给了许晏和许普两位弟兄。一时间人们都称许晏和许普为谦让孝悌之人。后来，乡里再举孝廉时，许武的两个弟弟都被举为孝廉。此时许武当着宗亲流着泪说：“我做兄长很不够格，空担着国家的职位，而不能让两位兄弟成名成才，没办法只能把家产分成三份，我独占好的，赚到贪财、不义恶名，把谦让孝悌之名让给两位兄弟。如今他们都被举为孝廉，我把财产归还两位弟弟，自己分文不要。”于是，许武在乡里郡里都得到了极好的称赞。

六四：至临，无咎。

“至”为亲临现场的意思。六四亲临现场指挥，领导作风扎实深入，一定能受到欢迎。六四居上卦之下，贴近下体，亲近民众，再加之自己以阴居阴而得正，这象征领导者既能贴近民众，又能摆正自己的位置，所以无咎。全爻辞意为：亲临现场统御民众，没有过错。

三国故事

六出祁山

诸葛亮一出祁山，由于马谡失街亭而失败，第二年再次北伐，在关中与汉中之间的战略要地陈仓交战，尽管诸葛亮久攻不下，但还是杀死了魏将王双。

又过了一个月，诸葛亮三出祁山，攻占了曹魏的武都、阴平二郡。

四出祁山时，诸葛亮兵分两路，魏延等人率部向箕谷前进，马岱、王平出斜谷往祁山会合。这一次战斗虽然魏延中了埋伏，死伤惨重，但马岱、王平一路人马却打败了魏军大都督曹真。后来曹真因打了败仗而气恼过度，病死于军中。

五出祁山时，又因李严误传情报而撤兵。这时虽然蜀军一度受到了很大的损失，但士气还是很高涨的。

诸葛亮经过了三年精心准备，又于建兴十二年(234 年)二月率兵三十多万六出祁山。这时，诸葛亮听到爱将关兴病亡的消息，身体已很虚弱。此时，司马懿率四十万大军赶到了渭水之滨与蜀军对峙，彼此都很难取胜。于是诸葛亮便设计了木制的运粮工具“木牛流马”，上山下坡都很灵活。当消息传到司马懿那里时，他决定无论如何要抢回几只“木牛流马”，研究仿造。

司马懿用半个多月的时间仿造了两千多只，也去陇西搬运草粮。可是，诸葛亮早有防备，并作了周密地安排，当魏军经过祁山时，蜀军打着魏军的旗号把司马懿的木牛流马全部抢回。

后来，诸葛亮又设计引魏军出战，当司马懿的大队人马长驱直入葫芦谷中，想抢蜀军粮草时，突然间火箭从山上射了下来，地雷在山谷中爆炸，四周一片火海，司马懿军队在震天杀声之中被打得大败。司马懿兵败之后，仓皇逃过渭河，只好在渭北安营扎寨。

诸葛亮未病逝之前，司马懿也只好坚守城中，不与蜀军交战，且说：“我不如诸葛孔明也。”

点评

自东吴与蜀汉之盟破裂之后，蜀军的日子一直过得极为艰难，再加之后主刘禅听信谗言，重用小人，更使蜀汉的日子江河日下。但在这危难之中，诸葛亮亲率重兵六出祁山，不仅消灭了不少的魏军，消耗了魏军的力量，而且还转移了当时国内外的重要矛盾，使蜀汉在三国当中能够比较稳定地占有一席之地。这个矛盾的转移，主要得力于诸葛亮既能统率重兵亲临战场指挥，又能与下层士兵打成一片。

诸葛亮治国，事无大小，皆亲自从公决断；治军更是夙兴夜寐，罚二十军棍以上都亲自过问。可谓“至临”矣！但因操劳过度，积劳成疾，终致早亡。后世之人评其事必躬亲过分了，确实是过分了。但身为丞相的诸葛亮，这种爱民爱兵的踏实作风，不仅将蜀汉这个偏远小国治理得井井有条，而且以相当于全国九分之一的军民，六次亲率数万军兵长驱祁山，慨然有饮马河洛、以图中原之势。除了这种看得见的政绩，还有他所折射出的人格光辉，堪与日月同光。诸葛丞相身故之后，蜀兵退入谷中之时，哀声震地动天，军将皆撞跌而哭，至有哭死者。这就是诸葛亮人格光辉灿烂的明证。与后世那些高高在上，死了之后还要高唱“永垂不朽”之流相比，诸葛亮这才叫永垂不朽。二者差异在于：诸葛亮为相为帅是忠君报国为民，绝不作威作福，对待民众则皆以亲人待之；而有些高高在上者做官为吏，是为家为己，因而必作威作福，于民于众，皆以膏肥自己为目的。

六五：知临，大君之宜，吉。

“知”与“智”通假。“宜”是适宜、应当的意思。真正聪明睿智的“大君”统御之术为“智临”，这才是可以得吉的“大君之宜”。领导者如果事事亲临，难免分身乏术，即便疲于奔命地应付，也不利于调动众人的积极性。领导者需选贤任能，适当授权，以众智为己智，善取下级智慧以临天下。六五以柔居尊而又得正，下与九二阴阳相应，可见能行中道，虚心任用刚健能臣，辅助自己君临天下，全爻辞意为：以智慧统御民众，伟大的君主应该如此，吉祥。

三国故事

任天下之智

曹操与十八路诸侯同伐董卓时，袁绍曾问曹操：“如果讨伐董卓失败，

你看我们可以到哪里去?”曹操反问袁绍:“你说呢?”袁绍说:“南据黄河,北占燕代,兼领戎狄,南向以争天下,那样或许可以成功吧。”曹操听后,内心非常嘲笑袁绍,但他却淡淡地对袁绍说:“吾任天下之智力,以道御,无所不可。”

曹操对袁绍如此说,也是如此做的。

曹操在消灭吕布的战争结束后,得到了许多文臣武将,臧霸等人就是此时收降的。在对这些人的任用方法与态度上,很能体现曹公的王者风范。

臧霸、孙观、吴敦和尹礼原为陶谦的旧将。陶谦死后,他们曾为泰山郡一带的地方割据势力,之后又归附吕布。

吕布被消灭之后,臧霸却隐藏起来。曹操费力找到了他,给予优厚的款待,并让他去招降吴敦、尹礼和孙观等人。招来之后,曹操将这些人全都任为郡守、国相。当时任命臧霸为琅琊相;吴敦做了利城太守;尹礼做了东海太守;孙观做了北海国相。

与此同时,曹操旧将徐翕与毛晖二人曾叛逃到臧霸处。曹操让刘备给臧霸传话,把这两位叛逃者的首级割下交回曹营。可是臧霸不同意,且对刘备说:“我之所以能够自主,就因我从不做不仁不义的事情。我受曹公生全之恩,不敢违令,但建立王霸之业的人,是可以凭义动之的,希望将军替我说一下。”

刘备将臧霸的话传给曹操。曹操大加感叹,立即召见臧霸,且说:“这不是凡夫庸才能做到的事情,而您却做到了。这正是我所希望的啊。”

于是,曹操不追究徐翕和毛晖的罪过,并任命臧霸为郡守,委以重任。

点评

曹操当时若执意让臧霸按自己的意思去办,那恐怕就可能出现另一种结果。这个故事看起来是个“以义动之”的事情,从本质上讲却说明曹操是个敢于用人、善于用人、能任天下之智的大智者。难怪他能成就霸业。

美国的艾森豪威尔总统在以智慧统御众人方面也是一位好总统。他在二战结束之后,曾到哥伦比亚大学担任校长之职。他一到任,学校的各院系纷纷向他汇报学校的情况,院里的工作、系里的教学,才听了几人的汇报几天的时间就过去了,艾森豪威尔想何时才能听完全体人员的意见?于是他问下属:“这么多的下属,我怎么听得过来?又怎么能领导得过来?”后来,各院系主要负责人的意见他一律不听,他授权给常务副校长,一切由他去听去办。由于艾森豪威尔把哥伦比亚大学运营得很好，于是后来他又坐上了美国总统的宝座。

在中国，汉代开国的君主刘邦也有类似做法，他在总结自己时说：“夫运筹帷幄之中，决胜千里之外，吾不如子房；镇国家，抚百姓，给馈饭，不绝粮道，吾不如萧何；连百万之军，战必胜，攻必取，吾不如韩信。此三者，皆人杰也，吾能用之，此吾所以取天下也。”

上六：敦临，吉。无咎。

“敦”为敦厚、厚道的意思。居于极位者获得了绝对权势，非常易于刚愎自用，施暴政于民。所以本爻强调位居最上者必须心存厚道以待民，只有如此才能免除卦辞中所言“八月有凶”。上六以阴柔之质居上，是能够以敦临下的。再说，上六处于本卦上体坤之极，天高地厚，恰好具有君子敦厚之象。全爻辞意为：用厚道统御民众是吉祥的，没有过错。

三国故事

揽 过

曹操与袁绍官渡、仓亭之战刚刚结束，刘备便率数万人马攻打许昌，结果被曹操打得大败，原先想乘虚袭击许都的计划化为泡影。

刘备率数千残兵败将，仓皇逃到汉江江岸，处境已是十分狼狈不堪。这时，他对身边的将士感叹地说：“诸君都是王佐之才，不幸跟随刘备，现今刘备命运不济，累及大家，又无立身之地，生怕耽误了大家，你们还是离我而去，另投明主吧。”

诸将闻听此言，都悲痛落泪。

将心比心，主公既然考虑到众人，众人更应考虑到主公，于是，战争失败的怨气顿然消失，进而化作同仇敌忾的激情和再战必胜的志气 。

点评

能够推功揽过，扬人之长，责己之咎，是刘备敦厚的重要表现，也是他笼络人心、使将士们誓死效命的重要方法和手段。刘备的成功，有一大半的功劳就是因为他的仁义敦厚和宽容爱民。

诚恳地推功揽过，是领导者德厚的表现，这说明领导者有抱负、敢担当，这样往往会产生极强的凝聚力，尤其是当事业处于艰险之中时。“专责己者，兼可成人之善；专责人者，适以长己之恶。”责己与责人，是身为领导者的两种境界，体现了两种胸怀、两种气度，所收到的定然是两种截然不同的效果。遇事责己者，厚德载物，大家胸怀，易

成大业；遇事责人者，德薄刁钻，小肚鸡肠，难成气候。

杨朱和老子有一个故事，把此爻的“敦临”开掘得更有意味。老子要西游秦地，杨朱本想在城郊迎接老子，但出于礼貌，杨朱跑到大梁去迎接。老子一见，仰天长叹：“开始我认为你是个可教之人，现在才知不可教也。”杨朱没有回答，等老子到了下榻之地，杨朱给老子端水漱洗后，把鞋子放在门前，双膝跪在地上，走到老子跟前，问：“刚才先生说我不可教，学生想请教此话的含义。现在您有空闲了，您说一下我错在什么地方了？”老子说：“骄矜傲慢，目空一切，谁愿与你共处呢？最洁白的东西，看上去好像有污垢；道德高深的人，看上去似乎尚有欠缺。”杨朱听后肃然起敬，诚挚地对老子说：“敬听您的教诲。”原先杨朱去沛地的时候，他所下榻的宾舍，男主人拿着毡席忙着为他安排，女主人为他送去梳洗用具，在座的客人离席而起，烤火的客人离火灶而走。可是，等杨朱从沛地再次经过，下榻宾舍时，客人们竟敢和他争抢坐席了。杨朱不仅能把老子的教诲铭记在心，而且落实在行为上，更为重要的是达到了“敦临”的境界。如此下去，岂能有咎？

观 ䷓ 下坤上巽

“观”为观视、观仰的意思，即在上位者观视在下位者，在下者仰观在上者，所以临卦之后为观卦。观卦由坤、巽两卦组成。从卦象看，坤为地在下，巽为风在上，风行于地上，与万物普遍接触，有广泛观示之象。从卦德看，上卦巽代表君王在上发号施令，下卦坤代表臣民在下听令顺从，即君令深入人心，万民顺从。从爻象看，两个阳爻位于四个阴爻之上，表示阳刚君子居于尊位，而众多阴柔小民在下观仰。

观卦强调君王应当向上观仰天道，向下观察民情，以身作则，尽行不言之教。

卦辞释译

观：盥(guàn)而不荐。有孚颙(yóng)若。

“盥”是祭祀之前须先把双手洗净。“荐”是呈奉酒食，供献祭品。“颙”是肃敬的样子。“若”为语气助词。君子的言行举止作为天下的表率，必须十分恭敬庄重，才能使万民观仰，从而产生潜移默化的作用。在上位者观视天下之道，应当如同祭祀宗庙之初先行盥礼一样心怀诚敬。古时候祭祀，须先行盥礼。祭典之初，人心要诚敬庄严。至于呈奉酒食，供献祭品，往往由于礼数繁缛，致使人心逐渐散漫，其诚敬与庄严不如最初进行的盥礼。为此，在观察事物上，君子唯有时时刻刻保持盥礼时的庄敬，才能将心中诚心化为威严的仪态。观察事物时既要观察事物的表面，又要看其本质，达到透过现象看本质的目的。全卦辞意为：观卦象征观仰，在与祭典之初先行盥礼，虽然还没有供奉祭品，但已有忠信肃敬的样子。

重要提示：本卦阐述了观察事物的原则及方法。

初六：童观，小人无咎，君子吝。

“童观”，用现代的话说为小儿见识。初六以阴居阳，其位不正，又处在“观”卦之初，离九五和上九的大观差得很远，还谈不上远见卓识。如果是小人，以卑下的鼠目寸光看待事物，可能没有过错，但对于大人以“童观”的态度看待世事，那就有所遗憾了。全爻辞意为：像儿童一样观察，对于小人没有过错，但君子必然会有遗憾。

三国故事

孙亮之明

吴国孙亮自幼聪颖过人，一天孙亮想吃生梅，吃生梅须蘸蜜，便令人去取蜜。

不一会，黄门就把蜜取来了，但蜜中有几粒鼠屎。孙亮立即召人把管蜂蜜的人招来责备。管蜂蜜的人诚敬地说：“臣把蜂蜜管得很好，怎么会有鼠屎呢？”

孙亮马上若有所思，便问：“黄门曾向你要过蜂蜜吗？”

保管者说：“是，但臣不敢给。”

孙亮立即把黄门叫来，指着他问：“这一定是你放的鼠屎，因索要蜂蜜不成，你就加害于他人，是吧？”

黄门不服。

孙亮却说：“这很容易辨别。如果鼠屎在蜜中很久，这鼠屎肯定内外皆是湿的，如果是你在取蜜的路上加的，一定是内干外湿。”

于是，孙亮命人把鼠屎剖开，果然内干外湿。那个黄门只得服罪。

点评

这个黄门办事太小儿科了，他只想到栽赃，但没想到孙亮是个明白人、公正人，不论是思维的逻辑还是推理都很准确。而黄门如此地“小儿科”，下场必然糟糕，即使逃了初一，肯定也过不了十五。

六二：窥观，利女贞。

“窥”为窥探、观察。六二虽与上面九五相应，但是阴柔暗弱，见识不广，不能达到大观之境界，像个不出户的小女人，只会从门缝里向外看，只能看到一星半点。这对于不出闺房，自守贞洁的女子来说还算可以，但对于出外办大事的男子来说实在不可取。全爻辞意为：暗中窥探一样地观察，只利于女子坚持正道。

三国故事

诛伏敌

东汉末年，虞翻在郡中做功曹。孙策平定江南之后，他成为孙吴集团的谋士，并担任过富春长职务。

虞翻是个谋略过人、名气很大的人，但他因多次犯颜直谏，仕途很不顺利。因此，后来蜀汉召他做侍御史，他拒绝了，曹操也想拜他担任司空辟的职务，他还是婉拒了。

吕蒙在袭击荆州之时，虞翻因得罪了都中的一些权贵，被徙居于丹阳郡。吕蒙为了改变他的处境，便请他到军中做事。在吕蒙白衣渡江后，蜀汉的南郡太守糜芳因与关羽不和，出城投降。当时吕蒙在城外命人奏乐，大会诸将，纵情欢乐。

虞翻悄悄对吕蒙说："现在真投降的只有糜芳一人，城里的其余人都不可信，为什么不派人尽快地占领城池呢？"

吕蒙觉得有道理，马上决定进城，但虞翻阻止："不可，如果城里有埋伏的话，咱们的性命就难保了。"

于是，虞翻命糜芳陪自己进城。进入城中，果然见蜀军设伏，但蜀军见吴军没有进城，也就没有举动。此间，虞翻谎称自己和糜芳是朋友，趁敌不注意一起逃了出来，准备与糜将军一起坚守城池，抵抗吴军。

蜀军中那些原先策划埋伏的人便纷纷上前献策。等虞翻看清之后，立刻翻脸，把蜀军中坚守城池的那些领头的将士全部处死。

于是，城里再无人抵抗吴军了。吕蒙安然地进入南郡。

点评

虞翻不是个"小女人"，眼光敏锐，防患于未然，免除了一场灾难，而且又极顺利地把蜀军要坚守城池的领头将士全部诛斩。

再反过来看，蜀军固守城池的军士们倒是"小女人"的眼光，他们只看到现象而看不清楚事物的本质，糜芳和虞翻的一番谎话，他们就信以为真，这只能说明他们没见过世面，在险恶的斗争环境中头脑简单，目光短浅，最后付出了血的代价。

从前，子思住在卫国时，向卫君推荐苟变，说："他可以做军队统帅，能无敌于天下。"卫君说："他可能胜任大将，但他当小官的时候，曾经在收租时吃过人家两个鸡蛋，这人不能用。"子思说："高明的人选拔人才，就好比木匠选材料，用它可用的部分，不可用的抛弃。如杞树、梓树都有一围之粗，哪个高明的木匠会因为它有几尺腐烂的地

方就不用它了呢？现在列国纷争，国家正是用人之际，怎么能用两个鸡蛋的标准去衡量人才的好坏呢？此事千万不能让他国知道呀。”

卫君听完之后，很感谢子思，说：“我接受你的教导。”卫君当然改变了最初那种以“小女人”眼光看问题的观点。

六三：观我生，进退。

“生”是生活中的行为举措。初六和六二主要讲的是外察，而六三讲的是向内观察，即反省自身。为了不断地改造客观，首先要不断地改造主观。以六三来说，以柔居阳，又处于上下二体之间，很容易搞得进退失据，这就需要在观察自己客观处境的同时，还要认真省察自己，以决定自己用舍行藏，时可进则进，不可进则退。即根据客观态势的发展，灵活机动地调整自己的心态、观点和行为，以达到进退自如的境界。全爻辞意为：观察自我行为，以决定自己的进取或退守。

三国故事

将计就计

曹操占领了荆州后，就启用荆州降将蔡瑁、张允二人操练水军，准备伐吴。

曹军兵士大多是北方人，不习水战。而曹操任用深知水战奥妙的蔡、张两位将军训练水兵，便成了东吴的心腹之患。

东吴大都督周瑜是个足智多谋的人，他很想除掉曹营的这两个降将。但一时间又苦于无法下手。

曹操竭力想霸占东吴，但又觉得周瑜是最大的障碍，意欲灭吴，必先灭周瑜。

周瑜与曹操正在相互算计之时，曹营当中有一位名叫蒋干的人，因过去与周瑜有旧交，便向曹操请缨，去东吴说降周瑜。曹操一听大喜，即令蒋干起程赴东吴。

蒋干到了东吴，周瑜一见面便问：“子翼不辞辛苦远道而来，一定是为曹操做说客吧。”这一句话竟问得蒋干支吾了好长时间，然后说：“老朋友相逢怎么能说这些呢？要不，我请求告辞吧。”

周瑜笑着说：“我不及师旷那样聪明，听到弦歌就知雅意。既然不是为曹操做说客，何必马上告辞呢？”

于是，周瑜召集群臣宴会。席间，蒋干几次想提起劝降的话头，但一见

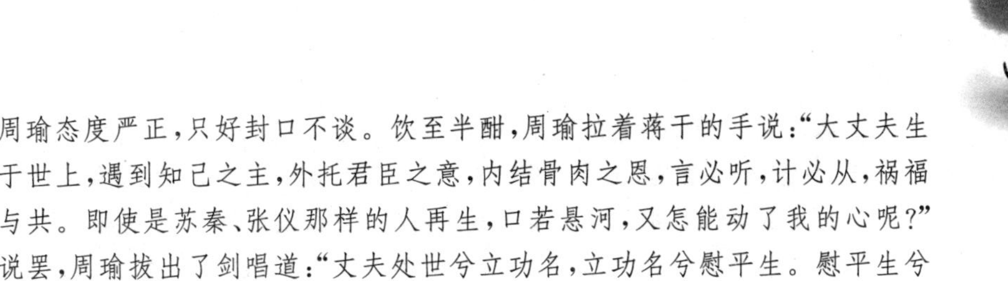

周瑜态度严正，只好封口不谈。饮至半酣，周瑜拉着蒋干的手说："大丈夫生于世上，遇到知己之主，外托君臣之意，内结骨肉之恩，言必听，计必从，祸福与共。即使是苏秦、张仪那样的人再生，口若悬河，又怎能动了我的心呢？"说罢，周瑜拔出了剑唱道："丈夫处世兮立功名，立功名兮慰平生。慰平生兮我将醉，吾将醉兮发狂吟。"唱完之后又痛饮起来，直到酩酊大醉。

晚上，蒋干与周瑜同榻而寝。可是蒋干翻来覆去睡不着。坐起身来，借着灯光看到桌子上有封信，拿起来一看，是蔡瑁和张允给周瑜的信。回头看时，周瑜睡得正香，蒋干连忙把信揣到怀中，悄悄出营，连夜跑回了曹营。

蒋干把信交给了曹操，曹操一见是蔡瑁与张允的投降信，一怒之下斩杀了水军都督蔡瑁与张允。

不多时曹操又醒悟过来，说道："我中周瑜之计了。"

曹操杀了蔡瑁与张允之后，曹军中失去了懂得水战的将领，在赤壁之战中被孙刘联军打得惨败不堪。

点评

周瑜对客观条件的观察应该说是非常准确的。当蒋干一到东吴，周瑜对其人的观察就有了一定的深度。其间，周瑜不断地观察着蒋干，同时也不断地省察自己，不断地调整自己的行为，使自己的认知不断修正，更能趋近事物的本质，更准确无误。在行为上，周瑜酒后故意装醉，设计假信，终使蒋干上当，借曹操之手除掉了东吴深以为患的两个水军都督蔡瑁和张允。

这种思维的产生、行动的实施，其实既是准确地揣测对方的心理和意向，又是不断省察自己、升华自己认知能力的综合过程。只有如此才能在全过程中进退自如，克敌制胜。

周瑜的观察方法和过程是先了解客观，再求之于主观，然后以主观去适应客观，并不断地改造客观，以达到自己的目的。

此爻的核心爻意，就是省察自己，以达到真正知己的目的。我们说"自知之明"或"知己知彼"，都把"知己"放在了重要的位置。

过去有一位画家总想画一圣佛和恶魔，但他自己想不出，于是到生活中去找原型。一天，画家在寺庙中无意发现一个和尚，他的气质深深地吸引了画家，画家立即感到他心中的佛出现了，他向和尚许诺重金，为和尚画像，让和尚做模特。不久，画家的"圣佛"轰动当地，众人都夸圣佛太像、太高、太雅、太圣，许多人都请画家作"圣佛"之像。和尚由此也得到了画家的巨额酬谢。过了一段时间，画家又开始着

手选“恶魔”的模特，不久，在衙役的大牢里他发现了一个“恶魔”。于是，画家开始创作“恶魔”的作品，这时囚犯大喊：“上次画佛的时候你画的是我，这次画恶魔你又画我，今天我才知道，是你把我从佛变成了魔。”画家说：“这怎么可能？上次那个是出家人，气质非凡，很似人间神仙，而你一眼看去就是魔鬼。”囚犯立即悲痛地说：“你画佛我做模特，你画魔还是我做模特。这是因为你给我重金后，我挥霍无度，欲望不可收拾，没钱之后，我去又抢又盗，还杀了人，做尽了坏事。”

画家的头“轰”地一响，他认为诱惑的力量太大了，人性也太脆弱了，欲望也太强了。人为什么不能时时省察自己呢？

六四：观国之光，利用宾于王。

六四的“观国之光”应该说范围更大了，这是有志者从政的观察。六四以柔居阴得正，能够观察到九五之君的治国德政，这本身就是“观国之光”。六四上承九五，有进王朝做官之象。但是究竟去否？这要根据九五之明君的光辉政绩和国家景象去决定。全爻辞意为：观察国家政绩的光辉，利于在王朝从政。

三国故事

互　说

诸葛亮出使东吴劝说孙权与刘备联盟共拒曹操。诸葛亮的哥哥诸葛瑾在东吴为谋士，周瑜立即派诸葛瑾去劝说诸葛亮弃刘备而事东吴。

诸葛瑾见到了弟弟，寒暄之后，便委婉地问：“弟知道伯夷、叔齐的故事吧。”

诸葛亮立即明白了哥哥的来意。立即反问哥哥：“他们都是古代贤者，哥怎么想起了他们？”

诸葛瑾说：“伯夷与叔齐虽然都是饿死的，但临死之前兄弟两人还在一起。而我们兄弟三人现在天各一方，与伯夷、叔齐比起来能不惭愧吗？”

诸葛亮说：“哥说得是情，弟守得是义。当今刘豫州是汉室宗亲，哥哥若离开东吴，与弟共辅刘豫州，上不愧为汉臣，下又骨肉团聚，不是情义两全吗？”

本来，诸葛瑾是想劝说弟弟，现在非但没劝说过来，反被弟劝，一时无言以对。最后，只好回去报告周瑜。周瑜闻知后，说：“诸葛亮真是刘备的忠臣。”

点评

这两位大仁大智的兄弟，应该说都是各自忠于自己主公的良臣。他们也都坚信自己的主公以及国家的盛德光华，站在自己国家的立场上认识问题。否则的话，他们不可能宁肯骨肉相离也各事其主。更令人钦佩的是，他们各自的后代也同样忠诚于自己的主公及国家，并为之不惜牺牲一切。可以说，诸葛瑾与诸葛亮两位贤兄贤弟，都各自找到了施展自己才华的人生舞台，并在这舞台上充分发挥了才华，留下了兄弟各忠其主的千古佳话。

春秋时期，齐国要攻打宋国。宋王派臧孙子向南求救于楚国。楚王很高兴，答应得也很爽快。然而，臧孙子却充满了忧虑，往回走的路上他的车夫问："你求救成功了，怎么还面带忧色?"臧孙子说："宋是小国，齐是大国，为救一个小国而去得罪一个大国，这是人们很不情愿的。然而，楚国这次很高兴地答应了，这不合情理，他们一定只想借此坚定我们的信心，让我们抵抗齐国，削弱齐国，这样对楚国也是有利的。"臧孙子回到了宋国后，不久，齐国就占领了宋国五座城池，而楚国军队连半点影子也没出现。

臧孙子是位"观国之光"的智者，也是"利用宾于王"的履行者。

九五：观我生。君子无咎。

九五是执政之君，坐镇权力的顶峰，面对着尊奉和颂歌，很难看到自己的毛病，这就需要反躬自省。在自省中客观地评估自己更难。那么作为一个居于群阴之上的明君，要实现自我省察，就应以民风的善恶、优劣、民情好恶来审查自己。全爻辞意为：观察自我行为，君子这样做一定没有过错。

三国故事

自　贬

马谡失了街亭之后，诸葛亮为明军法，挥泪斩了马谡。

诸葛亮杀了马谡之后，大哭不止。他心想，刘备临终时曾问过自己对马谡的看法，且说：此人言过其实，不可大用。现今果然应了刘备的话。为此，诸葛亮更恨自己不能遵从刘备之嘱，不能知人善任，给国家造成了极大的损失。

于是，诸葛亮上表后主刘禅，自贬三等，以正军法，也迫己自省。后主准奏，诏贬诸葛亮为右将军，但仍行丞相事，总督蜀国军马。

点评

诸葛亮的这种自责自贬是一种反躬自省行为的延伸。站在国家的角度上看，他维护国法军令，告诫人们丞相有错也应受到惩罚，他人有错理所当然也该有错必纠；站在个人角度上看，是从心灵深处省察自己的谬错，以使自己真正成为一个利国利民的君子。

道家有一个故事，于观卦中的六五之君很有教益。故事说的是尧到华地去视察，华地守封疆的人说："啊，圣人！请接受我的祝福，祝圣人长寿。"尧说："谢绝了！"封人说："祝圣人富有！"尧说："谢绝了！"封人说："祝圣人多男孩。"尧还是说："谢绝了。"封人说："长寿、富有、多男孩，这是人们都向往的，你为什么谢绝呢？"尧说："多男孩会多担心，富有了便会招惹麻烦，长寿便会受困辱。这三者不利于培养德性，所以谢绝。"封人说："开始我还认为你是圣人呢，现在看来你不过是个君子。天生万民必定会授予相应的职事。多男孩而授予职事，这有什么担心的？富有而任人分用，还会有什么麻烦？圣人简居粗食，行迹不显，天下有道，便与众同昌；天下无道，便闲居修德；高寿厌世，便弃世而升仙，腾驾白云，升入虚无之境。三患不来，身无祸殃，有什么困辱的？"封人说完离去。尧追上他，说："再请指教。"

尧之所以能传千古之名，就是因为能"观我生"也。

上九：观其生，君子无咎。

居上位者，不仅要自察，而且更为重要的是被人察。也就是说居位者要把自己置于民众的监视之下，这样就能免去过错。在众目睽睽之下，才能警惧，不至于心存安逸，放纵自己。上九居本卦至极，正是天下人仰观的对象，应该时时想到，自己一举一动皆为臣民所注目，必须格外地自律，为百姓垂范。全爻辞意为：人们都观察他的行为，这样的君子一定没有什么过错。

三国故事

颁布求言令

曹操在一些关系全局的大问题上，很少独断专行，他极愿意让众人参与讨论。

建安三年(198 年)，曹操攻打吕布，吕布败退下邳固守，曹操连攻不能得手，士卒也疲乏不堪，于是曹操决定撤军。这时谋士荀攸和郭嘉极力劝他坚持，曹操听从了两人的建议，最后攻破城池，活捉了吕布。

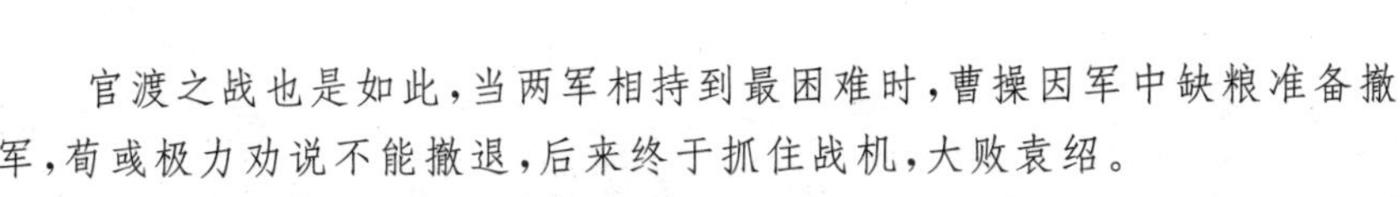

官渡之战也是如此，当两军相持到最困难时，曹操因军中缺粮准备撤军，荀彧极力劝说不能撤退，后来终于抓住战机，大败袁绍。

为了广开言路，让部属敢于说话，曹操在建安十一年(206年)专门颁发了两道求言令。

曹操说自己治理天下，管理百姓，设置辅佐，应当力戒当面顺从、背后不满的情形出现，他还说自己肩负重任，常常担心出现偏差，连年以来没有听到好的建议，这可能是自己的过错所造成的。今后各曹的掾属和各州的刺史，每月的第一天要就存在的问题提出书面建议，加上封套呈递上来。为将之人，不一定总是远见卓识，关键是多听远见卓识，明辨是非。

从此，在朝会时曹操都命人发给主管之吏一张纸和一个封套，让他们及时地批评时政，提出建议，把自己置于民众监督之下。

点评

读《易》到了这里，真为之心动，中国的先贤们早在三千多年前就提出了“民主”的内容，就知道为人之君，要让老百姓观察他的行为，这样的人君才会没有过错。再近些，三国时代的大奸雄曹操还知道颁发求言令，每月的第一天给下属官员一张纸、一个封套，鼓励他们批评建议时政。曹公的做法，的确应称之为“民主”。既有理论，又有实践。可惜后来者没有把它发扬光大。而今，人们总以为“民主”是欧美特产，只要一提“民主”，就要从西方找理论，找根源，而忘记了或不知道自己的祖宗早就给我们创造出来了。

唐太宗李世民为什么能建立一个国强民富的唐王朝？后人说这是因为他敢于接受臣民的批评和意见。元朝的英宗问大臣拜德：“我们这个时代难道就没有像魏征那样敢谏敢评的直臣了吗?”拜德回答：“圆的盘子，将水放进去，水是圆的；方的盘子，将水放进去，水是方的。有什么样的皇帝就会有什么样的大臣，因为唐太宗善于纳言，所以魏征敢于直谏。有了唐太宗的度量，部下才敢说话。否则自己的缺点就会长成毒瘤，腐蚀整个基业。”英宗听完之后，觉得有理，于是开始让群臣监督自己，让自己不断地去改正错误。

噬嗑 ䷔ 下震上离

“噬嗑”就是用牙齿咬东西，然后把东西吃下去，再合上嘴巴。噬嗑卦由震、离两卦组成。从卦象看，上九与初九两个刚爻分居噬嗑卦之上下，六二、六三与六五三个阴爻在两个刚爻中间，外实而内虚，象征两排牙齿中间是口腔。三个柔爻中间又有一个刚爻，即表示口中有东西。口中有物嘴巴就不能合拢，必须把东西咽下去才能闭合。震为雷为威，居内卦，声威震动于内；离居外卦，光照于外，光明显察，有用狱之象。执法判案必须公正合理、明察秋毫，才能树立威信，使百姓知法守法。倘若执法不严不公，贪赃枉法的人逍遥法外，安分守己的人得咎，必致人心怀侥幸，目无法纪。

从六爻的爻位分析，初爻地位卑下，上爻又处卦外之地，两者皆无爵位，所以有受刑之象。中间四爻是在位的君臣官吏，各依其时位决定如何用刑。

卦辞释译

噬(shì)嗑(hé)：亨，利用狱。

事情不顺畅时，必有阻塞之物，如能去除，就可噬嗑，所以行事亨通。而噬嗑之道在于用狱；用狱之道首要的是明威并举，明照则无所隐情，威震则莫敢不服。全卦辞意为：噬嗑卦象征咬合，亨通，利于执法断狱。

重要提示：综论执法断狱。

初九：屦(jù)校灭趾。无咎。

“屦”，鞋，此处作动词用，套上。“校”是木制刑具。初九是第一爻，象征初触刑法，其过尚微，所以不必严惩。初九以阳爻居阳位，刚暴好动，能力又大，所以必须给予适当的惩罚。量刑的结果是，加以较轻的足刑，以警诫后来，防止继续发展，犯更大的罪行。这样看来是惩治，实际上是挽救。全爻辞意为：脚上套上刑具，遮住了脚趾，没有害处。

三国故事

剑印双授

刘备三顾茅庐，以精诚之心请出了军师诸葛亮，自己也真心实意地礼待诸葛亮。可是关羽和张飞两位义弟却不是这样，他们见兄长以师礼待诸葛亮，心中便有些不平，于是私下对刘备说：“孔明如此年轻，他有什么才学值得兄长如此恭敬？”刘备回答他们：“吾得孔明，犹鱼之得水也！你们不必多言。”二人见刘备如此痴情，私下议论说：“孔明自比管仲、乐毅，这也许是他夸海口，诱人请他出山的。”尽管刘备十分敬重诸葛亮，可关羽、张飞却在礼节上常有不恭之举。

一天，有消息报告说：“曹操差遣大将夏侯惇，率十万大军向新野杀来。”张飞得知后对关羽说：“既然哥哥那么看重诸葛亮，就让他去迎敌好了。”二人正在议论，刘备召他们入帐说：“曹兵即刻将到，二位贤弟可做好迎敌准备。”张飞脱口说道：“哥哥为什么不遣‘水’去？”刘备见关、张二人神色有些不对，便生气地说：“吾智赖孔明，勇靠二位贤弟，大敌当前，岂可推诿！”关、张见刘备动怒了，只好唯唯而退。

关、张出帐后，刘备又把诸葛亮请来商议退敌之计。诸葛亮想，退敌之计是随机应变的，若事无巨细都得向刘备言明后再行军令，这样岂不误了战机？于是爽快地对刘备说：“退敌之事，宜因敌制变，主公交给我去办就行了。”刘备一听，心想，我请诸葛亮来是为我当军师的，怎能让他当参谋呢，于是顺水推舟地说：“吾正欲如此，但不知我能做些什么。”诸葛亮想，我来新野后，刘备的两个义弟对我都有不服，若刘备遣他们，他们会言听计从。可我若调遣他们，他们便不会痛快了。于是，对刘备说：“吾遣将调兵迎敌，只恐关、张二将不听吾令。主公既然允亮行兵，宜把你的剑、印借给我用才是。”刘备见诸葛亮主动提出此事，觉得为了战争的胜利也该如此，于是马上把剑、印交付给诸葛亮。

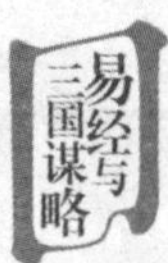

诸葛亮拿到剑、印，立即召集诸将、调拨军马。谁知诸葛亮刚吩咐完毕，却听关羽问："我们都出阵迎敌，不知军师做些什么。"诸葛亮冷笑一声回答说："我只在此坐等大捷。"张飞在侧嘲讽说："我们都去厮杀，你却在城里坐观，好自在呀！"诸葛亮严肃地对他们说："吾有剑印在此，违令不遵者斩！"

刘备见此情形，急劝关羽、张飞说："你们难道不知有'运筹帷幄之中，决胜千里之外'的说法吗？二位贤弟不可违令！"张飞见刘备如此解释，冷笑一声而去。关羽不服气地说："我先看他的计灵不灵，若不应验再回来算账！"

在诸葛亮的精心设计和统一调遣下，仅用了数千兵马，采取"以火佐攻"之计，烧败了夏侯惇的十万大军。诸葛亮的卓越指挥及超人的计谋，使关、张不得不拜服在地。

点评

刘备的用人实在高明，看似宽厚，但他内心却并非如此，他知道碍于情面，是很难把两位不求同年同月同日生，但求同年同月同日死的弟兄怎么样，可是他把剑、印授给诸葛亮，情况就发生了变化。剑、印是最高权力的象征。军令如山，违令者斩，谁都不能例外。这种警示，是精神的"微惩"，足以使关、张清醒。剑印握在诸葛亮手中，关、张两兄弟也似于双脚套上了刑具，不得不当心。

刘备妙用制衡，既授了权，转移了矛盾，树立了军师的威信，又调动了积极性，满足了多方的心理需求，使军令显得威重，真可谓一箭多雕。

六二：噬肤灭鼻。无咎。

"肤"为松软的嫩肉。六二以阴爻处阴位，居下体之中，象征柔顺中正的执法者。这样的人审讯治狱。要防止优柔寡断，要像咬松软的嫩肉一样，一下子深深地咬进去，甚至连鼻子也陷进去。作为执法人员，必须扬长避短，在做到耐心细致的同时，抓住时机果断坚决地办好案子。既要执法森严，又要宽猛相济，进而达到改造、挽救有罪之人的目的。此卦中初九、上九指罪犯，六二、六三、九四和六五是执法者。全爻辞意为：咬松软的嫩肉，连鼻子也淹没进去，没有过错。

三国故事

陆逊御将

蜀主刘备为报义弟之仇，倾国之兵伐吴，吴军连连败北，情势危急。当此生死存亡之际，吴主孙权拜陆逊为大都督，总制全国军马以抵蜀兵。怕众将不服，吴主孙权取所佩之剑赐予陆逊说："如有不听号令者，先斩后奏。"陆逊受命，即日出师。调兵遣将，水陆并进。

可是，任命陆逊为都督的公文传到前线，诸将无不大惊，都说："主上怎么能让一介书生当大都督？开玩笑吗？"陆逊到了猇亭前线，众将都不服。陆逊升帐集诸将商议军情，众人勉强参见。陆逊对此全当没看见，说："主上拜我为都督，率军破蜀，军有军法，各位应当遵守。违令者军法无情，不要后悔。"众将都沉默不语，暗地交换眼色。老将周泰当场欲试陆逊有无妙计，便说："孙匡将军困在夷陵城中，请大都督早施良策，救出孙匡。"陆逊答说："孙匡将军深得军心，必能坚守，不必救之。破蜀之后，他自然就出来了。"众将一听，尽皆暗笑，越发瞧不起他。第二天，陆逊传下号令，教诸将只紧守各处关隘，不许轻敌，不许出战。众将都认为陆逊怯懦无能，不肯坚守。陆逊对此清清楚楚。第三天，陆逊升帐唤诸将说："我三令五申，令你们各坚守关隘，为何不听？"老将韩当说："我自跟随孙将军以来，出生入死，身经百战，从来没贪生怕死退缩过，怎么现在只教我们守，不教我们战，难道等老天去杀退蜀兵吗？"帐下众将，都应和韩当的话而齐声说："韩将军说得对，我们情愿决一死战！"陆逊一看，火候到了。他铁青着脸，霍然而起，掣剑在手，厉声而言："我虽一介书生，今蒙主上托以重任，是因为我有可取的地方，能忍辱负重的缘故。现在我再次严令你们各守隘口，牢把险要，不许妄动。违我军令者，皆斩！"众将心虽不服，但一看都督要来真格的，也只得依令而行，各守隘口。

不久，陆逊寻到了战机，火烧连营七百里，大破蜀军。诸将莫不心服口服。

点评

陆逊受命于败军之际，拜将于危亡之秋，以文弱之躯，率吴国健儿，敌蜀虎狼之师。众将因见其文弱的外表，只认其为怯懦，不知书生心内韬略，故而对其不服。陆逊却能指挥若定，声色俱厉，情理并茂，令诸将肃然，军令得行，从而取得了胜利。假如当时再有一人或数人仍不服而不遵军令，恐怕陆逊之剑定将沥血。不如此，则难御众矣！俗语云"善不将兵，义不存财"，乃至理也。

六三：噬腊肉遇毒，小吝。无咎。

"腊肉"为晾干的肉。咬嚼风干的腊肉比较困难，还可能中毒，这是因为六三居位不当又不中，以柔弱之质居于刚强的执法之位，犯人会欺软怕硬，因此而顽抗，所以六三执法中难免会遇到麻烦。不过六三毕竟有刚强的上司支持，这块硬肉终究会被咬下来，中点小毒也只是小有不适，无伤大体，尽管放胆执法好了。全爻辞意为：咬干硬的腊肉中了小毒，会小有不适，没有过失。

三国故事

火烧盘蛇谷

孟获被六擒六纵后回到了南蛮，由于没了立身之地，便去投兀突骨。兀突骨手下的将士全穿藤甲，号称"藤甲军"。这种藤生于山石之间，又硬又韧，割下之后以油浸泡半年，捞出晒干之后，再浸油泡，复晒再浸，反复数次后制成铠甲，穿在身上刀枪不入，渡水不沉。诸葛亮想凡油泡之器必惧火烧，故诸葛亮决定在盘蛇谷火烧藤甲军。

通往盘蛇谷仅有一条路，谷的两边皆为石壁，毫无树草，若将谷的两头堵上，如同关门捉贼。之后，兀突骨的部将与蜀军对峙桃花渡，马岱先领兵把十辆黑油柜车埋伏在山谷之中，后再以竹竿虚空引入火线埋入土中。然后，再令魏延到桃渡诈败诱敌进入盘蛇谷。半个多月的时间，魏延诈败十五次，兀突骨的部队认为魏延的兵将可欺，于是乘胜追击，终于进了盘蛇谷。当兀突骨见到谷中还有十几辆黑车，还以为是粮车，正在喜不自禁之时，山谷之中火炮齐鸣，干柴着火，油车爆炸，盘蛇谷中立时火焰一片，浓烟滚滚。兀突骨的部将欲从谷口突围，两口又被蜀军把得水泄不通。

兀突骨的三万藤甲军皆死于盘蛇谷中。

点评

兀突骨的部将就是蜀军的"腊肉"。魏延的反复诈败，如同蜀军中了小毒，当然也是小有过失。但当兀突骨的部将进入盘蛇谷时，他们就在劫难逃了。蜀军必然大获全胜，这也是七擒孟获的最后一仗，经七擒七纵，终于征服了孟获和南蛮。《三十六计》的第二十八计《上屋抽梯》原文后句为："遇毒，位不当也。"此文系《噬嗑》卦六三爻的《象》辞。噬嗑即为咬合。六三爻因系动爻，变为离卦，所以此卦应以

六三爻为主爻，同时暗含大难临头之象。六三如果不贪享口福，却食不该食的毒害之物，及早醒悟，是没有咎害的。

唐朝初年，有人向唐高祖告发岐州刺史李靖谋反，唐高祖对此事很重视，专门派一御史前去调查。御史也不相信李靖会谋反，于是想出了一个办法去辨别真假。他邀请告发者一起去岐州，途中，御史忽然说检举信丢了，而且装出了十分焦急和生气的样子，以鞭毒打随从的典史。接着御史又请求告发者再重新写一封告发信。当信写完之后，御史立即将两封信放到一起比较，通过比较，发现两封信相差甚大，有的甚至相互矛盾。于是御史认为告发者为诬告，立即将告发者抓起来押回京城，向唐高祖如实禀报。唐高祖派人对告发者进行了审讯，结果就是诬告，一怒之下将告发者斩杀了。

此例中御史比诸葛亮还高明，他能够想办法，连有毒之物也不食，最后也就不会出现损失。

九四：噬干胏(zǐ)，得金矢。利艰贞，吉。

“胏”为带骨头的肉，“金矢”是铜箭的头。带骨头的干肉比腊肉更难啃。这意味着案子更加难办，并且又啃出了一只铜箭头，这就暗示了办案人员要像金子那样刚硬，还要像箭一样正直。由于九四以阳居阴，失位不中，在主观客观上都有困难，不过九四的优点又很明显，秉性阳刚，正直不阿，有此品格，就会吉祥。全爻辞意为：咬带骨头的干肉，得到了铜箭头。利于在艰难中守正。吉祥。

三国故事

满宠执法

满宠是个很有才气的人，十八岁便做了郡中督邮。后来投到曹操的门下，任许昌县令。当汉献帝被迎到了许昌，满宠的地位就更显得重要了。

太尉杨彪与袁术通婚，曹操十分痛恨。于是，便捏造了一个杨彪要废立皇帝的罪名，把他收捕下狱。朝里的一些同仁都感到杨彪冤枉，但又没法去救他，便纷纷向办案的满宠求情：“只要取了杨彪的口供就可以了，不要拷打他。”

可是满宠却不为其言所动，仍对杨彪严刑拷打。那些为杨彪求情的人都十分痛恨满宠。过了几天，满宠对曹操说：“杨彪经过严讯拷打，并没交代什么，这个人海内知名，如果没有一个明白的罪名就杀了，恐怕有失

民望，还请明公放了他吧。”

曹操闻言，无可奈何，只好答应释放杨彪。

最后人们才明白，满宠没有按求情人的做法办，而是既公正执法又合理合法地救了杨彪。

点评

满宠的这个执法太难了。听信于求情者，虽然公正，却要得罪曹操；完全按曹操的办，又将失去公正和民心。这时的满宠办理此案，不仅是一边有“小毒”，而且是两边都有“小毒”，只有顺利地解决了两边的“小毒”和麻烦，才能解决根本问题。满宠不愧是个大智者，他是在公正的前提下解决了两边的麻烦，也了结了此案。此种做法真可谓刚直执法，又在艰难中守正。

六五：噬干肉，得黄金。贞厉。无咎。

“黄金”实为黄铜。六五虽然高居尊位，但是他性格柔弱，以阴居阳，以柔乘刚，在审理报送国君面前的大案要案时，显得魄力不足，正像咬嚼干肉一样困难。六五咬干肉时，无意中咬出一粒黄铜。这似乎是神灵的启示，使得处于治狱困境中的六五有所领悟。即以“刚”来克服阴爻性格的“柔弱”，以“中”来纠正以阴居阳的“不正”。只有如此，才能使原本可能有咎的六五转为无咎。全爻辞意为：咬干肉，得到一粒黄铜。守持正道，以防危险，可以免除过错。

三国故事

抑豪扶困

东汉末年，豪强地主大肆兼并土地，农民创造的物质财富，大部分作为封建的地租被豪强地主们所攫取，极大地激化了阶级矛盾。

袁绍占领冀州之后，对部属及辖区内的豪强地主采取放纵态度，他们肆意剥削百姓，掳掠财物，使广大人民更趋贫困化。曹操攻破邯城后，抄没了袁绍谋士审配的数万家财，打击了疯狂聚财的豪强地主，改变了老百姓负担过重的状况。

曹操连下两道政令。第一道为《蠲河北租赋令》：“河北罹袁氏之难，其令无出今年租赋。”这道命令一出，对于恢复河北地区遭到严重破坏的农业生产起到了积极作用，并且又及时地争取了民心，解决了老百姓的困难。

第一道令博得广大农民欢心之后，他立即又发了一道《抑兼并令》，即“有国有家者，不患寡而患不均，不患贫而患不安”。这道令中，曹操谴责了袁氏父子纵使豪强兼并土地，强迫贫困农民替他们交租纳税而弄得贫苦农民变卖家财的行径，并特别提到审配家族窝藏罪人的行为，表达了对豪强大族任意横行的不满和痛恨。最后，曹操公布了以后征收租赋的标准，还要求各郡守国相要严格检查。

曹操的这两道令，在当时起到了非常积极的作用，既抑制了豪强，又救扶了贫困，因而深得民心。

点评

曹操的这两道令，行文语气强烈，态度坚决，既反映了曹操的刚中之德，也体现了曹操均平治国的思想和坚决打击豪强、抑制兼并的决心。曹操的这两道令，不仅弘扬了他的刚中之德，也体现了他为穷困百姓着想，为长期的战争进行物质准备的战略思想。

明朝时，况钟升为郎中，执掌苏州府。刚到任，他假装不懂政务，府内的小吏抱着公文请况钟批示时，况钟假装不知，瞻顾左右，小吏说批他就批，小吏反对他就不准，一切依从部属。部属见了很高兴，都以为况钟是个大笨蛋。可是三天之后，况钟召集部属，立即将过去批过的原文来了一番纠正，公断曲直，明辨是非之后，把那些胆大妄为徇私枉法的小吏全捆绑起来，给以严厉惩处。

部属们见况钟是个清正廉明的郎中，从此开始约束自己，对公务勤谨尽职，苏州因而大治。

曹操和况钟都是强者、智者，所以执法严、出手狠，达到了理想的效果。若像六五爻初始时，以柔质弱魄去执行严法，可能效果就会差一些。

上九：何校灭耳，凶。

“何”与“荷”通假。“校”为木制刑具。上九为最后一爻，意味着罪行已发展到了极点，又不听他人劝告，最后必被处以重刑。所以上九被钉上了遮住耳朵的死囚大枷。全爻辞意为：肩上负着大枷，遮住了耳朵，有凶险。

三国故事

严惩叛逆

建安二十三年(218 年)正月元宵节，许都爆发了一场拥汉派策划的

叛乱。参加人主要有京兆人金祎、少府耿纪、司直韦晃、太医令吉平的儿子吉邈、吉穆等人。这些人都是汉朝忠臣，不愿亲眼看到以魏代汉。金祎等人密谋于正月十五日夜起事，除掉曹操，联合其时已领益州牧的刘备，共同兴复汉室。

到元宵节这天夜里，留守丞相府的长史王必，要求全城张灯结彩，庆贺佳节。金祎利用和王必私交甚好这个条件，派人到王必军营中做内应。耿纪、韦晃和吉家兄弟，共聚家僮上千人，提前作了安排。当夜二更以后，城中忽起大火，杀声连天。耿纪等人带家僮攻打御林军营。王必仓猝迎战，急投曹休家报知金祎等谋反。曹休上马率兵拒敌，时正在许昌巡城的夏侯惇见城中火起，领军前来接应，混杀至天亮。金祎、吉氏兄弟皆被杀死，叛乱被平定。

曹操逮捕了耿纪、韦晃，及五家宗族老幼，皆斩于市。

十余天后，王必因伤重而死。曹操得到报告后十分震怒，于是将在许都的朝廷百官押到邺郡，于教场插红、白旗于左右，让在王必军营被烧时参加救火的人站在左边红旗下，没参加救火的人站在右边白旗下。众人以为参加救火肯定不会有罪，纷纷站到左边红旗之下。谁知曹操突然宣布："没有参加救火的人就没有帮助造反，参加救火的人都是造反的强盗。"

结果，将站在红旗下的人通通处死。

点评

曹操将耿纪、韦晃及五家宗族老幼皆腰斩于市，斩草除根，以绝后患。曹操对政敌决不会心慈手软，可叹的是曹操将那朝廷百官救火者皆杀，曹操的理由是凡是出来救火的人都欲谋反，这就有些过分了。站在红旗下的人，有出门观风者，有出门救火者，还有根本没出门而自作聪明者，很多人当时站到红旗下时想的是救火者必无罪。曹操一概格杀勿论，不知其中又有多少冤魂。看来，"宁可错杀三千，不可漏掉一个"，古已有之。

身处罪孽听人劝是最好的路，否则的话，必不能善终。六祖慧能曾善劝一位刺客，很有些意思。一天，一位刺客受人十两银子前去刺杀六祖慧能，慧能得知此事后，在桌上也放了十两银子，在那儿等待刺客。后来，刺客果然到了寺庙，将刀架在了慧能的脖颈上，慧能毫无惧意，反把脖子向前伸了一下说："桌上有十两银子，请动手吧。"刺客一怔，立砍三刀，可是刀却像砍在了石头上，刺客吓得立瘫在地。慧能合掌悠悠说道："正剑不行邪，邪剑不胜正。桌上的银子你拿走，

命不能给你。”刺客立即伏地,恳求慧能度他出家,以赎罪过。六祖慧能说:“你走吧,不然我弟子得知后不能饶了你。要我度你,请改头换面,另有因缘。”

逃走之后的刺客,总是心怀罪责,后来又拜在六祖慧能脚下,六祖慧能哈哈大笑,说:“我知你还会来的,我等你很长时间了。”刺客说:“心生惭愧,没脸面见禅师。”六祖却说:“修行,可以减轻你的罪责。”

曹操与慧能的差别或不同,由此而一目了然。

贲 ䷕ 下离上艮

贲卦是论述本质与表象关系的。由离、艮两卦组成。从卦象看，艮卦象征山，具体笃实；离卦象征火，亮丽而富有文采。所以艮、离两卦组合到一起最能代表本质与表象。一般的来说，认识事物总是由表象开始，再慢慢地深入到本质。

卦辞释译

贲(bì):亨，小利有攸往。

"贲"是文饰美化的意思，含有达致亨通的道理。凡是事物必有本质，但若只有本质难以亨通，还要稍加文饰，才能亨通。然而，文饰过火了，又要伤及本质。如果全心全意地只注意外表文饰，又必然要害及本质。全卦辞意为：贲卦象征文饰，亨通。对于事业发展有小利。

重要提示：综论文饰美化和认知的方法。

初九：贲其趾，舍车而徒。

"趾"为脚趾，在此为脚的意思。"舍"为丢弃的意思。初九处于"贲"的初始阶段，所以文饰程度很轻，把脚包扎一下，这是为徒步远行做准备的最基本、最初步的文饰，简直可以说是朴素无文。初九以阳爻居于阳位，地位虽然低下，其精神并不卑下，虽然没有高车大马，那种勇往直前的刚毅精神就足以壮其行为。千里之行始于脚下，只要包扎好一双硬脚板，就可以安步当车，风雨兼程，坦然前进。全爻辞意为：文饰双脚，不乘车而徒步行走。

三国故事

割须弃袍

曹操五十七岁的时候，还以战将的身份，身先士卒，驰骋沙场。潼关之战，曹军被马超的西凉军打得溃不成军，马超直冲入中军来捉曹操，曹操骑马而逃。

突然，只听乱军中有人喊："穿红袍的是曹操！"马超立刻拍马追杀过来，这时曹操在马上急忙脱下红袍。接着又听得人喊："留长髯者是曹操！"曹操便又立即用刀割掉自己的长须。不久，又有人喊："曹操已将长髯割去。"马超立即传令属下："短须的是曹操。"曹操听见后，立即割下了军旗的一角裹着下巴逃跑。马超依然紧追不舍，曹操见马超追得急，立即绕着大树转圈，正在千钧一发之际，曹洪及时赶到，救下了曹操。

点评

曹操为躲避马超的追杀，不论弃袍还是割须以及用军旗裹下巴，都是一种本能的文饰，也是战争中逃命的需要。这种文饰既本能又质朴，让人们看到了带甲百万、文采出众、武略非凡的曹孟德在生死关头为求生逃命而露丑出乖的可爱形象。不过，他的贲饰方法却不及战国时代的大公任先生。

孔子被围困在陈国和蔡国交界的地方，七天没有吃上饭，这时大公任得知此事去看望孔子，他问："你快饿死了吧？"孔子回答："是。"太公任又问："你讨厌死吗？"孔子回答说："是的。"

大公任说："我给你讲个故事吧。从前，东海有只大鸟，名叫意怠。这只鸟飞行不快，好像很无能。它与同伴飞行，从不敢飞在前面；栖息之时，总是挤在群鸟中间；吃东西时从不敢先吃，尽吃别的鸟所剩之物。所以同伴之中，他从不受排斥，别人也没有伤害它。你再看甘甜的井总是先枯竭，笔直的树总是先被伐掉。道德修养高的人不求闻名于世，你为什么偏偏喜好名声而让自己陷于快要饿死的境地呢？"

孔子说："你说得很好啊！"于是辞别朋友故交，离开众多弟子，逃进了山泽旷野。

孔子、大公任的观念，可能是儒、道贲饰的代表吧。

六二：贲其须。

胡须长在脸上，才能文饰人的仪表。如果没有脸面，胡须也就不存

在。胡须与脸的关系，也就是文饰与本质的关系。六二与九三两爻，都是各得其位，二者亲比依附，就像胡须与脸面的关系。六二为胡须，是文饰的象征，九三为纯刚，是脸面，是实质的象征。全爻辞意为：文饰胡须。

三国故事

以退为进

曹操兴师西征，见山势险恶，林木丛生，行路艰难，又遇张鲁军团顽抗，两军相持五十多天，无从交战。

一天，曹操下令退兵。贾诩却问："还没分出胜负，怎么能收兵呢？"

曹操笑着说："我们这样对峙着，贼兵每天都严加提防，很难一时取胜。我们现在以退兵为名，使贼兵防守懈怠，然后乘机轻马而至，必能取胜。"

于是，曹操命夏侯渊、张郃各领三千轻骑走小路抄敌背后，自己引大军拔寨退兵。关中军将杨昂见曹操撤兵，立即追击，后因遇大雾，半路扎寨。抄袭后路的夏侯渊军团在大雾中误入杨昂军营，守寨士兵听见人马声，也误以为杨昂追兵返回，开门迎接。曹军一拥而入，放火烧寨，直把杨昂守寨的士兵烧得四散逃跑。

等杨昂返回营，后面的曹军大部队又赶来，两面夹击，消灭了杨昂的全军。

点评

曹操设计退兵，如同本爻的胡须，消灭杨昂的部队才是脸面。就是说，退兵是文饰，消灭敌人才是本质。

有一个秀才借住庙中读书，自认为才高八斗，常找一些机会与赵州禅师辩论。一天，秀才问："禅师，我佛慈悲，向来不愿违背众生所求，是不是真的？"赵州禅师说："当然是真的。""那么我很想要你的手杖，是否可以给我？"秀才设下陷阱，然后狡黠地问。赵州禅师安然地说："君子怎么能夺人所爱呢？"秀才立即反驳："我不是君子。"赵州禅师也答道："我也不是佛。"

赵州禅师的这种文饰质朴自然，又让人感到文饰的天然拙诚。

九三：贲如濡如，永贞吉。

"如"为语气助词。"濡"是润色，使事物有光泽。九三处在两个阴爻之间，一个阳爻同时受两个阴爻的文饰，可以说是锦上添花，到处掌声，在这种情况下，九三需要保持清醒的头脑，要有求实的精神，坚守正道，才能获得吉祥。全爻辞意为:又文饰,又润色,永守正道才能得到吉祥。

三国故事

设置人事机构

三国时代之前,王朝中没有专门管理人事的机构,但曹操却单独设立了人事机构。

随着曹操的事业发展,众多的谋士,如云的战将,都纷纷投到曹操麾下,一时间丞相府内真可谓人才云集,精英荟萃。面对如此的大好形势,曹丞相没有糊涂,也没得意忘形,他为了"唯才是举",便在丞相府内专设了主管人事的机构,且分东曹、西曹:东曹主管两千石以下的政府及军中官员的升降之事,西曹主管丞相府内官员任免的事宜。

由于曹操在三国时代独设了人事机构,所以他手中的人才最多,而且运用也比其他两国合理得多。

点评

曹操的人才众多,是事业最好的文饰,也是最大的文饰。但曹操面对如此情形,保持清醒的头脑,不断地为自己的统一大业润色。曹操设立人事机构,专门去管理人才,调用人才,这就从根本上解决人多了乱、龙多了旱、母鸡多了不下蛋的混乱局面。这时只有不做表面文章,求实务本,才是最切实际的做法。

宋国有位匠人用玉为君子雕琢了一片椿树叶子,用了三年才完成。这片叶子连茎脉叶柄的肥瘦都非常可人,叶面的叶毛繁密润泽,随意放在椿叶中,让人真假难辨。这个人凭借这份技术,生活在宋国衣食无忧。列子听说了此事,说:"假如天地万物,三年才生成一片叶子,那么万物中有叶子的树就太少了。因此,圣人依恃自然的生化,而不依恃个人的智慧与技巧。"

中国的道家最早懂得唯物主义,他们总是从天道的角度看待事物与自然的关系。试想如果贲饰强于原物,文修大于质,世界会走向哪里呢?

六四:贲如皤(pó)如,白马翰如。匪寇,婚媾。

"皤"为白色。"翰"为羽毛。"匪"与"非"通假。贲卦发展到六四,已经进入象征停止的艮体,文饰应该至此为止,贲极返素,尚质不尚文,六四与初九阴阳相应,同气相求,是理想的配偶。打个比方,初九如果是劳作的高士梁鸿,六四就是举案齐眉的孟光了。全爻辞意为:文饰得全身素

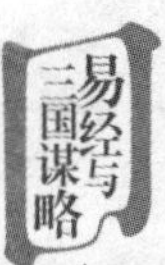

白，白马翩翩，像飞的羽毛，不是强寇，是求婚者。

三国故事

英雄惜英雄

汉献帝初平年间，曹操曾派从事王必出使长安，途中被太守张扬拦阻，不让过境。这时张扬处的骑都尉董昭劝说张扬：袁绍与曹操的同盟关系不会很久。曹操是个真英雄，应该和他结交，并加以利用。我们帮他与朝廷接上关系，且推荐他，事情办好之后，曹操是不会忘了你的。

张扬觉得有道理，也就照办了。董昭还以曹操的名义给长安的李傕、郭汜等人写信，并根据不同身份和喜好送了礼品。曹操得知之后，果然给张扬送去犬马金帛，表示感谢。

从此，由兖州到长安的道路畅通无阻，曹操与朝廷的关系也比先前增强了许多。

点评

张扬是个有眼力的人，董昭也是个有眼力的人，他们能够一眼看准曹操是个真英雄，甚至看到将来只有曹操能够控制汉室，为此不仅放了王必的行，不做强寇，而且还代送礼品，获得曹操的好感。

换言之，这也是大家相互礼捧、让大家相互成为英雄的做法。在这件事情上，不论张扬、董昭还是曹操的行为，可以说都是素洁的，让人感到很适应于各自的刚实之质。

春秋时期，晋悼公召见祁黄羊，说："今天让你来，是想让你举荐一位南阳令，你看谁能胜任？"祁黄羊说："看守南门的卫尉解狐就能胜任。"晋悼公听罢大吃一惊，问："解狐与你不是死对头吗？怎么推荐他？"原来在一个月前，祁黄羊的父亲因违令被解狐依法打了五十大板，年迈的老人回家几天后就病死了。祁黄羊反问："大王刚才不是问谁适合南阳令吗？又没问谁是我的仇人？这是两回事。解狐执法如山，不畏权贵，也只有这种人才能管好南阳。"晋悼公点头称是。过了不久，晋悼公召集文武百官宣布任命，群臣一听，立即引起了轩然大波，大家都认为解狐不近人情。有的人对祁黄羊说："令尊大人不是被他活活打死的吗？父仇不报，子为不孝！让这种人掌权，我们还有法活吗？"祁黄羊认真地说："解狐是一个奉公守法的人，刚直不阿，南阳正需要这样的人。父亲故去，虽然我们全家非常悲痛，但不能因一家私仇而埋没了贤才啊。"

不久，解狐到南阳就任。半年的时间，南阳政通人和。

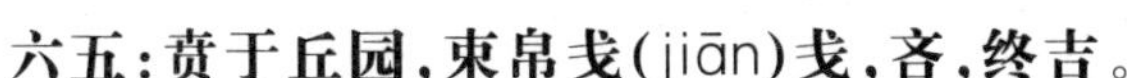

六五：贲于丘园，束帛戋(jiān)戋，吝，终吉。

“戋戋”是微薄极少的意思。六五以柔爻居尊位，象征仁厚之君。他不兴建壮丽的宫殿，而是仅用一束帛花装饰庭院，看起来很吝啬，没有国君的排场，但这种简朴无华的清廉行为，对政风的影响是巨大的，对一个国家而言，无疑是喜庆之兆。全爻辞意为：文饰山丘中的庭园，只花费一束微薄的丝帛，虽显得吝啬，但终究是吉祥的。

三国故事

换木盆

曹操得了逆气病，在发作时，一股病痛之气往上冲，一直冲到大脑，致使他头痛不已，坐卧不安，难受至极。

曹操为了缓解病痛，便用铜盆盛水浸头，时间一久，铜盆便散发出一种铜臭之味。后来，家人给曹操改换了一个银制的脸盆。曹操发现之后，立即让家人停止使用银盆，他说：“如果不了解的人，兴许还以为我喜欢银器呢。喜欢银器，就显得奢侈，不够本分。”

后来，家人无奈，只好遵照曹操的意见，给他换了一个木制脸盆。一直到临终，曹操缓解头痛之逆气时，都用那个木脸盆。

点评

西晋时后人陆云给陆机写信时曾说过这件事：“一日案行，并视曹公器物……严器方七八寸，高四寸余，中无而(隔)，如吴小人严具状。”

难怪曹操几千年来都有着如此的魅力，这恐怕与不善文饰自己有着很大关系吧。曹操的魅力，除了他的思想与政绩之外，个人的人格魅力也不能小觑。他的做法一并告诫后人，国相都能提倡俭朴之风，不搞无用的文饰，作为一个普通人该如何呢？

上九：白贲，无咎。

上九处于贲卦之极，由文饰至极，转而反归于素，崇尚追求实质。全爻辞意为：以纯白为文饰，没有过错。

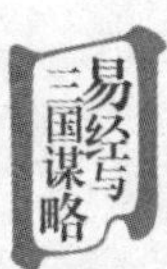

三国故事

令杀儿媳

在三国时代，朱红色、紫色和金黄色等都表示尊贵，所以曹操给家人下令，即使穿丝织的鞋子，也不准用这几种颜色。

曹操还不准在家里薰香，如房屋不洁，可烧枫胶与蕙草，以消除异味。

曹操就是如此地提倡俭朴。可是，有一次曹植的妻子违令穿了锦绣衣服，在铜雀台上恰巧被曹操看见了。曹操见这女人破坏了俭朴的家风，立即下令，让曹植之妻回家自尽。

点评

因不俭朴，就下令让其自杀，实在有点过于残忍。不过，从中也看出了曹操崇尚俭朴的思想作风。他对待家人如此，对待跟随在他身边的文武大臣又会怎样呢？曹操的这种做法可以另议，但从中却折射出身居高位的曹操对树立俭朴风尚的重视和对奢侈糜烂生活的憎恶。《三国志》载曹操“雅性节俭，不好华丽，后宫衣不锦绣，待御履不二采，帷帐屏风，坏则补纳，茵蓐取温，无有缘饰。攻城拔邑，得糜丽之物，则悉以赐有功”。从这些真实的记载可以看出，曹操不仅自己身体力行地崇尚俭朴，并且严格要求家人实行俭朴简单的生活方式。在群雄争霸的三国时代，唯独曹操功绩最高，这与他崇尚和实行俭朴的生活方式是分不开的。唐代诗人李商隐在其《咏史》诗中说：“历览前贤国与家，成由勤俭败由奢。”俭朴的反面是奢侈，奢侈的伴生物是腐败。腐败则必亡国灭家。

道家故事中，有一因心而美的故事是此义的最好例证。从前有一位跛脚、驼背的高人，去游说卫灵公，卫灵公一见面就因好奇很喜欢他，等游说者说完之后，卫灵公已从内心喜欢上了他，并发自内心地认为他是高人。之后卫灵公再看正常人，反倒嫌正常人背太直。还有一位脖子上长瘤的人去游说齐桓公，齐桓公因其说理高明也很喜欢，之后再看正常人，反倒感到他们的脖子太瘦了。所以，人只要有过人的德性，形体的缺陷就会被人忘记。人们如果不忘记应当忘记的，而忘记不应忘记的，那才是真正糟糕的忘记。

贲饰不也是如此吗？

剥 ䷖ 下坤上艮

“剥”为剥落的意思。剥卦由坤、艮两卦组成。从卦象看，坤地居下，艮山处上。大山本来高于平地，但现在却颓下来依附于地面，象征土石剥落。从爻象看，五个阴爻在一个阳爻之下，阴爻象征小人，阳爻象征君子，此卦正是“君子道消，小人阳长”之时。从卦德看，内卦坤体为顺，外卦艮体为止。即阳刚君子处于小人当道、公理不彰之际，应当懂得顺应时势，有所不为，也就是内顺而外止，才能免于被小人所剥消。处剥之时，应该认识到阴长阳消、阳衰阴盛的道理，不意气用事，也不强出头，避免小人的危害，等到时局变换、阴消阳长时，再积极进取。

卦辞释译

剥：不利有攸往。

剥卦以群阴盛长而剥消阳刚，比喻小人得势，毁坏正道，迫害君子。处剥之时，君子当止则止，谨言慎行，以避免为小人所害。在正气衰败之际，应退守待变。全卦辞意为：剥卦象征剥落，不利于有所前往。

重要提示：综论邪盛正衰和如何退守待变。

初六：剥床以足，蔑贞凶。

“以”是到的意思。“蔑”为轻视的意思。剥卦的卦象很像一张床，所以爻辞取床为象。阴剥阳首，是要从床脚开始，好比潮湿的阴气对床剥蚀，从下往上，一步步地进行。初爻，只是意味着剥蚀刚刚开始，如果及时保护，顺时而止，谨言慎行，就会吉祥，反之则凶。全爻辞意为：剥蚀到了床脚，不守正道，有凶险。

三国故事

望梅止渴

东汉末年，张绣割据南阳与曹操相抗。

兴平六年(195 年)，曹操率领将士攻打张绣。行军的路上，因无水源，将士们三天三夜没喝上水，口渴心烦，怨言四起。对此，曹操看在眼里，急在心里。

突然，曹操在马上用鞭指着前面说："我以前从这里经过，记得前面有一片梅林。快点赶，到了那里，即使没有水，吃上几颗梅子也可以解渴的。"

士卒们听了此话，嘴里不免口齿生津，烦渴顿消，劲头倍增。到了前面，经过多方寻找，终于找到了水源。

由于曹操认识问题及时，解决方法得当，保证了烦渴的士卒没有溃变。

点评

曹操不仅是发现问题的专家，更是解决问题的专家。当他发现士卒们因烦渴而可能产生哗变之际，立即想办法从心理上和生理上去解决士兵们的困难，然后再设法解决根本问题。难怪"望梅止渴"这个典故能流传千古而不朽呢。这也是一个认知上的问题，首先认识到问题的起因，然后想到可能形成的危害。于是灵机一动，当机立断，既解决了眼前困难，又防患于未然。否则的话，不仅剥蚀到了"床脚"，而且还可能剥蚀到"床身"。

六二：剥床以辨，蔑贞凶。

"辨"为床体。阳消阴长的形势继续发展，到了六二就已剥蚀到了床身。六二与六五都是阴爻，两者无应，所以六二应有凶险，但是六二以柔居阴得正，只要坚守正道，还是可以无咎的。全爻辞意为：剥蚀到了床身，不守正道，有凶险。

三国故事

律 己

刘玄德率兵入蜀，刘璋诸兵皆降，玄德重赏有功将士。然后，他又命人分兵把守前后，设宴于公厅，开始劳军。

玄德喝到酒酣之际，对庞统说："今日之会，很快乐吧？"

庞统答："讨伐人家国土还以之为快乐，这不是仁者之兵。"

玄德说："过去武王伐纣，作乐庆功，难道也不是仁义之兵？你说得没道理，退出去。"

庞统大笑，起身离开酒席。

玄德睡到半夜醒了酒，士卒告诉他，他在酒酣之际把庞统赶出了酒席。刘备听后，立即十分后悔。

第二天一早，他穿衣升堂，请庞统入室，然后给庞统谢罪，说："昨天喝多了，是我的失误，请不要记在心上。"

庞统立即说："君臣皆有失，哪能光是主公的失误。"

刘备大笑，欢乐如初，二人皆无疑心。

点评

刘备一有过错，立即主动认错谢罪，而且态度诚恳。这样的事绝不只一桩，可以说数不胜数。也许正是由于他能及时发现自己的毛病，又能及时地去改正，才使他以一介布衣而能具如此巨大的魅力，最后成就了帝王之业。如果他有错不改而一意孤行，又会怎样？

如果出现过错，不立即改正就有凶险。南朝刘宋王僧虔是东晋王导的孙子，宋文帝时官为太子中庶子，武帝时为尚书令。年纪很轻的时候，僧虔就以善写隶书闻名，宋文帝看到他写在扇面上的字赞道："不仅字超过了王献之，风度气质也超过了他。"可是后来宋孝武帝登基，王僧虔就不敢露真迹了。原来当时宋孝武帝刘骏一心想以书名闻天下。所以，刘宋大明年间，王僧虔常常把字写错，有时故意写得很差。武帝刘骏见王僧虔的字愈来愈不如自己，很不把王僧虔当回事，所以王僧虔一生平安无事。

何谓错？真是一言难尽。要想活得平安，有时只能以吉凶断对错。

这就是专制社会的特色！但《易》能解决"特色式"的问题。

六三：剥之，无咎。

六三以阴爻居阳位，与上九阳刚有应，这意味着六三仍然存有“含阳待复”的因素和“转剥复阳”的可能，一旦时机成熟就可能阴退阳回，所以无咎。全爻辞意为：剥蚀，但没有过错。

三国故事

陈琳被留

袁、曹大战之前，袁绍采用谋士郭图的建议，让陈琳草书檄文，以使袁绍剿灭曹操上合天意，下合民心。

陈琳在檄文中写道：“司空曹操，祖父中常侍腾，饕餮放纵，伤化虐民。父嵩，因赃假位，好乱乐祸。操豺狼之心，潜包祸谋，乃欲捶折栋梁，孤弱汉室，除灭忠正，专为枭雄。”

檄文传到许都，曹操头痛的疾病正在发作，他一见檄文，毛骨悚然，出了一身冷汗，头痛顿愈。立刻从床上跳了起来问：“这是谁写的檄文？”

曹洪回答：“是陈琳。”

后来，袁、曹交战，因袁绍失败，陈琳被活捉。知情的人都认为陈琳骂了曹操三代，而且文笔锋利，杀伤力强，陈琳必死无疑。

曹操问他：“你的檄文写得很有文采，不过你骂我本人还可以，怎么连我的爷爷、父亲一同骂了呢？”

陈琳应付说：“箭在弦上，不得不发呀。”

这时曹操左右的人都劝曹操杀了陈琳。

曹操大笑起来，因爱其才，不但没杀，还把他留在了自己的身边。陈琳在曹营延续了曹操的文学风格，成为历史上著名的“建安七子”之一。

点评

撇开曹操的宽宏大量不谈。陈琳的檄文把曹操祖孙三代骂了个狗血喷头，该当何罪？应是必死无疑。但陈琳就因为“骂得厉害”、“骂得有文采”，骂出了自己的才华，骂出了自己的水平，所以才因祸得福。两方交战后，他落到了爱才的敌人手中，于是“才”挽救了陈琳的生命。“才”在这里使陈琳“含阳待复”，也使陈琳“转剥为阳”。

战国时期，鲁哀公曾问孔子说：“卫国有一位面貌极端丑陋的人，名叫哀骀它。和他相处，男人不舍得离开他，女人都愿做他的妾，他没有人君的权力，也没有食物使人饱食，而且模样丑得让人感到惊

骇，他只会应和而从不倡导，识见也很有限，可是女人男人都亲附他，他必定有异常之处。我把他招来，和他相处一个月，就觉得他有过人之处，相处不到一年，我就很信任他，想把国政托付给他。他对此漫不经心，不应承，也不推辞。后来，我把国政托付于他，没多久他就离家而去。为此，我很忧愁，就像丢了什么似的，我感到再也没有人和我共同以治理国家为欢乐了。”

孔子说：“哀骀它没说什么就得到信任，没什么功业就得到亲敬，他是以平常心顺应万物的变化，有德行而又不显露的人啊。”

六四：剥床以肤。凶。

“肤”为皮肤。六四剥蚀到了床上人的皮肤，问题已经非常严重，可以说剥到了极点，灾祸就要临头了。全爻辞意为：剥蚀到了床上人的皮肤，有凶险。

三国故事

袁绍之败

袁绍集团到了后期，内部矛盾已异常尖锐复杂，将相之间相互妒忌，田丰尚囚狱中，沮授黜退不用，审配与郭图各自争权，袁绍自己多疑不定，又时常制造内部矛盾，形势愈来愈恶化。

当袁绍派颜良为先锋进攻白马时，沮授向袁绍提出颜良难以独当一面，袁绍却听不进劝告，反倒斥责沮授，不但挑起颜良与沮授的矛盾，而且还葬送了颜良的生命。

官渡大战之前，田丰极力劝谏，认为交战不利，袁绍非但不听，反而将田丰下狱。沮授根据曹操兵精粮少、利在急战而袁绍兵粮充足、应该缓守之特点，劝袁绍“旷以日月，则曹军不战自败”。袁绍一听大怒，说沮授慢其军心，将沮授锁禁于军中，说：“待我破曹之后，与田丰一起治罪。”最后战役失败，袁绍本该认真总结经验教训，结果他却以幼稚之见认为田丰会讥笑自己，意欲将田丰诛杀了。最可气的是袁绍兵败之后，非但不认真地总结经验教训，反而派眼线搜集部属的言谈话语，如有非议者，轻则杖责，重则处死。由于袁绍不思解救之法，反而猜忌部属，致使军心更乱，眼线们纷纷向他表现自己的“忠心”，或打小报告，或栽赃陷害，结果队伍很快就被彻底搞乱了。

最后在仓亭一战中，曹操用了十面埋伏，基本上消灭了袁绍。

点评

“剥”即事物衰落了、残谢了、失败了。袁绍是自己把自己送入“剥”之境的。在群雄竞起之始，若讲基础、论条件，袁绍是最好的。四世三公，兵多粮广，手下战将如林，谋士如云。史载田丰、沮授之谋，即使是张良、陈平也不能超过他们。但是袁绍却惨败了。何也？盖因袁绍不明之故也。史载袁绍“外宽内忌，好谋无决，有才而不能用，闻善而不能纳”。谋士良策妙计，只要不合心意，不是关就是杀，最后导致自己兵败如山倒。生命垂危之际，依然不许士卒议论，对非议者或杖责或处死。如此心胸，如此性格，焉可为将为帅？这样的人一旦做了领导，其权越大，位越高，最后败得越惨，损失越大，跟着他倒霉的人越多。俗语说：宁给好汉牵马坠镫，不给赖汉当祖宗。真乃至理也！

若处剥至蚀人之肤时，难道就没办法了吗？有。这需要向唐德宗时期的李泌学习。

唐肃宗时，宦官李辅国弄权嫉才，大逐贤臣，滥杀无度。才高八斗的李泌见时机不宜，便逃到南岳衡山，欲出家为僧。衡山禅师怀让执意不收，并说李泌不是出家守灯之人。李泌把朝中之事向怀让细诉之后，怀让心动了，留李泌居住，而且成了好友。十年之后，唐德宗继位，下诏召李泌回朝出任宰相。

七十高龄的怀让召弟子为李泌送行。在寺院门口，李泌忽然发现一株枯死多年的老树冒出了新芽，便问禅师：“这树已死多年，怎么又发芽了？想必是禅师的功德使枯木逢春？”怀让说：“不是的。可能是我把它当成活树，天天给他浇水，它才慢慢地活过来了吧！”

李泌闻言，感慨良多，于是为怀让禅师留下了三个大字：“极高明。”

六五：贯鱼，以宫人宠，无不利。

群阴剥阳到六五，已经逼近了最后的阳爻。阴阳之间的斗争、依存、转换往往是十分微妙的。剥卦五个阴爻中的初六、六二、六四都与阳爻无应无比，所以表现出了斗争的一面，步步进逼而剥阳。而六三与上九有应，六五与上九有比附的关系，所以卦中表现出了依存的东西，甚至含有转化的契机。六五以阴爻居尊位，是众阴之长，在剥极复始之际，它以阴承阳，以众阴之长的身份，带领众阴一起顺承上九，如同后妃带领一群宫女向天子邀宠一样。全爻辞意为：鱼贯而来，带领宫女们求宠于君主，无所不利。

量力而行

刘备进军零陵，零陵太守刘度便命其子刘贤和大将邢道荣率亲兵迎战。

刚交战不久，邢道荣被俘。刘备正要喝令斩杀，诸葛亮却制止了，并问邢道荣能否捉住刘贤，将功折罪。邢道荣答应，让诸葛亮明晚劫寨，自己做内应。

邢道荣回到寨中对刘贤说，晚上诸葛亮要劫寨，要准备将计就计，活捉诸葛亮。刘贤同意了邢道荣的计划。夜里三更，果然有一队人马来到寨口，每人手拿草把，一齐放火。刘贤和邢道荣两人杀了出来，放火的军士撤退，刘、邢二人追赶，直追赶得蜀军没了踪影才返寨，可是回头一看，寨中已是一片火海。

忽然，张飞从寨中杀出，刘贤忙叫邢道荣不要回寨，去劫诸葛亮寨。可是二人刚走不久，又碰上了赵云的一支军队。赵云一枪把邢道荣从马上刺了下来。刘贤急忙拨马而逃，但迎面又遇上了张飞，结果被活捉。

刘贤被带到了诸葛亮跟前，诸葛亮给他松了绑，并赐酒压惊。刘贤被诸葛亮的大德深深地感动，他决定回去劝父投降。

刘贤回到寨中，极力宣扬诸葛亮的贤德，不久，刘贤同其父刘度一同来到蜀寨，刘度也投降了。

点评

六五作为一个阴爻，有阴柔之性，阴柔的特点是势盛则作威，计穷则顺承。现在它与上九阳刚相比，无论如何也剥不了上九，于是只好顺承上九。零陵之役，由于诸葛亮的贤德、刘贤的极力宣扬，其父刘度也就率零陵军士全部投降。刘度之所以投降，是诸葛亮看准了契机，先打后拉，武力与仁德并用，刘度势穷而又心服诸葛亮，所以投降。

上九：硕果不食，君子得舆，小人剥庐。

诸阳都已被剥成阴，只有上九独存阳实。这一阳下承众阴，关系非常重大。后果有两种可能，君子得到这一阳，能够把握好矛盾转化之机，就可力挽颓势，转剥为阳，如同得到一辆大车，车轮向前展开一段新的征程。

如果小人占了上风，扑灭了仅存的一阳，如同破坏了自己居住的房屋，大家都无法生存。全爻辞意为：硕大的果实没有被吃掉，君子得到了大车，小人剥蚀了房屋。

三国故事

识时明势

刘备跃马过檀溪后，思想得到了极高的升华。他懂得了人才的重要。

刘备首先认识了司马水镜先生，之后又遇上徐庶、诸葛亮及庞统等名人，由于时人在当时说："伏龙、凤雏，两人得一可安天下。"刘备经过三顾茅庐终于迎诸葛亮出山，后又经诸葛亮推荐而得"凤雏"庞统。刘备得到了这二人，所以能在三国时代三分天下有其一。

不过，从汉末到三国结束这个大时代，毕竟不是清明的时代，尽管"卧龙"与"凤雏"都相应地作出了贡献，但毕竟没有把全部的才能发挥出来。因为他们所处的时代不是人力可为的，这也正如司马水镜对诸葛亮的评价："卧龙虽得其主，但不得其时。惜哉。"

其他几位贤士，大概只有嵇康一人因自己傲狂，拒绝为晋做官，最后被诛杀，余者却得到了平安的归宿。

点评

嵇康的确是才人，但绝不是人才，他与祢衡非常类似，连自己都保护不了。相反地，阮籍却能善终，青史留名，应该说，他是"竹林七贤"的真正代表。在此爻当中，无论你是多么有气节的贤士，还是多么睿智的君子，都必须看准时机，随时而动，不能盲目。诸葛亮虽不逢时，但遇明主，因而能高风亮节一生；阮籍既不逢主，也不逢时，但能处好自己与时势的关系，也得善终。嵇康却是不识时势，最终以悲剧告终。

"诸阴皆剥，一阳独存"之卦象，喻之于社会，即小人当道、正气难伸之时。代表正义和仁德的君子处此境遇，最佳选择是独善其身。但若刚直太过，威权之下岂能安生。唯有识时明势，既不同流合污，又不莽撞致危，修身进德，静以待时；时至则有所作为，时不至则独善其身。如此，则既是为社会负责，也是为自己负责。一旦一阳复始，春天到来，正义的种子必然萌芽成长。

江苏吴县至今流传着一个叶桂治病的故事。叶桂是当地的名医，声誉特别好。有一天，他坐着轿子外出，忽遇一个衣衫褴褛的穷人要他看病。叶桂对病人望闻问切后，发现他并没有病，说："你回去

吧。”那穷人说:“我有病,穷病,先生你不能治吗?”叶桂沉吟了一下说:“能治,晚上到我家给你开药方。”穷人晚上到叶桂家,他为穷人开了一个药方:“捡橄榄核一千个,种到南山上,一年见效。”并叮嘱不要忘了锄草、施肥、浇水,要辛勤管理。一年之后,一千株橄榄长得十分茂盛,穷人又去找叶桂问一下步怎么办,叶桂说:“从今天起,就有人向你买树苗,但不要太贵,要公道。”当天,果然有人来买穷人的树苗,穷人不解,问怎么回事,来买树苗的人说:“叶先生说,吃药要有橄榄苗做药引子。”穷人很感激地去感谢叶桂,叶桂却说:“好多的病其实并不需要医生,只要自己用心,守持正道,就会自治的。”

复 ䷗ 下震上坤

“复”为“刚返而阳长”的意思，即阳刚返复而逐渐上长。复卦由震、坤两卦组成。从卦象看，震为雷居下，坤为地居上。雷震于地中，表示阴气已达极盛，阳气复生于下。剥卦为阴盛阳衰，复卦正好倒过来，为阳长阴消。从卦德来看，震为动，坤为顺，阳刚震动于下，顺而上行。剥卦阳刚独存于上，“硕果不食”，蕴含了生生不息的道理；复卦以阳刚复生于下，犹如人心善念之初动，再度充满生机，复养万物，滋生不息。

卦辞释译

复：亨。出入无疾，朋来无咎。
反复其道，七日来复。利有攸往。

“出入”为生长的意思。“入”是自内生，“出”为向外长。“疾”为病害。“七日来复”意为从一阴复退到一阳复生需要经历七次变化，复卦与剥卦的卦画与卦意完全相反。剥卦阳尽于上，复卦阳生于下，由于一阳始生，新生事物蓬勃向上，所以势力逐渐上长，刚阳通达。因是阳刚初生，无论是出而往外，还是入而内守，都适合时宜没有危害。五阴结朋而来，对于正值阳刚复生的光明前途没有过错。从剥卦的阴柔极盛到复卦的阳刚复生，是合乎阴阳消长的天理的。因此复卦是正值君子道长之时，利于积极行为。全卦辞意为：复卦象征回复，亨通。阳气生长没有害处，结伴前来没有过错。返转回复有一定的规律，过了七天必然回复。利于有所前往。

重要提示：论述阳气之复回。

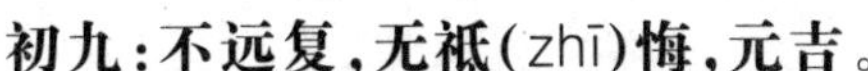

初九：不远复，无祇(zhī)悔，元吉。

“祇”为大的意思。初九处复卦之初，首先回复于阳。犹如一个人离开正道不远，很快就回来，还不至于达到悔恨的程度。全卦辞意为：走得不远，回复到正道，没有大的悔恨，而且大吉。

三国故事

改　错

“竹林七贤”之一的阮籍，在魏文帝手下任大将军从事中郎。一天，在朝廷之上与文帝和文臣武将朝议大事，忽然，有司告知众人说：京城有一人杀死了母亲。

阮籍听后说：“杀父还有情可原，怎么竟然杀母？”

阮籍话一完，大家都怪他失言。魏文帝听了也不高兴，问：“杀父是天下极恶之举，而你怎么竟认为可以原谅？”

阮籍意识到自己的话说错了，于是回答魏文帝：“禽兽知其母而不知其父。以此而论，杀父者无异于禽兽，而杀母者连禽兽也不如。”

众人听了，佩服阮籍解释得有道理。魏文帝听了，也不再追究。

点评

知错立即就改，是一种高尚的品质。人是不可能不犯错的，关键是不固执于错误，更不能在错误的路上越走越远。像阮籍知道话已说错，而且魏文帝还在眼前，他的改错又在原话的基础上下了文字功夫，显得幽默而又机智。

当然，有时也可能个人犯了错误而不知，需要提醒才能知道；也有的即使知道自己犯了严重错误甚至罪行，也死活不承认，但其实内心却是恐慌的。如唐朝当涂县县令王鲁在贪污一事上就是个例子。王鲁生性贪鄙爱财，任职之后，采用各种手段，大肆贪污受贿，敛得家资巨万。日子一久，当涂县的老百姓纷纷状告王鲁手下的主簿贪赃枉法的事情。由于王鲁与主簿是同伙，贪赃之事瓜葛颇深，害怕自己受到连累，劣迹败露，所以在审理此案和宣读百姓状纸时，他胆战心惊，难以自持，情不自禁地在纸上批下八个字：“汝虽打草，吾已惊蛇。”

据传，后来《三十六计》中的《打草惊蛇》一文就是由此事和复卦的初九爻共同演变而来的。

六二：休复，吉。

“休”为欣喜、欢乐的意思。六二在阳气回复之时，性柔居中而得正，与初九最为亲近，最早受到阳刚之气的影响，以回复于阳为可喜之事。因此六二虽然在初九之上，却能亲而下之，谦逊地归向于它，对阳刚回复，心悦诚服。全爻辞意为：欢喜地回复，吉祥。

三国故事

安　抚

赤壁之战后，刘备占领了荆州，便向谋士马良询问如何镇守荆州。

当时，荆州屡遭变故，自州牧刘表死后，刘琮把荆州献给了曹操。曹操败北，刘备入驻。尽管刘备为汉室宗亲，也有一些威望，但由于他入驻不久，立足未稳，人们还非常地思念刘表，所以要想控制好荆州也很伤脑筋。

于是，马良对刘备说：“主公如果保举刘琦为荆州刺史，让他去安抚当地，人们就不会反叛了。然后主公再南征武陵、长沙、桂阳、零陵四郡，积钱屯谷，储蓄力量，再作长远打算。”

公子刘琦本是刘表的长子，由于刘表死后其妻蔡夫人和蔡瑁等人捣鬼，假造遗嘱，致使刘琦未能承袭父爵。自刘琮降曹后，荆州人无不痛心。刘备此时举荐刘琦，荆州人当然心悦诚服。再则，孙吴与刘备联手抗曹的目的也是为占据荆州，刘备抢先占领，让刘琦做刺史，东吴心里再不痛快，对子承父业也找不到口实。

刘琦出任刺史后，荆州果然安定下来。

点评

马良的这一招实在高明。刘备占领了荆州，让刘琦出任刺史，使屡遭变故的荆州终于得到安宁。因为刘琦是荆州故主刘表之子，刘表之子任荆州刺史是“复”，因而安定了荆州民心，让当地的人心悦诚服。中国文化是讲正统的，中国人是恋故主的。马良正是深知这一点，所以才给刘备出了这样的主意，让刘琦“复”为旧主。

读完此爻，多数人都愿沉浸在美好的“休复”之中。中国古代的庄子是一位最懂“休复”的人，也是位能够达到“休复”境界的哲人。

一个美好的春天，他一个人来到野外的草地上，闻着青草与泥土的芳香，不知不觉地进入梦中。梦里，他忽然感到自己变成了一只蝴

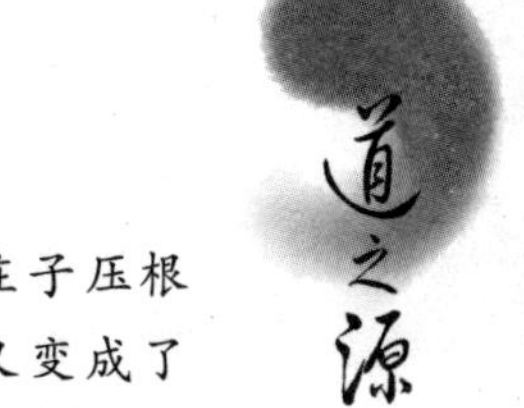

蝶,飘飘悠悠,四处飞舞,逍遥快活,妙不可言。此时此际,庄子压根儿就忘了自我。突然,一阵狂风刮来,庄子惊醒,他由蝴蝶又变成了庄子。庄子不解地问自己,这是怎么回事?一会儿蝴蝶,一会儿庄子。庄子摸着自己的脑门想:我是庄周呢?还是蝴蝶呢?是庄周变成了蝴蝶?还是蝴蝶变成了庄周?反正很愉快。

六三:频复,厉无咎。

"频"为皱眉的意思。六二居中得正,又亲近于初九,所以对复阳是心悦诚服的。六三居阳失正,又与初九无比无应,是在客观条件的挟裹之下勉强复阳的。不过,尽管复阳有困难,但还是无咎的。由此可以看出,只要恢复正道,哪怕心里不情愿,也将无咎。全爻辞意为:愁眉苦脸地勉强回复,虽有危险,但没有过错。

三国故事

刮骨疗毒

关羽在攻打樊城时,误中曹兵毒箭,整个右臂不能动弹。众将劝他收兵,他大怒,说不能因为小疮而误国家大事。

此事被当时名医华佗得知,特地找关羽医治箭伤。当华佗诊断后发现毒气已侵害到了骨头,如果不尽早治疗,整条胳膊就难以保住。华佗说:"现在唯一的办法是刮骨疗毒,只是恐怕君侯惧怕。"

关羽说:"我死都不怕,还怕治病。"

华佗说:"要找一个僻静的地方,立一根柱子,然后再在柱子上钉上铁环,把手臂套缚在铁环里面,蒙上眼睛,才可做手术。"

关羽听完,哈哈大笑。"不就是割开臂上的肉吗?这有什么可怕?不用什么柱子铁环的。"说完命人摆上酒宴,招待华佗。

关羽喝了几杯酒,一边下棋,一边把右臂伸给华佗,华佗取出尖刀,令一小校捧一大盆于臂下接血,先割开臂上的皮肉,然后便在骨头上刮毒。关羽一边下棋,华佗一边紧张地做手术。直把臂伤箭毒刮完,最后敷上了药,用针缝好了刀口,关羽的身子始终一丝不动,单手下棋。

在场的人都吓坏了,关羽的鲜血淌了满满的一盆。

过了一段时间,关羽的右臂完全康复。

点评

刮骨疗毒,目的是治病,恢复健康。但是开刀、刮骨、缝合是极疼

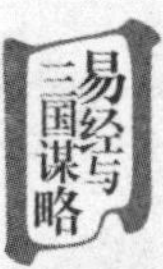

痛的，关羽忍了，所以无咎，最后，不仅保全了一条手臂，也使全身健康没有受到影响。

六四：中行独复。

六四上下各有两爻，它居于四个阴爻中间位置，所以叫作“中行”。它以阴爻居阴位，又与初九有应，这是个十分有利的条件。所以六四虽居于群阴包围之中，却能顺利地复阳。个中原因是，在阳气初生之时，六四能认清形势，敢于不从众，独从阳，很有一种“独复”的精神。全爻辞意为：走在中间，独自回复。

三国故事

吕范降职

孙策手下有一位大将吕范，看到士兵日益增多而军纪愈加涣散的势头，便请求治军。

吕范对孙策说：“将军的事业日益壮大，士兵日益增多，可军纪愈来愈差。我愿暂时为都督，帮将军治理一下。”

孙策说：“子衡你身为高级官员，手下又有众多将士，怎么可以屈任小职，管理琐事呢？”

吕范答：“我离开家乡投靠将军的目的，不是为了老婆孩子，是为了搞好世间政务。咱们现在比如同乘一条船过海，倘有一件事办不好，大家都要受害。我这个请求不仅为了将军，更是为了我自己。”

孙策笑了。吕范离开孙策，脱下长衣，穿上骑装短服，手执鞭子到孙策办公室报告，自称代理都督。孙策立即授命，委任主管，治理军纪。

不久，军中变得严肃团结，禁令得以充分贯彻执行。

点评

吕范何以“中行独复”？首先，他是个真正的君子，他的一切行为都是为了主公的事业，绝不考虑个人得失。其次是吕范的作为得到了孙策的大力支持。所以才有了他治军的成功。

人不论升降，只要“中行独复”就会吉祥，甚至完美。那么对于动物呢？“中行独复”依然如此。有一个小孩捉到了一只小小的青蛙，自己心满意足地玩到了天黑，这时他的妈妈叫他回家吃饭。这个小孩望着妈妈的脸，手握着妈妈的手，忽然瞪大了眼睛，问妈妈：“妈妈，天黑了我们回家，可小青蛙怎么办呢？”妈妈对孩子说：“也让它回家

呀。”小孩又问：“妈妈，青蛙的家在哪儿呢？”妈妈指着远处的水塘说：“那儿就是小青蛙的家。”小孩子立即将小青蛙放回水塘边，小青蛙勇猛地跳进了水塘。

虽为孩童，但都有“中行独复”的天然之情。

六五：敦复，无悔。

六五以柔爻居尊位，持中不偏，又处坤体之中，坤为厚实的象征，所以六五敦实厚诚，一心向善，回复于阳。由于六五居中又能复阳，以中道之行自我省察，调整自己的行为，因此无悔。全爻辞意为：敦厚地回报，没有悔恨。

三国故事

敦厚的吕岱

吴国的大司马吕岱，亲近吴郡的名士徐原。

徐原，字德渊，是位正义感强烈，有才略，有志向的人。吕岱深知徐原能成器，便赠送他头巾衣服，常和他一起谈政议弊，以后还推荐他做侍御史。徐原为人忠心赤胆，有话直说。吕岱做事有不妥之处，徐原就规劝，观点不同就争辩，有时还公开辩论。

有人不解地问吕岱：“你对徐原那么好，他为什么还要和你争辩？”吕岱说：“这正是我尊重徐德渊的地方。”

后来徐原死了。吕岱哭得极为伤悲，并说：“德渊是我有益的朋友，现在不幸去世，我还能从哪里听到自己的过失呢？”

后人谈起此事，都赞美吕岱品行高尚，为人敦厚，有长者风范。

点评

唐太宗李世民在魏征去世之后说：“以铜为镜，可以正衣冠；以古为镜，可以知兴替；以人为镜，可以明得失。今魏征殂逝，遂亡一镜矣。”李世民“明君”之名千古流传，吕岱的名声也万古不朽，这是因为他们胸襟广大，常以他人的批评为镜，这本身就是最高尚的敦厚。

一提“管鲍之交”，几乎人人皆知。管仲与鲍叔牙两人小时就很要好。鲍叔牙深知管仲之才，后来推荐给齐桓公做宰相，一起谋划大事，最终使齐桓公建立霸业，成就功名。管仲说：“我与鲍叔牙共同做生意时，我分得财物多，他不说我贪；一起行事遇到麻烦，鲍叔牙不说我愚笨；我多次出仕又多次被逐，叔牙不认为我没能力；战斗中我多

次逃回，他不认为我怕死，知道我是要留着命孝敬年迈老母；敌国把我抓入监狱，受过侮辱，叔牙不认为我不知廉耻……生我者父母，知我者叔牙。”

管仲临终之前又在齐桓公面前推荐鲍叔牙为相，而且评价极为中肯。

这两位古人的敦厚回报是伟大的回报。

上六：迷复，凶。有灾眚(shěng)。用行师，终有大败。以其国君凶。至于十年不克征。

“灾”为外来之灾，也谓天灾。“眚”为自作之祸，也指人祸。“行师”指用兵征讨。“以”是及或至的意思。“十”为盈满终极之数。复卦的基本精神是揭示阳气回复、亨通之理的。上六以阴爻居阴位，处坤体之上，是复卦的终极。因迷失征途，不知回复，认不清形势，逆潮流而动，再加之不能谦逊自抑，又无改过的勇气，所以必有灾祸。如果以迷复的心态出兵打仗，必定失败。以迷复的心态去治国，必定人心离背，凶害危及国君，以至于长期不能出兵打仗。全爻辞意为：迷失了回复的路，有凶险，有天灾人祸。如果用于行军作战，最后必然失败，使得国君也遭凶险。以至于十年不能出兵打仗。

三国故事

功臣之死

景元四年(263年)秋，司马昭命镇西将军钟会和征西将军邓艾伐蜀，以卫瓘为监军。邓艾率兵三万从狄道奔赴甘松、沓中，以牵制蜀军姜维；钟会统兵十万从斜谷、骆谷、子午谷分三路直扑汉中。后来，邓艾出奇兵直抵蜀中江湖，克绵竹，逼成都，蜀后主刘禅束手投降，又派人传旨令大将军姜维投降。

钟会率大军一路斩关夺隘，径取汉中，逼近剑阁。姜维此时正守剑阁。他闻知钟会与邓艾有隙，便想从中取事，再兴蜀汉。于是他率部“投降”了钟会。姜维对钟会说：“我佩服将军的才能，所以甘心投降于将军。如果是邓艾，我定与他决一死战，绝不投降。”钟会正因邓艾先成大功而忌恨之极。一听姜维之言，顿感幸遇知音，大喜，遂折箭为誓，与姜维结为兄弟，情爱甚密，仍叫姜维领兵，姜维暗喜。

邓艾在成都甚为居功自傲。他在给晋公司马昭的信中，议治蜀之计，

论伐吴之策，言辞不逊，全不知“功高震主”之忌。司马昭素来认为钟会与邓艾各有异志，故对二将早就戒备，今读邓艾之信，越发疑忌。于是先发密书给监军卫瓘，令其密切监视邓艾；随后降诏彰赞邓艾之功，封其为太尉，以稳其心。

钟会素有叛离之心，姜维已有所察觉，就极力促成他的作乱。恰在此时司马昭遣使持诏封钟会为司徒，又密令钟会与监军卫瓘伺察邓艾，以防其反。钟会此刻踌躇满志，他对姜维说：“邓艾功在我上，又封太尉之职。现在司马昭疑其有反心，令我制之，您有何高见？”姜维说：“邓艾出身微贱，侥幸成此大功，非其有良谋。现在他广结川人之心，其反情已很明显了，晋公所疑是对的。”钟会听了很是高兴。姜维请钟会屏退左右，从袖中取出一张西川地图，说：“从前诸葛武侯出茅庐时，以此图献于先帝，说益州之地，沃野千里，民殷国富，江山险固，可成霸业。先帝因而就占了西川，创立帝业。现在邓艾至此，怎能不反？”钟会见图大喜，他指问山川形势，姜维一一作答。姜维献计说：“乘晋公疑忌，您赶快上表，说邓艾欲反，晋公必令将军讨之，一举可擒。”钟会依计进表说邓艾必反；又截获邓艾致司马昭之信，改其言辞，再仿邓艾笔迹重写。后发给司马昭。司马昭果然遣使令钟会收捕邓艾父子。钟会即令监军卫瓘星夜赶赴成都，擒拿了邓艾父子。钟会随之赶到成都，尽得邓艾军马，声威大震。此刻，钟会俨然已成蜀中之王。他对姜维说：“我今天方称平生之愿！”姜维说：“过去韩信不听蒯通之言，在未央宫被吕后诛杀。大夫文种不听范蠡之言，而被勾践逼迫自杀。这两个人，功劳都很大，但只是不明利害，不会把握时机。现在您大功告成，威震其主，何不仿效范蠡泛舟五湖，远避是非，保全自己的功名和性命呢？”钟会听了哈哈大笑，说：“我年龄不到四十，方思进取，岂能仿效退闲之事呢？”姜维说：“若不退闲，当早图良策。凭您的智慧力量，什么事情办不到？不用我多说。”钟会大笑说：“姜伯约，您真是懂得我的心。”于是，二人每日都商议谋反之事。

这期间，司马昭不仅令钟会收捕邓艾，同时还派心腹贾充引三万兵入斜谷，然后司马昭自提大军与魏主曹奂亲临长安，名为助钟会收邓艾，实为防钟会反。原来，司马昭深知钟会之为人，料定其收川后必反，所以在命钟会出征之时，就早作了准备。他之所以仍委钟会以重任，只是利用钟会破蜀的胆识、勇气和谋略，同时自信完全可以控制钟会。当下，司马昭自长安致书钟会说，恐钟司徒收邓艾不下，故自提大军相助，现已屯兵于长安。

钟会见信大惊，知道司马昭怀疑自己造反。姜维说：“君疑臣，臣必

死。”钟会说：“我已下定决心，事成则得天下，不成则退守西蜀，做第二个刘备。”姜维献计说：“近闻郭太后新亡，可诈称太后有遗诏，教讨伐司马昭。依您的才能，中原可席卷而定。”钟会说：“伯约当做先锋，成就大事，同享富贵。”姜维说：“愿效犬马之劳。”二人密谋商定，来日元宵佳节在故宫大张灯火，请诸将饮宴，有不从者皆杀之。次日，召诸将饮宴，诈称郭太后有遗旨教讨司马昭，众将大惊。钟会把诸将尽关在宫中，预掘一大坑，置大棒数千，准备于正月十八日将诸将坑杀。

钟会心腹之将丘建当时随伺在侧，闻知此事，密泄于外。正月十八日，钟会、姜维正欲行动，忽听宫外喊声大震。俄顷，宫外四面火起，外兵砍门杀入。钟会掣剑立杀数人，却被乱箭射倒，众人斩其首。姜维挥剑力战，不幸心痛如绞。他仰天大叫：“吾计不成，乃天命也！”遂自刎而死。

邓艾部下见钟会、姜维已死，遂连夜去追救邓艾。卫瓘得报，心想：“是我捉邓艾，今若留他，我无葬身之地。”遂派将军田绪赶到绵竹，将刚放出槛车的邓艾一刀斩之，其子邓忠亦死于乱军之中。

点评

对于魏国来说，邓艾、钟会都是平蜀的大功臣。然而，二人皆因“迷复”而早赴黄泉。

迷复，是沉迷其中不知回返。邓艾沉迷于功劳，钟会沉迷于野心。

邓艾以其独有的胆识，率兵出阳平小道，受尽千辛万苦，走过七百里无人区，以奇兵直逼成都，迫使蜀国君臣投降，应该说是立了盖世之功。如果他深谙“功高震主”的古训，成功之后收敛自己，谦让几分，不居功，不自傲，还不至于有杀身之祸。可是他却在给司马昭的书信中，纵论治蜀之道，大谈伐吴之策，大有“舍我其谁”之气概。在与蜀中诸官饮宴时，抬高自己，贬低他人，俨然以“蜀中之主”自居，司马昭岂能无动于衷？再加上钟会的妒忌，暗中使坏，所以邓艾很快就走上了黄泉路。邓艾在用兵征战上是个奇才，然而在防人自保上却是个愚人。他沉迷于自己的盖世之功。却不知这功劳既可以带来高官厚禄、荣华富贵，也可以招来杀身之祸、灭门之灾。由于沉迷于功，所以他不能知人防人。一不防司马昭会怀疑自己，二不防钟会忌妒自己，三不防卫瓘会派人杀自己。用兵无防，必败无疑；居官场而无防，岂得善终？老子说：“富贵而骄，自遗其咎。功遂身退，天之道哉！”惜乎邓艾只知兵法，不明大道！

钟会既沉迷于自己的才能，也沉迷于自己的野心。应该说，钟会

智谋过人，胆识超群，确实是个人才。司马昭就是看中了他的胆识所以才命他统兵伐蜀的。但是当平蜀之后，钟会一连串的做法却不明智，概括起来说，他是不知足、不知己、不知彼。这“三不知”致使他走向灭亡。平蜀之后，他被封为司徒，位至三公，可谓尊荣已极，但他却偏要乘机造反，夺取天下，最不济也要做个刘备第二，此谓不知足。他过高地估计了自己的能力，认为凭自己的智谋才能，什么事情都可以办得到。他认为他所统十余万兵马会听他的招呼，为他夺天下。殊不知这些中原来的将士，哪个不想回家？这一点，司马昭早就给预料到了，但他却不清楚。此为不知己。当他要谋反时，他太低估了司马昭，认为司马昭对他信任有加。其实司马昭早在他出兵之时就作了防备，对他是控制使用。司马昭叫他收捕邓艾父子，他大喜，正好除掉了对头，殊不知“螳螂捕蝉，黄雀在后”。他欲造反，兵尚未动，司马昭兵马已入斜谷，抵长安。他与姜维密谋坑杀诸将，但他的心腹丘建却将此绝密透露出去，他竟毫无察觉，此为不知彼。有此“三不知”，钟会焉能不亡？钟会这些作为实在让人看不出他有过人的智谋，何也？大概这就是所谓“利令智昏”吧！老子说：“罪莫大于多欲，祸莫大于不知足，咎莫大于欲得。”钟会以及后来的贪婪之徒的下场，就是对老子此话的具体诠释。

无妄 ䷘ 下震上乾

复卦之后为无妄卦。要想回复正道，必须秉持正义，不能妄为。“无妄”为至诚不伪、天理本然的意思。无妄卦由震、乾两卦组成。从卦象看，震为雷居下，乾为天在上。雷震于天下，表示阴阳二气和合，相互交遇发出了雷声，使得冬天蛰伏在地中的虫兽惊醒，植物的种子发芽，万物开始生长。

从卦德看，震为动，乾为健，“无妄”就是震动而刚健不息的意思。君子立身处世，应该心怀至诚，言行举止依天理而定，至诚不伪，不让个人私欲成为决定意志或行为的主因。

卦辞释译

无妄：元亨，利贞。其匪正有眚。不利有攸往。

“无妄”为至诚不伪。“匪”与“非”通假。“眚”是指祸患。人只要心怀至诚，克制个人的私欲，依循天理而行，那么天道就必然畅行无阻。所以无妄卦包含大通的道理，而以固守正道为有利。倘若不依正道而行，只满足个人私欲，不顾天理，举止必定虚妄不实，导致过错与灾祸。既然心术不正，所作所为必然窒碍难行，所以不利前往。为此，只能守持正道，遵循自然规律，不轻举妄动，不胡作非为，自然亨通。全卦辞的意思为：无妄卦象征不妄为，至为亨通，利于坚守正道。如果不守正道就会有祸患，不利于有所前往。

重要提示：综论守正才是无妄之道。

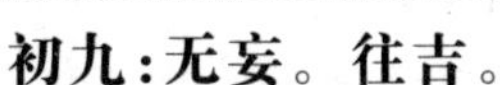

初九:无妄。往吉。

初九以阳爻居阳位,纯阳不杂,实而不妄,在素质上有利于实现“无妄”。也就是说,只要没有妄思妄行,一切按天道规律行事,当然能够得遂所愿,前往吉祥。初九又象征着事情开始起步,只要有一个好的开端,预示着必定有吉祥的前途。全爻辞意为:不妄为,前往是吉祥的。

三国故事

诚直的辛毗

魏文帝曹丕打算迁移冀州士兵十万户,来充实河南。

那时由于天旱,又闹蝗灾,老百姓没什么可吃的东西,各部文官都认为迁移的事情很难办。而曹丕却决心已定,非迁不可。侍中辛毗和大臣们都求见文帝,想尽力劝谏。见皇上不高兴,大家一时不敢说话。

辛毗却问:“陛下您打算迁移士兵家属,有什么具体计划?”

皇帝说:“你以为我迁移他们不对吗?”

辛毗说:“实在错误。”

皇帝说:“我不跟你议论。”

辛毗说:“陛下您不认为我不才,把我放在您的左右,安排我在议官当中,怎么能不跟我议论呢?再说,我说的不是为了我个人,是为国家所虑,您怎么能恼我呢?”

皇帝不理他,起身就要回宫。辛毗追上来,拽住魏文帝的衣襟。曹丕奋力挣脱,很久又说:“佐治,你把持我干什么?还如此的急迫?”

辛毗说:“现在移民,既丧失民心,又没有东西给他们吃,所以我不敢不力争啊。”

曹丕见辛毗如此。后来决定只迁移原计划的一半。

点评

辛毗拽襟劝谏,从行为看有点狂妄,敢于和皇帝强争,大有不到黄河不死心的劲头。此事如果从事情的本质上看是“无妄”,作为忠臣,辛毗不能把国家的大事当成儿戏。最后魏文帝无奈,只好把原计划的迁移数额降低一半,这样,国家少受了损失,移民又少遭了殃。中国封建社会对为官者的要求是“文死谏,武死战”。这恐怕也是为官者职业道德的最高体现。然而这话说起来容易,做起来难。尤其是文官的“死谏”,更是非有忠肝义胆者不能为。原因很简单,一旦触

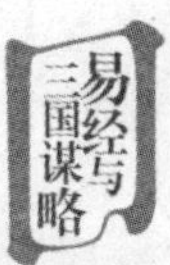

怒了龙颜，脑袋是要搬家的。所以，辛毗堪称敢谏之臣。他事曹氏三代，一直是以敢于犯颜直谏著称。魏文帝曹丕曾出外打野鸡取乐，对官员们说：“打野鸡，真是令人高兴！”辛毗对答说：“这对陛下来说，的确是件高兴事；对我们这些臣子，可是件苦差事！”文帝默然，以后就很少外出打猎了。辛毗所为，当令后世那些很会“紧跟”又极善拍马者汗颜。他的无妄之思、无妄之行，真可谓典范。

六二：不耕获，不菑(zī)畬(yú)，则利有攸往？

“菑”是指初垦的瘠田，也指垦荒。“畬”为耕种多年的熟田。“则”为岂的意思。六二无求实之心，无视实事求是的行为原则。六二以阴居阴，阴虚不实，因而就产生了虚妄之求，这种做法最后必然落空，无利可言。全爻辞意为：不耕种就想收获，不开垦荒地就想去种熟地，难道这样做会有利吗？

三国故事

吕布八变

吕布是个反复无常的人，今天去投靠这个，明天投靠那个，决定得快，否定得也快，他曾两认义父，又曾两杀义父，都只为一个“利”字。

他与袁术、刘备打交道的事情，更能看出他的所作所为以及痴妄之目的。

曹操大破吕布于定陶。吕布穷途末路之际去投靠了刘备。刘备收留了他。当时刘备暂领徐州政事，因见吕布来投，也就将徐州让与他，吕布还真有接受之意，可是关羽、张飞却坚决不同意，吕布只好作罢。这是吕布第一变。

刘备又让吕布驻扎在小沛，可吕布却乘刘备外出之机，袭击了徐州，弄得刘备仓皇出逃。这还不算，他又接受了袁术的许诺，袭击了刘备，这为第二变。

第三变是袁术对吕布的承诺没有实现，他又听谋士陈宫的策划，反请刘备屯小沛，准备将来请他做前锋攻打袁术。

第四变是袁术送他二十万斛粟米，他就坐看袁术与刘备的二虎相斗，不予救援。

刘备无奈之际不得不向吕布求援，吕布又听了陈宫的建议，怕袁术吞并了刘备将来对自己不利，起兵去救刘备。从此，又与袁术结怨，这是第

五变。

袁术也怕吕布与刘备联合，又派人与他联络，表示愿和他结为姻亲，为其子求吕布之女为妻。吕布一想到袁术即将自立为帝，袁术的儿子即将为太子，将来也能当皇帝，这样自己的女儿就可以当皇后了，于是非常高兴地答应了这门亲事，接受了聘礼，并采纳陈宫的建议，准备马上送女成亲，这为第六变。

第七变是陈宫听到消息后，怕刘备受害，就去见吕布，说明送女成亲的事做不得，因为小沛亡，徐州必受害；袁术自立为帝，是造反，为天下不容。吕布一听又害怕了，马上又派张辽把女儿抢了回来。

这时，因张飞对吕布不满，夺了一些马匹。刘备得知此事赶紧送还，并表示歉意。吕布却又听陈宫建议："今不杀刘备，必有后患。"于是又起兵进攻小沛，赶走了刘备，这是第八变。

点评

寄希望于虚妄，不仅无利可言，反而会坑害自己。从古到今，唯利是图，今天投靠你，明天投靠他，只为利益，把事做绝的人，没有不众叛亲离的。这种人必然给自己留下潜在的祸患，一旦机缘恶化，必遭其殃。正如俗话所云：善有善报，恶有恶报；不是不报，时候不到；时候一到，一切都报。

有些人遵奉的人生哲学是"有奶便是娘"，处世准则是唯利是图。只要有利可图，可以背叛国家、民族，可以出卖良心、朋友，最后是自掘坟墓。吕布于白门楼之上终因刘备一句"君不忘丁原、董卓乎"，被曹操立即绞杀。细思吕布之死，实乃自己杀了自己。人无信不立，倘若吕布不是为了利而朝秦暮楚、反复无常，惜才爱将的曹操会杀了他吗？

一个人如果唯利是图，必然人格卑贱，精神猥琐。为民则众叛亲离，没有朋友；做官则欲壑难填，贪污腐败。一个民族如果唯利是图，肯定是一个没有出息的民族；一个社会如果唯利是图，那么就是个令人悲哀和失望的社会。

因此，吕布最后因刘备提醒曹操的一句话而被斩首是一种必然的下场。

这一爻还令人想起古代神话中的夸父。夸父是个不能正确估计自身的人，他一心想要追逐太阳的影子，可是一直追到太阳没落的山谷也没追上。他口渴了想喝水，就赶到黄河、渭河边喝水，但感到这南河之水不能满足他的要求，就准备奔到北方的大湖大泽去喝。可惜他还没有走到就渴死在路上了。

六三：无妄之灾。或系之牛，行人之得，邑人之灾。

“邑”为众所聚居的村镇。六三处上下体之间，属是非之地，这很容易招惹麻烦，所以无端地招惹麻烦和灾祸是常有之事。六三本人虽然无妄，但他处于虚妄之地和虚妄的人事当中，本人再想无妄，也难以跳出这种偶然中的必然。再看六三的主观因素，它以阴居阳而不正不中，又无论如何也不能避免在时间上和地点上涉嫌意外事件。如果六三的为人一向是道德高尚，难道他人会怀疑他为盗牛贼吗？既然本来主观上就存在着“妄”的想法，又遇上了客观的“妄”为之事，那么想做到无妄也是比较困难的。全爻辞意为：不妄为也有灾祸。有人拴系着一头牛，被过路人顺手牵走了，当地人却遭了殃。

三国故事

近侍被杀

有一次曹操对他人说，如果有人要谋害他，他的心就会颤动。当时，他的近侍在跟前，他就对近侍说：“你怀里藏上一把刀，偷偷地来到我身边，我说心动，卫士们就会把你送到刑场。那时，你什么也不要说，我保证你不会出现问题，而且，我还要好好地报答你。”

近侍相信了曹操的话，在被押赴刑场的时候，他一句话也不说，直到行刑的时候，他还以为曹操不会骗他。甚至到他人头落地的时候，也不知道是中了曹操的圈套。

而不知道内情的人，却都以为曹操真的能识别出近侍要行刺呢。

曹操达到了自己的目的。那些有心刺杀他的人都不敢轻举妄动了。

点评

近侍生活在曹操身边，本身就是身处是非之地，他忘记了“伴君如伴虎”的古训。近侍可能实现自己很大的抱负，但他更应知道，近君也可能是“近祸”。天上不会掉馅饼，但天上可能掉灾祸；更何况他所伴之“君”是奸诈多疑的曹操。近侍成为牺牲品，其实也是偶然中的必然。

此爻爻辞颇像一个小故事。六三的邻居把牛拴在路边，被过路人牵走，可是六三的邻居怀疑是他偷走的，于是六三闲在家中，平白无故地就飞来了横祸。这事看来是偶然的，该倒霉的人即使不妄也无法逃脱灾难。其实，六三也该反省一下，自己平日里是不是一直是

正义和光明磊落的？为何偏居是非之地呢？六三所居之地，本身就是错误，要想改变灾祸的出现，最好的方法是改变自己的住所。六三所处之境地，让笔者想起一个择邻的朋友。他所购房屋比同等房屋价格多花了一倍，笔者有所不解，友人却非常认真地说："择邻重于一切，既可远离是非，又可提高自身素质和下一代素质。多花几个钱，值！你看我的邻居，几乎全是正儿八经的学者和纯知识分子。"友人的话颇有些真理的味道，但是如果再加上一句就更为真理了。即择邻不能忘记修德与修心。

九四：可贞，无咎。

九四爻下无所应，又处"近君"的危地，本来是很容易得咎的，但是他以阳爻居阴位，象征着刚而能柔的品格，有助于正确地处理周边的环境，坚守正道而不妄为，最终能够免过。九四虽处在"三危四惧"之地，但他能从主观上自求无妄，祸福也只能听其自然，历史上有一种"孤危之臣"，就是这类人物。全爻辞意为：能够坚守正道，没有过错。

三国故事

鲁肃主战

在孙刘联盟问题上，鲁肃始终保持清醒的头脑，坚决主张联盟。尤其在曹操南下荆州之后，他审时度势，及时地向孙权提出了联刘抗曹的主张。

赤壁之战前夕，东吴阵营之内主战派与主降派争论异常激烈。主降派面对曹操的百万大军进逼江东之势，甚为害怕，就连孙权也迟迟不作决议。朝堂之上，大多数都主张降曹称臣，只鲁肃一个人极力主战。

恰在这时，孙权离开朝堂上厕所。鲁肃见一人难以与主降派争论下去，也趁机如厕。鲁肃对孙权说："刚才众人所言，是深误将军的。众人都可以投降，唯独将军不能投降曹操。"鲁肃见孙权的态度还不够明朗，又说："将军如果降曹，今后连安稳的归宿都没有的。曹操不过给您封个侯，给你一辆车，给你一匹马，跟从的人也不过三两个，你岂不成孤独者了吗？你不能听主降派的话，他们都是为了各自利益，一旦降曹，他们还可以做和现在相当的官，享受俸禄的。主公应早定大计啊。"

鲁肃的铮铮忠言和坚定的态度，终于说服了孙权。孙权叹道："诸位主降者的议论，很失我所望，子敬的意见大合我意。这是上天把子敬赐给

了我啊。”

鲁肃开启了孙权心扉，也开始受命创建孙刘联盟。

点评

在主降与主战之间，少数对多数本身就属大是大非之争。鲁肃虽居少数派，但他能够从根本上看问题，目光长远，坚守正道，不仅获得了孙权的支持与赞同，而且也取得联盟的胜利，为东吴在三国之中的鼎足立下了最大的功劳。

《三国志》说鲁肃“为人方严，不务俗好。治军整顿，禁令必行，虽在军阵，手不释卷。又善谈论，能属文辞，思度弘远，有过人之明”。鲁肃素有忠厚长者之名。有人说，忠厚是无用的别名，如果如此理解鲁肃，则谬矣！鲁肃为人，道德器识，堪称楷模，终其一生，凡事从大局着眼，尤其在吴蜀联盟上，他始终能在关键之际起到关键性的作用，可以说他是始终坚守正道的。

京都黄檗寺的“第一义谛”四个大字，可以说是罕见的国宝，它出于洪川之手。洪川在写这四个字之前，他的小徒弟不仅为他研墨，同时也对他写的字作出评判。洪川写出了满意的字时，问弟子：“这幅写得好吗？”“不好”，弟子直接批评。再写一幅，洪川再问，弟子还说不好。再写一幅再问，弟子批评得更尖锐：“比上幅还差。”洪川耐着性子写了八十四幅“第一义谛”，弟子仍不赞许，最后洪川的弟子离开了他，他放松下一直被羁之心，自自在在地写下了“第一义谛”四字。然后将这四个字送给他的徒弟看，徒弟看后，立即说：“神品啊。”

九五：无妄之疾，勿药有喜。

九五以阳刚居中得正，处于尊位，但现在出了毛病，原因来自外部。从爻象看，九五与六二相应，而六二有“不耕而虚妄”之求，所以六二牵连九五，就要遭疾。因九五没有妄想妄行，这意味着思想行为合乎正道，如果用药去治，就等于否定和改变了自己的行为。但是面对无妄之疾，坚守正道，守正安常，泰然处之，疾病就会不治而愈。全爻辞意为：不妄为却得了病，不用药就会有自愈之喜。

三国故事

徐邈醉酒

在三国时代，有个叫徐邈的小官很有意思。因爱好喝酒，经常出些小差错。

徐邈早年就为曹操所用，官不过代理县令。魏国建立时，也只是个尚书郎。但此人平日讲话很有分寸。不过一喝酒就失些分寸，出些小事故，为此，曹操曾很反感他，且说："酒以成礼，过则败德。"

一次，徐邈的酒瘾发作，又偷偷地喝了起来，有个叫赵达的人去找他请示工作，徐邈张口说了一句"中圣人"。即自己喝到了圣贤的境界。赵达如实报告了曹操，曹操十分恼火，想要治徐邈的罪。这时一位将军对曹操说，经常醉酒的人说"酒清者为圣，酒浊者为贤"，徐邈为人一贯谨慎，偶然醉酒，还请大王不要治他的罪。曹操想了想，也有道理，就免了对徐邈的处分。

此后，徐邈也极力克制自己，获得了曹操的好感，后来，曹操还任命他为陇西太守。

曹丕称帝后，徐邈转任安平太守和颍川典农中郎将期间，又一次喝得多了一点，正巧被曹丕碰上，且问："还是'中圣人'吗?"

徐邈没有撒谎，老老实实地回答："我的酒瘾太大了，如同古时的子反、御叔一样，还是控制不住。"曹丕听后，被徐邈逗乐了，说他真是名不虚传。

曹睿当皇帝时，徐邈被委派到边疆凉州任刺史。在这天高皇帝远的地方，他为了解决粮食匮乏问题，在武威、酒泉等地修建盐池，以盐换取少数民族的谷物。同时广开水田，招募贫民租种，不久使当地家家丰足，仓库盈满。

为解决繁重的军政开支问题，徐邈"乃支度州界军用之余，以金帛、犬马，通供中国支费"，同时"渐收敛民间私仗，藏之府库"，然后"卒以仁义，立学明训，禁厚葬，断淫祀，进善黜恶，风化大行，百姓归心"。朝廷得知徐邈干得不错，给予封侯赐赏，他把所有的奖赏全部散与部下，自己不留一文，家中妻儿老小的吃穿依然困难。当曹睿得知徐邈这一家况时，立即给予补助嘉奖。后来又拜他为司空之职。因司空为三公之一，在当时是最高的行政长官，他坚辞不受，并说："三公是何等重要啊，无人干不行啊，我现在老了，不能胜任。"他多次推辞，到底没有出任司空。

徐邈死后，魏帝曹芳曾给予高度评价："历事四世，出统戎马，入赞庶政，忠清在公，忧国忘私，不营产业，身没之后，家无余财，朕甚嘉之。"

点评

徐邈年轻时喝酒误事，无论怎么说都是一短，但他能逐渐克服，又是一长。至于一贯地保持"忠清在公，忧国忘私"的本色，更是难能可贵。这也正如爻辞所言："无妄之疾，勿药有喜。"其实这也说明了

另一个理：只要心中没有毛病，行为上有点小疾，又能逐渐克服，是可以免过的。俗语云：金无足赤，人无完人。又云：尺有所短，寸有所长。看人要看大节，决不可微瑕掩玉，吹毛求疵。用人要避其所短，用其所长。如此方能人尽其才，保证事业的兴旺发达。

在古时候，有个叫付尧俞的人任徐州太守，刚到任就发现前任挪用了公家的钱物，但付尧俞没有吭声，暗暗地替前任还债，债未还齐，他就被罢免了。再次接任太守的人要付尧俞把尚欠的一千缗债必须还上。付尧俞东挪西借，变卖了所有家产，终于把前任太守挪用的公款还齐。后来，上面下来检查，通过证据查出了挪用公款者不是付尧俞，付尧俞不仅冤案得到了昭雪，而且受到上司的嘉誉，就连皇上也暗自称誉此人。

上九：无妄，行有眚，无攸利。

上九居本卦终极，已无处可行，应宜止不宜行。加之以阳爻居阴位，过中之刚而又有所行为，过越正理，流入虚妄，所以，无妄就变成有妄。上九的行为必有过错。全爻辞意为：不妄为，但行动会有祸患，无所利益。

三国故事

退　礼

华歆在孙权手下时，声誉很好。曹操闻知他的名声，就请皇帝下疏招华歆进京。

华歆要启程进京，亲朋好友一千多人执礼前来相送。其中送的黄金就多达几百两。华歆怕扫了大家的兴，没有当面谢绝。而是来者不拒，统统收下，但是，在所有的礼品上都偷偷地做了记号，或记下送礼人的名字。

酒席散时，华歆站了起来，对朋友们很客气地说："我本不想拒绝大家的好意，因为各位实在是太好了，给了我这么多的礼品。但是《左传》上说匹夫无罪，怀璧却有罪。我单身远行，带这么多的贵重物品在身边，各位替我想一想，这有多大的危险。"

朋友们立刻明白了华歆的意思，便各自取回了自己的东西，并对华歆深表叹服。

点评

华歆是个才智过人的人，他没当场拒绝朋友的馈赠，扫了大家的酒兴，而以一句"怀璧却有罪"提醒了大家：我一人拿这么多东西要担

风险的。难道大家还愿我担风险吗？我有风险大家能高兴吗？

华歆不愿做一个无妄而有祸患的人。因怀璧而不适其时，给自己带来没有缘由的灾祸。然而，从古及今，能明白这一点并且身体力行的人并不多。一代又一代的人在重复着“人为财死，鸟为食亡”的悲剧，而今人尤甚。要想不重复这个悲剧，必须牢记先贤古训：以不贪为宝。

在生活当中，处无妄之极，如华歆这样的高人可以说不多，相反者倒比比皆是。孔子是人人知晓的儒家圣贤，他的行为却也曾受到老子的批评。孔子想把自己的著作藏在周王室，子路让他去找掌管周王室的老子帮忙，可是老子不答应。孔子于是演绎出十二经讲给老子听，老子听孔子讲得漫无边际，立即打断说：“只讲要点。”“要点是仁义。”老子又问：“仁义是人的天性吗？”孔子答：“是的。君子不仁不能成名，不义则不能生存。仁义是人的真性，还值得怀疑吗？”老子又问：“请讲什么是仁义？”孔子说：“心地中正，与外物相和悦，兼爱无私，这就是仁义之情。”老子批评道：“真危险啊！提倡兼爱，真是迂曲。所谓无私，就是偏私。你想让天下人不失去养育吗？实质上天地固有其变化规律，日月固有其光辉，禽兽固有其群居，树木原本是生伏的。你也仿效天德而行，遵循天德而进，这已经是最好了，何必又去标榜仁义？你在扰乱人的天性啊！”

事实上，一个人一旦偏离了人的本性，大谈仁与义，又会怎样呢？或许就会“行有眚”。老子批评孔子，也许就是依循这个原理吧。

大畜 ䷙ 下乾上艮

行为无妄就会有大的收获，有了大的收获就需蓄聚。“畜”为积蓄或蓄止的意思。“大畜”是指蓄者大的意思。大畜卦由乾、艮两卦组成。从卦象来看，乾为天居下，艮为山居上。大畜卦象征天在艮山之中，以艮畜乾，而且畜至为广大之象。犹如人心虽小，却可蓄藏丰富无限的知识及历史经验。从卦德来讲，艮为止，乾为健。艮体畜止了乾体的刚健，引申为人才的蓄养与才德的积蓄。主政者如果能够蓄养更多的人才，使他们为国所用，贡献自己的力量，则天下可以大治。学者如果能积蓄更多的才识，从古圣先贤中汲取教益，自我砥砺，才德就会日益精进，天天向上。

卦辞释译

大畜：利贞。不家食吉。利涉大川。

大畜卦以艮蓄乾，凡相应的爻位皆有蓄止的关系，也就是下体初、二两爻为上体四、五两爻所蓄止，因此能培养出刚健而笃实的人才。九三与上九分别居于上下卦的终极，畜止至极必转亨通，所以这两爻不取畜止的意义。“利贞”强调只有信守正道的君子，才能蓄养天下，无所不包。才德俱优的君子，不应在家中躬耕自食，独善其身，而应出任公职受领俸禄，贡献所学，以兼善天下。君子所蓄积的才德既然丰富深厚，则应该大有作为，以济助艰难的时局，这是大畜的实际效用。此卦词还有另一层含义，即蓄养自然原理中的“真”和伦理中的“善”，只有如此，才是德智之蓄聚。德智的蓄聚就是财富的大畜。全卦辞意为：大畜卦象征巨大的积蓄，利于坚守正道，不在家中自食，吉祥。利于涉越大河。

重要提示：综论蓄积涵养、道德、学问的原则及意义。

初九：有厉，利已。

“已”为停止的意思。初九是刚健之才，然而初出茅庐，阳德卑微，不待德智有所蓄积就急求进取，而被位置相应、性质相反之柔爻六四所畜止。此时的初九才微德薄，如果强进，就有冒险致祸的危险。全爻辞意为：有危险，利于停止前进。

三国故事

毫无顾忌

在襄阳，魏延听说刘备远来，立即想出城迎驾，蔡瑁阻挡刘备不让进城，魏延带领百十人，造了蔡瑁、张允的反，并杀了守门将士，还大骂蔡、张两位为卖国贼，高喊刘备为仁德之人，但由于文聘阻挡没有成功。

在长沙，魏延杀死了太守韩玄，并骂韩玄“轻贤慢士”，号召众将士“愿随我者来”，终于达到了投奔刘备的目的。

魏延跟随刘备之后，依然是我行我素，毫无顾忌，直言快语。北伐中原时，他献计经子午谷偷袭长安，他直言不讳地给丞相诸葛亮提意见：“从大路出发，敌必起关中之兵迎战，旷日持久，何时能得到中原？”诸葛亮命魏延与赵云乘丧劫寨，魏延又急切地提出反面意见：“曹真深知兵法，必料我乘丧劫寨，岂能不防。”这些做法，都使诸葛亮深感不快。

魏延正是因为不能够蓄养自己，更不能蓄止自己，所以最后导致了一个很大的悲剧——死在了自己人的手中。尤其在守护街亭之前，当诸葛亮已安排马谡前往，他却责问诸葛亮：“某为前部，理应当先破敌，何故置某于安闲之地？”

点评

作为一个普通的士兵，性格直率，毫无顾忌，本无可非议，甚至可以说是优点。但作为一个将领，尤其是一个高级将领就必须约束自己，修养自己，内涵要丰富，行为须高明，如果把自己与普通士兵混为一谈，那么必出差错。

魏延为一员上等的良将，他的思想可以说是先进的。如果他的思想得到实施，对蜀国必定有利。可惜魏延生错了年代。儒家的君君臣臣父父子子的伦理思想，刚在汉朝建立下了根基，而魏延却经常给他的主要领导提意见，并且经常出风头，争强好胜。所以时代不容忍的，诸葛亮及部下不能容忍他，芸芸将士更不能容忍他。因此，魏

延应当反思自己，顺应社会，顺应领导，顺应儒家思想，蓄积才德，蓄止自己过妄的行为。由于魏延没有做到，最后只能以悲剧结尾。

惜哉魏延！身居高位，蓄养的能力就必须高于自身的职务，至少不能比自身职务低。否则的话，很可能导致悲剧。

在这方面，列子拒粮的故事则是很好的借鉴。列子穷困，因面有饥色，所以有人对郑国的宰相子阳说："列御寇是个有道德学问的人，在你们的国家中受贫，难道你们的国家不喜欢有德有才的人吗？"子阳听了，立即派人给列子送粮。列子见了使者谢了又谢，但拒绝接受粮食。列子的妻子当场责怪："我听说有才有德的男人，都会让妻子过上快乐的生活。如今全家饿得面带菜色，子阳君送来粮食，你怎么能拒绝呢？"列子笑着劝妻："子阳君并不知道我，他是因别人的建议给我送粮的。等到他要加罪于我的时候，他也可以因别人的建议而加罪。这是我所不能接受的原因。"后来，百姓作乱，杀死了郑国宰相子阳，但列子却没受到丝毫的牵连。

九二：舆说輹(fù)。

"说"与"脱"通假。"輹"为轮輹，是车轴中心的方木，车身与车轮由它连接而不能脱离。车子脱下了轮輹，就不能走了。九二是刚健之才，像车子一样，本来是要向前运转行走的，但它居下体中位能行中道，所以在大畜之时，被柔爻六五所蓄止，这时就如同车子自行脱下轮輹，止而不进，开始审时度势，蓄养其德，当然不会有过失。全爻辞意为：大车脱下轮輹不能走。

三国故事

找准坐标

荀攸长期跟随曹操征战疆场，戎马倥偬。他策划军机，筹划军事，克敌制胜，功勋卓著，深受曹操的信任和倚重。

后曹操经过荀攸的故居，曾说："今天下事略已定矣，孤愿与贤士大夫共飨其劳。昔汉高祖使张子房自择邑三万户，今孤亦愿与君自择所封焉。"不久，曹操表封荀攸，对他谋划军机的辛劳给予很高的评价，并封荀攸为"陵树亭侯"。建安十二年(207 年)，曹操说："忠正密谋，抚亭内外，文若是也，公达其次也。"曹操把荀攸的名次排在汉次于荀彧的第二位，不久，又将他转为中军师。曹丕建国后，他又被任命为尚书令。

更令人钦佩的是，第一谋士荀或被迫自杀，荀攸却受到了很高的评价。

荀攸为曹操谋取冀州之后，他的姑表弟兄极力夸赞他时，他却极力否认自己的贡献，一再说："佐治为袁谭乞降，王师自往平之，吾何知焉?"荀攸一生为曹操前后谋划十二个奇策高谋，他自己从来都是守口如瓶，讳莫如深。史家曾评："庶乎算无遗策，经达权变，其良平也欤。"

与曹操相处二十年，曹操曾赞："孤与荀公达周游二十余年，无毫毛可非，真贤人也。

点评

荀攸一生能找准自己的位置，借数学用语说，是能找准自己的坐标，而且蓄止妄行、蓄养才德一辈子，所以在曹操上百位谋士当中他是最善终的，而且最后还得到"真贤人也"的称赞。为什么荀攸能得到如此评价？只因其深悟蓄养、蓄正之道。据《三国志》载，曹操曾这样评价荀攸："公达外愚内智，外怯内勇，外弱内强，不伐善，无施劳，智可及，愚不可及，虽颜子、宁武不能过也。"人，能达到这种境界确实不易，大概在荀攸身上所体现的就是所谓"大智若愚，大勇若怯"吧！

蓄养与蓄止对于一个人的德智修养是如此重要，而对于行为而言，更为重要。

全德全智全己的最重要方法就是蓄养德性情操与蓄止无妄之为，做到有机结合，审时而蓄，度势而止。

九三：良马逐，利艰贞，曰闲舆卫，利有攸往。

"曰"为语气助词。"闲"和"娴"通假，熟练的意思。大畜卦发展到九三，已经历了初九、九二两个磨砺阶段，道德智慧已有了相当的蓄养，像一匹经过训练的良马，可以说大畜已成，可以向前奔驰。反映到爻象上，与之相应的上九，已经不是性质相反、起蓄止作用的柔爻，而是性质相同、起促进作用的刚爻了。全爻辞意为：良马奔驰，利于在艰难中坚持正道，熟练车马驾御和护卫的技能，这样就利于有所前往。

三国故事

以信为本

诸葛亮在五出祁山时采取分班兵役制。先率国内三分之二的兵力出国作战。百日之后，国内原留的三分之一兵力出国替换，再将在外作战的二分之一的士兵送还国内。如此循环，既解决了国内兵源不足的困难，又解除了外出作战的疲惫。

麦熟季节，诸葛亮亲率部分兵士去陇上割麦，运回卤城打晒，缓解军粮不足的困难。长史杨仪禀告："今日有一部分士兵已到轮换之日，八万士兵四万要回汉中。"诸葛亮说："既已如此，按原来办法执行。"于是，回汉中的四万兵士打点好行装，准备回乡。此刻，探马报："魏将孙礼从雍、凉二州调兵二十万，前来助战，司马懿自引大兵来攻卤城。"蜀兵闻讯，十分震惊，杨仪劝说："眼下军情紧急，丞相可让回乡四万士兵晚走几天。"诸葛亮说："不可。我用兵命将，以信为本，既然有令在先，岂可失信？更何况他们的父母、妻儿都在倚门望归，今天纵有天大的困难也不能让返乡士兵迟走。"

诸葛亮亲自传令，教应归士兵当日起程。

众军听到丞相之令，均感动地大呼"丞相如此施恩，我们甘愿暂且不归，舍命与魏军决一死战，以报丞相大德。"诸葛亮对众将士说："你们该回家了，敌军虽众，但我有破敌之计。"

众将士无论如何也不听诸葛亮劝说，一定坚持打完这一仗才肯回家。诸葛亮见大家如此踊跃，也只得答应众将请求。

点评

此故事看来不是蓄养方面的内容，仿佛是战将们踊跃抗敌。不过，再想一想，将士们又是为何如此地踊跃？归根结底，还是诸葛亮熟知运用大畜的结果：一、诸葛亮平日爱兵如子，士兵对丞相感情深厚，乐于效命；二、诸葛亮作战用兵如神，将士敬之如神明；三、诸葛亮对将士以信为本，说话算数，一诺千金，将士们信服他。由于诸葛亮平日里的蓄养功夫，让众将士亲自感受，所以，一到关键时刻，才有众将士自愿舍命一战的壮举。

关于大畜之义，让人不得不佩服狮子与羚羊的"家教"。狮子的妈妈教育自己的孩子，说："孩子，你必须跑得快点，再快点，你如果跑不过最慢的羚羊，你就会被饿死的。"羚羊的妈妈也在教孩子，说："孩子，你必须要跑快，而且要最快，比跑得最快的狮子还要快，因为你稍微一慢，狮子就会吃掉你的。"狮子与羚羊的妈妈都是天然的大畜之师。

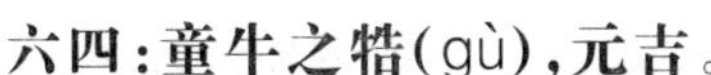

六四：童牛之牿(gù)，元吉。

“牿”为木枷，是戴在牛角上不让牛顶人的制具。六四与初九有应，即以六四对初九的阳刚加以蓄止。初九的刚性初生，像一头喜欢顶人的小牛，给它戴上木枷，对阳刚起着制约蓄止和保护的作用，比喻防止小牛顶人闯祸，又保护了新生牛角不受伤。全爻辞意为：给童牛角上戴上木枷，大吉。

三国故事

巧制魏延

魏延两次背主而降，最后一次终于取得了成功，但关羽带他见诸葛亮时，诸葛亮二话没说就令刀斧手将魏延推出斩首。刘备不解，当场为魏延求情，诸葛亮当着魏延的面说：“食其禄而杀其主，这是不忠之举；居其土而献其地是不义之为。此人不忠不义，久后必然也会反叛我们。”

刘备说：“若斩杀了他，恐今后再没人敢降我们，请军师还是饶了他吧！”

魏延也赶忙求饶：“末将一心向着刘皇叔，今喜得贤主，日后不能再生异心，望主公及军师明鉴。”

诸葛亮见已达到了效果，便说：“既然如此，我不杀你，你可尽忠报主，勿生异心；若生异心，我定取你首级。”魏延连声答应。

三出祁山时，由于陈式不听号令，中了司马懿的埋伏，折了四千多兵马，魏延率兵将陈式救出，不然的话，就会全军覆没。战后，诸葛亮治陈式的罪，陈式说：“我进箕谷兵败，当时魏延也同意了。”诸葛亮却斥责陈式：“他引兵救你，你却反咬他一口，你如此不义，还留你何用。”说完推出斩首。魏延在一旁看到诸葛亮没有责备自己，心中减少了许多对诸葛亮的怨气。

诸葛亮六出祁山时，出使东吴的费祎传孙权的话给诸葛亮说：“孙权问我军中谁为先锋，我告诉他是魏延，孙权说：‘这个人勇力有余，但心存不正，倘有一朝孔明不在，必成后患，不知孔明知道不？’”

诸葛亮听后说：“孙权真是个聪明之主啊。我不是不知其人，只是因为朝中无人啊。”

点评

诸葛亮并非不知道魏延心存不正、思想激进，但为了完成大业，

还是尽量用其勇,发挥其特长。这样既利魏延,又利兴汉大业。诸葛亮对魏延是控制使用,也就是说诸葛亮把他当作“童牛之牿”,给喜欢顶人闯祸的小牛戴上木枷。恩威并济,用恩收其心,施威使其有所惧,从而既保护了人才,又达到了人尽其才的目的。可惜诸葛丞相死早了,魏延不得善终。设若诸葛亮再活十年,二十年,焉知魏延不能功德圆满,或捐躯沙场,或寿终正寝?更让人遗憾的是诸葛亮临终之前,还设下了杀魏延的计划。

给小牛戴上枷,其目的不仅是防止它撞人,更为重要的是保护它,否则将会走向反面。寓言故事《被拴住的猫》就是从另一方面诠释此爻爻意的。老鼠成群结队地出没在厨房里,闹得太凶了,于是主人从邻居家借来了一只猫,用绳子套住它的脖子,把它拴在桌腿上,放在鼠洞旁边。可是洞内的老鼠一嗅到猫的气味,立即改从另外的洞口出没,依然在厨房里大吃大闹。而一只胆大的鼠王,还壮着胆子去试猫的能耐,当猫看到了鼠王,立即愤怒地跳了起来,猛然朝鼠王扑去,可惜脖子上的绳子紧紧地拽住了猫,还差点把猫勒个半死。鼠王安然无事,猫气得无可奈何。鼠王告诉众鼠,猫被拴着,只要大家离猫的距离不比绳子短就一定没事。于是,众鼠在厨房里闹得更凶了。主人回家后见到老鼠们扫荡的遗迹,大骂:“你这只猫怎么这么笨呀,连个老鼠毛都咬不住。”主人便将这只笨猫又送给了邻居。

六五:豮(fén)豕(shǐ)之牙,吉。

“豮”为阉割,即割去公畜的生殖系统,以驯化其刚烈之性。“豕”为猪。公猪生性刚躁,常以利齿伤人。不过,阉割之后,虽有牙齿,但凶性已除。初九的刚性像刚长角的小牛,九二就已成为以牙伤人的公猪了。为了治住猪的凶性,光治猪牙不行,还需要治本,即阉割公猪。六五以柔居尊,有效地蓄止九二,可获吉祥。全爻辞意为:阉割过的公猪虽有锋利的牙齿,但不伤人,吉祥。

三国故事

周处改过

吴国鄱阳太守周航的儿子周处,体力超人,好田猎,不注意生活细节,纵情肆欲,家乡的人们非常忧虑这件事情。

一次,周处看到乡间的人不高兴,便问一位长者:“现在风调雨顺年景好，可是人们怎么就不高兴呢？怎么回事？”长者感叹道：“不除掉三害，怎么能高兴呢？”

周处问是哪三害。

长者说：“南山的白脑门猛虎，长桥水里的蛟龙，第三害就是你了。”

周处说：“假若大家所忧虑的是这些，那我就去除掉他们。”于是，周处先射杀了南山的猛虎，然后又跳入江中搏杀了蛟龙；最后他去寻找当时很有名气的大学问家陆机、陆云，向他们拜师求学。

由于周处专心读书，磨炼气节品行，不到一年，大小衙门就都召请他去任职。后来，他任职东吴的东观左丞。

点评

周处仿佛是一只狂躁的公猪，当地老百姓的忧愁与言语是一把锋利的阉刀。周处通过老百姓的话，深深地认清了自己，他不仅先为老百姓除了虎、蛟两害，而且自己也发奋读书，最后成为一个有用的、受人尊敬的人。老子说：“自知者明，自胜者强。”周处就是一个自知者，更是一个自胜者。当他从父老们的口中知道了自己在人们心目中的地位和形象后，痛改前非，用心和行动来证明自己。人最难战胜的往往是他自己，而周处恰恰凭决心和毅力战胜了自己，这确是难能可贵。

六五以柔居尊，只有有效地蓄止九二，才会吉祥。《蜜蜂与天神》的寓言故事，就最能说明二者的辩证关系。一只蜂后把甜美的蜂蜜献给了天神，天神很高兴，并说答应它的一切要求。蜂后说：“请你给我一根毒针，我镶在后尾上，今后有人胆敢来取我的蜜，我就刺伤他。”天神立即不高兴起来，因为她很爱人类，不过，她答应了蜜蜂的请求，又不便拒绝，于是她说：“可以给你一根毒针，但当你使用毒针刺伤了对方时，毒针就会留在人的伤口里，同时，你也将因失去毒针而死亡。”

上九：何天之衢(qú)。亨。

“何”为感叹词。“衢”为四方畅通的大路。九三的蓄积修养已经成熟，已用不着继续蓄养了。在本卦中，对乾体的三个刚爻的蓄止、蓄养，都用古代畜牧的驯养术比喻。九三是经过驯养的良马，可以任其奔驰了，所以上九就不需要对九三再加以蓄止了，而是放开通天大路任其奔驰。大畜之道，到达上九，已经蓄养充分，自然亨通。全爻辞意为：何等畅达的青

天大路。亨通。

三国故事

辅 佐

孙策临死之际，将弟弟孙权托付给张昭。张昭一边将此事上奏汉献帝，一边给部属下达命令，让他们不能因此而耽搁公事。孙权由于过度悲伤和太年轻的缘故，也不问政事。

张昭面对此种形势，对孙权循循善诱道："年轻后生最宝贵的是继承先人遗志，弘扬父兄业绩，光大祖业。现在你不能像平民一样放纵自己的感情，躲在屋里不干事。于是，他亲自把孙权扶上战马，率领队伍到各地巡视。这样人心浮动的局面很快就扭转了。

张昭比孙权的父亲孙坚小一岁，是名副其实的父辈人，他对孙权的关心，绝不是扶上战马送一程，而是送了一程又一程。孙权接待来使没经验，差点被辱，他亲自解围；孙权只身猎虎，张昭敢于严厉批评；孙权爱聚众喝酒，他又晓以利害。直至孙权感叹道："孤与张公言，不敢望也。"

张昭辅佐孙权的几十年政治生涯中，有不谋而合的高兴事，也有意见相左不愉快的时候，但张昭都是坚定地站在孙权的立场上。一次，孙权决意派人去辽东慰问公孙渊，张昭认为无益，就加以阻止，孙权怒火冲天，拔出刀要杀张昭，张昭面对如此之势，进不能，退不愿，百感交集，只能以哭明志。

还有一次蜀国来使，孙权没有请张昭入堂，蜀使把自己的国家夸成了鲜花一般，孙权见吴国无人能驳，很伤吴国面子，于是孙权又去请张昭。二人见面，张昭不但没埋怨，首先表示感谢，感动得孙权下跪致谢。最后张昭终于给吴国赢回了面子。

孙权四十七岁称帝，张昭已高达七十三岁，他还如老蚕吐丝一样兢兢业业，一丝不苟地辅佐孙权，事事给孙权树威信。

孙权也深赞张昭，并始终事之如父。

点评

孙权之所以能成为奔驰的骏马，与张昭对其蓄养和蓄止是分不开的。孙策临终遗言："内事不决问张昭，外事不决问周瑜。"壮志未酬的小霸王孙策，在生命即将结束之时念念不忘地告诉弟弟孙权，谁是他的辅佐之臣。而孙权始终是谨遵父兄遗教，遇事不自专，从谏如流，终成偏霸之业。

俗语云："一个篱笆三个桩，一个好汉三个帮。"欲成大事者，必须

要有德才兼备的辅佐之臣。项羽英雄无敌,但仅有一范增而不能用,终致乌江自刎;刘邦文才武略平平,但能用萧何、张良、陈平等贤能之臣为辅佐,终得天下。此古今不易之理。

写到此,笔者想到了大畜的境界。那么大畜的境界到底有多高,这让人想起了列子学射的故事。列子学射成功后,便为伯昏瞀表演射箭的技艺,他把弓拉得很满,并把一杯水放在臂肘上,然后发箭,一支支连续发出,后箭紧跟前箭,前一支箭刚刚发出,后一支箭便搭在了弦上。这时列子全神贯注,如泥雕木塑之人。伯昏瞀说:“你这种射箭是有心射箭而射箭,还没有达到无心射箭而射箭的境界。倘若你登上高山,踩着危崖面临着万丈深渊,还能发射吗?”伯昏瞀说完,登上高山,踏着危崖,面临深渊,转过身子又后退两步,两只脚有一半都悬在危崖边外,然后请列子过来。列子吓得趴在了地上,脚后跟都冒出了冷汗。伯昏瞀看着列子说:“道德至高的人,上可窥探青天,下可潜伏黄泉,奔放在荒远之地,神气不会改变。现在你恐惧得直眨眼睛,你距离领悟射箭技艺的奥秘,还差得很远呢。”

伯昏瞀对列子要求,比张昭对孙权的要求更高,所以列子在通天之衢上走得更远。

颐 ䷚ 下震上艮

“颐”为颐养的意思。由震、艮两卦组成。从爻象看，上面一个阳爻，下面一个阳爻，而中间四个阴爻。阳为实阴为虚，如同上下两排牙齿的中间空而无物，颇有颐口之象。从卦德来讲，下体震为动，上体艮为止，如同人嚼食物，下腭动而上腭静止。颐卦是由口体之养，论及道德行为的修养，再由养己论述到养人。

卦辞释译

颐：贞吉。观颐，自求口实。

颐养必须遵守正道，才能得吉。天地养育万物，都是各得其位，没有差错。人必须依循正道和客观规律来养己与养人；观察人们的颐养之道和养身的方法。要摆正养人与养己的关系，养人为公，养己为私，而养己重在修养德行。颐卦中刚爻为实，象征内有德行，既能养己又能养人；柔爻为虚，则靠他人供养。下卦三爻属于震体，震为动，象征口动不停，贪食而不知足，因此得凶。上卦三爻，属于艮体，艮为止，象征饮食节制，重视修养德行，因此得吉。用白话说，自私太过则凶；善修德性则吉。全卦辞意为：颐卦象征颐养，坚持正道可获吉祥。观看嘴巴，就知道是否自求口中食物。

重要提示：论养生之道、人格修养及养贤的原则。

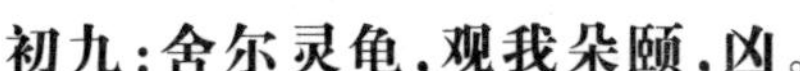

初九：舍尔灵龟，观我朵颐，凶。

“朵颐”为鼓着腮帮子吃东西。灵龟食欲不强，但能够吐纳气息而致长寿。初九以刚居阳位而得正，本来是有养生正道的，完全可以像灵龟那样以内质为养而不求外食，但由于它下腭主动，很容易起贪欲之心，又以阳刚求六四之阴君给养，所以六四就责备初九；以气自养的灵龟，本来不必求外食，为什么放弃正道，因嘴馋而贪婪起来，这必然是凶险的。全爻辞意为：舍弃你灵龟般的智慧，来看我鼓满两腮大吃东西，有凶险。

三国故事

残　暴

董卓命人把少帝、太后与康妃杀死之后，本来已是残暴到了极点。但他还嫌不足，每夜入宫，夜宿龙床，奸淫宫女，在宫廷里为所欲为，恶贯满盈。

对待社会上的老百姓，他也毫无恻隐之心。这年二月，乡民们举行春社迎神赛会，男女老幼聚集观看。董卓命军士们出城围杀乡民，把男人全部杀光，把妇女与财物装载车上，并且还把上千颗的男人头颅挂在车上，让车队头尾相接，浩浩荡荡地开进京城。

董卓如此作恶，却用谎言掩饰自己的罪行，扬言是杀贼归来，并把头颅在城门外燃烧，以显示自己的赫赫战功。

点评

董卓入朝以后，本来可安安稳稳的过日子，但他不，废少帝，诛后妃，奸淫宫女，夜宿龙床，作恶多端，惹起朝廷中文武大臣的不满，但他还嫌恶得不够，又到乡下杀男霸女、抢掠财物。无尽的贪欲，使董卓成为食人的恶魔，也把他推进万劫不复的深渊。多行不义必自毙，窃国之贼的称谓和极其悲惨的下场，完全是他自己一手造成的。

六二：颠颐，拂经于丘颐，征凶。

“颠”是颠倒的意思。“拂”是违逆之意。“经”为常道、常理。六二以阴爻居阴位，资质柔弱，不足以自我供养，必须求助于他人，如果固守正道，静待六五之君的委信，方为食君之禄，但反过来求养于初九，就违背了常理，如果再求上九供养，则是妄动躁进，必凶。全爻辞意为：颠倒向下求养于比邻的初九还不满足，又违背常理越过六五向上九求食。出征有凶险。

三国故事

董卓废立

永汉元年(190年)九月,董卓请少帝登上嘉德殿,大会文武。

董卓拔剑在手,对众臣说:"汉少帝天资轻佻,威仪不恪,居丧无礼,不宜为天下之帝。今废少帝为弘农王,拜请陈留王为皇帝,应天顺人,以慰生灵之望。现有策文一道,请听宣读。"于是命李儒读策。

李儒读罢,董卓命左右挟少帝下殿,解其玺绶。少帝与太后悲痛号哭,群臣无不伤感。尚书丁管愤怒高呼"贼臣董卓,敢为欺天之谋,我以颈血溅你。"说罢,就用手中的笏板砸董卓。董卓大怒,立即命人拿下丁管斩首。

董卓立刘协为汉献帝后,改元初平,自封相国,独揽朝政,终于达到了篡权的目的。

点评

为了达到窃国篡权的目的,作为臣子的董卓对皇帝擅行废立,完全违背了封建的纲常伦理,颠倒了是非,错乱了阴阳。他虽然实现了梦想,满足了权欲,但也成了恶贯满盈的首魁,等待着他的是暴尸街头、点天灯还有遗臭万年留骂名。

《聊斋志异》中有个聂小倩的故事,故事中的书生宁采臣和董卓完全相反。聂小倩是一个被妖物胁迫的女鬼,她长得极其美丽,专以财色害人。一次,她去勾引一心读书的宁采臣,先用美色大肆引诱,宁采臣不为所动。于是她又捧来一锭黄金。宁采臣不但不被诱惑,反而抓起黄金扔出门外,并且不屑地说:"这等不义之财,别玷污了我的声名。"聂小倩当即被宁采臣感动,说出真情:"这不是黄金,是罗刹的鬼骨,谁如果贪财拿了它,罗刹就会挖取谁的心肝,贪财者便会失去生命。"

一介书生不为色惑,又不被物诱,与董卓相比,天地之别,两人的结局,也是理所当然地有了天渊之别。

六三:拂颐。贞凶。十年勿用,无攸利。

六三以阴居阳,违中失正,同时又处于下卦动体之极,乃为邪辟浮躁之徒,贪食无厌之辈,为了求养于人,必然无所不至。由于拂逆常理,媚上求贪,最终会被断绝食物来源,不仅无法满足口腹之欲,甚至还会造成道

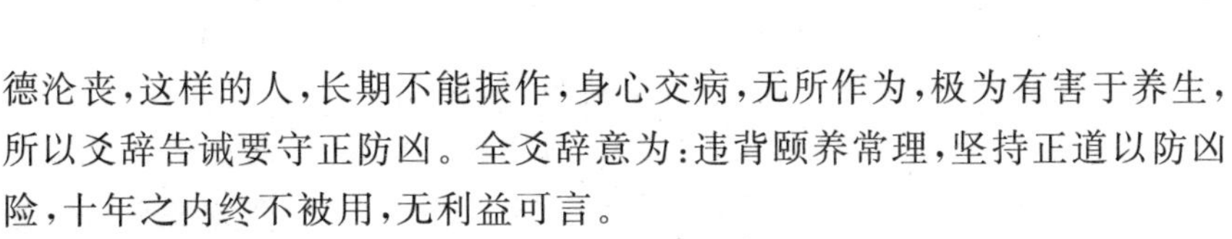

德沦丧，这样的人，长期不能振作，身心交病，无所作为，极为有害于养生，所以爻辞告诫要守正防凶。全爻辞意为：违背颐养常理，坚持正道以防凶险，十年之内终不被用，无利益可言。

三国故事

乱　朝

宦官首领张让在桓帝党锢之祸后，把持了朝政，与赵忠、封谞、段珪、曹节、侯览、蹇硕、程旷、夏恽、郭胜结党，十人朋比为奸，取得灵帝的信任，且令灵帝呼其为“阿父”。张让等人搞得朝政日非，天下人心大乱，于是盗贼蜂起。

中平六年(189 年)四月，汉灵帝病危，在立太子大事上，还要征询宦官的意见。当灵帝有意要立刘协时，张让首提必须先杀了皇子刘辩的舅父大将军何进，只有如此，才能杜绝后患。

汉灵帝非常听信宦官的意见，立即命人召何进入宫，准备杀死他。可是，由于灵帝与宦官谋事不密，被何进得知，何进召集心腹大臣到他家商量如何诛除张让等宦官。

就在何进还没拿定主意怎样诛杀当政的宦官之时，汉灵帝驾崩。

宦官张让与众宦官商议说：“何进要杀我们，怎么办？咱们应该先下手，否则，他先下手不仅要杀我们，而且还要抄斩全族。”

于是，在宫廷内，以张让为首的宦官们与何进等人相互展开了血腥的屠杀。

东汉王朝从此跌入灭亡的深渊。

点评

张让作为一个阉人，他的正道就是“服侍皇上、皇后”，根本没有“参政”的资格，但由于他取得了汉灵帝的宠信，有了把持朝政的权力，便把整个朝廷搞得乌烟瘴气。后来竟然把大将军何进也碎尸两段。阉竖干政，祸乱朝纲，致使东汉王朝江河日下，走向败亡。张让等一班阉竖的当权作恶违背了常规、常理。还有另一根本性的原因是这班阉竖背后的皇帝昏暗不明。“尸败蝇聚，肉腐虫生。”有这样的昏君，方有这些围绕着他转的佞臣。昏君与佞臣总是共生共亡，决不会独存独亡，此古今不易之理。

人间违背常理做出可笑、可悲之事的人太多太多。有一中年妇女仅有一个儿子，可她千方百计想再生一子。一天，她的邻居与她开玩笑说：“你把你的儿子杀了，然后取血祭天，不久，就能再生几个儿

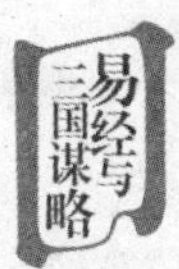

子。”这位中年妇女一听此话，觉得有理，就想杀死自己眼前的儿子。这事让一位禅师听到了，他立即找到这位中年妇女，说：“世上没有人傻到你这般地步，为了得到一个还没有出生的儿子，竟然要杀死你身边活蹦乱跳的亲生儿子呢？你真是太愚蠢了。”

六四：颠颐，吉。虎视眈眈，其欲逐逐，无咎。

“眈眈”是专一注视的样子。“逐逐”是急迫的样子。六二和六四都“颠颐”，但二者却有着本质上的不同。六二居下卦震体，是贪食之象，只养体不养德，所以戕生而有凶。而六四居上卦艮体，能清心寡欲，节制饮食，所求之道是以德自养，身心皆安，所以养生之道吉祥。再则六四为阴虚之体，下与初九相应，主动向下求贤自辅，正是美德的体现。全爻辞意为：颠倒向下求养，吉祥。像老虎一样眈眈注视，欲望非常迫切，没有过错。

三国故事

再次重用

曹睿做了皇帝之后，骠骑大将军司马懿为防御蜀汉入侵，主动请求去守护西凉。

诸葛亮又很怕敌手司马懿，故采用离间的方法，在西凉等地广贴告示，大力宣扬司马懿谋反。曹睿后来果然中计，撤换了司马懿。诸葛亮目的达到了，他便率领军兵入侵中原，直逼渭水，曹营当中顿时惊慌失措，毫无办法。

几天之后，曹魏在边境上屡吃败仗。太傅钟繇暗中已多次思量，只有司马懿能够抵挡诸葛亮。钟繇经过几天的酝酿，终于硬着头皮向曹睿进谏：“当初诸葛亮为何不敢犯我边境，只因司马懿居守边关。后来他们用离间计借陛下之手剪除了他，才使我们连连遭败。”曹睿是个聪明人，他听了钟繇的话，知道自己撤换司马懿是中了诸葛亮的离间计，于是说：“立即重用司马懿。虽然再用他有失朕容，也有些难堪，但也比屈身于蜀汉好一些。”于是曹睿立即降诏，遣使持节去召司马懿。

解甲归田的司马懿，正在家里为魏军屡败而仰天长叹。使臣持节到了司马府上宣诏。司马懿听完帝诏后对两个儿子说：“魏主为了用我去解敌危，不顾面子，自纠其过，实是难能可贵，我们父子三人当应竭力赴诏。”

曹睿一见司马懿，便道歉说：“朕当初一时不明，误中敌计，追悔莫及。

望卿不计前嫌，替朕前方破敌。”说罢，还赐给司马懿一对金钺斧，并吩咐说：“今后凡有机密之事，可先斩后奏。”

司马懿刚一复职，就得到了魏帝如此信任，他誓报知遇之恩。后来，他不仅粉碎了诸葛亮的北伐，而且及至曹睿病故，又扶其子曹芳继位，可谓忠心耿耿。就是到了后来除掉曾经把持兵权、专横朝政的曹爽时，司马懿也没产生过废主自立的妄想，一直侍魏至终。

点评

曹睿身为一国之主，能够不顾面子，重新重用被自己定为谋反而罢官的司马懿，不仅是屈身下求，更表现出一种博大的胸怀。正因如此，才粉碎了诸葛亮的北伐，保卫了曹魏的天下。曹睿确实是个聪明人，身为六四，不耻下求，勇于否定自己；尤其是向自己曾错误处罚过的臣下赔礼道歉，更是难能可贵。因为他知道，江山重于自己的面子。从这件事看，曹睿还有明君之韵，其用人大有乃祖之风。

六五：拂经，居贞吉。不可涉大川。

六二与六三处下卦震体，因贪得无厌，无论“拂经”还是“拂颐”都为凶。六五“拂经”也应是违逆常理的，它虽居君位，但是阴君无实质，不仅不能养天下，甚至连养自己还有求于上九的阳实。不过，六五有柔顺之性，又能安居守中，以阴承阳顺从上九阳刚，象征着谦虚的君子礼求于贤人，问道于能臣，借他人智慧以自养天德，所以说吉祥，但不能涉越大河。全爻辞意为：违背常理，安居守正可获吉祥。不可涉越大河。

三国故事

先赢人心

曹操决定迎献帝到许都，以便达到“挟天子以令诸侯”的目的。但献帝不是木偶，他身边还有着许多护卫的力量。

在朝廷当中，车骑将军杨奉的兵马较强，并且离许昌又近。曹操先通过与己早已友好的朝廷议郎董昭转书一封，以表合作之诚和共辅汉室的大志。

信中道：我仰慕将军的义气，愿与将军推心置腹，将军护卫天子，历尽千难万险，终于回到了故都洛阳。辅佐之功，举世无匹。如今群雄战乱中原，四海不宁，国家安定需要群贤维护，这不是单靠一个人的力量所能支撑的。将军可在朝内为主，我愿在外为援。现在我有粮食，将军有兵，正

好有无相通，互相补充，如能生死与共，大事可成。

这时的杨奉势单力孤，没有外援，粮食紧张，见到信后喜出望外。杨奉对诸将说："曹操在许昌，离我们很近，有兵有粮，应该依靠他。"于是他与诸将一同上表，请献帝拜曹操为建德将军，袭父爵位费亭侯。曹操先后写了《上书让封》和《上书让费亭侯》，表示推辞，献帝不准，才又上《谢袭费亭侯表》表示接受。

这时曹操不仅受封，而且赢得了杨奉的支持。不久，曹操又以其他方式和董承取得联络，自己的势力也逐渐开始壮大。

后来，汉献帝封曹操领司隶校尉，假节钺，录尚书事。

这下子，曹操真是多喜临门。既有了统领内外诸军的权力，又有了总管朝政的权力，还有了监察百官、维护京师地区治安的大权。

点评

曹操在迎驾献帝移都许昌之前，通过多种方法赢得了多数人的心，有时不仅要向人说低三下四的话，还要叩头敬拜人家，最终获得军政大权，为以后"奉天子以令诸侯"建立了良好的基础。曹操的种种做法，从中国封建传统的观点上看是有失体统的，但又很行得通，这得力于他善于求贤养德，很会美化自己。

曹操能借众人之慧，所以成就了自己的大业。有一个马和驴的寓言故事：马和驴就因不善借慧，双双壮烈地搭上了性命。一天马和驴的主人要到远处去卖盐，于是把相同重量的盐分别驮在马和驴身上，开始远涉。不久，驴子承受不了重量，便对马说："大哥，我实在承载不起了，你个子大有力量，帮我分担一些盐吧。"马轻松地驮着盐，漫不经心地说："谁帮我驮？自己的事自己做吧。"驴子没办法就只能艰难地走着，然而由于驴的体力透支，走了没多少时辰，便累死了。驴死之后，主人不得不把所有的盐都压在马的背上，马在重载之下，体力也是越来越不济。最后实在支撑不住了，可是主人手持皮鞭毫不客气地去抽打它。它这时才想：当时我若能为驴分担点盐多好啊。可是，悔之晚矣。不久，这匹马因负载过重又加皮鞭之苦，也一命呜呼了。

马拂经，驴拂经，最后的结局必然全"拂经"。其中原因乃不能"居贞"。

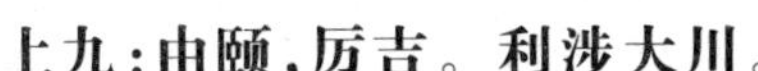

上九：由颐，厉吉。利涉大川。

“由颐”是天下由之以养。“厉”为危险。上九处颐卦之极，元气得到充分的积蓄，阴虚已转阳实，不仅因刚实能够自养，同时又能颐养四个阴虚，正处既养己又养人、既养体又养德的颐养正道，也是颐道大成的象征。但在此时，应当防危虑险，心存戒慎，以免功亏一篑。若不知防危就是大忌。全爻辞意为：由它获得颐养，谨防慎危，可获吉祥，利于涉越大河。

三国故事

移驾立都

曹操在得到军政大权之后，并不甘心如此，他更大的目标是实现自己的霸业，要统一华夏。

一次他问董昭：“现在我到了洛阳，你看下一步该如何。”

董昭答：“将军兴义兵以诛暴乱，现在又入朝辅佐天子，这是五霸之功。但是诸位将领各怀异心，未必都能服从。你若留在洛阳匡扶朝政，必有许多不便。最好的办法是将天子迁到许昌。然而，朝廷已有几次迁徙，现今刚迁回旧都，若你要再迁都恐怕会有麻烦，希望将军权衡利弊，采取对策。”

曹操认为迁都许昌的确是个好办法，但又担心杨奉阻挠。董昭又献计说：“根据旧谊，他能够愿意与你合作，但只可说‘洛阳已残破不堪，没有粮食，只想暂把献帝接到鲁阳去，那里粮食供应没有困难，鲁阳离许昌又很近’。”

曹操按董昭的意见办了，杨奉也信以为真。当杨奉明白过来，曹操已把汉献帝移到了许昌，且定许昌为许都，改年号为建安。

点评

东汉政权虽如大厦将倾，但汉献帝作为最高权力的象征，老百姓还是买账的。谁能把皇帝控制在手，谁就掌握了发号施令的主动权。

曹操迁都，就可以“奉天子以令诸侯”，也可以“挟天子以令诸侯”，真正控制中央政权。曹操的这种行为本身就是最好的阳实，也是最好的防危。

这大概也是阴虚转为阳实的大道，既养己又养人，既养体又养德。

尽管曹操在历史上作出了诸多的贡献，但他一直背着骂名，就因

他本身有绝对不正的一面。故事《盲人的灯笼》，讲了一个双赢的道理。有一僧人走在夜间的路上，曾被几个人撞着。这时，僧人恰巧碰到了一位盲人，他手里还提着灯笼。路过的人纷纷议论：“这瞎子真怪，他打灯笼有何用？自己又看不见。”僧人也不解，就去问盲人。盲人说：“我生下来就是盲人，对我而言，白天晚上都是一样的。可是我听说，眼好的人到了晚上和我一样，但只要有灯光，他们的眼睛就同白天一样。”僧人立即说：“你真是位善人啊。”盲人又说：“你只说了一面，我不仅为了别人，也为自己，因为这样别人就会看到我而不会撞到我了。”

盲人的灯笼，既照人又照己。人之德如此，那还有什么不可涉越的山川？

大过 ䷛ 下巽上兑

万事万物颐养大成之后，就应有所作为，但这期间又往往会产生过激行为，所以颐后便设大过。“大过”是大为过越常理的意思。大过卦由巽、兑两卦组成。从卦象看，巽为木，兑为泽；下巽上兑，巽在兑泽之下，本来巽木是依赖兑泽生长的，而兑泽淹没了巽木，这为超越常理，是大过之象。

从爻象看，四个阳爻位于大过卦中央，且上下两卦的中位都是刚爻，可见阳刚强盛。在《易经》中，阳刚为大，阴柔为小，阳刚盛过阴柔，就是大为过越，即为“大过”。大过卦各爻，以刚柔相济的情况为佳，而不以当位得正为美。论断爻位关系时，不取远应，只取近比。

卦辞释译

大过：栋桡(náo)，利有攸往。亨。

“桡”为木材弯曲的意思。卦辞中以栋梁弯曲为比喻，四阳在中间，两阴在两边，中间强，两头弱，柔弱的两头难胜栋梁的重压，以致栋梁弯曲，呈现危象。房子即将倒塌，必须前往采取措施，调整阴阳的强弱，使其转危为安。全卦辞意为：大过象征大为过越，栋梁弯曲，利于有所前往。亨通。

重要提示：论阳刚过度，需要调整，以达到阴阳平衡之理。

初六：藉用白茅，无咎。

“藉”为衬垫的意思。在古代祭礼敬神，十分虔诚庄重，祭品不能直接放在地上，要用白茅草垫在祭品下面，以示洁净。初六以一阴处于极下，是柔弱卑小的，要敬慎柔顺地上承阳刚，这样，初六的阴柔才能得到九二阳刚的调剂，才能促成阴阳互济。此爻的全旨是强调做事要小心谨慎。

如果做大事只一般地谨慎小心还是不行的，必须要柔顺地处承阳刚之力，否则，不能成功。全爻辞意为：用白茅草衬垫摆放祭品，没有过错。

三国故事

庞统赴曹

蒋干盗书回曹营，致使曹操误杀了蔡瑁和张允两位水军大将，他心中十分愧疚，一心想寻找机会为曹操立点功劳，以补前过。

赤壁大战前夕，曹操为了掌握东吴的军事部署，很想再派人前去东吴了解一下情况，蒋干便自告奋勇赴东吴。

蒋干一到东吴，使大都督周瑜高兴得不得了，他说："大功可成，只在此人身上！"于是吩咐鲁肃："请庞士元来，让他去曹营做点事。"原来庞统因避乱而寓居江东，鲁肃曾荐之于周瑜，还未及相见。周瑜先使鲁肃向庞统问计说："破曹当用何策？"庞统密告鲁肃说："欲破曹兵，当用火攻；但大江面上，一船着火，余船四散；除非先献'连环计'，教曹营将船钉作一处，然后再施火攻，方可大功告成。"鲁肃转告周瑜，周瑜深服其论，并说："为我行此计的人，非庞士元不可。"鲁肃说："只怕曹操奸猾，难以上当，再说庞统又怎样才能去呢？"

周瑜也为此事沉吟未决。是啊，如何才能叫庞统接近曹操且献上连环计呢？若连环计献不成，则火攻之计将功亏一篑！周瑜正在深思此事，忽报蒋干又来，周瑜哪能不喜，他心中暗道："天助我也！"他一面吩咐庞统用计，一面坐于中军帐，叫人请蒋干。蒋干进帐，周瑜说："前次你盗我密书，归报曹操，杀了蔡瑁、张允，致使我事不成。今又来何干？必不怀好意。我不看旧日之情，定斩不饶。我这一两日内暂不破曹，把你安排在一个地方，不得溜走，不然，你必又通风报信。"周瑜故作思考，之后说："先送你往西山庵中安歇，待我破曹之后，再送你走吧。"于是周瑜便把蒋干软禁在西山庵中，让他整天心中忧闷，寝食不安。在此之际，周瑜又安排庞统在离蒋干不远的小茅屋里装着研读孙子兵法，等待蒋干上钩。

机会终于来临了，蒋干发现了庞统，还心想，这一定不是个非凡之辈，于是便敲门求见。

庞统开门自我介绍："我叫庞统，字士元。"

蒋干忙问："莫非是凤雏先生？"

庞统说："正是。"

蒋干高兴地说："久闻大名，今天为何住在这偏僻的地方？"

庞统说："周瑜自恃才高，不能容人，所以隐居在此。"接着庞统又问蒋

干："你为何人？"

蒋干自我介绍以后，便邀庞统进自己草庵共坐谈心。蒋干说："以先生之才，到哪儿不好，如肯投曹丞相，我愿引荐。"

庞统说："我早想离开江东，先生既有引荐之心，今天就可动身，如果迟了被周瑜知道，他必害我们。"

蒋干庞统二人于是连夜急忙下山，找到了一只小船，向江北驶去。

点评

"火烧赤壁"是个大计谋，这个大计谋包含着许多小计谋；这些小计谋又环环相扣，紧密相连。周瑜作为战争的一方主帅，运筹帷幄，殚精竭虑，对实施"火攻"之计的每一个环节都是思虑再三，周密安排，慎之又慎。其中，为了给庞统进曹营找个合适的引荐人，周瑜可谓绞尽脑汁。后来，蒋干送上门来，周瑜之计成功了。周瑜用计之所以成功，原因有三：一是周瑜思虑周到细致，对各个环节谨慎之至，绝不忽略。二是周瑜利用了曹操爱网罗人才的特点，使庞统能顺利献计。三是"连环计"，客观上确能解决曹兵不惯乘舟、颠簸生病的难题。

将"火烧赤壁"这一大谋设好，不仅是周瑜思虑的大事，也是三国时代的一个大事。为了火烧，谁能使曹操使用"连环计"？这是火烧赤壁的重要一环。为此周瑜借蒋干再访东吴之机，运用了刚柔相济的方法，使曹操糊里糊涂地上了大当。

连环计的使用在释此爻爻意上有一些复杂，人们熟知的《愚公移山》的故事，理解此爻会更容易些。太行山和王屋山，方七百里，高七八万尺，挡住了愚公家的出路。愚公将近九十岁时和家人说："我们全家人一齐努力，把门前的这两座山搬走吧，不然，咱们太不方便了。"家人异口同声地答应了。只是愚公的妻子反对，说："凭你的力量连个土堆都挖不了，对付这两座大山能行吗？再说挖山的土又放在哪儿呢？"大家都说放进渤海里。于是愚公率领儿子开始挖山。这时有一个名叫智叟的人见了，说愚公："你这老汉笨到了极点。你一个将死的人，力薄得连山上的草都难以割倒，怎么能对付这些山石呢？"愚公反倒坚定地说："你的思想太顽固了，连个寡妇小孩都不如。我死了以后，还有儿子，儿子死了以后还有孙子，子子孙孙是没有穷尽的。但是山不会再增高，我怎么挖不平它呢？"愚公这话让山神听到了，山神立即报告了天帝，天帝被愚公感动了，他命令夸娥氏的两个儿子背负起两座山，一座放到了朔方，一座放到了冀州的南部。从此，愚公家门前就变成了一片平原。

太行、王屋二山之所以被搬离了愚公的家门，就是愚公的虔诚精神感动了上帝。

九二：枯杨生稊(tí)，老夫得其女妻。无不利。

“稊”是新生的枝芽。当“大过”之时，阳刚发展过度，便用枯杨和老夫比喻九二，初六便成了幼弱的嫩枝和年轻的妻子。两爻比邻，正好取柔济刚，以阴柔抑制过度的阳刚，这当然是无所不利的。全爻辞意为：枯杨生出嫩芽新枝，老男人得到年少的妻子，无所不利。

三国故事

巧结吕布

曹操正筹划会同刘备共灭吕布，不巧，忽报关中张绣结连刘表统兵攻占宛城，目标直指许都，意欲劫夺圣驾。

曹操欲转攻张绣，但又恐吕布来犯许都，一时间无了主张，此时荀彧向曹操献计：“主公，这事很简单，您派使去徐州，给吕布加官赐赏，再令刘玄德去解和，吕布只要一见主公的财物和赏赐，一高兴就不会再犯许都了。”曹操听了此主意，立即派人出使徐州，送上贵重赏物，然后诏封吕布为平东将军。果然吕布大喜，当他得知是曹操荐自己为平东将军时，立即受封，并且当面向使者感恩戴德，打消了攻取许都的念头和准备。

解除了后顾之忧，曹操立即起十五万大军直取宛城，使得张绣不战而降。

点评

这个故事诠释此爻爻意特别有意思，最初曹操欲灭吕布时，他把刘备当成自己“稊”和“女妻”。可是，战局有了新的变化，曹操又听从荀彧之谋，以吕布为“稊”和“女妻”，又去攻打张绣。这样做可以说是“无不利”。更有意思的是，后来曹操在三国鼎立之中，又将张绣作了自己的“稊”和“女妻”，不仅得了张绣所占的寿春，还多了许多将士。

曹操是位海纳百川的男子汉，也是位广纳贤才的明主。其中的道理在于处大过时，既不能太刚，也不能太柔，否则就是“大过”，而刚柔相济，刚柔得时，刚柔顺势，才是处“大过”的上策。

九三:栋桡。凶。

九二得到与自相比的初六阴柔辅助,抵消了过度的阳刚,得以阴阳平衡。九三虽与上六有应,但他以阳刚之质居阳位,又不得中,对阴柔加以排斥,失去了阴柔辅助,反而落得个摧折之危的结局,再加之阳刚过甚、刚愎自用,又由于急功近利,优势转化为弊端。阴柔气质的人,较为宽容退让,虽然可以弥补阳刚的不足,但面对过刚的九三,必然退避三舍。全爻辞意为:栋梁弯曲,有凶险。

三国故事

吕布被缚

吕布被曹操围困于下邳城中,仍每日沉湎于酒色。一日揽镜自照,见己形容消瘦,于是决心自戒酒色,并在城中下令,有饮酒者皆斩。吕布手下的大将侯成有十五匹战马被人盗走。侯成发现之后,立即追杀盗马人,把马夺了回来。为了庆贺,侯成便想与诸将设宴饮酒,但又怕吕布怪罪,于是先送五瓶好酒给吕布。吕布见酒大怒,即令把侯成推出斩首。

宋宽和魏续等人为侯成苦苦求情,侯成虽然没有被杀,却挨了五十大板。这时宋宪说:"吕布只恋妻妾,却视我们如草芥。他无仁无义,我们离开他吧。"

魏续也说:"现在曹军兵临城下,水绕壕边,我们只有等死。不如擒了吕布献曹公。"

于是,这天夜里,侯成偷偷溜进马院,盗走了吕布的赤兔千里马,献给了曹操。次日,曹、吕交战后,吕布因疲劳睡在了城楼椅子上,宋宪便赶退左右,先盗了吕布的画戟,再与魏续一齐动手把吕布紧紧用绳索绑牢在椅子上。

等吕布从睡梦中惊醒,左右已被赶走,自己反被牢牢地捆住。吕布顿时傻眼了。

点评

吕布被缚,是败在了自己手里。他因小失大,得罪了部下,尤其在兵临城下之时,他不仅不刚柔相济,相互依靠,相互支持,反而化友为敌,最后的下场是先丢千里马,再丢画戟之后被缚。吕布纵然再英雄无敌,武艺也没法施展了,最后必然要丢掉自己的性命。吕布作为一员武将,是优秀的,可以说英勇无敌;但作为统帅,作为领导者,他

是不合格的。领导者，他不一定要有高超的武艺、非凡的智慧，但一定要善于用人，有统帅之才。只要他能统御众人之心，用众人之智，用众人之勇，他就可立于不败之地。吕布恃匹夫之勇而身居帅位，只会用刚而不能施柔，焉有不败不亡之理？

吕布被缚兵败身死，让人想起了一则法国民间故事《商人和农夫》。拿破仑时期，法国人战败从莫斯科撤走后，农夫和商人在大街上寻找财物。最先他们俩发现了一大堆羊毛，两人各分一半捆在了自己的背上，然后回家。归途中两人又发现了两匹布，农夫甩掉了羊毛背上了布，商人又背羊毛又抱布，继续回家的路程。后来，两人又共同发现了银制餐具，这时商人已累得气喘吁吁，农夫却感到不那么累。见到银制餐具后，农夫又扔掉了布匹，捡了值钱的银制餐具回家变卖了，之后过起了富足的日子。而商人依然背着羊毛抱着布，想尽办法再拿着餐具，这时突然天降大雨，商人的羊毛和布全被雨水淋湿，身上的重量愈来愈重，最后商人踉踉跄跄走在泥泞之中，最后便累死了。

商人的死，乍看起来是贪，从本质上看，则是“于财太刚”。最后的结局，与农夫相比，可谓得失两重天。

九四：栋隆，吉。有它，吝。

“隆”为隆起的意思。“吝”是指有毛病或憾事。九四以刚质居柔位，性刚而能用柔，这已经部分地抵消了阳刚的过度之质，同时它又居上卦下位，且与初六阴阳相应，更能实现刚柔相济。于是九四阳刚的过度在初六阴柔的作用下，达到了阴阳平衡的状态，所以吉祥。全爻辞意为：栋梁隆起，吉祥。如果发生其他变故，还会出现毛病。

三国故事

弃取徐州

曹操因父被杀，便借为父报仇之机想吞并徐州，于是指挥兵马包围了徐州。在这千钧一发之际，徐州牧陶谦无奈之中只好求救于刘备。

曹操于军中正与诸将商议此事，刘备所派使者送来劝和信。曹操看信后大骂刘备：“他是何人？敢以信劝我？”郭嘉忙说：“刘备远来救援，应先礼后兵，主公应用好话答他，以使刘备失去警惕，然后攻城。”曹操听后，便打算按此计行事。

正商量期间，忽报吕布破了兖州，抄了曹操的老窝。曹操一听此消息，大吃一惊，对谋士们说："兖州有失，我便无家可归，快想办法。"

郭嘉说："主公正好卖个人情给刘备，且退兵收复兖州。"

曹操同意了郭嘉的意见，立即给刘备回信，同意撤兵。陶谦等见曹操撤兵，便派人请孔融、田楷、云长、张飞、子龙等进城祝贺。

曹操在回击吕布的路上，兵行至泰山险隘处，郭嘉忙对曹操说："且不可急进，恐怕此处有伏兵。"

曹操听后哈哈大笑："吕布是无谋之辈，他叫薛兰守兖州，自己去濮阳，这里怎么会有埋伏呢？"曹操便令曹仁领一军去围兖州，自己进军濮阳，去攻打吕布。

点评

徐州之战之所以没有给曹军带来损失，主要的是曹操能够听取下级的意见，不躁进妄动，也不刚愎自用。当途经泰山险隘之处，郭嘉再次提议，曹操又能正确地判断，他说吕布因攻打兖州和濮阳，无力在此处设防，必无凶险。当他的军队大踏步地行军路过此处时，也的确无险。这也正是曹操能够正确地听取下级意见的结果。徐州之战之所以没打起来，以此爻而论，也许是阴柔纠正了刚阳吧。

《晋国治盗》的故事，虽与此事大不相同，但它从另一个角度诠释了此爻，也许对读者理解此爻更有意义。晋国盗贼横行，国王忧患。这时有一个名叫郄雍的人，能够通过言语容貌识辨盗贼。只要盗贼从他眼前经过，没有一个能漏网的。晋国国王很高兴地对赵国的文子说："这会儿我不用犯愁了。"文子说："这种方法不行，不仅盗贼不能除尽，而且郄雍还有生命危险。"不久，盗贼们聚众商量，合伙把郄雍杀害了。晋国国王听说此事，立即去拜访文子用什么方法治盗。文子说："周地有个谚语：能看深渊游鱼的人并不吉祥，能算到隐微恶迹的人也会遭殃。您要想治盗，应提拔国内贤人，政令昌明，教化百姓，让他们都有羞耻之心，那时谁还去做盗贼？"晋国国王听了文子的话，立即任命贤人主持国政，不久，晋国的盗贼大都逃到秦国去了。

九五：枯杨生华，老妇得其士夫。无咎无誉。

"华"与"花"通假。"士夫"指未婚男子。九五为过盛之阳，亲比上六衰极之阴，虽然阴阳相合，勉强的调剂也达到了以阴济阳的目的，但是收效甚微。原因是九五是个阳刚过盛的小伙子，而上六则是一个年高体衰的老太婆，两人虽有婚配，但只是在大过之中的应急举措，这种做法就如

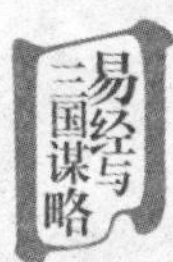

同枯树开花，虽能新鲜一时，但长久不了，因为老太婆失去了生育能力，即使得到少夫也不能生育。全爻辞意为：枯杨开花，老妇人得到年轻的丈夫，没有过错，也不值得称誉。

三国故事

联　姻

曹操对汉献帝身边的皇亲国戚十分头痛，不是“衣带血诏”就是“谋杀曹操”，图谋曹操的事件时常发生。面对如此棘手的情况，曹操把自己的三个女儿一齐嫁给了汉献帝。

汉献帝对与曹操的政治联姻很重视，聘礼甚厚，仪式隆重。然而曹操的女儿却并非完全甘心，所以曹植为此写下了《叙愁赋》。

当曹操得知女儿的愁苦时，他为女儿特地写下了《内诫令》：今贵为贵人，金印蓝绂，女人爵位之极。

身为贵人，携黄金印，佩蓝绶带，女人的爵位已到极点。这显然是从政治上考虑问题，要女儿知足不悔，同时，还要女儿严密监视汉献帝，侦探拥汉反曹的活动。

汉献帝最初很高兴，可是不久，他就感到更不自由了。后来，连皇位也失掉了。

点评

曹操把三个女儿都嫁了汉献帝。从表面上看，曹氏三姊妹皆成为贵人，深居禁宫，锦衣玉食，对于女人来说，可谓风光无限，尊贵至极。然而事实并非如此。这桩婚姻，既非平常的男婚女嫁，又非一般的政治联姻，而是曹操为了政治目的强权操作，汉献帝不敢不娶，曹氏姐妹不得不嫁。对于汉献帝来说，小命都在曹丞相手里攥着，何况给指定皇后、皇妃？对于曹氏三姐妹来说，只能唯父命是从，绝无选择的余地。按中国的文化传统，“君为臣纲，父为子纲，夫为妻纲”，妇女是“在家从父，出嫁从夫，夫死从子”，但是曹氏三姐妹嫁给汉献帝却不能“以夫为纲”，也不能“出嫁从夫”，而要按照父命监视夫君汉献帝！那么对于丈夫，爱呢，还是不爱？遇见事关父与夫的事，身为女儿又为皇帝后、妃的曹氏姐妹，是从父呢？还是从夫呢？在这种有悖人伦的矛盾漩涡中，真是难煞曹操的三个女儿。难怪曹子建写了《叙愁赋》。曹操嫁女，无论对汉献帝还是对曹氏三姐妹，都如枯杨生华一样，看上去挺好，其实不是什么美事。

上六：过涉灭顶，凶。无咎。

上六处在阳刚过盛的大过卦之终，孤阴残存。下面的四阳刚健强盛，上六自然无法匹敌，随时都可能被阳刚排斥掉，正如涉水过河，随时皆有灭顶之灾。再则，上六处这样的卦位时，在客观形势上已无法免去灾祸。灾祸的发生是客观形势使然，即便是主观努力也是无法杜绝的。此时此刻，已无回天之力，用句比较流行的话说，莫以成败论英雄。全爻辞意为：涉水而淹没头顶，有凶险，但没有过错。

三国故事

陈宫就义

吕布被擒之后，陈宫也被监押起来。曹操问陈宫：“我俩分别后，你还好吗？你若在当年不离开我，何至于今天落到这个下场？”

陈宫说：“我见你心术不正，才离开了你。”

曹操又说：“我心术不正，你为什么又单单去为吕布办事？”

陈宫答：“吕布虽无谋，但不像你诡诈奸险。”

曹操反问：“你自以为足智多谋，那为何今天又一败涂地？”

陈宫看了身边的吕布一眼，说：“只恨他不听我计！如果他听从了我计，就不会被你擒住。”

曹操又问：“今日应当如何？”

陈宫答：“我愿一死。”

曹操再问：“老母妻子如何？”

陈宫再答：“以孝治天下者不害人之亲；施仁政于天下者不绝人之后。老母妻子都在你手上了，要生要死，决定于明公。我既被擒，就请杀吧。别无挂念。”

曹操对陈宫有留恋之意，但陈宫已大步下楼，左右牵制不住。曹操以泪送别，陈宫并不回头。曹操只好说：“把陈宫的老母妻儿送回许都养老，谁敢怠慢，斩！”

点评

当初，曹操围攻下邳之前，陈宫曾献计说：“曹操远来，势不能久。将军可带兵出城，我在城中防守，曹操若攻将军，我带兵击他身后。曹操若攻城，将军击其后，不过几天，曹操粮尽，便可一击而破。”可惜，当时的吕布没有听从陈宫之计，整天沉湎于酒色之中。吕布失

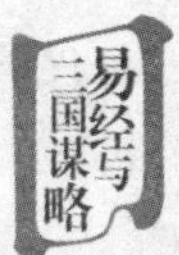

败，陈宫受到株连，最后连命也搭了进去。对于吕布之败，陈宫没有过错。陈宫错在无知人之明。以陈宫之智，倘辅明主，当有所作为。可惜所辅之吕布徒有匹夫之勇，缺德少智，自己只能成了陪葬者，悲哉！

明朝洪武年间，浙江嘉定有个叫万二的人，在当地可称首富。他与陈宫就截然不同，能够有先见之明。一次，有人从京城办事归来，他立即去问京城最近有何见闻，这人说，听说皇上最近作了一首诗：

百僚未起朕先起，百僚已睡朕未睡。
不如江南富足翁，日高丈五犹盖被。

万二一听，自叹道："迹象有了！"他将家产托付给仆人掌管，自己买了一艘船，载着妻儿和贵重的细软，泛游江湖而去。结果，两年不到，江南大族富户的财产全部被皇庭收缴，万二却幸免此劫。

万二是位深明"灭顶"之灾的聪明人，这样的人是不易犯下大错的。

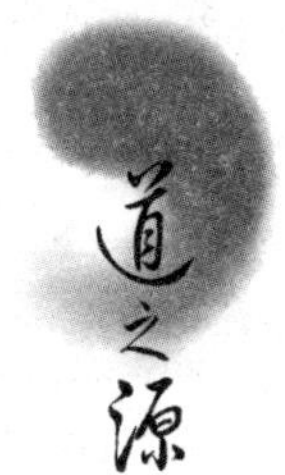

坎 ䷜ 下坎上坎

坎卦的三画一阳居中，两边为阴，一阳陷于二阴之中，很有陷险的意思。从卦象看，形似流水，从卦德看，意为陷险。重卦的坎是由两个单卦的坎相叠而成，其意为险上加险。

在八卦的卦注中，只有坎卦险陷不吉，为君子所不取。不过，流水虽然藏含危险，但是只要你是个熟习水性的人，就可以自由地出入水中，不至于溺水。处于坎险中，一定要熟习险难环境，然后再设法济险出险，方可平安无事。

卦辞释译

习坎：有孚，维心，亨。行有尚。

“习”既有重叠的意思，又有熟习之意。“孚”指诚信。“维”是只有的意思。“坎”为阳之陷，即一阳陷于上下二阴之中，与“大过”卦相较来看，事物发展到极限就要走向其反面。坎的象征意义为水，水总往低处流，所以坎还有“坑陷”之意，也有“险境”的引申之意。坎卦由两坎重叠，即为坎上加坎，也为险上加险，所以“习坎”既有“重重险陷”的深意，又有欲走出坎险就应“熟习”坎险之意。为此，坎卦提出了排难出险的原则，即不仅着眼于客观险状的考察，还应着眼于自己的内心世界，重视内心世界的调整，优化精神状态。在遇险之时，不仅要有能够出险的诚心，还要相信自己战胜艰险的能力。只要有了这种信心，就可产生巨大的精神力量。当一个人身在险陷之中，内心拥有一往无前的精神，视险如无，履险如夷，保持从容的心态，必能亨通无阻。全卦辞意为：坎卦象征重重险陷，只要熟习坎险，心怀诚心，内心就能亨通。只有内心亨通，行为才值得崇尚。

重要提示：综论排难脱险的原则和指导思想。

初六：习坎，入于坎窞(dàn)。凶。

“窞”是坎穴中的洼陷处。初六阴柔失正，居位不当，又处于重坎之下，这意味着陷入很深的险境，不仅自身柔弱无力出险，而且又违履险之道，还无外援。所以，在主观因素和客观因素上都很不利时，不仅不能出险，反而还会愈陷愈深。全爻辞意为：重重险陷，落入陷穴深处，有凶险。

三国故事

袁术称帝

东汉末年群雄并起，袁术自恃地多粮广，再加之孙策向他借兵而把传国玉玺质押在手里，所以他便妄自称帝，建号仲民，立儿子为东宫，还命使者前去催吕布之女为东宫妃。

在征讨徐州之际，他命人打着龙凤日月旗幡，金瓜银斧，黄钺白旄，自己身披金甲，坐在黄罗绡金伞盖之下。他腕悬两刀，立于阵前破口大骂吕布。吕布命人与之大战，不到三个回合，他便败下阵来，只好逃回淮南。

袁术败回淮南之后，就派人向江东孙策借兵，想报吕布之仇。没想到孙策反骂道：“袁术赖了我的玉玺不但不还，还妄图称帝，背叛汉室，大逆不道，我正想兴兵问罪，你还求助？”

后来，袁术又与刘备交战。刘备在门旗下责骂袁术：“我奉诏来讨你这反贼，你若束手就擒，可免你死罪。”袁术反骂刘备：“你这织凉席编草鞋的大耳贼，还敢轻视我！”于是令人出战，不几回合，袁术的人马被刘备杀得尸横遍野，血流成河，最后剩下的残兵败将不足千人。

时当盛夏，袁军粮断钱绝，袁术命庖人取蜜水止渴。庖人对他说：“现在哪有蜜水，只有血水。”袁术听后大叫一声倒在地上，吐血斗余而死。

袁术死后，徐璆夺得了玉玺，赴许都献给了曹操。

点评

初爻处于重坎之下，从客观条件上讲是处于险而又险的地位。初爻又为内卦之爻，从主观上来讲，又有主观上的不利因素。袁术之险，既来自自身，又来于外界。

东汉末年，汉室衰微，刘氏失政，值此动乱之秋，群雄并起，逐鹿中原。在这种情势下，那些拥兵自重的军阀，谁不想做皇帝？都想！但是又都不敢贸然称帝。原因者何？时也，势也！虽然汉室衰微，朝政旁落，但是天下人心仍认为天下是刘氏天下，有欲自称帝者，就是

大逆不道，天下必共讨而诛之。那些拥兵自重的军阀，人人心怀叵测，但打出的旗号都是匡扶汉室。即使曹操这样实力雄厚的大军阀，他在横行天下、扫灭群雄之时也总是打出“奉诏讨逆”的旗号。当曹操晋位魏王之后，孙权曾上书称臣，劝曹操顺应天命，即位称帝。曹操见书后却说：“这小子是要把我放在火炉上烤啊？”曹操是聪明的，是识时务的，他并非不想称帝，只是不想成为众矢之的。自不量力的袁术在群雄并起的动乱之秋，却仅凭一块传国玉玺和粮草微丰的条件就要称帝即位，并且四面出击，八方树敌，东拼西杀，真是欲令智昏，幼稚得可笑，是一个大不识时务者。他称帝之时实质上已把枷锁套在了自己身上，把刀架到了自己脖子上。这种为欲所迷、偏离正道的行为，必然自造险境，四面楚歌，置自己于死地。用一句粗话说是“打着灯笼捡粪——找死（屎）”。老子说：“知人者智，自知者明。”知人不易，自知尤难。袁术之败就在于被欲望所惑，不能正确估计自己，又不识时势，目空一切，为所欲为，最终必然自取灭亡。袁术的所作所为也正如老百姓所言：刮风下雨他不知道，天高地厚他也不知道，自己多大多小他还不知道。所以最后的下场——他当然也不知道。

九二：坎有险，求小得。

九二陷在二阴之中，进入了险地，肯定是有险的。但九二毕竟是阳刚之爻，能够奋发有为。它又居中位，能行中道。虽在险中，但能做力所能及的事，先求小得小益，然后逐步探求出险制胜的途径。全爻辞意为：在险穴中遇险，可以先谋求小的利益。

三国故事

光复江东

孙坚是东吴的创始人。他死后，他的长子孙策执掌了大权。但孙策见自己发展的机会不成熟，便退居江南，礼贤下士，广招人才，继承父志，以图大业。

后来，因徐州牧陶谦与他的舅舅丹阳太守不和，孙策又把母亲与家属移居到曲阿，自己去投奔袁术。孙策在袁术手下担任怀义校尉。他兴兵攻打泾县大帅祖郎得胜，又去征讨庐江太守陆康，再次得胜而回。

取得了这些胜利，孙策不但不高兴，反而时常大哭。一天，他父亲过

去的旧将朱治见了,问孙策为何时常哭泣,孙策说,自己不能继承父亲大业,感到羞耻。朱治说,你何不把传国玉玺押给袁术,向他借兵光复江东?

于是孙策把传国玉玺押给了袁术,借得三千精兵,良马五百匹,先后招揽吕范、周瑜、张昭、张纮等贤才豪杰,建立起了班底,打败了刘繇、管融,活捉太史慈,大败严白虎,一步步地光复了江东。

点评

孙策在其父孙坚阵亡之时年仅十七岁,应该说是身陷坎险之中,形势非常不利。但是孙策是个胸怀大志的人,他在于己不利的形势下没有自暴自弃,更没有萎靡不振,而是充满信心,徐图自强。在势单力薄之际先去投靠袁术,甘心寄人篱下,作为权宜之计。可是,一旦机会到来,他立即自立。由于他深知自己的处境,奉行“欲速则不达”的信条,不求一口吃个胖子,踏踏实实,步步为营,招贤纳士,慢慢地发展自己,终于光复了江东,为后来的东吴立国打下了基础。

所以袁术当时羡慕说:“我儿要像孙郎,我死而无憾。”

人生有顺境也有逆境。当身处逆境之时,关键是调整好自己的心态,找准自己位置,不怨不尤,看到光明,坚定信心,积蓄力量,弄清主客观有利条件,徐图自强,最终会脱离坎险,走上坦途。历史上汉高祖刘邦就深谙此理,他的前半生可以说屡屡处险,但他又屡屡脱险。善于积小胜为大胜,最后终于在楚汉之争中取得了胜利。

唐代大诗人白居易辞官一事,对“坎有险”一语理解得更为透彻。一天,白居易闲来无事,便去拜访道林禅师,当他见到道林在树上坐禅时,禁不住大喊:“禅师,危险。”道林禅师依然坐禅,两眼不睁,平静地回答:“太守,你比我更危险。”白居易不解,忙问:“我在朝中做官,何险之有啊?”禅师说:“官场争权夺利,钩心斗角,冷不丁就有人算计,或许还有牢狱之灾,如何不险?”白居易不语,深感禅师言之有理,不久,他辞去了太守之职。

六三:来之坎坎,险且枕。入于坎窞,勿用。

“之”为去的意思。“枕”是暂息未安的意思。“来之坎坎”是形容处在重险之间,出去是险,回来也是险。在这种情况下,不论有多少艰险,都应安心忍耐,伏枕以待,等候转机。如果孟浪行事,势必愈陷愈深,陷入险中之险。六三因资质柔弱而又不当位,它处在下体之上,正是下坎之险未终、上坎之险将至的地位,所以它前后皆险,进退两难。全爻辞意为:来去都处在险陷之中，遇险姑且伏枕以待。已经落入陷穴之处，不可轻举妄动。

三国故事

寄人篱下

刘备徐州兵败，走投无路，忽然想起袁绍有言："倘不如意，可来相投。"于是刘备决定暂去袁绍处依栖，后作良图。青州刺史乃袁绍长子袁谭。袁谭闻听玄德到来，即开城门相迎。玄德具言兵败相投之意，袁谭乃安排玄德于馆驿安歇，并发书报父袁绍。翌日，袁谭派军马护送玄德去冀州，袁绍出城三十里相迎。刘备见袁绍施礼说："孤穷刘备，久欲投于门下，奈机缘未遇。今为曹操所攻，妻子俱陷。知将军容纳四方之士，故来相投，望乞收录，誓当图报。"袁绍大喜，相待甚厚，同居冀州。

刘备住袁绍处，想起与两位义弟失散，毫无音信，妻小也陷于曹操之手，因此长吁短叹，日夜烦恼。他根本没想到此刻二弟关羽正在曹营。曹操此刻正与袁绍相拒于白马。袁绍帐下大将颜良有万夫不当之勇，与曹军对阵，颜良连斩曹操数员猛将，致使曹军元气大伤。此时，曹操帐下谋士程昱举荐关公来战颜良。曹操说："我怕关云长立了功便去。"程昱说："其兄刘备若在，必投袁绍。今若使云长破袁绍之兵，袁绍必疑刘备而杀之，云长又能往哪里去？"曹操大喜，于是差人去请关公前来赴敌。关云长果然神勇盖世，一战即取颜良之头，曹军大胜，袁军大败。

颜良的败军奔回告知袁绍，说一赤面长须勇将，匹马入阵，斩颜良而去。袁绍惊问此人是谁，谋士沮授说："这必定是刘备之弟关云长。"袁绍大怒，指刘备说："你的弟兄斩我的爱将，你必定与他串通谋划，留你何用！"喝令刀斧手推出去斩了。玄德说："明公只听一面之词，而绝了以往的情分吗？我自从徐州兵败，兄弟失散，二弟关羽不知是否还在人世。天下面貌相同的人很多，怎么能说赤面长须的人就是关羽？明公您为什么不仔细想一想？"袁绍是个没有主张的人，耳朵根软，听了刘备的话，就斥责沮授说："误听了你的话，险些杀了好人。"于是仍请刘备进帐，商议为颜良报仇之事。刘备一颗悬着的心放下了。

袁绍为报颜良之仇，又派河北名将文丑统兵十万，渡过黄河，来战曹操。刘备说："我蒙受大恩，无可报效，想与文将军同行。一者报明公之恩，二者也可探听云长的实信。"袁绍同意，叫文丑与玄德同为前部。文丑说："刘备是屡败之将，同行于军不利。主公既同意他去，我分三万军给他，叫他为后部。"于是文丑领七万军先行，令玄德引三万军随后。大军渡

过黄河，文丑率军与曹军交战。曹操部将张辽、徐晃同战文丑，文丑抖擞精神，一箭射中张辽头盔，再一箭射倒张辽战马；徐晃抡起大斧，来战文丑，只见文丑后面军马涌来，徐晃料敌不过拨马而回，文丑从后沿河赶来。忽见十余骑，风驰电掣而来，一将提刀当头，乃关云长杀来。关羽大喝："贼将休走！"即与文丑交马，战不三合，文丑心怯，拨马绕河而走。关公马快，从后赶上，脑后一刀，将文丑劈下马来。曹操见关公砍了文丑，挥军掩杀，河北袁军又一次大败。这一切，刘备看得清清楚楚，袁绍手下人也看得明明白白。

刘备收兵，袁绍接应至官渡，下定寨栅。袁绍的谋士郭图、审配入见袁绍说："今番又是关羽杀了文丑，刘备假装不知。"袁绍大怒，骂道："刘备你这大耳贼！怎敢欺我！"一会儿，刘备到了，袁绍喝令推出斩之。刘备说："我有何罪？"袁绍说："你故意叫你的弟弟又杀了我一员大将，怎么无罪？"刘备说："请允许我说完话再死。曹操向来忌恨刘备，现在他知道我在明公处，恐怕我助明公您，因此特叫关云长斩杀您的两员大将。这样，明公您必定发怒而欲杀我，这是曹贼要借明公的手来杀刘备。希望明公仔细思量是不是这样。"袁绍说："玄德的话是对的。你们这些人差点儿使我落下杀害贤士的恶名！"于是喝退左右，请玄德上帐而坐。刘备感谢说："非常感激明公对我的宽大，无可报效。我想派一心腹人拿着我的密信去见云长，叫云长知道我的情况，他一定会连夜赶来，辅佐明公，共诛曹操，以报颜良、文丑之仇，怎么样？"袁绍大喜说："我如得云长，胜过颜良、文丑十倍！"于是令玄德赶紧给关公写信。刘备写了信，袁绍差陈震送给了关公，关公复信，答应前往河北会见兄长。这样，刘备总算度过了又一危机。

不久，据守汝南的刘辟和龚都，都欲结好袁绍，派使者前往河北袁绍处，请刘备共谋破曹之计，刘备请行，袁绍同意，于是，度日如年的刘备脱身前往汝南去了。

点评

"来之坎坎"，来是险，去也是险，上是险，下还是险，进退都是险。刘备当时的处境正是如此。刘备在徐州兵败，兄弟离散，家小失陷，无一兵一卒相随，单人匹马落荒而逃。此刻是登天无路，入地无门，以至于他在袁绍面前自称"孤穷刘备"。他当时真可谓孤身一人，穷途末路。此时若被曹兵捉住，曹操还会留他性命吗？所以他去投袁绍。袁绍多疑无决，又寡恩少义，并非可依之主，但情急之下也只好相投。令刘备想不到的是二弟云长已投曹操，且斩袁绍的大将颜良，所以刘备的当时处境真可谓进退皆险。面临第一次杀身之险，刘备

以“天下同貌者不少”为辞，说服袁绍收回成命。当关公又斩文丑时，刘备以其辩才而再次脱险。寄人篱下且身处险境的刘备，此刻倘若负气离开袁绍是险，留下也是险。在这种进退皆险的处境中，他只能伏枕以待，不能有所作为，虚与袁绍周旋，保住性命。俗语说：“留得青山在，不怕没柴烧。”当一切都丢掉了的时候，保住脑袋就是胜利，就是本钱。

恰在这时，上天给了刘备一个机会，刘辟与龚都欲结袁共破曹操，刘备立即抓住这个机会，离开冀州前往汝南，终于脱险。

孤穷刘备，失散了兄弟，失陷了家小，失掉了军队，自己寄身袁绍处又两次险些丢了脑袋；但是刘备“匡扶汉室”欲成大事的信念从来没有丢，也许这正是刘备处重险而又能出险的精神层面的原因。

生命如船，生活似海。在人生的航程中，无论碰到什么惊涛骇浪，只要把紧信念之舵，高扬理想的风帆，就会冲出险境，驶向理想的彼岸。

六四：樽酒，簋(guǐ)贰，用缶。纳约自牖(yǒu)。终无咎。

“簋”是盛饭的器皿。“缶”为瓦器。“纳”是送进的意思。“约”为俭约之物。“牖”指窗户。六四与九五是阴阳相比的关系，六四以阴爻居阴位，是六爻之中的最柔弱者，它有如弱女子，以柔弱之质，处险陷之时，但所幸的是，又与九五阴阳相比，以柔承刚，恰如妇人敬神，将朴素无华的祭品献给九五，以求结阴阳和合，得到刚健者的保护。礼品虽然简约，但能把简约的祭器、祭品至诚地从窗户送进室内，终究没有过错。全爻辞意为：一樽酒，两碗饭，只使用陶器，把简约的祭器从窗户送进室内，终究没有过错。

三国故事

屯兵小沛

刘备受陶谦之邀与关、张、赵引兵去解徐州之围。此时，曹操正巧被吕布袭破兖州。于是，曹操卖个人情给刘备，从徐州退军收复兖州，迎击吕布，徐州之围遂解。徐州牧陶谦为人温厚诚笃，他见玄德器宇轩昂，语言豁达，堪称当世英雄，且又是汉室宗亲，便诚恳地将徐州牧让与刘备。几次三番，刘备坚辞不受。陶谦见刘备不从，也只好说：“如玄德必不肯受

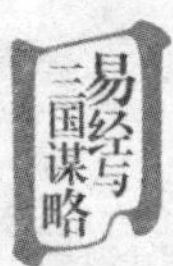

让，此间有座城池，名叫小沛，足可屯兵，请玄德暂且在此城驻扎军马，以保徐州，怎么样？”众人也都劝玄德留驻小沛，玄德依从。

赵云此时还不是刘备的部下，徐州之围被解，他只能挥泪与刘备相别。刘备与关、张引本部军马来到小沛，修整城垣，安抚居民，屯驻军马。

点评

六四爻辞说的是才质柔弱者主动去结交刚健有力者，以求得保护，从而使自己化险为夷。徐州牧陶谦的处险，首先是因为地理位置而处险。徐州扼鲁、豫、皖、苏四省要冲，是水陆交通枢纽，自古都是兵家必争之地，凡天下动乱，徐州常处坎险之中。徐州牧陶谦，虽然为人德高望重，但仍为柔弱之质，难保徐州平安，对此，陶谦心知肚明，所以他早有意结纳刚健有力者，对徐州加以保护，以求平安。他曾先欲结纳曹操，对路过徐州的曹操之父曹嵩盛情款待，优礼有加，并派人护送；孰料前去护送之人见财起意，杀了曹嵩，抢了财产，使曹操以报杀父之仇为名要血洗徐州。徐州之围被解，陶谦认为刘备为当世英雄，所以诚让徐州牧，刘备不受，陶谦又恳请刘备屯兵小沛，以保徐州。小沛即是陶谦表达至诚的朴素祭品。陶谦为徐州百姓平安而至诚结交刚健者的做法，是明智的，也是值得肯定的。这比把后事安排得一塌糊涂、导致亡国灭门的刘表高明多了。

在群雄逐鹿中原的年月，若站在大环境大时势之中看，刘备也是弱者，他比不了袁绍，也比不了曹操、孙坚父子，但他处弱之际，以自己至诚仁爱之心对待老百姓，所以尽管刘备起兵之时缺兵少将，没地盘没势力，但因他有仁爱天下人之心，把天下百姓当成九五之君敬奉，后来也就三分天下有其一。

九五：坎不盈，祇(zhǐ)既平。无咎。

“祇”，适也，恰好的意思，同时也暗含恭敬之意。九五是履险有方的明君。其上只剩最后一个阴爻，可以说是难与险将尽，光明将至，但这也说明陷坑还没有完全填满。象曰：“坎不盈，中未大也。”九五虽然居中得正，可谓大矣，但还没有光大，它不敢自大。九五也只有不自大，坚持中正原则，不偏不倚地行事，然后踏平险陷，走上坦途。全爻辞意为：险陷尚未填满，敬守其志就可以平险，没有过错。

三国故事

跃马过檀溪

刘备投靠荆州刘表后，没想到刘表夫人发现刘备是个胸怀大志的人，认为他有占荆州之意，应当斩除，不然必成后患。正当刘表犹豫不决之际，蔡夫人便召其兄弟蔡瑁，设计准备除掉刘备。

伊籍得知蔡夫人伙同兄弟蔡瑁欲杀刘备，便在酒桌上给刘备使眼色，让他外出更衣。刘备会意，到了后院。伊籍说："蔡瑁要设计害你，城外东、南、北三门都有守军把守，只有西门无人把守，那儿有一条宽阔的檀溪，你快跑吧。"

刘备大惊，骑马西奔。当蔡瑁不见刘备时，立即率兵去追。刘备奔出城外，果然见一条大河拦住去路。水深流急，又没有船只，刘备回头一望见尘土飞扬，追兵将至，刘备想："今天必死矣。"

追兵越来越近，刘备无奈，纵马下河，几步之后马蹄渐陷，浸湿了刘备的战袍，刘备加鞭大呼："的卢，的卢！难道你要妨我吗？"话音一落，战马昂首嘶鸣，忽从水中腾起，一跃三丈，竟然飞上了河对岸。

蔡瑁赶到了河边，刘备已飞跃过了檀溪。

刘备过溪之后巧遇司马水镜的牧童，牧童又引刘备，拜访了大学问家司马水镜先生。之后又相继认识了徐庶、诸葛亮和庞统等贤士，事业上也飞越檀溪，终成鼎立三足中之一。

点评

刘备跃马飞越檀溪，脱离了眼前的险境。他的这次脱险，从表面上看是自身安全脱离险境，但从思想认识上看，却发生了质的飞跃，也是刘备人生事业新的阶段的开始。还可以说，跃马过檀溪是刘备人生事业的重要转折点。

刘备自汉灵帝中平元年（184 年）从戎开始，至此已有二十年。他虽然胸怀匡扶汉室的大志，但是一直处于困境之中。他从吕布，事曹操，投袁绍，依刘表，一直周旋于诸侯之间，寄人篱下，仰人鼻息，无一块立足之地。这其中的原因，开始时他并不明白。跃马过檀溪后，尤其幸遇隐居的高士司马水镜先生之后，茅塞顿开，大觉大悟，人才意识大醒！他明白了一个使他终生受益的道理：成大事须以人为本，有了非常之人，方能成就非常之事，建立非常之业。他首先从"不自大"开始，访贤求能，礼贤下士，把延揽贤能当做头等大事。先得徐庶，拜为军师，言听计从，情同手足。曹操用计赚徐庶去了许都，刘备

虽万分舍不得，但他以仁德为上，尊重徐庶的选择，含泪相送，感天动地。也就是刘备这种礼贤下士诚心诚意，感动得徐庶走马荐诸葛，并乘马直奔卧龙岗，劝诸葛亮出山助刘备。刘备为求诸葛亮出山，更是诚恳有加，斋戒沐浴，不厌其烦，不厌其劳，三顾茅庐；当恳求诸葛亮出山不应时，刘备涕泣而言，泪沾衣袍。此三顾之恩，令诸葛亮不容不出，也令诸葛亮出山之后终生尽职尽责，鞠躬尽瘁，死而后已。刘备虽贵为人主，但在对待人才上他是从不自大，从不以人主自居的。他能正确摆正自己和人才的关系。他说："我从得到了孔明，就像鱼得到水一样。"试看古今中外的人主，有几人有如此雅量？又有几人不是以救世主自居？一个白手起家的织席贩屦之辈，能使贤德如诸葛亮、神勇如关、张、赵这样的文才武将忠心耿耿为其终生效力，终于三分天下有其一而成帝王大业，这其中的奥秘是不难看清的。

上六：系用徽纆(mò)，置于丛棘，三岁不得，凶。

"徽纆"为绳索。上六是本卦最后一爻，以阴柔之质，处坎险之极，当然陷险最深。上六致凶，无力自拔，推其原因，就在于自身失道。全爻辞意为：被绳索捆绑，放在荆棘丛中，三年不能解脱，凶险。

三国故事

董卓无道

孙坚死后，董卓便说："我终于又去掉了一个心腹之患。"自此，他更加骄横，独揽朝政，任人唯亲，凡董氏宗族，不论长幼，都封为列侯。

他还征集二十万民夫，大修郿坞宫殿，所用仪仗完全和皇帝一样，他命手下人斩断降卒的手足，挖眼割舌放在大锅里煮熟之后，大设吃人之宴席。他还火烧宫殿，杀戮无辜，抢掠财物，纵兵掘坟，可以说无恶不作，残暴已极！

这一系列的专横无道，引起民怨和官愤。曹操刺杀董卓不成，便回家乡招募义兵讨伐；司徒王允则使用美人计挑起董卓与其义子吕布的矛盾，终于在董卓一心想着登基做皇帝之际，被吕布刺杀在朝堂上。然后将其尸首，置于街市。看尸军士又将火燃于肥胖尸身的肚脐中，如灯燃烧，膏流满地。百姓经过此地，无不手掷其头，足践其尸。

后来，董卓的部下李傕和郭汜两将，为了掩埋董卓的尸体，四处搜找其残骸，最后也不过只找到一些零碎的皮骨，收入棺材。在一个雷鸣电闪的雨天，往水深数尺的地方胡乱下了葬。

点评

董卓所处的险境是他自己一手造成的。他身为一介武夫，进京不久便露出窃国大盗的嘴脸，独揽了朝政，一心想做皇帝，这本来已是犯了众怒，处境已岌岌可危。但他的私欲还是不满足，专横跋扈，侵害百姓，残暴无道，又四面树敌，最后必然陷自己于坎险之极，使朝野上下，人人切齿。他每行一步，都可能落入陷阱，无论是死是活，他都到了万劫不复的境地。正如俗语所说：”天作孽，犹可恕；自作孽，不可活。“这种由自己穷凶极恶造成的险境不但不可能出险，而且亲手给自己挖掘好了坟墓。

老子说：“罪莫大于多欲，祸莫大于不知足，咎莫大于欲得。”历史上和现实生活中那些疯狂地捞权猎色、贪贿腐败、穷奢极欲而身败名裂者，没有一个人能够懂得这个道理的，或者说仅懂其理而不以理行之。

处坎险至极，首先应人正身正心正，即使如此，也说不准能脱其险。若心术不正，别说处于坎险之中难以脱险，就是无险也可能导致凶险。如古时候有一小和尚找了一个寺庙，欺世盗名地收了几个门徒，自己做起了禅师。小和尚每天中午都要午睡，门徒问他为何午睡，他说：“在梦中去见圣贤，讨教问题。”一个天气炎热的夏天，有几个弟子在打坐时睡了过去，小和尚训斥：“打坐要心如止水，怎么能睡觉呢?”众弟子们纷纷说：“梦会先贤去了。”小和尚一听，脑子急转几个弯，然后自以为很聪明地反问：“那圣贤和你们说了些什么?”

众弟子又答：“我们问，我们的禅师每天中午都来问些什么事情，能不能开启我们一下。古圣先贤们都说你根本就没去。”

小和尚搬起石头砸的是自己的脚。

这不是出险之道，而是自甘堕落。

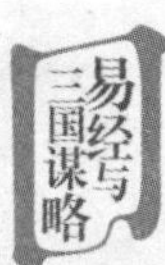

离 ䷝ 下离上离

离卦的卦形是中间一个阴爻，上下两个阳爻，其意为一个阴爻附丽于上下两个阳爻。重卦的离卦是由两个单离卦相叠而成。从卦象看，离为火，为光明。上下两卦皆为离体，是光明相重的意思，既象征日出日落之后的又一天的出现，又可引申为君王以光明的德性照耀四方，还可说是继承王位的新王仍然以明德普照天下万民。“离”还含有附丽、附着和依附的意思，这之中又强调了主从之间的依附和谐的关系，当然这种依附虽然密切，但只是行为上和方法上的依附，绝不是人格上的依附。

卦辞释译

离：利贞，亨。畜牝(pìn)牛吉。

“离”含有附丽、附着、依附的意思。“牝牛”为母牛。离卦着重讲的是依附的行为与原则。在生活当中，“依附”只是一种行为，而不是目的。所以卦辞中的“利贞，亨”就是讲不论依附谁，都要有正确的目的和相应的策略与方法，只有如此才会有利，才能亨通。如不守正道，丧失了自身的特质，就谈不上“利”与“亨”了。“畜”为养的意思，“畜牝牛吉”是说母牛既温顺而又能任重，不像一般的人要小聪明、投机取巧去取信于人。全卦辞意为：离卦象征依附；利于坚守正道，亨通。畜养母牛，吉祥。

重要提示：论依附的行为与原则。

初九：履错然。敬之，无咎。

“履”为步履和行为。“错然”是杂乱无章的意思。初九处离卦之始，以刚居刚，刚而依附人时，就会躁动冒进，还没得到对方信任，举止难免有些错乱。再则依附高贵在于使柔，初九以阳刚的姿态出现，难免有些乱了章法。但初九因为在下，又有谦虚恭敬的优点，所以无咎。全爻辞意为：步子错乱，保持恭敬谨慎，就没有过错。

三国故事

弱女报国

董卓专权，毁乱朝纲，君臣危急，百姓倒悬。司徒王允夜不能寝，忧虑难眠，拄着手杖，踏着月光，走进花园仰天洒泪。

忽然，他听到牡丹亭上长吁短叹，仔细一看是府中歌伎貂蝉。貂蝉此时已长到十六岁，能歌善舞，又长得十分美丽，王允虽把她当做亲生女儿，但因心情不好，也呵斥她："贱人，有什么私情，深更半夜在这里长吁短叹。"

貂蝉听到喝骂，先是一惊，再慌忙跪下，说："蒙大人之恩，把我养大成人，近日我见你心事重重，想必是为了国家大事。今晚见大人更是坐立不安，小女担心，才随在你的身后。倘若大人有用孩儿之处，就是粉身碎骨，孩儿也在所不辞。"

王允心里一动，用手杖敲着地说："天啊，真没想到，这大汉的天下却握在你的手中，孩子快起来，跟我到画阁中去。"

王允把貂蝉领到自己画阁中，把家人全撵了出去，让貂蝉坐下，自己忙跪下给貂蝉施礼："孩儿，你可怜可怜天下的生灵吧！"说罢，泪如泉涌。貂蝉说："刚才我说过，但有使令，万死不辞，请大人吩咐。"王允跪着说："现在天下百姓和满朝君臣有倒悬之危、累卵之急，除了你，谁也救不了他们。贼臣董卓，将欲篡位自立，朝中文武大臣无计可施。董卓有一义子吕布，骁勇非常。我看这二人都是好色之徒。我现在想用'连环计'，先把你许嫁吕布，然后再把你献给董卓，你从中取便，离间他们父子关系，使他们父子二人翻脸，叫吕布杀掉董卓，以绝大恶。这样，就可以重扶刘氏社稷，再立汉室江山，这可都是孩子你的功劳啊！不知你意下如何？"貂蝉说："大人相求，万死不辞，请大人立刻把我献给董卓，我自有道理。"王允慎之又慎地说："孩儿，此事非同儿戏，事若泄露，这将是灭门之祸啊！"貂蝉说："大人不要忧虑，我若不报您的大恩大德，让我死于刀刃之下。"接下来，由王允导演，由貂蝉担纲主演了一出流传千古的美人计。

最终，董卓死于吕布刀下。

点评

提到美人计，人们总爱把它与轻佻、香艳、浮华甚至龌龊联系在一起，其实不然。美人计在三十六计中属败战计中之首计。为了国

家和民族的利益不得已而用美人计，其目的是纯洁高尚的。它并非人们想象的那样花前月下、卿卿我我，而是凶险莫测、杀机四伏的。不仅仅需要当事人是花容月貌的美人，而且更应是勇于自我牺牲、谨慎、智慧、胸有城府的奇女子。三国时期的貂蝉，就是这样一位流芳千古的奇女子。一个只有十六岁的弱女子，当她明白了自己肩负的使命是诛杀奸贼、扶兴汉室、救苍生于水火、解臣民于倒悬之时，便义无反顾地牺牲自己的青春，无私地奉献自己的一切。她所面临的对手是位高权重、贪婪凶残、杀人如麻的恶魔董卓，她所要离间的对象是如狼似虎、寡恩少义的武夫吕布。她行计的目的是借刀杀人，借吕布之刀斩董卓之首。她明知自己共枕同眠者就是自己要诛杀的奸贼，却要深深地隐藏起仇恨，一边与董卓笑颜承欢，使董卓宠她、迷她，一边又要给吕布频送秋波，言语撩拨，使其欲火难抑，妒火中烧，进而怨恨填胸。此时的貂蝉，身在相府，如入虎狼之穴，稍有不慎，就会泄露天机，万劫不复；然而她胜利了！她的武器除了天生的倾国倾城之貌，还有智慧和谨慎。一个十六岁的女子此前肯定没有实施美人计的经验，但是正如本卦初爻爻辞所言：履错然，敬无咎。只有恭敬谨慎，才能不出差错。貂蝉做到了，成功了。

美人计，只有美人才可演绎，但并非只要是美人就可演绎。美人计之成败，在很大程度上取决于美人的美貌之外的其他素质，比如人品之高低、头脑之智愚以及心理素质之好坏等等。在敌强我弱的情况下，要保证行计之美人始终忠诚于原集团，且又行计成功，首要和关键的一条是对美人的选择。从这一点看，王允对貂蝉的选择是独具慧眼的。

王允在行计过程中始终是恭敬谨慎的。《三国演义》中本回的题目是“王司徒巧使连环计”。连环计就要环环相扣，严丝合缝，稍有不慎则全盘皆输。在行计的过程中，王允审时度势，审己度人，掌握火候，谨慎行事，表现了高度的智慧。他首先看清了董卓、吕布二人皆为好色之徒，且缺乏政治头脑，这是行计的基础。倘若董、吕二人是识大体、明大义的谦谦君子，此美人计恐怕难以奏效。在行计之时，他将貂蝉先许吕布，再送董卓，使吕布在一喜一恼之际于心中种下仇恨的种子。王允深知董卓是贪色之徒，绝不会把貂蝉轻易送给吕布。当吕布得不到貂蝉而欲火难抑、进而对董卓怒火填胸之时，王允不失时机地对吕布晓以大义，使吕布的意识得以升华，坚定了杀掉董卓的决心，最后终于大功告成。

逆境中,王允靠智慧和谨慎取得了胜利。然而,胜利却冲昏了王允的头脑。诛灭董卓后,王允大权在握,自负专横,不再谨慎,做出了一连串的错误决策,尤其是对待董卓部将李傕等四人上表求赦之事上,他的态度是:“今虽大赦天下,独不赦此四人!”因而导致四人造反,使京城长安再陷兵燹之中,自己也被乱贼所杀。顺境中的不谨慎,付出的代价何其惨重!当身处逆境之时,自当谨慎,也能谨慎;身处顺境之时,更当谨慎,否则,极易导致毁灭性的失败。这种人生的悲剧,绝非仅仅是王允一人!

此爻所论述的依附关系,用一个《狗和驴》的寓言故事来诠释特别恰切。某主人养着一条狗和一头驴子,每天主人回家,小狗总是飞快地迎上前去,又摇尾巴又亲热地叫唤,主人非常高兴,也很友好地抚摸着小狗,小狗也伸出舌头温柔地添着主人的脸。这一切让驴子看见了,心中很是不快,心想自己只知道埋头苦干,有时活干得慢了还要挨打,而小狗呢?什么不干还挺美的,今后要向狗学习。一天,主人回家,驴子立即把两只前蹄搭在了主人的肩上,伸出长长的舌头去舔主人的脸,主人顿时又惊又怒,先是努力地把驴子推开,然后愤怒地用鞭子抽打这头驴子。

驴子想,我怎么招惹主人了?道理很简单,是驴子“履错然”之故,不“敬之”之故,最后必然有咎。

六二:黄离。元吉。

黄色在五色中为中色,象征中道。六二以柔爻居阴位,居中得正,能以中正之道依附于人,当然吉祥。这种既中正又依附于人的做法,其实就是外圆内方的行为。全爻辞意为:以中正之道来依附,大吉。

三国故事

盖世完人

赵云,字子龙,常山真定人。他身长八尺,浓眉大眼,体魄雄伟,武艺超群。时值天下大乱,他一心救国救民。赵云本来属于袁绍之部下,因见袁绍无忠君救民之心,一味扩张地盘,鱼肉百姓,因此带领同乡勇健,投奔到正与袁绍交战的北平太守公孙瓒帐下。这时,刘备正依附公孙瓒,因而,赵云得以和刘备结识。住了一段时间,赵云发现公孙瓒也不是自己要追随的人,便借兄丧暂辞公孙瓒。刘备知道他不会回来了,握着赵云的手

依依送别。赵云辞别刘备时说:“我是始终不会违背做人的道德原则的。”最后,赵云投奔了刘备。赵云敬佩刘备的人格,深服其施行仁政、匡扶汉室的政治主张,自跟随刘备后,赵云忠心耿耿,不避险难,成为刘备的一员得力大将,也成为一位名垂千古的名将。

建安十三年(208年),曹操率大军追歼刘备于当阳,刘备抛下妻小落荒而逃。赵云单枪匹马于长坂坡百万军中往来冲突,浴血拼杀,救出甘夫人和刘备的儿子阿斗。就在赵云出生入死救甘夫人和阿斗时,有人告诉刘备说,赵云向北投曹操了,刘备把手戟掷于地说:“子龙决不会背叛我而逃走的。”过了一会儿,赵云果然回来了。长坂坡一战,赵云怀抱弱子,枪挑剑砍,力斩曹营名将五十余员。功劳如此之大,却半点儿也不居功,见了刘备却说:“赵云之罪,万死犹轻。”“云虽肝脑涂地,也不能报主公知遇之恩。”

赤壁之战后,赵云从刘备平定江南。赵云计取桂阳后,桂阳太守赵范,与赵云结为金兰之交。赵范有寡嫂樊氏,有倾国之色。赵范欲将兄嫂配给赵云,赵云固辞不受,说:“我们同宗同姓,你的哥哥,就是我的哥哥,你的嫂子就是我嫂子。”当时,有人劝赵云纳樊氏为妻,赵云说:“赵范是被迫投降的,心思难测;况且天下女子不少,大丈夫但恐名誉不立,何患无妻呢?”后来,赵范果然逃走。

刘备西征入蜀,赵云留守荆州。孙权听说刘备西征,派船到荆州接其妹孙夫人,并将阿斗带走,意在以阿斗为质,逼刘备交出荆州。赵云巡江时闻知孙夫人带走阿斗,立即紧追不舍,与张飞一起截江夺回阿斗,粉碎了孙权的阴谋。

刘备占据益州后,想把成都有名的田宅分赐诸位官将。赵云进谏说:“益州人民,屡遭兵火,田宅皆空。现在应当归还百姓,令其安居乐业,民心才能归服,不应该夺他们的田宅作为对诸位官将的私赏。”刘备深服赵云之论,打消了用民之田宅作为奖赏的想法。

黄忠斩了夏侯渊之后,曹操亲率二十万大军来汉中,为夏侯渊报仇。赵云与黄忠奉诸葛亮之命前往曹营夺粮,黄忠之兵被困于重围,冲突不出。赵云引军杀入重围,连斩曹军二将,左冲右突,如入无人之境,曹将张郃、徐晃心惊胆战不敢迎敌。赵云救出黄忠,且战且走,无人敢阻。此时军士报说:“副将张著被围。”赵云返身杀入重围,救了张著。所到之处,但见“常山赵云”四字旗号,曹军兵将纷纷逃窜。曹操见状大怒,亲驱大军追杀赵云。赵云此时已回本寨,他令寨门大开,弩手伏于壕内,自己匹马单枪立于营门之外。众曹军大喊一声杀奔营前,见赵云全然不动,曹兵返身

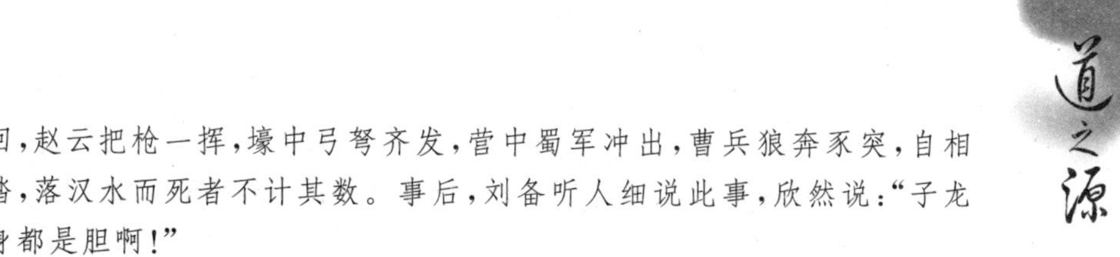

就回，赵云把枪一挥，壕中弓弩齐发，营中蜀军冲出，曹兵狼奔豕突，自相践踏，落汉水而死者不计其数。事后，刘备听人细说此事，欣然说："子龙一身都是胆啊！"

孙权袭取荆州，杀害了关公父子，刘备闻耗，终日啼泣，誓欲兴兵伐吴，为二弟报仇。赵云谏说："国贼是曹操，而不是孙权。如果先灭了魏，则孙权自然归服。如今曹操虽死，其子曹丕继位。我们应当顺应民心，尽早夺取关中，占据黄河、渭水的上游，以便征讨凶顽叛逆，函谷关以东的义士，一定会自带军粮，驱策战马迎接陛下的正义之师。我们不应置曹魏不讨伐而先与吴国开战。两国战端一开，不可能很快结束，这不是上策。"刘备不听，坚持出兵伐吴，最后兵败，身死白帝城，致使蜀、吴失和，蜀汉大伤元气。

马谡失街亭，导致北伐蜀军全线败退，各处皆损兵折将，丢失辎重。赵云此时已年逾古稀，然而智勇不减当年。接到丞相撤军命令后，他叫邓芝打着他的旗号后退，自己亲自断后。魏兵追来，赵云回身斩将，魏兵胆寒不再追杀。赵云护送人马车仗退回汉中，不折一人一骑，辎重军资，亦无遗失。诸葛亮赞叹说："子龙是真正的将军啊！"命取黄金五十斤赏赵云，又取绢一万匹赏赐赵云部卒。赵云坚辞不受说："这次出征，三军无尺寸之功，我们都有罪。如果反而受赏，说明丞相赏罚不明。请把黄金、绢匹寄存库中，等今冬再出征时赏赐诸军吧。"诸葛亮感叹说："先帝健在时经常称赞子龙的人品德行，现在看果真如此啊！"于是对赵云倍加钦敬，诸将亦无不敬服。

建兴七年(229 年)，赵云病逝。后主刘禅追封谥号顺平侯。

点评

俗语云：金无足赤，人无完人。然而三国时期的名将赵云却近于完人。他对刘备的依附，也是古今不多见的成功典范。离卦是讲依附之道的，六二爻辞的"黄离"，则是依附之道中的最高境界：依中正之道，以美好的道德依附于人。赵云一生的实践，从本质上讲就是中正的依附之道。

赵云对依附对象的选择是非常严格的。这个选择的标准并非是看谁给的官职大和俸禄多，而是看其是否忠君救民，施行仁政。一句话，所依附者必须正。赵云坚持这个标准，是因为他依附的目的很正。他离开家乡闯荡天下，并非只是为升官发财，而是欲救民于水火。这与当时那些为了官位利禄而投靠权贵之门的文人武士相比，显然不可相提并论。他不投袁绍，离开公孙瓒，就是因为这两人都不

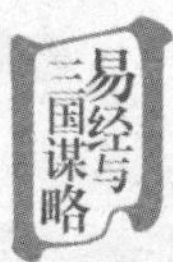

符合他的要求。最后他依附于刘备，就是因为刘备的政治主张吻合了他的道德追求。而一旦确定了与刘备的依附关系，赵云则用自己的一生，忠于刘备，信任刘备，保护刘备。虽肝脑涂地，出生入死，亦无怨无悔。他于当阳长坂坡百万军中九死一生救出刘备妻小，情感天地，义贯金石，千古传颂；他武艺高强，智勇双全，沙场一生，屡战不败，战功累累，却又从无半点骄矜之气。他不为官，不求利，不恋色，所思所想，都是为了平定天下、复兴汉室的宏图大业。他对刘备的忠不是愚忠，不是唯唯诺诺，而是从根本上维护刘备及整个集团、国家的利益。换句话说，赵云对刘备的依附，并非丧失自我的依附，而是坚持了自己的原则立场，这对于依附者和被依附者，都是难能可贵的。当刘备占据益州、春风得意之时，他力谏刘备不要将益州民田民宅分赏诸官，从而稳定了人心；当刘备终日痛哭、发誓兴兵东征伐吴之时，他又陈述利害大义，极力谏阻。可惜刘备不听，最后惨败。

从赵云身上，我们看到的是中华民族传统文化凝成的结晶：忠诚、勇敢、机智、周到、谦逊、负责及忘我的牺牲精神和敢于压倒一切强敌的英雄气概。他以自身这些至善至美的中正之德，对依附之道的最高境界作出了形象的诠释。

赵云，堪称后世依附者的楷模。

九三：日昃(zè)之离。不鼓缶而歌，则大耋(dié)之嗟。凶。

“昃”为太阳偏西。“耋”是指人的年龄到了八十岁。天将向晚，生命垂暮。这是九三爻的象征图景。九三处下卦之上，象征光明已接近终点，日落西山，精力俱衰，这时如不及时颐养，等到年迈之际必然后悔。九三以刚居刚，过而不中，不当进取却进取，不当依附而依附。最后必然自取其辱。全爻辞意为：太阳西斜，仍然依附在天空。这时如果不是敲着瓦器唱歌，就会因为老朽而叹息。凶险。

三国故事

弃官归田

郑玄，原名郑康成，好学多才，连家中的丫鬟都懂《毛诗》。汉桓帝时，郑玄官至尚书。

可是，当他看到汉朝天下江河日下、宦官当道时，就想弃官归田。

后来,当他看到宦官的势力越来越猖獗,他觉得在朝廷多待一天,就多一份危险,于是坚辞官职,回到徐州老家。

弃官归田后,他不再参政,安享晚年,十分幸福,无丝毫后悔之事,得以善终。

点评

郑玄作为一代经学大师,学究天人,对于天道人生,当然是洞若观火;对于生老病死,朝阳落日,荣辱沉浮,自有旷达胸怀。李白诗云:"君不见高堂明镜悲白发,朝如青丝暮成雪。"古今多少骚人墨客,面对大漠晚霞,长河落日,感叹人生苦短,垂暮苍凉;赋诗作文,或低回消沉,或慷慨激昂。多少帝王将相,面对锦绣山河,美妻娇妾,感叹岁月不再,人寿不永,希图千秋万岁,永享富贵;因而上天入地,穷尽八荒,寻觅成仙之药。然而,该去的还是去了,该朽的还是朽了。不变的是日出日落,天道依旧。留下的是诗词歌赋,一咏三叹。应该说,黄昏夕阳,人生暮年,是个敏感的时刻。即使如此,也不用去击缶而歌,不当乐而乐;也不用兴垂老之叹,不当哀而哀。其实,人之有生老病死,正如天之有春夏秋冬。春天葱茏,生机盎然;夏天繁茂,如日中天;秋天斑斓,硕果累累;冬天纯净,恬适自然。各有各的美感,各有各的优势,谁都不可替代谁。你乐也罢,哀也罢,它是客观存在,它是天道自然。人只能顺其自然,既不乐生,也不忧死。知道"夕阳无限好"足矣,何必感叹"只是近黄昏"!这才合于天道自然。

郑玄看到了汉朝的末日,不去做不当依附之事,更不去做过中不正之事,所以他的晚年不仅没有自取其辱,反而颐养天年,得到善终。

读完此爻,让人想起了《兄弟俩》的故事。从前有两兄弟,家境贫寒,父母双亡,两人相依为命。兄弟俩从不抱怨,起早贪黑忙个不停,他们相互依附疼爱,过得也很舒心。这事让观世音得知后便决定帮他兄弟俩一把,于是托梦给俩人:"远方有一座太阳山,山上堆满了金子,你们可以去取一些回来过日子,不过山路险远,要小心,另外在太阳升起时必须离开太阳山,不然等太阳升起就会把人烧死。"兄弟二人梦醒之后依观世音指点去了太阳山,两人一看满山一片金子,光灿灿照得人都睁不开眼。哥哥拣了一块大的就要下山,弟弟却不罢休,拣了一块又一块,装进袋子里都背不动了。这时观世音在耳边提醒:"太阳要出来了,快下山吧。"弟弟听不进观世音的话,依然贪婪于金子,最后累倒在太阳山上,等太阳升上了山头后,弟弟便永远地留在了太阳山上。

哥哥不贪恋黄金，早早地下山了。后来他依靠手中的黄金过上了富足的日子。

依附之事与兄弟俩对待黄金的态度是极为相似的。

九四：突如其来如，焚如，死如，弃如。

“如”为语气助词。九四阳爻居阴位，失位不正不中，又处多惧之地，急于向上逼近，依附六五，以阳刚进逼阴柔，如同火焰燎人，有强宾逼主之势，名为“依附”，实质上是强逼。这种做法，必然凶多吉少，弄不好会丧失性命，或被充军流放，或被弃于荒野。全爻辞意为：突然而来，如同火焰熊熊，会有生命危险，会被抛弃。

三国故事

劫驾

宦官张让等劫持少帝和陈留王，冒险突奔，连夜逃到北邙山。后来当少帝一行被先朝司徒崔烈的弟弟崔毅救驾，送还京城时，忽见一队人马迎面飞奔而来，但见尘土飞扬，旌旗蔽日。

正当百官惊慌失色时，旌旗影里飞出一将，厉声大吼：“天子何在？”

少帝吓得直抖，不敢出声。这时陈留王勒马向前，叱问：“来者何人？”

领头的一位胖将军说：“西凉刺史董卓在此恭候。”

陈留王问：“你是来保驾？还是劫驾？”

董卓答：“特来保驾。”

陈留王反问：“保驾？天子在此，为何不下马？”

董卓大惊，立即下马跪拜。然后把少帝接入宫中。

从此，董卓控制了朝政，擅行废立，加紧了篡权夺位的步伐。

点评

史称董卓“有才武，膂力无比”，还说他“数讨羌、胡，前后数百战”。生性残忍、狡狯残暴、有豺狼之心、怀篡逆不轨之意的董卓，是一个无恶不作的军阀、野心家。无谋何进召董卓进京诛杀十常侍，无异于引狼入室。日夜觊觎帝位的董卓，获何进之邀，正中下怀。何进此举，致使天下烽烟四起，干戈不息，苍生涂炭，赤地千里；也使立国近四百年的大汉王朝，进入风雨飘摇之中。

董卓进京，名义上也是对朝廷的依附，但其实质是趁火打劫，也可以说是一种邪恶的“依附”。依附之道要求依附者目的要正，行为

要如田牛那样温顺，而董卓“常有不臣之心”，进京是心怀叵测。在行为上，他实行的是强宾逼主。他大权独揽，横行不法，擅行废立。为了达到篡汉自立的罪恶目的，他实行惨无人道的血腥统治，擅杀大臣，草菅人命；以民为匪，纵兵行凶；扒坟掘墓，明抢明夺。种种恶行，令人发指。他不容天下人，亦不为天下人所容，最后必然落得个“焚如，死如，弃如”的下场。史载董卓被杀后，弃尸于市。由于其身体肥大，因而在焚尸时油脂流了满地。守尸的兵士做了个大灯炷，置于董卓脐中，点起了天灯。“光明达旦，如是积日。”正如爻辞所说：“焚如，死如，弃如。”真是天理昭昭，报应不爽。后世的野心家、权力狂，当以斯为戒！

六五：出涕沱若，戚嗟若，吉。

“出涕沱”意为泪流如雨。“戚嗟”是忧伤叹息不止的意思。“若”为语气助词。六五以柔居阳位，虽不当位却居上离之中位。六五内柔弱而外躁动，所以有危象，以至于流泪嗟叹，但因它居危知惧，最后依然吉祥。全爻辞意为：泪流如雨，悲伤叹息不止，吉祥。

三国故事

孙权继位

孙权，字仲谋，是孙策的二弟。汉献帝建安五年(200年)，孙策在骑马出猎时被仇家许贡的门客射中面颊，伤势极为沉重，临终之时，孙策召集孙权和部下张昭等人来到病床前。孙策嘱咐张昭等人说：“方今天下大乱，我们以吴越之地的民众，有三江险固，必定大有可为。请子布等诸位好好辅佐我弟弟。”于是取出吴侯印绶，亲授给孙权，并对孙权说：“如果率领江东的人马，决战于疆场，与天下英雄相争，你不如我；举拔贤才，任用能人，使他们各尽忠心，保守江东，我不如你。你一定要牢记父兄创业的艰难，好好干吧！”孙权大哭。孙策又对母亲吴夫人说：“儿天年已尽，不能孝奉慈母，今将印绶交付给了弟弟，望母亲早晚训导他。父兄留下的旧人，要他一定要慎重对待，切勿轻慢。”母亲哭着说：“我担心你弟弟年幼，不能担任大事，该怎么办？”孙策说：“我弟弟的才能胜过儿子十倍，足以担当大任。将来，倘若内事不能决定，可以问张昭；外事不能决定可以问周瑜。遗憾的是周瑜不在此，我不能当面嘱托他。”然后又对妻子和诸弟一一嘱咐，说罢瞑目而逝。时年二十六岁。

孙策已死，孙权号啕大哭，以至哭倒于哥哥的床前。张昭说："这不是将军哭的时候。我们应该一面办丧事，一面理军国大事。"于是给孙权换好官服，请孙权出堂登位，接受众位文官武将的晋见、拜贺。然后，扶孙权上马，要他去巡视军营。孙权忍泪含悲，打起精神，一一照办。

后来，孙权承父兄基业，礼贤下士，广揽人才，把吴越之地治理得政通人和，成就了王霸大业。

点评

父母亡或兄弟丧，生者哀伤痛哭是人之常情。《礼记·檀弓下》说："丧礼，哀戚之至也。"然而本卦六五爻辞却强调：只有泪流如雨，忧伤叹息不止才吉祥。为什么呢？因为这里讲的是天子诸侯之丧，而非百姓之丧。六五有柔中之德，在先君将死之时极度忧伤。"以继父为哀，以继位为忧，不以得位为乐，凡天子诸侯初嗣位皆当如此。"因为继承父亲之志而哀痛，因为继承王位而忧伤，但不能因为得到王位而高兴，这是古代的"礼"所要求的，也说明嗣位者是个孝子，他的心灵尚未被权欲污染。而倘若嗣位者的心灵被权欲污染，他则会因先君亡而乐，因得到权位而高兴。因为权力的诱惑力太大了，有了权力也就有了一切。中国历史上围绕着皇权的继承问题，演绎出多少父子反目、兄弟成仇乃至逼宫喋血的惨烈故事，留下多少刀光斧影、暗算谋杀、腥风血雨的宫闱之谜！当然，也有继位者演戏般痛哭流涕，忧伤哀叹，内心却高兴得蝶飞花放，更甚者连人性也荡然无存，剩下的只是极度的兽性和权欲的膨胀。

孙权在继承吴侯之位时为其兄孙策的英年早逝而痛哭哀伤，并没有为"坐领江东"而高兴，因为他还是位仁者，他怕自己年轻，担不起这副重担，他担忧自己没有施政经验，管不好这个大摊子。由于心存忧惧，他痛哭，他忧伤；而继位之后，则能恭敬谨慎，警惧戒备，兢兢业业，礼贤下士，广揽人才，虚心纳谏，使旧部新人、都公认他是可辅之主、有为之君，因而能上下齐同，不但守住了江东，而且扩大了疆域，成就了王霸大业。由于孙权为东吴打下了雄厚的基础，所以三国当中东吴的国祚最长，长达五十八年。

《离》卦六五爻爻辞虽然说泪流悲伤不止才能吉祥，但此语仅为"象"，而它真正的含义却为：在悲哀中立志，在痛苦中制定自己的人生目标，才能获得吉祥。日本有一个佛禅故事，与此爻深意联系起来更能予人以启示。在古代日本，普通的农民为贱民，他们没有资格去当和尚念佛，但有一位名叫无三的青年农民却一心要皈依佛门，于是

他假冒士族之姓走进了寺庙。在庙中,无三由于刻苦和努力,后来被众和尚推为住持。一天,隆重的住持就任仪式开始了,无三已准备被拥戴为住持时,突然有一熟悉无三的人跳上法坛,质问无三:“你出身贱民,凭什么当住持?”隆重的仪式被搅,群僧屏息,都不知接下来会发生什么。无三却面对突如其来的发难,从容地微笑道:“泥中莲花。”在场的人立即喝彩叫好,敬佩无三的佛禅妙语,就连刁难无三的那个人也深服新住持所开示的高深佛理。

无三的经历和高深的佛理正合于此爻爻意。

上九:王用出征。有嘉折首,获匪其丑。无咎。

“匪”与“非”通假。“丑”为俦,是同类的意思。离卦发展到最后一爻,离道大成,众人偕附,但这时仍有少数顽固分子,须予讨伐。但是居于君位的六五过于柔弱,无力征讨。于是六五任用刚健的上九为将,去征伐尚未依附的异己力量。在征伐中,君王有令,要诛杀首恶分子,其余没有归附的民众不用俘获,这样就能没有过错。全爻辞意为:君王任他出征,嘉奖他斩杀首恶分子,不俘获他们的胁从,没有过错。

三国故事

吕蒙征庐陵

汉献帝建安十九年(214 年),吴侯孙权亲率大军征皖县。吕蒙是役战功卓著,孙权为嘉奖吕蒙,拜吕蒙为庐江太守,所收降的曹军人马都给了吕蒙,并且特别赏赐其屯田六百户。吕蒙率所部返回寻阳。

这期间东吴所辖的庐陵郡又起匪患,闹得地方很不安宁。匪徒多为当地山民,凭着山高地险,啸聚山林,滋扰地方,抢掠财物。孙权几次派将领率兵进剿。由于这些匪徒熟悉地形,又极善游藏。官兵一到,他们就退进深山丛林;官兵退了,他们又出来抢掠。剿匪的将领们多次征剿,但都无功而返。

孙权见数次进剿不见成效,十分恼火。他指着那几个吃了败仗的将军说:“凶鸟成百只,也不如一只鹰。”他招来吕蒙,命吕蒙率所部征讨庐陵,平息匪患。

吕蒙领命,立即带领所辖军队进军庐陵。军队到达庐陵后,吕蒙并不急于进山剿匪,而是花费时间和精力调查研究土匪活动的规律,熟悉当地的地形。然后,设计将大股匪徒全部包围。吕蒙将匪首捉住,验明身份,

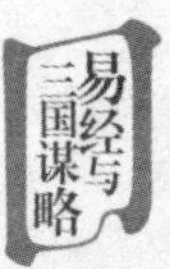

就地斩首，胁从者全部释放，叫他们归家种田。那些被释放的百姓非常感激吕蒙，发誓不再为匪，做个好百姓。

从此，庐陵再无匪患。

点评

上九爻辞所阐述的军事思想强调了两点：一是首恶必办；二是胁从不问。《易经》中所强调的这种军事思想虽然古老，但并不陈旧。杜甫诗云："射人先射马，擒贼先擒王。"《三十六计》中第十八计就是《擒贼擒王》，它的解语是这样说的："摧其坚，夺其魁，以解其体。"译成白话文就是：摧毁敌人的主力，抓住他们的首领，就可以瓦解他的整体力量。"擒贼擒王"作为一种战略思想，对现代战争仍有其指导意义。

为什么要强调"胁从者不问"呢？这是由战争的性质和目的来决定的。战争是政治的继续，是解决政治矛盾的最高斗争形式。对于王者来说，他起兵征伐的目的是为了治国平天下，并非为了杀人。所以诗圣杜甫在其反映战争生活的《前出塞》诗中说："杀人亦有限，列国自有疆。苟能制侵陵，岂在多杀伤？"对于外族入侵尚且如此，何况对于邦国之内那些由民变匪的胁从百姓呢？

历史经验证明，"胁从不问，首恶必办"是治国平天下的高招良策。倘若王者之师嗜血成性，一味地"杀无赦"，匪只会越杀越多。大老粗出身的吴将吕蒙，看来是深明此道的。

而唐朝丘行恭收编起义军的故事，不仅能尽释此爻爻意，同时也是"擒贼擒王"的典型案例。隋炀帝大业末年，丘行恭与其兄丘师利驻兵岐、雍之间，拥兵一万，当地百姓也都臣服他们。这时原州一支万余人的起义军围攻了扶风郡，扶风太守在无奈之际去向丘行恭求援。丘行恭得知此情，立即派人到起义军中去劝说，让他们迎接大唐军队，他亲率五百精兵载着粮酒一同来到起义兵营。起义军的首领不知军情，拱手行礼，出营迎接。丘行恭乘其不备，一刀斩杀了起义军的首领，然后威严而又缓和地对起义军说："你们都是好人，为什么要拥护这贼子为首领呢？"丘行恭用脚踢了一下起义军首领的尸体，接着说："我希望天下人不称你们为贼，如若有投降秦王李世民的跟我去渭北。"当下，全部起义军一起跟丘行恭投往了秦王李世民的部队。

至此，《易经》的上经结束。这三十卦始于乾、坤，终于坎、离。通过对"天道"的描述，展现了宇宙的秩序和天地间万事万物的生长、发展与变化的规律，同时也揭示了其中蕴含的深邃之道，对人类更好地生存及运用辩证思维的方法谋求更大发展都能发挥不可替代的启示作用。

后 记

笔者用了整整十年的时间写完了全书。之后，总感到还有许多心得没有写出来，为此，又拾笔补作这篇后记。

一切学习的目的都是为了把知识生化为智慧，以便去实现自己心灵的期待。

在中国欲寻她的文化渊源，首推《易经》。它是儒、道、墨、法、兵、农、纵横、阴阳等诸子百家思想的来源。它对我国的社会发展和民族文化的心理结构及思维方式的形成，都产生了不可估量的深远影响，在世界文化史上也有着崇高的地位。它浩大深邃的内涵，包容世界万物；它宽泛无边的外延，穷尽宇宙八荒。它历来被尊为群经之首，是一部哲理高深、智慧广博的天书。后人由于对它的崇拜和学习，便因此派生出了许多新的学科和知识，尽管新的知识与学科在思想上、内容上有着千差万别，以至于形成三教九流，但它们的根却都是牢牢地扎根在《易经》这片沃土中。

三国故事在中国流传非常广泛，妇孺皆知。能出现这种现象，首先应该感谢罗贯中老先生，其次也不能忘记我国灿若星辰的戏曲、脍炙人口的民间故事和传说。中国五千多年的文明史中，三国时代的历史虽不足百年，但这期间的权谋纷争、刀光剑影、奸愚忠贤、诡谲变幻的故事却家喻户晓，使人津津乐道。这是为什么呢？也许是弱者能从三国英雄人物中吸取勇气；英雄好汉能与三国豪杰在比较中知己长短；谋事者能从中觅寻到进身之阶；统治者能找到治理国家的方法；坦荡的君子能寻到同道知音；心术不正者能从中学到阴险奸诈吧。正因如此，整个三国时代中政治家的权谋、军事家的韬略、谋略家的诡诈、道学家的仁义，比中国任何一个朝代给人们留下的印象都深刻得多。这种现象的出现，若从理论上探究，就必须承认，三国中的英雄们把人类生活中多姿多彩的术谋与博大无边的智慧发挥到了极致。

红袖添香吟诗，雪夜闭门诵经。中国的古人们吟诗诵经是非常讲究情调和氛围的，他们吟诗不仅要有添香的雅兴，还要有红袖少女的情致与浪漫，读经则不但要雪夜而且还要闭门。他们这样做不是在故作高雅，而是营造出一种宁静的氛围和坐忘的心境，以利于培养参悟的心志与灵气，达到辩证认知、深刻思索的境界，让智慧之树破土而出，以实现悟道的目的。

那么怎样才能把知识转化为智慧呢？

首先应该共同努力去造就一个培养圣哲的时代与社会，其次每个人要从心理上静下来学习一切，总结一切，思悟一切。具体讲在实际应用上，应从两大范畴上下工夫。第一，应广泛学习一切能学习到的知识，让知识在从量变到质变的过程中自然而然地去生发智慧。在这个范畴中，古今中外的诸多大家已作出了数不尽的完善的证明，并且在今人眼中也已形成了常识。第二，在对知识（广义的知识）进行全面的认知后，再投身于实践中去，让实践去进行检验，在检验之中，不断地参悟，不断地总结，最终，形成系统的科学的理论和方法。

这个认知、参悟、实践、总结的全过程，其实质就是将知识转化为智慧的全部过程。

在把知识转化为智慧的过程中，认知的重要性是至上的，也是万万不可忽视的，因为认知是解决矛盾与所有问题的前提和基础条件。在人类生活方面的认知应分为两大类，一类是对自然科学方面的认知（在此不提）；另一类则是对社会科学方面的认知。对社会科学方面的认知，其认知的核心与本质又是对人的认知。而在对人的认知上，首先应从心理上去认知其深切的欲望和中心目的及核心的期待，要想认知其欲望、目的和期待，则必须从其语言上、个性和嗜欲爱好上去认知；其次是在行为上、生活习惯和思维方式上去认知。在认知的过程中，最重要的是掌握其个人文化结构、心理定势及意识本质。在客观上要透析其周边的环境和必要的条件，最好依据其过去的重大史实，把握其基本方法与文化性的习惯，然后进行综合性的思维。因为每个人在认知成熟之后，要想将知识转化其智慧，思维是两者之间的必须链条。其实，认知的过程往往又是伴随着思维的过程。不过，在这个复杂的心理过程中，思维的方法、任务与认知的方法、任务的性质是绝对不相同的，应当细心区分辨析。

思维受制于认知，智慧来自于思维。因此，思维的意义在于实现

目的。在实现目的的这一过程中,也是产生智慧的关键环节。人类的思维不论是抽象的还是具象的,最终目的都是为了实现自己的期待,达到自己的目的。所以,在思维方式上,不论你是整体思维、传统思维和直觉思维,还是逻辑思维和形象思维,又或是多元思维和发展性思维,应该说都是为了实现目的而思维。因此,每当我们遇到困难和矛盾时,就应当在正确认知之后,根据客观事实,因时因地地处理好时与势的关系,正确理顺诸多矛盾间的关系。抓住主要矛盾,把握好事物的自身规律,然后客观地、科学地、实事求是地去解决矛盾,排除困难。在实现思维目的的同时,还应找准角度,选好立足之点,绝不能站在小圈内以狭隘的眼光看问题。要跳出小圈,从大局出发,以战略的眼光对时势进行推断,设计出谐和八方适应时空关系的框架方案。只有这样,认知与思维的智慧之果才能健全地、健康地分娩。

《易经》中的基本思维方法就是如此。它绝不是单纯的思维,也不是以小盖大的思维,更不是以偏概全的思维,而是借助于象、数、理、意,模拟生活的现实,以放射性的方法,辩证而有序地进行认知与思维。在取爻辞方面,它不仅假象喻义,而且总是辞不离爻、爻不离象地进行思维,把思维的耗散性、连贯性、连环性和复式作用都体现得既科学又完善,尤其是象中各爻的关系,让承、乘、比、应四者相互支持,相互制约,相互联系,把万事万物之间的各种复杂状态、情况与反应、发展,都能通过各爻位的特征、关系、条件和制约因素演绎得惟妙惟肖,从而揭示出了事物发展的变化和规律。同时,《易经》又不断地向人作出提示:思维的发展变化是永远没有终极的。通俗一点讲,也就是说不论困难怎样变化,思维就应随之变化,只有思维随困难变化而变化,智慧之果才会随之生发,最终达到以智慧战胜困难的目的。

有一千个人读《红楼梦》,就有一千个形象不同的林黛玉、贾宝玉和薛宝钗的出现,这是因为人们的认知不同、思维不同,所以形象也就不同。读《易经》与《三国演义》,人们的认知水平也是不同的,当然思维方法和思维结果也是不会相同的,生发智慧的方法当然也不可能相同。这其中还有另一方面的道理——因为世界是多元的,认知和思维的方法也是多元的,所以欲解决矛盾问题的方法当然也不可能相同。鉴于此,笔者把《易经》中的卦辞、爻辞与三国谋略故事结合到一起做了一些探讨性的断解,其目的就是想以《易经》的卦意卦理和爻意爻理去挖掘三国故事中如何化生智慧的普遍规律和特殊意义,同时,再以

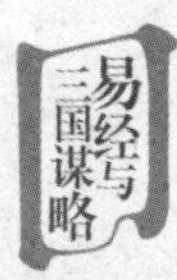

三国中的故事去诠解《易经》中的高深哲理。核心目的只有一个，让读者在学习揣摩“生化智慧”的方法和过程中，提高自身的能力和生存能力，以便达到自己的人生目的，让自己在人生实践中不断产生出丰硕的智慧，让自己的人生更加辉煌灿烂。当然，在现实生活中，人们往往对同一问题会有着众多的认知观点和错杂不一的思维方法，所以笔者在把两部巨著结合到一起时，也难免会产生一些智者见智、仁者见仁的观念。在此，笔者诚挚地渴望能够得到读者与方家的赐教、指导。

《易经》有六十四卦，笔者把它们看成了六十四个专题。对三百八十四爻再加乾卦中的“用九”和坤卦中的“用六”，则看成是可能发生的情况或个例。在卦辞和爻辞之后编配了三国故事，目的是为读者在解决具体问题时提供一些方法和对策。

为此，笔者将该书设置了如下体例：

一、在六十四卦的每卦开篇之前，首先以简言概括其幽微昭著、繁富简明的哲学思想和卦意。然后，直译卦辞。

二、卦辞释译之后，为了让读者铭记该卦的中心思想，在每卦卦辞之后又设置了重要提示，以利加深读者对卦意主旨和哲学思想的理解，有利于指导全卦的参悟与学习。

三、在重要提示之后，笔者给卦辞再配以三国故事。目的是为了使读者进一步深入理解卦意与中心思想，并把《易经》中的认知观念、思维方法和三国中的故事起因及谋略设计运用过程有机结合，从中学习三国时代的人们是怎样运用谋略和方法、把生活之中无数的知识化为智慧的。在这个过程中，是读者的认知过程、思维过程，当然也是《易经》中的主旨、哲学思想在生活当中的应用和探索。

四、三国故事结束之后，又设计了一个“点评”。《易经》有它独特的理论系统、独特的结构、独特的观点、独特的思维和辩证科学的方法论。无论是它的认知与思维，还是它的智慧与方法的产生，都是在假象喻义的基础上进行的，所以它绝不教给你机械的方法和固定的答案，而是教给一种或几种认知方式和思维方式，或者指出一个明确的方向。这些认知方式与思维方式、思维方向又都是动态发展的，绝不是静止不动的。在这之中，它始终让你感到所有的事情永远都在不断地发展和不断地变化。为此，当你面对某事的发展与变化时，你就不得不进一步地去认知、去思维。当你深刻地认识到易理成为动态发展过程中的真理和成为放之四海而皆准的公理时，你就会发自肺腑地感到：只要读懂了《易

经》,在生活中就没有克服不了的困难。只要你有积极主动的心态和思想,你就会有用不完的方法、用不完的智慧。同时你也会坚信智慧永远都比困难多,因为你已掌握了道,至少接近于道了。

这一部分是笔者最用力的部分,尤其将《易》理与三国故事结合到一起点评,不仅能使读者在将知识转化为智慧的过程中受到启发,而且还可能对你的人生成功起到些许作用。

五、在卦辞、三国故事和点评后,再按每卦的爻序分别直译爻辞、爻意。

六、爻辞译后,再以爻辞、爻意编配三国故事。此方法依然是为读者理解爻辞、爻意提供一些思维的信息与思维的方法,以达到把易理转化为智慧的目的。

《易经》起源于神学迷信,尽管人们更看重的是它博大精深的哲学思想和无边的智慧,但是无论如何谁也否定不了它在占筮方面历三千多年而不衰的生命力。在不同的历史阶段,有些人曾经为了迎合某种心理需求,片面地强调占卜作用,走进了神学的死胡同;当然也有些人对其占筮功能避而不谈,敬而远之,唯恐被说成不“唯物”。其实《易经》真正的内涵思想就是占筮之功、哲学智慧与心理意识文化可以做到有机结合。在不同的社会实践和日常生活中,每当人们遇到问题就应学习和参悟《易经》中所蕴含的哲学思想和智慧方法,要能正确地认知,能辩证地思维,并能科学地驾驭心理意识,做到举一棋之子,运八方之势,使每一个谋略与方法都在动态中灵动地得以实现。只要如此就能趋吉避凶,化被动为主动,化不利为有利。只要这样,不论何时何地,你就没有过不去的火焰山。

亲爱的读者诸君,但愿您读了拙作之后,能引起您对《易经》原著的兴趣,抑或也愿对《三国演义》的不尽谋略进行一些研究。同时,当你遇到疑难问题之时也能运用此道去解决一些实际性的困难。

本书的出版,特别感谢山东大学出版社的鼎力支持,衷心感谢王桂琴教授的慧眼垂爱,策划本书;感谢中国易经学会副主席刘玉平教授的指导与鼓励,感谢谭好哲教授欣然拨冗为本书作序;另外,在本书的出版过程中,刘森文编辑不仅为本书的修改提出了许多宝贵的意见,而且以严谨的作风、精心的编校在一定的程度上使本书的语言更为准确、内容也更趋丰富和深入,对此,笔者同样深表诚挚的谢意。

郭易周

2012 年 7 月

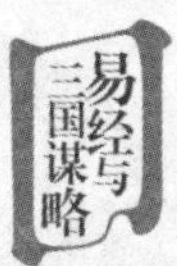

参考书目

《四书五经》,中华书局 2009 年版。

(战国)庄子:《南华经》,安徽人民出版社 2001 年版。

(宋)普济:《五灯会元》,中华书局 1984 年版。

(梁)慧皎:《高僧传》,中华书局 1992 年版。

(宋)赞宁:《宋高僧传》,中华书局 1987 年版。

(晋)陈寿著,(南朝·宋)裴松之注:《三国志》,天津古籍出版社 2009 年版。

(明)罗贯中:《三国志演义》,山东文艺出版社 2007 年版。

(明)罗贯中:《三国演义》,人民文学出版社 1998 年版。

(明)洪应明:《菜根谭:为人处事大全》,中国卓越出版公司 1990 年版。

黄寿祺、张善文:《周易译注》,上海古籍出版社 2007 年版。

南怀瑾、徐芹庭:《白话易经》,岳麓书社 1988 年版。

南怀瑾:《易经杂说》,复旦大学出版社 2002 年版。

南怀瑾:《易经系传别讲》,复旦大学出版社 2002 年版。

易玄、诸生:《易经六十四卦 384 爻故事》,四川人民出版社 1999 年版。

李泽厚:《中国古代思想史论》,天津社会科学院出版社 2003 年版。

孙映逵、杨亦鸣:《易经对话录:"六十四卦"中的人生哲理与谋略》,社会科学文献出版社 2006 年版。

朱高正:《易经白话例解》,沈阳出版社 1998 年版。

朱伯崑:《易学漫步》,沈阳出版社 1997 年版。

傅云龙等:《易学的思维》,沈阳出版社 1997 年版。

罗贯中著,李国文评点:《三国演义》,漓江出版社 1996 年版。

黎东方:《细说三国》,上海人民出版社 2000 年版。

曹文柱等主编:《白话三国志》,中央民族学院出版社 1994 年版。

王蒙:《老子十八讲》,三联书店 2009 年版。

王蒙:《庄子的享受》,安徽教育出版社 2010 年版。

王蒙:《庄子的奔腾》,湖南文艺出版社 2011 年版。

代凯军:《毛泽东眼中的曹操与三国》,新疆人民出版社 2001 年版。

马敏学:《司马懿大传》,内蒙古人民出版社 1999 年版。

胡冰:《三国人才学与现代领导艺术》,沈阳出版社 2001 年版。

朱忆源:《变脸高手:曹操的争霸学》,沈阳出版社 2001 年版。

朱忆源:《谋略高手:诸葛亮的驭心经》,沈阳出版社 2001 年版。

石工、默轩:《三国英雄:历史与传说》,农村读物出版社 2003 年版。

曹海东:《诸葛亮:智圣人生》,长江文艺出版社 2000 年版。

王熹、柏桦等:《三十六计全书》,燕山出版社 1995 年版。

杨亚利等:《〈老子〉〈庄子〉智慧名言故事》,齐鲁书社 2004 年版。

李叔同:《心与禅》,陕西师范大学出版社 2011 年版。

赵跃辰、释传明:《花出青嶂》,陕西师范大学出版社 2008 年版。

成皇:《生活禅·智慧道》,中国华侨出版社 2005 年版。

肖惠心:《智慧禅》,中国民航出版社 2004 年版。

肖惠心:《生活禅》,中国民航出版社 2004 年版。

王恒伦、宁立:《心术》,团结出版社 1999 年版。

千高原:《心术学》,中国华侨出版社 1999 年版。

星云大师:《宽心》,江苏文艺出版社 2011 年版。

星云大师:《金刚经讲话》,新世界出版社 2008 年版。

星云大师:《六祖坛经讲话》,新世界出版社 2008 年版。

宗萨蒋扬钦哲仁波切:《正见:佛陀的证悟》,姚仁喜译,中国友谊出版公司 2007 年版。

张节末:《禅宗美学》,北京大学出版社 2006 年版。

明空:《禅的故事》,新世界出版社 2004 年版。

郑杰文:《鬼谷智谋》,山东人民出版社 1994 年版。

郑杰文、黑鲲:《鬼谷权谋》,山东人民出版社 1996 年版。

林树成:《精妙谋略技巧》,广东高等教育出版社 1998 年版。

房立中:《兵家智谋全书》,学苑出版社 1996 年版。

李燕捷:《三国演义与三国史实》,中国文史出版社 1999 年版。

陈卓:《英雄的舞台:三国鼎立》,江苏美术出版社 2005 年版。

易中天:《品三国》(上),上海文艺出版社 2006 年版。

易中天:《品三国》(下),上海文艺出版社 2007 年版。

邓晓芒:《人论三题》,重庆大学出版社 2008 年版。

蒙培元:《心灵超越与境界》,人民出版社 1998 年版。

李梦悟:《糊涂学》,河南人民出版社 1995 年版。

黄正雨:《自然的箫声》,云南人民出版社 1999 年版。

安平:《五行人生》,宗教文化出版社 1998 年版。

杨曾文:《神会和尚禅话录》,中华书局 1996 年版。

曹仲怀:《曹操》,九州图书出版社 1995 年版。

毕诚:《诸葛亮百战奇谋》,海南出版社 1996 年版。

张秀枫:《中国谋略家全书》,国际文化出版公司 1991 年版。

陈维礼:《历代名臣奇谋妙计全书》(上、下),吉林文史出版社 1986 年版。

李桂海:《中国历代名臣》,河南人民出版社 1987 年版。

张琳、阿程:《舌战韬略:斗智伐谋大全》,中国华侨出版社 1998 年版。

孙晓玲:《用计经典》,黄山书社 1995 年版。

图书在版编目(CIP)数据

易经与三国谋略．道之源/郭易周著．—济南：
山东大学出版社，2013.4
ISBN 978-7-5607-4670-8

Ⅰ.①易…
Ⅱ.①郭…
Ⅲ.①《周易》—研究　②中国历史—三国时代—通俗读物
Ⅳ.①B221.5②K236.09

中国版本图书馆 CIP 数据核字(2012)第 241560 号

山东大学出版社出版发行
(山东省济南市山大南路 27 号　邮政编码:250100)
山 东 省 新 华 书 店 经 销
济南景升印业有限公司印刷
787 毫米×1000 毫米　1/16　21.5 印张　324 千字
2013 年 4 月第 1 版　2013 年 4 月第 1 次印刷
定价:36.00 元